KB127136

제2판

비정부기구 NGO의 이해

Non-Governmental Organizations
and Development *2nd edition*

David Lewis · Nazneen Kanji · Nuno S. Themudo 지음
이유진 옮김

명인문화사

비정부기구의 이해, 제2판

제1쇄 펴낸 날 2022년 2월 21일

지은이 David Lewis, Nazneen Kanji, Nuno S. Themudo
옮긴이 이유진
펴낸이 박선영
주 간 김계동
디자인 전수연
교 정 김유원

펴낸곳 명인문화사
등 록 제2005-77호(2005.11.10)
주 소 서울시 송파구 백제고분로 36가길 15 미주빌딩 202호
이메일 myunginbooks@hanmail.net
전 화 02)416-3059
팩 스 02)417-3095

I S B N 979-11-6193-050-3
가 격 25,000원

ⓒ 명인문화사

....

Non-Governmental Organizations and Development *2nd edition*

David Lewis, Nazneen Kanji and Nuno S. Themudo

세부 목차

도해 목차

표

도표

사진

NGO의 광범위한 확산과 활약은 현대 사회의 가장 눈에 띄는 현상 중의 하나이다. 전 세계에는 수백 만개의 NGO가 활동하는 것으로 추산되지만 그 정확한 수를 파악하기는 어렵다. NGO는 세계 도처에서 빈곤 퇴치, 개발, 환경, 인권, 긴급 구호, 문화, 민주주의, 거버넌스 등 많은 분야에서 사업을 수행하고, 정책 개발이나 연구 활동에 참여하며, 세상을 바꾸기 위해 노력하기도 한다.

이 책은 특히 NGO와 개발의 관계에 초점을 맞추고 있다. 지구상의 빈곤 국가나 지역의 개발은 인류가 직면한 가장 중요하면서도 어려운 과제 중의 하나이다. NGO는 정치, 경제, 사회, 문화, 환경 등 개발의 모든 측면에 관여하며, 개인, 지역사회, 국가, 전 지구적 수준에서 개발과 관련된 문제 해결을 추구한다. 개발의 분야에 있어서 NGO의 위상과 필요성에 대한 인식은 오늘날 그 어느 때보다 높으며, NGO의 존재는 필수 불가결하다.

그러나 NGO는 매우 복잡하고 다차원적이며 때로는 모순적이다.

일례로 신자유주의자, 급진주의자, 보수주의자 등 여러 진영에 NGO
에 대한 옹호자와 신랄한 비판자가 동시에 존재한다. 자연스럽게 우리
는 NGO가 무엇인지, 어떤 역할을 수행하는지, NGO에 어떤 기대를
할 수 있을지, NGO 현상을 어떻게 이해하고 해석-평가할 수 있는지에
대한 질문을 제기하게 된다. 이 책은 그러한 질문에 대한 답을 여러 각
도에서 제시한다.

이 책은 NGO를 연구하는 데 유용한 역사적-지리적 맥락과 이론적
틀을 제공하며, 아시아, 유럽, 아프리카, 남미 등 세계 여러 NGO의 풍
부한 사례를 통해 독자들의 이해를 돕는다. 또 개발-NGO 논의와 관련
된 중요한 주제인 시민사회, 세계화, 원조 등에 대해서도 다루고 있다.
저자들은 NGO라는 광범위하고 복잡한 주제를 체계적이고 명확하게
개괄하며, NGO가 앞으로도 지속적으로 개발의 실무와 이론에 있어서
매우 중요한 존재가 될 것으로 전망한다. 이 책이 국제관계, 개발학,
정치학 등 다양한 학문 분야의 NGO와 개발에 대해 관심 있는 실무가
나 연구자에게 많은 도움이 될 것으로 기대한다.

2022년 1월
역자 이유진

약어

ACORD (Agency for Cooperation and Research in Development) 개발분야 연구-협력기구

AEI (American Enterprise Institute) 미국기업연구소

ASSEFA (Association of Sarva Seva Farms) (India) 사바세바농장협회 (인도)

BRAC (Bangladesh Rural Advancement Committee) 방글라데시농촌진흥위 원회(현재는 원래 의미보다는 단순히 약어로만 사용)

BRLC (Baptist Rural Life Centre) (Philippines) 침례교농촌생활센터 (필리핀)

CBO (Community-based organization) 공동체 기반 단체

CSO (Civil society organization) 시민사회단체

CVM (Cruz Vermelha de Moçambique – The Mozambican Red Cross) 모 잠비크 적십자

DAC (Development Assistance Committee) (of the OECD) 개발원조위원회 (OECD)

DEC (Development Emergency Committee) 개발 긴급사태 위원회

DFID (Department for International Development) 국제개발부 (영국)

DHA (United Nations Department of Humanitarian Affairs) 유엔 인도주의부

ECLA (United Nations Economic Commission for Latin America) 유엔 라틴
   아메리카경제위원회

ECOSOC (United Nations Economic and Social Council) 유엔 경제사회이
   사회

EU (European Union) 유럽연합

GINGO (Grassroots international NGO) 풀뿌리국제 NGO

GM (Genetically modified) 유전자 조작된

GONGO (Government-organized NGO) 정부가 조직한 NGO

GSO (Grassroots support organization) 풀뿌리 지원단체

ICNL (International Center for Not-for-Profit Law) 비영리법국제센터

IFI (International financial institution) 국제 금융기관

IIED (International Institute for Environment and Development) (UK) 환경-개발
   국제연구소 (영국)

IMF (International Monetary Fund) 국제통화기금

INGO (International NGO) 국제NGO

INTRAC (International NGO Research and Training Centre) (UK) 국제 NGO
   연구훈련센터 (영국)

LFA (Logical framework analysis) 논리적 틀 분석

MDG (Millennium Development Goal) 새천년개발목표

NGO (Non-governmental organization) 비정부기구

NNGO (Northern NGO) 북반구 NGO

OECD (Organization for Economic Cooperation and Development) 경제협력
   개발기구

PDI (Project Development Institute) (Philippines) 프로젝트개발연구소 (필리핀)

PLA (Participatory learning and action) 참여적 학습과 행동

PPA (Programme partnership agreement) 프로그램파트너십협약

PO (People's organization) 주민단체

PRA (Participatory rural appraisal) 참여적 농촌평가

PRS (Poverty reduction strategy)   빈곤완화전략

RONGOs (Royal NGOs)   왕실 NGO

SAPs (Structural adjustment policies)   구조조정정책

SCF (Save the Children Fund)   세이브더칠드런기금

SDI (Slum/Shack Dwellers International)   국제슬럼거주민운동연합

SDG (Sustainable Development Goal)   지속가능발전목표

SEWA (Self-Employed Women's Association) (India)   자영업여성협회 (인도)

Sida (Swedish International Development Cooperation Agency)   스웨덴국제
개발협력처

SNGO (Southern NGO)   남반구 NGO

SWAPs (Sector-wide approaches)   부문포괄접근

UNCED (United Nations Conference on Environment and Development)   유엔
환경-개발회의

UNDP (United Nations Development Programme)   유엔개발계획

UNESCO (United Nations Educational, Scientific and Cultural Organization)
유네스코

USAID (United States Agency for International Development)   미국국제개발처

VO (Voluntary organization)   자원봉사단체

WHO (World Health Organization)   세계보건기구

서론: 비정부기구란 무엇인가?

1장

서론

최근 수십 년 동안 개발 분야에서 활동하는 비정부기구(NGO: non-governmental organization)는 지역, 국가, 국제적 수준에서 위상을 높여왔다. NGO는 2004년 쓰나미 재난 후 인도네시아, 인도, 태국, 스리랑카의 복구 사업, '빈곤을 역사 속으로(Make Poverty History)'와 같은 원조-무역에 대한 개혁을 위한 국제 캠페인, 의류 산업의 노동 조건 개선을 추구하는 '청정 의류 캠페인(Clean Clothes Campaign)' 등 국제적 개발 사업 현장에서 중요한 행위자로 인정받게 되었다. NGO는 어려움에 처한 사람들에게 기본적 서비스를 제공하거나, 어떤 개혁을 위한 정책주창 및 공공 캠페인을 조직하는 두 가지 활동을 하는 것으로 가장 잘 알려져 있다. 동시에 NGO는 긴급 대응, 민주주의 구축, 분쟁

1

해소, 인권 활동, 문화 보존, 환경 운동, 정책 분석, 연구 및 정보 제공 등 더 광범위하고, 보다 특화된 역할을 통해 활발히 활동하고 있다.

포괄적인 통계가 없기 때문에 오늘날 전 세계 NGO의 숫자, 그들의 운용하는 자금 규모를 파악하기는 어렵다. 엄밀하게 NGO가 무엇인지의 정의도 다양하다. 국제단체연합회(Union of International Asso-ciations)에 의하면 국제 NGO의 수는 1990년 6,000개에서 2006년에 5만 개로, 현재는 7만 5,000개로 증가했다 (UIA 2018). 세계 여러 나라의 NGO는 수백만 개에 이를 것이다. 인도에는 2009년 현재 약 330만 개의 NGO가 있는 것으로 추정되며, 중국에는 46만 개의 공식 등록된 비영리단체가 약 600만 명을 고용하고 있다 (WEF 2013: 6). 국제앰네스티는 전 세계에 700만 명 이상의 회원을 가지고 있다. OECD의 개발원조위원회(DAC: Development Assistance Committee)는 2014년 NGO가 집행한 원조 총액이 약 600억 달러에 이를 것으로 보는데, 이는 미국국제개발처(USAID)나 EU, 세계은행의 원조 예산보다 많은 액수이다.

현장에서의 활동 이외에 NGO는 개발정책 결정에 참여한다. 세계은행의 2013년 보고에 의하면 NGO는 다른 시민사회단체들과 함께 이전 3년간 세계은행이 지원한 1,018개 사업의 82%에 참여했다 (Word Bank 2013). 또 NGO는 2012년 은행이 45억 달러를 지원한 지역 공동체 주도형 개발 사업의 수혜자였다. 세계은행은 정기적으로 NGO 및 기타 시민사회단체와 협의한다. 예를 들어, 세계은행은 보건 정책 및 사업 관련 대화를 위한 조직적이고 투명한 시스템을 제공하려는 목적으로 보건, 영양, 인구에 관한 시민사회 협의그룹을 설치하였다. 교육, 환경, 거버넌스 분야에도 유사한 협의 과정이 존재한다. NGO는 세계은행이 2010~2012년 사이 작성한 '국가지원 전략'의

90%, '빈곤축소 전략보고서'의 100%에 자문을 제공하였다.

'NGO'라는 용어는 다수 국가에서 일상적 용어가 되어, 전문가나 운동가, 일반 시민이 사용한다. NGO의 이미지나 그들의 활동은 더 이상 비주류가 아니다. 아프리카나 아시아 어린이들의 사진이 실린 NGO의 모금 광고는 신문, 잡지에서 흔히 접할 수 있다 (사진 1.3, 도표 8.1). NGO는 영화나 소설 같은 문화의 영역에서도 부각이 된다. 〈슈미트에 대하여〉(2002)라는 할리우드 영화의 주인공 잭 니콜슨은 TV 캠페인에서 본 아프리카 어린이를 지원하면서 자신의 과거를 속죄한다. 〈국경을 넘어서〉(2003)라는 영화의 여주인공 안젤리나 졸리는 인도주의적 활동에서 삶의 의미를 찾는 구호단체 직원이다. 비슷하게 헬렌 필딩(Helen Fielding)의 소설 『셀레브와의 사랑(*Cause Celeb*)』(1994)에서 여주인공은 런던의 공허한 생활에서 벗어나 국제 NGO에 참여하여 아프리카 기아 구호활동을 한다 (Lewis *et al*. 2008, 2014).

NGO의 급격한 증가는 학자들의 연구 증가에도 잘 나타난다. 도표 1.1은 구글에 의해 디지털화된 서적 중에서 'NGO', '비영리', '시민사회'라는 단어가 등장한 서적의 상대적 비율을 나타낸 것이다. 이 추세는 출판되는 도서의 급격한 증가라는 맥락에서 나타난 것이기에, 이들 단어 사용의 절대 수 증가는 훨씬 더 괄목할 만한 것이다.

NGO가 점점 더 널리 확산되고 있지만, 그 현상을 이해하는 것은 상당히 까다로운 일이다 (글상자 1.1). 그 이유는 NGO가 대단히 다양한 집단이어서 의미있는 일반화가 어렵기 때문이다. 그들은 조직의 형태나 수행하는 역할이 각국 내에서 또 여러 다른 국가의 맥락에서 매우 다양하다. 그리고 분석적 범주로서 'NGO'는 종종 모호하기 때문이다. 이론상 NGO는 정부의 통제를 받지 않고 기업과 달리 영리를 목적으로 하지 않는 독립적 시민단체라고 통상적으로 묘사된다. 그러나 현

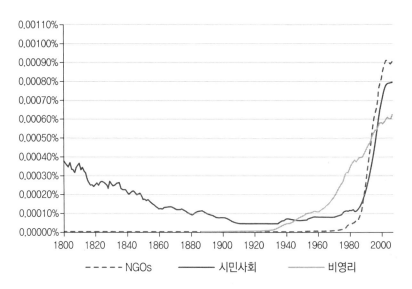

도표 1.1 1800년 이후 발간된 영어 서적 중에서 'NGO', '시민사회', '비영리'라는 단어가 사용된 서적의 비율

출처: google

실적으로는 수많은 예외와 특별한 사례가 있다.

예를 들어, 어떤 NGO는 정부의 지원을 많이 받으며 대규모 관료조직의 성격을 가지고 있다. 어떤 NGO는 비공식적이고, 소규모이며, 아마추어적이다. 다른 NGO는 매우 전문성이 높고, 민간 기업과 유사하며, 강한 기업적 정체성을 가지고 있다. 분석적으로 NGO를 정확히 규정하는 것은 상당히 어렵다. 그래서 그것이 무엇인지보다 무엇이 아닌지에 더 초점을 맞추는 경향이 있다. 그로 인해 개발학 분야에서 NGO가 무엇인지, NGO의 활동을 분석하는 가장 적합한 접근이 무엇인지에 대한 복잡한 논쟁이 벌어졌다. 이 문제에 대해서는 이 책의 후반부에서 더 자세히 다루도록 한다.

NGO들의 구조는 크거나 작고, 공식적이거나 비공식적이고, 관료

글상자 1.1   개발 NGO에 관한 연구

1990년대에 NGO에 대한 연구는 경제학, 사회학, 정치학, 문화인류학 등을 포함하는 학제적인 학술 영역인 '개발학' 내에서 하나의 잘 자리잡은 연구-교육의 분야가 되었다. 세월이 흐르면서 NGO는 국제관계학(Davies 2019)과 경영학(Girei 2016)에서 중요한 연구 주제가 되었다. 사회과학자들은 NGO를 다양한 학문 분야와 방법론에서 접근하였다. 국가 내 또는 국가 간 NGO들의 상대적 규모나 활동 범위를 측정하는 것은 계량적 연구의 중요한 주제가 되었다 (Salamon and Anheier 1997; Salamon and Sokolowski 2016). NGO 활동을 분석하고, 맥락을 이해하고 이론을 개발하는 것은 질적 연구의 중요한 초점이다 (Bernal and Grewal 2014; Lashaw *et al*. 2017). NGO는 그 자체가 연구단체인 경우도 있고, 혹은 다른 연구자들과 공식적 파트너십을 통해서, 현장 조사를 수행하는 연구자들에게 해당 지역의 인적 네트워크와 정보를 제공하는 비공식적 안내자로서 연구 활동에 참여한다 (Lewis 2017c). NGO에 대한 연구는 개발학의 다른 주제에 비해 한계가 있다고 종종 생각되어 왔다. 그 이유는 다음과 같다. (a) 단일, 혹은 소수 NGO 사례 연구는 일반화가 어렵다. (b) 연구자들은 빈번히 NGO 자체나 또는 기부자들의 의뢰를 받아 '자문'의 명목으로 연구를 수행하기 때문에 객관성을 잃을 수 있다. (c) NGO는 연구자들에 시간과 정보를 제공하는 것보다 당면한 업무에 우선순위를 두기 때문에 NGO에 대해 연구하기가 어렵다. 또 NGO는 외부인의 비판적인 연구 결과가 알려지는 경우 명성에 금이 갈 위험이 있기 때문에 조사에 협조하길 꺼릴 수 있다 (Lewis 2005; Leiws and Opoku-Mensah 2006 참조).

적이거나 유연하다. 자금 조달에 있어서 대부분의 NGO는 해외의 지원금을 받으며, 일부 NGO는 국내의 자금원에 의존한다. 상대적으로 자금이 풍부한 NGO가 있는 반면, 어떤 NGO는 매우 궁핍하여 한 해한 해를 넘기기가 힘들다. 매우 전문적인 직원을 가진 NGO도 있고, 자원봉사자, 회원, 지지자들에 많이 의존하는 NGO도 있다. 지향하는 가치의 측면에서 보면 NGO들은 다양한 동기에 의해 움직인다. 세속적 NGO도 있고, 종교에 기반한 NGO도 다수이다 (Olulana 2017; Freeman 2019). 어떤 NGO는 자선 활동을 하고 온정주의적인 반면, 어떤 NGO는 급진적이거나 '역량 구축, 또는 역량강화'를 추구하는 접근을 한다. 그들은 보수적이거나 진보적이다. 모리스-스즈키(Morris-Suzuki 2000: 68)는 "NGO들은 변화를 추구하기도 하고, 기존 사회-정치체제의 유지를 지향하기도 한다." 하나의 NGO가 여러 요소를 동시에 가지고 있을 수도 있다.

이와 같은 사실은 NGO에 대한 연구를 특히 어렵게 한다. 에스만과 업호프(Esman and Uphoff 1984: 58)는 "NGO에 대해서 어떤 말을 하더라도 적어도 어딘가에 그것이 사실인(또는 오류인) 사례가 있을 것이다"라고 하였다. NGO는 개발과 변화에 대한 다양한 아이디어, 희망, 우려들이 그려지는 일종의 백지상태와 같다고도 한다 (Lewis 2005). 일례로 사회변화에 대한 대안적 비전을 찾는 급진주의자들에게 NGO는 종종 진보적 변화의 수단으로 간주된다. 어떤 나라에서는 NGO는 독재에 대항에 투쟁하거나 식민지의 독립운동을 지원하여 정통성을 얻었다. 국가보다 민간 주도를 선호하는 보수주의자들에게 NGO는 당면한 정책 문제에 대한 시장중심적 해결책의 일부로 간주될 수 있다.

제도적 형태로서의 NGO는 이러한 높은 유연성을 가지고, 다양한 가치를 폭넓게 포함하기 때문에, 세계를 주도하게 된 '신자유주의' 정책

의제의 부상을 배경으로 NGO가 부각되었다. 하비(Harvey 2005: 2)가
주장하듯이 신자유주의는

> 인류의 복지가 강력한 사유재산권, 자유시장, 자유무역을 기반으로
> 한 제도적 틀 속에서 개인의 기업가적 자유와 재능을 발휘할 수 있
> 게 해줌으로써 가장 잘 실현될 수 있다는 정치경제 이론이다.

신자유주의 이데올로기가 부상하고 전 세계를 지배하게 되면서 국
가, 시장, 시민사회단체 사이의 관계가 변화하였으며, 그 결과 밀본과
머레이(Milbourne and Murray 2017)에 의하면 시민사회단체는 '황
금의 거미줄'에 걸려들었다.

이 책에서 '개발'이라는 용어는 경제를 강조하는 전통적 시각, 서구
화, 인간 개발, 환경과 지속가능성 등 여러 상이한 해석을 포함하는 광
범위한 의미로 정의되었다 (제3장 참조). 가장 단순하게, 개발은 '개발
도상지역(Global South)'과 '선진지역(Global North)'에서 공히 사회
가 어떻게 변화하는지, 그 결과는 무엇인지에 대해 생각해보는 하나의
틀로 볼 수 있다. 개발에 대한 NGO의 비전이 있다고 한다면 그것은
경제성장보다 인간을 그 중심에 놓는다는 점이다.

과거에는 개발을 어떤 나라에는 부재하고, 어떤 나라는 이룬 것으로
본 경향이 있었으나, 이것은 진부한 생각이다. 국가 간, 국가 내의 엄
청난 불평등에 대한 인식을 바탕으로 유엔 지속가능발전목표(SDGs:
Sustainable Development Goals)는 빈국, 부국 모두에 적용이 된다.
이것은 개발이 이분법적이지 않고 다차원적인 개념이라는 생각을 반
영한다. 최근 제시된 '글로벌 개발'이라는 개념은 그러한 변화를 보여
주며, 보다 전체론적인 시각을 시사한다. 여기서 개발도상지역이 '전
부는 아니지만, 핵심적인 초점'이다 (Horner and Hulme 2017).

우리는 오늘날 영향력을 가지게 된 개발에 대한 생각에 NGO가 어떤 연관이 있는지 살펴보고, 다른 '대안적인' 접근에 대해서도 알아볼 것이다 (Mitlin *et al.* 2007). 우리의 주된 초점은 개발 NGO이지만, 그러한 분류는 다소 인위적이며 다른 해석의 여지가 있다. 예를 들어, 어떤 문헌들은 개발 NGO와 '환경 NGO'를 구분하지만, 환경은 지속가

사진 1.1 ▌방글라데시 농촌개발위원회 본부, 다카

출처: Ayeleen Ajanee

능발전의 필수적인 요소이다. 비슷하게 '인권 NGO'는 종종 별도의 범주로 취급되지만 많은 사람들은 인권이 개발의 핵심이라고 이해한다.

이 책의 구성

우리는 이 책에서 NGO와 개발에 대해 간결하면서 포괄적으로 개괄하려고 한다. 이 책을 통해 우리는 개발의 주요 논쟁에 대해 비판적으로 논의하고, 독자들이 다양하고 방대한 학문적, 실무적 문헌들에 접근할 수 있도록 안내한다. 이 책은 먼저 NGO의 역사에서부터 시작하여, 이론에 대해 논의하며, 이어서 정책과 실무에 대해 살펴본다. 이 책을 통해 반복해서 부각되는 주요 주제는 전반적인 신자유주의의 맥락이며, 거기에는 원조정책에 수반되는 구조조정 조건의 증가, NGO의 역할과 개발에 대한 대안 및 저항과의 관계, 개발 분야에서 전문성이 부상하는 데 있어서 NGO의 역할 등이 포함된다.

이 책의 구성은 다음과 같다. 제1장은 NGO라는 주제를 소개하고, NGO의 범주, 정의, 용어와 관련한 복잡한 문제에 대해 설명한다. 그리고 우리는 개발의 과정에서 NGO의 다양한 핵심 역할에 대해 논의하고, NGO에 대한 주요 찬반론을 살펴본다. 제2장에서 우리는 NGO라는 주제를 역사와 지리라는 더 넓은 틀 속에 위치시켜 논의한다. NGO의 역사를 살펴보고 지난 2세기 동안 NGO가 수행했던 다양한 활동을 조명한다. 우리는 NGO, 그리고 그와 관련된 생각들이 세계 여러 지역에서 다양한 형태를 띠게 되는 과정을 살펴본다. 끝으로 제2장은 개발정책의 역사라는 더 좁은 맥락에서 상대적으로 최근에 NGO가 부상하게 된 현상을 추적해본다.

제3장은 NGO를 개발이론의 맥락에서 논의하며, 개발학에서 어떻게 여러 이론들이 진화했는지, 그리고 그들이 NGO에 대한 다양한 시각을 어떻게 형성했는지 알아본다. 또 여기서 우리는 NGO가 개발이론(예를 들어, 젠더와 역량강화)에 어떤 기여를 했는지 알아본다. 또 시민사회, 사회자본, 사회운동, 사회적 배제 등 NGO와 관련이 있는 오늘날의 개발이론들이 논의된다.

제4장은 개발을 추구하는 활동의 형태가 변화하는 현상과 NGO와의 관계에 대해 논의하며, 1980년대 이후 NGO와 연관이 있는 '인간 중심적' 또는 '대안적' 개발의 접근이 부상했음을 밝힌다. 또 이러한 초기에는 급진적이던 활동의 상당수가 냉전 종식 이후 지배적인 지위를 장악한 정통 신자유주의 개발정책에 흡수되거나, 혹은 불편하게 공존하게 되었는지를 보여준다. 이어서 제5장은 서비스 제공, 정책주창, 혁신 등 NGO의 핵심 역할과 그러한 역할이 하나의 NGO 내에서 어떻게 조합이 되는지 알아본다. 또 NGO, 정부, 기업의 파트너십이 증가하고 있는 경향에 관해 살펴본다.

NGO는 '시민사회'에 관한 아이디어들과 같이 연상된다. 제6장은 이 개념에 대해 자세히 검토하고, 시민사회와 NGO라는 개념이 서로 어떻게 영향을 주고받았는지 알아본다. 또 우리는 NGO와 함께 연상되지만, 그와는 다른 '제3섹터'라는 개념에 대해 검토한다. 제7장은 NGO의 활동에 동시에 기회와 위협이 되고 있는 '세계화'라는 보다 넓은 맥락에서 NGO와 개발을 분석한다. 이 장에서는 세계화가 원조 제공 방식을 변화시킨 양상과 '글로벌 시민사회'의 부상 가능성을 고려한다. 이어서 제8장은 국제 원조의 맥락에서 NGO의 역할과 개발 분야의 다른 행위자들의 NGO에 대한 시각이 어떻게 변해왔는지를 분석한다. 또 우리는 주류의 국제원조체제에 속하지 않은 다른 유형의 개발 NGO에 대해 살펴본다.

제9장은 국제 인도주의 활동에 있어서의 NGO의 역할에 관한 내용이다. 여기서 우리는 구호 활동이 개발 활동과 어떻게 다른지, '복합적 정치적 긴급사태'라는 냉전 후 담론 속에서 NGO의 역할이 어떻게 변화했는지 대해 알아본다. 제10장은 다루어진 주제들을 종합하여 결론 짓고, NGO의 미래에 대해 예측해볼 수 있는 근거를 제공하고자 한다.

용어

NGO에 대해 연구하다 보면 누구나 혼란스러운 용어와 두문자어(약자)들을 만나게 된다. 'NGO'는 널리 사용되고 있지만, 그 외에도 '비영리', '자원봉사', '시민사회'단체와 같은 유사한 용어도 있다. NGO의 유형 구분을 반영하는 경우도 있다. 어떤 분류는 자기 자신의 이익을 추구하기 위해 조직된 **풀뿌리** 또는 회원 중심 NGO와 주변화된 집단을 대변하거나 지원하기 위해 조직된 **매개적** NGO를 구분한다. 그러나 많은 경우 이러한 여러 용어들은 분석적 엄격성에 근거하기보다는 단지 개인적 선호, 또는 NGO들이 생성된 지역의 다양한 언어, 문화, 역사를 반영한다.

예를 들어, '자원봉사단체' 또는 '자선단체'와 같은 용어는 기독교적 가치와 자선 관련 법률의 발전에 영향을 받은, 자원봉사의 오랜 전통이 있는 영국에서 흔히 쓰인다. '비영리단체'라는 용어는 어떤 단체가 상업적, 영리단체가 아니고 공공선을 위해 활동함을 증빙할 수 있으면 재정적 혜택을 받는, 시장 주도적인 사회인 미국에서 빈번히 사용된다. 중국에서는 최근 '사회적 단체'가 많이 사용된다. 'NGO'는 많은 나라에서 국제적으로 활동하는 단체 또는 '개도국'에서 활동하는 단체를 지칭한다. 이 용어는 UN의 역사 속에 그 기원이 있다. 1945년 UN헌장이 제정되었을 당시 '비정부기구(NGO: non-governmental organization)'라는 명칭은 UN의 활동에 있어서 협의 대상으로서 지위가 인정된 비국가기구(non-state organization)에 주어졌다.

　NGO를 이해하는 또 다른 접근은 그들을 '제3섹터'의 일부로 보는 것이다. 이것은 어떤 사회든 그 행위자들을 제1섹터인 정부, 제2섹터인 영리추구 기업, 그리고 그 두 범주에 속하지 않은 비영리, 사회운동, 자원봉사, 자선, 공동체 기반, 자조(self-help), 비정부 등 다양한 속성의 단체들로 이루어진 제3섹터로 구분할 수 있다. '제3섹터'는 정부와 시장 사이에 존재하는 단체나 제도적 공간을 비유적으로 표현한 것이다. 이러한 틀에서 개발 NGO는 제3섹터 중 하나의 하위 범주에 속한다고 볼 수 있다.

　이러한 용어들은 모두가 어떤 문화적 배경 속에서 만들어졌으며, 특정 사회, 경제, 정치적 맥락에서 사용되었음을 역사적으로 추적해볼 수 있다. 이러한 상이한 용어들은 쉽사리 혼동을 가져온다. 그러나 이것은 단지 의미론적인 문제에 그치는 것은 아니다. 단체에 어떤 명칭이 붙여지는가는 그들이 정책과정에 참여하거나, 지원금을 받을 수 있는지에 크게 영향을 미친다. 나잠(Najam 1996: 206)은 전 세계에서 NGO를 지칭하는 47개의 약자 목록을 정리하였다 (글상자 1.2).

　용어나 그들의 의미는 시간이 흐름에 따라 변화한다. 단체 속성의 잡종화가 늘어나는 것은 용어의 변화를 가속화하는 요인이다 (Billis 2010). 예를 들어, 어떤 NGO는 비영리 개발 사업을 위해 시장을 이용하고, 개발의 문제에 시장에 기반을 둔 해결책을 찾게 되면서 '사회적 기업'으로 보이는 것을 선호하게 되었다.

글상자 1.2 NGO의 다양한 명칭

AGNs	정책주창 집단 및 네트워크(Advocacy groups and networks)
BINGOs	대규모 국제 NGO(Big international NGOs)
BONGOs	업계 NGO(Business-organized NGOs)
CBOs	공동체 기반단체(Community-based organizations)
COME'n'GOs	지원금만 좇는 기회주의적 NGO(The idea of opportunistic NGOs existing only to follow funds)
DONGOs	공여자/기부자가 조직한 NGO(Donor-oriented/organized NGOs)
Dotcause	인터넷을 통해 지원을 동원하는 시민사회 네트워크(Civil society networks mobilizing support through the internet)
ENGOs	환경 NGO(Environmental NGOs)
GDOs	풀뿌리 개발 NGO(Grassroots development organizations)
GONGOs	정부가 조직한 NGO(Government-organized NGOs)
GRINGOs	정부가 운영하는 NGO(Government-run [or-inspired] NGOs)
GROs	풀뿌리단체(Grassroots organizations)
GRSOs	풀뿌리 지원단체(Grassroots support organizations)
GSCOs	풀뿌리 사회변화 운동단체(Global social change organizations)
GSOs	풀뿌리 지원단체(Grassroots support organizations)
IAs	이익단체(Interest associations)

계속 ▶▶

글상자 1.2 계속

IDCIs	국제 개발협력 조직(International development cooperation institutions)
IOs	중간적 단체(Intermediate organizations)
IPOs	국제/선주민단체(International/indigenous people's organizations)
LDAs	지역 개발단체(Local development associations)
LINGOs	소규모 국제 NGO(Little international NGOs)
LOs	지역단체(Local organizations)
MOs	회원제단체(Membership organizations)
MSOs	회원제 지원단체(Membership support organizations)
NGDOs	비정부 개발단체(Non-governmental development organizations)
NGIs	비정부 개인(Non-governmental individuals)
NGIs	비정부 이익단체(Non-governmental interests)
NNGOs	북반구(선진국) NGO(Northern NGOs)
NPOs	비영리단체(Non-profit or not-for-profit organizations)
PDAs	현장 주민 참여형 개발단체(Popular development associations)
POs	주민단체(People's organizations)
PSCs	공공서비스 제공자(Public service contractors)
PSNPOs	유급 직원을 가진 비영리단체(Paid staff NPOs)
PVDOs	민간 자원봉사개발단체(Private voluntary development organizations)
PVOs	민간 자원봉사단체(Private voluntary organizations)
QUANGOs	준 비정부기구(Quasi-non-governmental organizations)

계속 ▶▶

RONGOs	왕실 NGO(Royal non-governmental organizations)
RWAs	구호 복지단체(Relief and welfare associations)
SHOs	자조단체(Self-help organizations)
TIOs	기술 혁신단체(Technical innovation organizations)
TNGOs	초국가적 NGO(Trans-national NGOs)
VDAs	마을 개발단체(Village development associations)
VIs	마을 조직체(Village institutions)
VNPOs	자원봉사 비영리단체(Volunteer non-profit organizations)
VOs	마을단체(Village organizations)
VOs	자원봉사단체(Volunteer organizations)

출처: Najam (1996); Lewis (2007)에서 인용

유행에서 멀어지는 용어도 있다. 어떤 분야에서는 'NGO'는 '시민사회단체' 또는 '사회적 기업'과 같은 명칭으로 대체되면서 사용 빈도가 감소했다. 예를 들어, 최근 출판된 『비판적 개발학 지침(*Guide to Critical Development Studies*)』(Veltmeyer and Bowles 2018)에서 'NGO'라는 용어는 책의 색인에 아예 등장하지 않는다.

　어떤 나라에서는 'NGO'라는 용어는 독자적 시민 행동에 의한 진보적 변화에 헌신하는 단체라기보다 행동주의로부터의 거리감, 기부자 의존성, 비효율, 부패, 정부에 의한 포섭이 연상되는 부정적 의미로 (또는 그 모든 것으로) 인식된다. NGO라는 명칭과 그것이 특정 상황에서 널리 사용되거나 또는 거부되는 데 대해 생각해보면 더 넓은 의미의 사회적 절차나 정치에 대한 유용한 통찰이 가능해진다 (Lewis and Schuller 2017). 이 책에서 NGO에 대한 논의는 저자들의 지식과

경험에 의해 필연적으로 제약을 받으며, 우리가 전 세계에 존재하는 NGO와 같은 유형의 무수한 단체들에 대해 온전히 설명한다고 주장하는 것은 아니다.

그러나 개발 분야의 일부 사람들이 'NGO'에 거부감을 가짐에도 불구하고 그 용어는 이미 대중들의 인식에 자리를 잡았으며, 공공 영역에서 점점 더 널리 사용되고 있다. 일례로, 북아프리카와 중동에서 탈출하여 지중해를 건너 이탈리아로 향하는 난민 보트를 NGO들이 구출하는 데 대한 보도에서 볼 수 있듯이, 유럽의 언론매체들이 인도주의 및 난민 문제를 보도하는 데 있어서 'NGO'라는 용어는 크게 부각되고 있다.

맥클리먼(McClimon 2018)은 NGO라는 용어가 범람하면서 야기된 혼란으로 인해 미국에서는 워싱턴이나 기타 권력 중심부에서 이들 단체의 영향력이 떨어졌다고 본다. 그는 많은 사람들이 자선단체, 비영리단체, NGO가 '근본적으로 동일한 주체'라는 것을 이해하지 못한다면서, NGO들이 용어를 더 명확히 하고, 더 일관성을 유지해야 한다고 제언한다.

> 어떤 목표를 실현하기 위해서는 그것을 규정하고 명칭을 일관되게 할 필요가 있다. 개인적으로 나는 자선 섹터 또는 사회적 섹터라는 명칭을 선호한다. 왜냐하면, 그것은 그 섹터가 무엇이 **아닌지**보다는 **무엇인지**를 서술해주기 때문이다. 그리고 나는 제1, 제2섹터 다음으로 제3섹터가 나오는 것을 좋아하지 않는다. 그러나 용어에 대해 합의를 하려면 이 분야 관련 지도자들의 리더십이 크게 발휘돼야 할 것이다.

정의

제3섹터 혹은 비영리단체에 폭넓은 연구를 한 살라몬과 안하이어는 이들 용어에 대한 대부분의 정의가 법적(각국에서 공식적으로 등록된 유형과 지위에 초점)이거나, 경제적(단체의 자금원에 따라)이거나, 기능적(수행하는 활동의 유형)인 것 중에 하나라고 주장했다 (Salamon and Anheier 1992). 그러나 이러한 정의들은 NGO의 일부분밖에 포착하지 못하기 때문에, 살라몬과 안하이어는 단체의 드러난 속성으로부터 도출한 '구조/운영의 측면에서 본' 정의를 제시했다.

이 정의는 제3섹터 단체를 다음 5개의 성격을 가진다고 규정한다. 첫째, 공식적이다. 즉 정기적인 회합, 임직원, 조직이 있다. 둘째, 정부의 지원을 일부 받을 수는 있으나 제도적으로 정부와 거리를 둔 민간단체이다. 셋째, 비영리적이며 수익이 발생해도 소유자나 임직원에에 돌아가지 않는다 (종종 '비분배 제약'이라 칭함). 넷째, 활동을 자체적으로 통제-관리하는 자치단체이다. 다섯째, 자발적인 단체이며, 자원봉사자가 아닌 직원이 있다고 해도 그 활동이나 관리에 일정부분 자발적으로 참여하는 이사회의 형태와 같은 것이 있다.

'NGO'는 광의, 협의의 의미로 모두 사용된다. 가장 넓은 의미로 NGO는 영국의 공법구제사업이라는 단체(Sunkin *et al.* 1993: 108)가 규정하는 것과 같이 '영리를 추구하든 추구하지 않든 민간 영역에서 생성된 조직체(회사, 전문가 단체, 노조, 자원봉사단체, 자선단체 등)'이다. 다시 말해 이 법적인 정의에서는 기업이든 제3섹터 단체든 모든 비정부기구는 NGO로 간주된다. 차노비츠(Charnovitz 1997: 185)는 'NGO는 인간의 상상력과 염원을 바탕으로, 수많은 이유로 인해 개인들이 조직화된 집단'이라는 더 넓은 의미로 규정한다. 그러나 이러한 정의는 이 책의 목적을 고려하면 너무 광범위하다.

NGO의 상식적인 정의는 그것이 사회적, 정치적, 경제적 변화를 추구하는 조직체라는 아이디어에 초점을 맞추는데, 이는 통상 '개발'의 개념, 또는 궁핍한 사람들을 지원하는 활동을 연상시킨다. 앞서 언급한 구조와 운영 면의 요소들을 근거로 바킬(Vakil 1997: 2060)은 NGO를 '사회적 약자들의 삶의 질 개선을 추구하는 자치적인, 민간 영역의, 비영리단체'라고 간결하게 정의하였다. 따라서 우리는 NGO를 노조, 스포츠나 예술단체, 사회운동, 전문가단체 등 다른 유형의 '제3섹터' 집단들과 구분할 수 있다. 그러나 오늘날 NGO의 세계에서는 사회적 목적을 가진 영리 추구 조직체인 '사회적 기업'(Aiken 2010), 혹은 정부가 간접적으로 행정 행위를 수행하기 위해 설치한 NGO(Hasmath *et al.* 2019)와 같이, 하나 이상의 섹터의 속성이 혼합된 혼종화의 경향이 증가하고 있음을 우리는 인식해야 한다.

따라서 이 책은 개발과 사회변화 추구의 맥락에서 활동하는 대체로 좁은 의미의 '비정부기구'를 다룰 것이다. 그럼에도 불구하고 우리는 여러 상이한 유형의 개발 NGO가 있음을 인식해야 한다. 이 책에서 사용하는 NGO의 정의에는 공동체 기반의 단체나 주민단체, 지역사회 밖에 있으면서 지역 공동체와 협력하는 매개적 NGO, 나잠(Najam 1996)이 지칭하는 풀뿌리 지원단체(GSO) 등을 포함한다. NGO는 반드시 정부에 공식 등록된 단체이어야 할 필요는 없다는 것이 우리의 생각이다.

과거에 연구자들은 흔히 부유한 선진국에서 기원한 단체를 지칭하는 '북반구 NGO(NNGOs)'와 '제3세계'로 불리어지던 저소득 국가에서 조직된 단체를 지칭하는 '남반구 NGO(SNGOs)'를 구분하였다. 오늘날은 소위 '북반구 선진지역(Global North)'와 '남반구 개발도상지역(Global South)'이라는 용어를 더 널리 사용하게 되었으며, 국제

사진 1.2 ▌그라민은행 지점, 방글라데시 카심푸르

출처: Ayeleen Ajanee

NGO(INGOs)와 다른 형태의 NGO를 구분하게 되었다. 이러한 개념들은 유용하지만 현실을 이분법적으로 너무 단순화하는 문제가 있다. 예를 들어, 중국, 한국, 러시아의 NGO는 점점 더 시대에 뒤처지는 북반구-남반구의 구분을 적용하기 어렵다.

양자-다자간 원조 공여국, UN, 브레튼우즈의 제도 및 기구로 구성된 '개도국 개발 산업'의 일부분으로 활동하거나 또는 그로부터 자금을 지원받는 NGO가 다수 있지만, 우리는 개도국 원조와는 가능하면 멀리 거리를 두면서 활동하는 NGO들의 중요성을 인식해야 한다. 이들 NGO는 개인의 헌금이나 회비에 의존하거나, 자원봉사자들에 의존하거나, 시장에서 자금을 충당하는 방법을 찾기도 한다. 그 밖에도 당장의 어려움을 덜어주는 '고통 완화' 활동을 하는 NGO도 있고, 현재의 개발 전략에 대한 '대안을 고민하는' '생각하는 NGO'들도 있다 (Tandon 1996).

NGO는 어떤 일을 하는가?

NGO에 대한 많은 책들은 서론에서 NGO들이 하는 여러 활동의 유형을 개괄하는 복잡한 틀을 제시하며, 그러한 분류를 하는 데는 매우 다양한 방법이 있다. 가장 단순하게 NGO가 무엇을 하는지는 시행자, 촉진자, 협력자(파트너)라는 서로 연관되는 세 가지의 역할에 따라 정리해 볼 수 있다 (Lewis 2013).

시행자의 역할은 물품이나 서비스를 필요로 하는 사람들에게 제공하기 위해서 자원을 동원하는 일이다. 서비스의 제공은 보건, 소액 금융, 농업 자문, 긴급 구호 등과 같이 NGO가 현장에서 시행하는 매우 광범위한 활동을 포함한다. 이 유형의 활동은 거버넌스 개혁과 민영화가 진행된 지난 20년간 정부나 기부자들이 대가를 지불하고 특정 업무를 시행하도록 NGO에게 '위탁'하는 일이 늘어나면서 증가하였다 (Robinson 1997). 또 이러한 유형은 인도주의적 활동의 일환으로 NGO가 분쟁, 긴급 상황 또는 자연재해에 대응하는 역할이 더 강조됨으로써 더 부각되었다. 모든 시행자로서의 활동이 현장에서만 이루어지는 것은 아니다. 어떤 NGO는 관리자 대상 교육 또는 연구단체에 연구 용역을 제공하기도 한다. 어떤 NGO는 기부자의 역할도 하며, 지원금 지급을 시행하는 것도 그 역할의 일부이다.

촉진자는 뭔가 변화를 추진하는 역할을 한다. 모든 NGO는 어떤 형태이든 변화를 가져오는 데 관심이 있다. 촉진자 역할은 변화를 일으

키는 사고와 행동에 영감을 주고 기여하는 NGO의 능력이라고 정의
될 수 있다. 문제에 대한 혁신적인 해결책을 제공하는 것도 이 역할이
다. 그러한 변화는 지역 공동체의 개인 또는 집단에 해당될 수도 있고,
정부, 기업, 기부자와 같이 개발 분야의 다른 행위자들의 변화일 수도
있다. 이 역할은 풀뿌리 수준의 조직화, 사회적 동원, 단체 조직, 젠더
사업, 역량강화 사업, 로비활동, 정책주창, 연구조사, 정책과정에서의
영향력 행사 등을 포함할 수 있다.

협력자는 공동사업을 통해 협동하고 위험이나 혜택을 공유하는 역
할을 한다. 협력자의 역할은 NGO가 단독으로 활동하는 일이 드물다
는 사실을 보여준다. NGO는 정부, 기부자, 민간 부문을 포함하는 더
넓은 세계의 일부이며, 그들은 다수의 행위자들이 참여하는 프로그램
이나 사업에 특정한 투입을 제공하는 공동 활동에 빈번히 참여한다.
또 이 역할에는 '역량강화'와 같이 NGO들 사이에 또는 지역 공동체를
대상으로 이루어지는 활동이 포함된다. 정책과정에서 흔히 사용되는
'협력관계'라는 말은 NGO에게는 효과적이고 민주적이면서 의존적이
지 않은 호혜적인 관계를 구축해야 하는 어려운 문제를 제기한다.

대부분의 NGO들은 이 세 가지 역할을 다 수행하지만, 그 강조점은
다양하다. 정책주창 NGO는 뜻을 같이하는 타 집단과 협력을 추구하
고, 캠페인이나 사업을 시행하기도 하겠지만, 주로 촉진자 역할에 초
점을 맞춘다. 서비스 용역을 하는 NGO는 주로 시행자의 역할에 집중
하겠지만, 서비스 대상이 되는 사람들의 삶의 긍정적 변화를 희망할
것이다. 촉진자 역할의 NGO는 권력 구조의 변화를 추구하는 반면, 파
트너십 추구 NGO는 연합이나 운동을 추구한다. NGO는 역동적이며,
시간이 지나면서 환경과 기회가 변화함에 따라 한 역할에서 다른 역할
로 초점이 옮겨 갈 수도 있다.

NGO의 진화

대부분의 NGO는 소규모에서 시작하며 시간이 흐름에 따라 더 크고 복잡한 조직으로 성장한다. NGO는 개인이나 비슷한 생각을 가진 사람들이 어떤 문제를 해결하기 위해 행동하면서 시작된다. 세월이 흐르면 그러한 활동을 중심으로 조직 구조가 만들어지고, 자금 조달이 이루어지고, 직원이 고용되며, 정부나 여타 기관들과의 관계가 형성된다.

코튼(David Korten 1990)은 이 과정을 진화의 유형으로 개념화했다 (표 1.1). 1단계 또는 '세대'에서 NGO의 가장 시급한 우선 과제는 주로 구제와 복지 활동을 통해 당면한 필요에 대응하는 것이다. 2세대 NGO는 경험과 지식을 축적하고 기부자들과 같은 다른 행위자들에 의

사진 1.3 ▮ 떼르 데 옴므(아동구호단체 – 역자 주) 지부. 코토누, 베넹

출처: Miranda Armstrong

표 1.1   개발 NGO '세대'의 4단계 진화에 관한 코튼의 도식화

	세대			
	1세대 (구호 및 복지)	2세대 (공동체 개발)	3세대 (지속가능한 체제의 개발)	4세대 (주민 운동)
문제의 정의	궁핍	지역의 무기력	제도-정책적 제약	동원을 위한 비전 부족
시간적 범위	즉각적	프로젝트 수행 기간	10~20년	무기한의 미래
활동 범위	개인이나 가족	이웃이나 마을	지역이나 국가	국가나 전 세계
주요 행위자	NGO	NGO와 공동체	공공, 민간의 모든 관련 조직	느슨하게 규정된 사람 또는 조직체의 네트워크들
NGO의 역할	시행자, 실행자	동원가	촉진자	활동가/교육자

출처: Korten (1990)에서 정리

해 영향을 더 받게 되면서, 소규모의 자립적 지역 개발 사업을 구축하기 위해 노력하게 된다. 3세대에서는 지속가능성, 그리고 정책주창을 통해 더 광범위한 제도적, 정책적 맥락에 더 큰 영향력을 행사하는 데 초점이 맞추어진다. 4세대에서 NGO는 더 광범위한 사회운동과 더 긴밀히 연계되며, 보다 장기적인 구조적 변화에 기여하려는 의도를 가지고, 지역의 활동과 전국적, 전 지구적 수준의 활동을 병행하게 된다.

　코튼(Korten 1990)의 모델은 내적, 외적 압력을 받는 NGO가 변화하는 과정을 탐색하기 때문에 유용하다. 많은 NGO는 구호나 복지 관련 활동에서부터 기원하지만, 시간이 흐르면서 개발 NGO의 형태로 변화할 수 있다. NGO는 여러 역할을 동시에 수행하기도 하며, 국가나 기부자 등 여타 행위자들과 어떤 관계를 맺는지, 또 그들이 어떤 역

사적-문화적 맥락에서 활동하는지 이해할 필요가 있다. 일례로 소말리랜드에서 내전으로 인해 삶이 영향을 받은 지역 부족 출신 젊은이들이 1992년 설립한 작은 지역단체인 일반 지원 및 자원봉사단체(GAVO: General Assistance and Volunteer Organization)는 언급한 바와 같은 변화의 과정을 거쳤다 (Green 2008). GAVO는 내전으로 인한 심리적 후유증을 겪는 지역 주민들을 위한 소규모의 자선활동으로 출발했다. 이어서 그들은 공동체의 의식을 높이기 위한 행동주의 연극을 이용하여 모금 활동을 하고, 심리적 질환을 금기시하는 지역민의 인식에 도전하였다. 수년 뒤 GAVO는 혁신적인 외래 진료소를 설치했고, 궁극적으로 인권과 관련한 보다 광범위하고 영구적인 정책 변화를 위해 대 정부 로비를 시작하였다.

오늘날의 시점에서 보면 이 모델은 NGO의 진화를 설명하기보다는 NGO를 분류하는 유형론으로서 더 적합한 것으로 보인다. '세대'와 같은 표현을 사용하는 것은 NGO의 변화가 단일한 방향으로 진행된다거나, 표준화된 조직의 변화 양식에 따라 진화함을 상정한다고 비판을 받을 수 있다. 코튼의 도식화는 자신이 1980년대에 방글라데시와 필리핀의 NGO와 같이 활동하면서 관찰했던 경험이라는 맥락이 결정적으로 반영된 것이다. 사회운동이 제도화하면서 NGO가 최종 종착점으로 되어버리는 것에 대한 비판을 받는 데서 알 수 있듯이, 이 도식화는 NGO가 사회운동과 관계하는 다양한 방식을 적절히 보여주지 못한다.

그럼에도 불구하고 이 분석틀은 개발 NGO 활동의 다양한 방식을 이해하는 실마리를 제공해준다는 점에서 유용하다. 대부분의 NGO는 시대에 따라 정부나 원조 공여자들의 호의에서 멀어지기도, 가까워지기도 하면서, 예측 불가한 환경 속에서 항상 변화에 대응해야 한다.

NGO는 개도국의 개발에 어떻게 기여하는가?

NGO가 주목을 받기 시작했던 1980년대 후반에 그들은 여러 이유로 인해 다양한 개도국 개발 관련 행위자들의 관심을 끌게 되었다. 당시 일부 서유럽의 원조 공여자들은 효과가 떨어지는 정부 대 정부, 프로젝트 기반의 원조에 회의를 가지게 되면서, NGO는 유용한 것으로 인식되었다. 그들이 현장 중심의 사업 시행과 풀뿌리 참여 확대 가능성을 제고할 수 있는, 더 유연한 대안적인 자금 지원 통로를 제공했기 때문이다.

예를 들어, 체르네아(Cernea 1988: 8)는 NGO가 '개발정책에 있어서 인간이 중심이 되어야 함을 인정한 철학'을 담고 있으며, 그 사실은 그들이 정부나 공공기관보다 '비교우위'를 가진다고 주장했다. NGO는 참여를 촉진할 수 있다고 평가되었다. 왜냐하면, 그들은 현장에 뿌리를 둔 조직이고 따라서 정부 관리들보다 소외된 사람들에 더 가깝기 때문이다. 빈곤한 사람들은 기존의 공공 서비스에서 무시되는 경우가 많았다. 왜냐하면, 정부는 자원이 부족하고, 정책결정 과정은 빈번히 지배집단에 포획되어 있었기 때문이다. 일부 기부자들은 NGO가 자원봉사자의 참여를 활용하기 때문에 일반적으로 저비용으로 활동한다고 주장했다. 또 NGO는 개발에 대한 대안적 아이디어와 접근을 실험하고 혁신할 수 있는 행동반경을 가지고 있다고 평가되었다. 어떤 NGO들은 참여, 젠더, 환경, 역량강화와 같이 당시 많은 개발 활동가들의 관심을 끌기 시작한 새롭고 진보적인 개발 의제를 제기한다고 인식되었다.

시장 자유화와 민영화를 강조하던 구조조정(SAPs)의 맥락에서 NGO는 공공부문에 의한 서비스 제공보다 비용대비 효과가 높고 효율적인 대안으로 간주되었다. 1970년대 후반 이후 세계은행이나 국제통화기금(IMF)은 많은 경우 차관을 제공하는 대신 구조조정을 조건으로 걸었고, 해당국 정부는 경제나 사회 부문에서 국가의 역할 축소, 외국자본의 투자 개방, 무역장벽 제거 등을 요구했다. 냉전이 종식된 1990년대 초에 이르자 서유럽의 원조 공여국들은 정부, 시장, 비정부 또는 '제3섹터'의 균형적 관계로부터 개발정책의 긍정적 결과가 나타난다고 상정하는 '바람직한 거버넌스'라는 정책 의제를 주장하기 시작했다. 이 패러다임 속에서 NGO는 '시민사회'(또는 제3섹터. 자세한 설명은 제6장에)의 일부로 간주되었다. 지역 공동체를 조직화하고 정책주창 활동을 수행함으로써 NGO와 여타 시민사회단체들은 과도한 국가나 시장에 대해 공공 이익(특히 사회적 약자들의 이익)과의 균형을 맞추는 역할을 할 수 있을 것으로 생각되었다 (Howell and Pearce 2001).

빈곤 퇴치에 대한 혁신적 접근을 제시하는 것도 NGO의 중요한 역할로 간주된다. 영국의 시민단체 본드(BOND 2015)는 소외된 사람들의 삶을 개선하는 NGO의 여러 혁신적 사업에 대해 기술한다. 일례로 리빙굿즈(Living Goods)라는 단체는 부족한 보건 종사자들을 진료소에서 지역 공동체로 보내는 시도의 일환으로, 우간다, 케냐, 잠비아, 미얀마에서 지역사회에서 보건 종사자들을 훈련시켜 호별 방문, 가족 면담, 아동의 건강 검진, 말라리아나 이질의 치료 제공, 안전 출산 세트, 강화식품, 위생 조리 도구, 식수 필터, 태양광 전등의 보급을 시행하였다. 한 연구에 의하면 리빙굿즈는 5세 미만 어린이 사망률을 25% 이상 감소시켰다. 또 이 연구는 리빙굿즈가 활동하는 인근의 진료소나 약국의 의약품 가격이 17% 하락했고, 가짜 의약품의 비율이 50% 감소했음을 보여주었다 (p. 8). 케어인터내셔널(CARE International)과 다논커뮤니티즈(사회적 기업에 투자하는 펀드 – 역자 주)가 소유한 사회적 기업인 지타(JITA)는 방글라데시의 저소득층 여성을 고용하여 생필품을 방문판매하도록 하였다. JITA는 매출 150만 파운드, 4,000 명의 여성 고용, 고객 200만 명을 달성했다 (p. 5). NGO의 혁신적 활동에 대해서는 제5장과 제7장에서 더 상세히 설명한다.

NGO에 대한 비판

NGO는 다양한 비판의 대상이 되어 왔다. 텐들러(Tendler 1982)는 NGO 활동에 대한 평가 보고서의 일부 사례들을 조사하면서 현장에서의 NGO의 효과에 대한 주장에 회의를 품게 되었다. 혹자는 NGO가 큰 역할을 하면 개발을 추진하는 데 있어서 국가의 중심적 역할을 약화시킬 위험이 있다고 지적하였다. 일례로 우드(Wood 1997)는 주요 공공 서비스가 지역의 NGO에 위임되면서 시민에 대한 책무성이 모호해지는 현상을 관찰하면서, 방글라데시의 '프랜차이스 국가'에 대한 우려를 제기하였다. 트베트(Tvedt 1998) 이러한 경향이 국가-사회관계의 더 광범위한 변형의 일부로 나타난 것이라고 분석하면서, 국제관계의 구조에 영향을 미치는 강력한 원조 공여국/NGO(DOSTANGO) 체제의 부상을 관찰하였다. 이러한 비판자들에 의하면 NGO는 공공정책의 외주화를 통한 사실상의 민영화에 참여하거나, 빈곤층에게 더 피해를 주는 구조조정이나 긴축정책과 같은 정책이 초래한 실패의 뒤처리를 하면서 신자유주의 정책의 확산을 돕는 역할을 한다.

　NGO는 그들이 지원한다고 주장하는 사람들의 이익을 희생시키면서 자기 이익을 추구하는 존재가 되었다는 비판을 받기도 한다. 예를 들어, 빈곤 국가에서 일하는 NGO의 직원들은 현지에서는 사치스럽다고 느껴질 만큼 평균 이상의 급여와 생활 스타일을 즐기는 경우가 있

다. 새로운 세대의 소규모, 면대면 활동 중심의 NGO가 부상한 것은
언급한 바와 같은 NGO의 기업화에 대한 반작용의 측면이 있다 (예를
들어, Griffin 2015).

　정치적, 도덕적 비판도 있다. NGO는 급진적 풀뿌리 운동의 잠재력
을 빼앗을 수 있다. 이들을 문제의 '소지가 적은', 직업화되고 탈정치
화된 개발 활동으로 끌어들이기 때문이다. 흄(Hulme 2016: 117)은
오늘날의 대규모 국제 NGO는 엘리트 중심적이고 시민사회와 동떨어
져있다고 본다.

　NGO의 전문적인 캠페인, 훌륭한 보고서, 설득력 있는 파워포인트
　발표는 정치 무대에서나 국제회의에서 도전적으로 토론에 영향을
　미칠 수 있다. 이것이 성공적으로 보이지만, 쥬빌리2000(제3세계
　부채 탕감 운동 – 역자 주)이나 공정무역 등 이전의 사례만큼 시민
　사회를 동원하여 행동을 이끌어 내거나 공공의 태도를 바꾸는 데까
　지 이어지지는 않았다.

　칼더(Kaldor 2003)는 NGO가 '길들여지고' 정치적인 날카로움을

사진 1.4 ┃ NGO의 다양한 접근과 활동을 보여주는 사진이 포함된 모금 전단

잃어버린 사회운동의 종착점이 되었다고 보았다 (종종 'NGO화'라고 불림). 클라인(Namoi Klein 2015)도 자기만족적이고 탈정치적인 이익집단화한 대규모 주류 환경 NGO를 지칭하는 '대형 녹색단체' ('대형 제약회사'에 비유한 것)를 비판한다. 이들은 기후 위기로 대두된 어려운 도전에 대응하기보다, 오히려 기업의 로비를 거들어주고 있다.

인도주의적 활동에 있어서도, 긴급사태에 대한 지원이 기대에 못 미치는 NGO에 대한 강한 비판이 제기된다. 비판자들은 NGO의 자기 이익 추구, 활동의 중복, 국제 NGO의 현장 상황에 대한 몰이해, 개도국 현지 지역단체들과의 경쟁, 개도국의 갈등과 불안정의 근본 원인에 대한 순진한 접근 등을 지적한다.

페일리(Pailey 2019) 등은 국제 NGO가 인종차별적인 스테레오타입에 빠지거나, '선진지역'과 '개발도상지역', 또는 '전통'과 '근대' 사회라는 이분법을 영속화하면서 '서유럽의 기준으로 보는 개발'을 보는 오류를 되풀이한다고 지적한다. 탄던(Yashi Tandon 1996)과 같은 좌파 비판자들은 NGO가 아프리카에서 신식민주의의 지속과 확대를 도왔다고 지적해왔다. 헌(Hearn 2007)은 아프리카의 NGO들이 '새로운 매판계급'이라고 보았다. 그는 국제 자본의 하수인으로 지역의 농민과 노동자의 이익을 해치는 개도국 토착 자본가들의 역할을 묘사하기 위해 종속이론에서 사용되었던 오래된 마르크스주의의 용어를 되살려낸 것이다. 헌에 의하면 아프리카의 새로운 NGO 지도자들은 그 지위를 외부 원조 기관에 의존하며, 개도국 개발에 대한 아이디어를 아프리카에 수입-전파하는 대가로 원조 자금을 관리하면서, 수혜자-시혜자 관계의 네트워크를 구축하고, 정치적-경제적 영향력을 강화한다.

이러한 비판자들은 '개도국'이나 좌파 진영에만 국한된 것은 아니다. 미국의 보주주의자들은 개발-인권 NGO들은 미국의 외교정책이나 기업의 이익에 해를 끼칠 수 있다고 주장한다. 공화당과 밀접한 관계가 있는 미기업연구소(American Enterprise Institute)는 2003년 6월, 'NGO 운영의 투명성과 책무성 문제'를 조명한다는 의도로 NGO '감시' 웹사이트를 개설하여 화제가 되었다. NGO는 미국의 외교적 이익을 위한 활동을 제약하는 것으로 간주되었다.

　NGO의 중요성이 점점 더 부각되면서 많은 나라에서 정부의 감시와 규제도 증가하고 있다. 국제앰네스티(Amnesty International 2019)는 50여 개국의 NGO의 활동을 제한하는 법률을 조사하면서, 이를 NGO에 대한 '전 세계적인 공격'이라고 보았다. 그러한 법률은 NGO 활동가들이 국가 권력을 비판하지 못하도록 하려는 의도로 제정된다. 정부 관리나 지역 엘리트들은 NGO가 외국의 지원을 받거나 '외국의 가치관'을 지지한다는 이유로 외세의 앞잡이라고 비난한다. 대중영합적인 정치가 자리를 잡은 나라에서 NGO 활동을 제약하는 것은 소위 NGO 엘리트보다 '인민'의 편에 선다고 주장하는 정부 선전의 일환이기도 하다.

　오랫동안 NGO에 대한 일반적인 묘사는 그들이 어려운 환경에서 '좋은 일을 하려고' 하는 영웅적인 조직체라는 것이다. 콜리어(Collier 2007)는 NGO의 실질적 효과에 대해서는 회의적이지만, NGO가 국제 관계에 있어서 중요한 도덕적 담론을 제기하기 때문에 가치가 있다고 강조한다 (글상자 1.3). 기부자, 정부, 연구자들이 NGO의 중요성을 '발견한' 이후 점차 NGO의 신선함이 떨어지게 되면서 그에 대한 비판이 증가하게 된 것이 사실이다. 오늘날 NGO가 여러 다양한 정치적 시각에서 비판의 초점이 되고 있다는 것은 그들이 여전히 중요하다는 사실을 반영한다고도 볼 수 있다.

　NGO에 대한 논란은 앞으로도 계속될 것이다. NGO의 업적과 효과

글상자 1.3　NGO와 '개도국 개발 지원 활동의 유행': 생각 없는 감성팔이?

전직 세계은행 경제학자 폴 콜리어(Paul Collier)는 『빈곤의 경제학(*The Bottom Billion*)』이라는 저서에서 왜 세계 최빈국 50개국의 빈곤 상태가 더 악화되는지 분석하였다. 그는 분쟁, 자원, 부적절한 거버넌스, 불량 주변국에 둘러싸인 내륙 국가라는 중요한 4개의 '덫'을 지적하였다. 이어서 그는 극빈 국가 주민들의 빈곤에 대응하는 데 있어서 통찰력 있는 대응을 방해하는 2개의 장애물에 대해 언급했다. 첫째는 수많은 다자간, 양자간 원조 기관과 그들로부터 용역을 수주하는 민간기업들로 구성된 '개도국 개발 사업자들'이다. 이들은 최빈국보다는 형편이 나은 소위 개발도상국의 40억 명에 더 관심을 갖는 경향이 있다. 둘째는 '개도국 개발 지원 활동의 유행'이다. 콜리어는 이를 '밑바닥의 10억 명'이 처한 곤경에 대해 관심을 끌어내고 유지하는 NGO와 유명인들의 활동과 관련이 있다고 하였다. 그러한 유행은 G8의 의제에 아프리카를 포함시키는 등 성취한 것도 있지만, 여론에 호소하기 위해 "이미지, 슬로건, 분노 등을 부각시키면서, 전달하려는 메시지를 단순화하게 된다"(p. 4). 그 결과 복잡한 문제에 대한 관심은 끌지만, 실질적 해결책을 강구하는 데는 별로 도움이 되지 않는 '단순화된 도덕적 주장'의 성격을 띠게 된다. 콜리어는 "개발 의제를 설정하는 데 있어서 유행을 쳐다보면 안 된다. 그것은 종종 생각 없는 감성팔이다"라고 비판하였다 (p. 4).

출처: Collier (2007)

에 대한 체계적인 데이터가 별로 없고, 앞서 살펴본 바와 같이 그것은 이념적인 논란이기 때문이다.

그럼에도 개발 NOG에 대한 많은 비판은 여전히 유효하다. 작가이면서 오랫동안 NGO에 대해 호의적이었던 에드워즈(Michael Edwards 1999)는 다음과 같이 기술하고 있다.

NGO는 진정으로 풀뿌리 수준에서 요구되는 것들에 대응할 수 있는 구조를 만들어내지 못했다. NGO는 '파트너십'을 말하지만, 자금과 의사결정에 대한 권한은 매우 불평등하다. … (특히 선진국에 근거를 둔) NGO의 정통성은 공공의 토론장에서 널리 제기되는 주제이다.

이타주의와 그 모순에 대한 연구도 최근 많이 진행이 되었다. 일례로 스위들러와 왓킨스(Swidler and Watkins 2017: 198)는 '이타주의자들이 이상적 열망과 그들이 하는 일의 한정되고, 일관성 없고, 종종 실망스러운 결과 사이의 괴리를 느끼는' 현상에 대해 기술하였다. 지원과 자금원을 확보하기 위해서 NGO는 세상을 바꿀 수 있는 변화를 약속해야 한다. 그러나 개발 현장과 국제사회의 복잡한 현실로 인해, 의미 있는 변화를 가져올 만한 실제적인 가능성은 대단히 제한적이다. NGO가 단순히 '도덕적 우위'에 의존하여 신뢰성을 확보할 수 있었던 시대는 지나간 지 오래이다.

결론

개도국 개발 분야에서 주류이든 대안적이든 NGO는 더 이상 각광 받지 못한다. NGO가 개발 문제 해결을 돕는 '마법의 탄환'을 제공한다는 것은 과거의 지나간 생각이다 (Hulme and Edwards 1997). 미디어도 NGO에 대해 과거처럼 호의적이지 않다. NGO가 필요 이상으로 전문가집단화된 대규모의 인도주의 사업체나 자기 이익 추구 이익집단이며, 효과도 없는 '선행자 행세'를 한다고 비판 받는 것은 흔한 일이다.

그러나 NGO는 개도국, 과도기 국가, 선진국 사회에서 점점 더 중요한 역할을 한다. NGO 부문이 받는 국제 원조는 엄청나게 증가했다(제8장). 동시에 NGO의 활동이 과거에 비해 훨씬 더 공개적으로 노출이 되고 감시를 받는다는 사실은 그들이 여전히 중요함을 반증한다. 아마 오늘날 정책결정자들은 NGO가 할 수 있는 일과 없는 일에 대한 보다 현실적인 생각을 가지고 있는 듯하다.

미틀린 등(Mitlin *et al.* 2005)에 의하면 개도국 개발 NGO의 강점은 그들이 현상유지에 대한 '대안'을 만들어내고 보여주는 잠재적 역할을 할 수 있다는 점이다. 그것은 무엇보다 시급한 일이다.

> NGO는 대안으로서 존재한다. '정부가 아닌' 주체로서 정부 사업으로는 할 수 없는 방법으로, NGO는 사람들이 개발과 사회변화에 참여하는 수단이 되어준다. '정부가 아니기' 때문에 NGO는 개발과 사회변화에 대해서 정부 사업을 통해서는 성취할 수 없는 방법을 생각해내는 것이 가능해지는 '공간'을 제공해준다. … 그들은 그러한 대안적 아이디어와 대안적 형태의 참여를 대안적 실천과 구체적 결과로 만드는 도구가 된다.

따라서 NGO와 개발의 관계는 다양한 형태를 띠며, 그러한 다양성을 너무 단순하게 일반화해서는 안 된다. NGO는 비용대비 효과가 높은 서비스를 유연한 방법으로 제공할 수도 있고, 변화를 위해 싸우거나 개발 관련 문제에 관해 새로운 아이디어나 접근법을 창출할 수도 있다.

✓ 요약

- NGO는 수십 년간 존재했었지만 1980년대 말이 되어서야 개도국 개발에 있어서 중요하게 부각되었다.
- 개도국 개발 분야에 있어서 NGO의 부각은 신자유주의 정책 의제의 확산, 대안적 개발 아이디어와 실천 방식의 부상과 관련이 있다.
- NGO는 개도국 개발 활동에 있어서 시행자, 촉진자, 파트너라는 3개의 서로 관련된 주요 역할을 수행한다.
- NGO는 명확하게 범주화하고 정의하기가 어렵다. 왜냐하면, 그들은 시장과 국가 사이에 존재하며 매우 다양한 조직 형태를 가지기 때문이다.
- NGO는 매우 다양하고 다수이기 때문에 의미 있는 논의를 위해서는 특정 역할, 조직 형태, 목표, 지향하는 가치 등에 초점을 맞추어야만 한다.
- NGO 지지자들은 그들의 유연성, 비용대비 효과, 혁신 능력 등을 지적한다. 비판자들은 NGO의 책무성 결여, 그들이 '민간적' 속성이 신자유주의 패러다임을 지지하게 되는 결과, 검증되지 않은 빈곤 완화의 성과 등을 우려한다.

💬 토론 주제

1. NGO의 정의는 왜 중요한가?
2. 어떤 이데올로기 요인이 NGO의 부상을 설명하는 데 유용할까?
3. 조직체로서 NGO는 어떤 유리한 점과 불리한 점이 있는가?
4. NGO의 역할과 중요성은 '선진국'과 '개도국'에서 차이가 있는가?
5. 왜 어떤 단체는 NGO라는 명칭으로부터 거리를 두려고 하는가?

❖ 추가 읽을거리

Banks, N., Hulme, D. and Edwards, M. (2015) 'NGOs, states, and donors revisited: still too close for comfort?' *World Development*, 66: 707-718. NGO와 개발의 관계에 있어서 주요 쟁점을 포괄적으로 검토.

Griffin, J. (2015) 'How to set up your own NGO', *The Guardian*. Personal stories about how and why people become involved with NGO work. www. theguardian.com/global-development-professionals-network/2015/jan/27/how-to-set-up-ngo (accessed May 15, 2020).

Hearn, J. (2007) 'African NGOs: the new compradors?' *Development and Change*, 38 (6): 1095-1110. NGO에 대한 정치경제학적 비판의 한 사례.

Lewis, D. (2005) 'Actors, ideas and networks: trajectories of the nongovern-mental in development studies', in Uma Kothari (ed.) *A Radical History of Development Studies*, London: Zed Books. 이 장은 개발학의 한 주제로서 NGO가 부상하게 된 이념적 맥락을 소개함.

Mitlin, D., Hickey, S. and Bebbington, A. (2007) 'Reclaiming development? NGOs and the challenge of alternatives', *World Development*, 35 (10): 1699-1720. 이 논문은 21세기가 시작되는 시점에서 개발 NGO에 대한 최신의 비판적 논의.

❖ 유용한 웹사이트

www.ngowatch.org
NGO윗치 웹사이트는 미국의 보수주의적 시각에서 NGO의 국제적 역할에 관한 중요한 정보를 제공한다.

www.intrac.org
국제NGO훈련연구센터 웹사이트는 NGO와 개발 분야에서 최근의 쟁점에 대한 광범위한 정보를 제공한다.

www.interaction.org
미국 최대의 NGO 연합체.

개도국 개발 NGO의 역사적 맥락

2장

- NGO의 이해에 있어서 핵심이 되는 국가의 맥락
- NGO의 200년 역사?
- NGO의 광범위한 국지적, 지역적 영향
- 1980년대 개도국 개발 NGO의 부상
- 최근 이념, 정책의 역사 속에서 NGO의 역할

서론

1980년대 말 이후 NGO는 개도국 개발 분야에서 급속히 그 이전보다 훨씬 더 중요한 역할과 지위를 가지게 되었다. 원조 공여자들은 NGO가 복잡하고 오래된 개발의 문제들에 대한 신선한 해결책을 제시할 수 있다고 찬사를 보냈다. 당시 NGO에 새로운 관심은 참여, 역량강화, 젠더, 인간중심 접근 등 대안적 개념에 대한 관심을 높이면서, 개도국 개발에 대한 생각과 실천에 다수의 근본적인 변화를 가져왔다. 그러나 그와 같은 성과나 긍정적인 변화와 동시에 NGO에 대한 기대가 너무 커지면서 나타난 많은 문제가 있었다. 매우 빈번히 원조 공여자들은 NGO를 '즉효의 해결책'으로 보거나, 비비안(Vivian 1994)이 말한 것처럼 개도국 개발 분야에 만연했던 실망, 환멸, 정체를 해결해줄 '마

36

법의 탄환'이라고 보았다. 그러한 시각은 후에 NGO가 그 기대에 미치지 못했다는 증거들이 나타나면서 필연적으로 역효과를 불러왔다 (예, *The Economist* 2000).

NGO는 사실 '발명'되었다고 하기보다는 '발견'된 것이었지만, 종종 새로운 행위자로서 등장한 것처럼 보이게 되었다. NGO가 주목을 받기 시작하고 그에 따라 자금 지원이 급증한 것은 과거와는 질적으로 다른 새로운 현상이었다. 그러나 NGO는 이미 오래 전부터 존재했으며, 세계 각지의 다양한 맥락 속에서 여러 요인의 영향을 받으면서 진화했다. NGO를 일관성 있는 하나의 행위자로 보고, 일반화된 속성과 유용한 가치를 부여하는 데 열심인 정책결정자들은 종종 이 사실을 충분히 인식하지 못한다.

다른 정책 분야와 마찬가지로 원조와 개발 분야 기관이나 정책 관계자들은 과거를 돌아보기보다 주로 현재와 미래에 초점을 맞추는 경향이 있다. 그들은 대체로 과거를 성찰하고 배우기보다는 새롭게 개선된 접근법을 만들어내는 것을 강조한다 (Lewis 2006a). 그 결과 그들은 새로운 전문용어를 쏟아내는 일에 과도하게 열중한다. 콘월과 브록 (Cornwall and Brock 2005)은 이 새로운 용어들을 '개도국 개발 유행어'라고 부른다. 그들은 이 용어들이 종종 모호하고 정확한 의미를 갖지 않으며 여러 해석이 가능하다고 지적한다. 이런 방식으로 이들 용어는 광범위한 분석에 기반을 둔 냉철한 비판적 사고보다, '따뜻한 느낌', '애매한 미사여구'를 만들어낸다. NGO는 역량강화, 파트너십, 참여 등 많은 이러한 유행어와 함께 연상되며, 후에는 'NGO'라는 단어 자체가 개도국 개발 분야의 유행어가 되어버리는 경우도 생겼다.

이 장은 NGO가 수행하는 활동과 그들이 대표하는 아이디어에 대한 더 정확하고 현실적인 이해를 위해서는 여러 종류의 NGO가 활동하게 된 역사와 맥락을 이해하는 데 더 관심을 기울여야 한다고 주장한다.

NGO와 국가

그 명칭이 제시하는 바와 같이 NGO는 무엇보다도 그들이 스스로를 규정하는 정부와의 관계라는 맥락에서 이해되어야 한다. 한편 국가는 한 덩어리로 된 단일체이거나 응집된 개체가 전혀 아니며 광범위하게 존재하는 비국가 행위자들의 역할과 활동을 고려하지 않고서는 이해될 수 없다. 하우트세이저(Houtzager 2005)는 포용과 개발의 정치를 이해하기 위한 '정치체(polity)' 접근에서 '사회나 국가 행위자'의 행동 능력은 상호작용의 반복 (혹은 사건) 속에서 구성된다(p.13)고 주장하였다.

'비정부' 조직체로서 NGO는 정부와의 관계, 그리고 국가의 속성으로부터 크게 영향을 받으며, 그들의 정통성의 상당 부분을 부여받는다. NGO의 정치적 속성을 간과하는 기부자들의 시각은 비현실적인 것이다. 왜냐하면, NGO를 장기적인 진화와 복잡한 역사라는 더 넓은 맥락에서 보지 않기 때문이다. 그러한 역사를 보면 NGO와 정부의 관계는 다양한 형태를 띠며 여러 단계와 변화를 겪음을 알 수 있다. 차노비츠(Charnovitz 1997: 185)는 다음과 같이 지적했다.

> NGO의 역할 확대를 주장하는 사람들 중에는 정책 결정에 있어서 정부와 NGO의 상호관계의 오랜 관행이 존재하는 역사를 무시하기 때문에 그러한 주장의 설득력을 약화시킨다.

NGO와 개도국 개발에 관해 개괄한 초기 저술에서 클락(Clark 1991: 75)은 모든 NGO가 직면한 현실에 대해, 그들은 '국가를 반대하거나, 보조하거나, 개혁할 수는 있어도 무시할 수는 없다'고 지적하였다. NGO의 '활동할 수 있는 공간'은 언제나 지역, 국가, 국제사회에서 그들이 상대하는 정부의 형태에 따라 결정된다.

NGO에 대한 정부의 태도는 지역에 따라 크게 다르며 정권에 따라 변화한다. 어떤 정부는 적대적인 태도로 NGO의 활동에 개입하거나 (정당한 이유가 있든 없든) 해체하려 한다. 또는 정부나 기부자들이 NGO에 우호적이어서 정책 수립과 집행 과정에 NGO를 포함시키면서 '파트너십'을 추구하기도 한다 (종종 '포섭').

한편에서 NGO는 체임버스(Chambers 1994)가 말하는 '활동에 긍정적인 환경'을 선호한다. 즉 정부가 경제를 건전히 관리하고, 기본 인프라와 서비스를 제공하고, 평화와 민주적 법치를 유지해 주는 환경을 의미한다. 다른 한편에서 정부는 NGO의 정직성을 보장하기 위해 거버넌스와 재정을 감시할 필요가 있고, 정부와 비정부 기관들 사이, NGO들 사이에 활동의 적절한 조정이 있어야 한다고 주장하는데, 이것은 정당한 주장이다. 그 결과 NGO와 국가 사이의 관계는 종종 긴장되고 불안정하다. 더욱이 빈곤 국가의 정부는 과거에 양자간 원조의 형태로 들어오던 국제사회의 자금이 이제 NGO에게 제공된다고 생각하게 되면 위협을 느끼는 경향이 있다.

여러 맥락에서 NGO는 은연중에 또는 노골적으로 국가에 도전한다. 예를 들어, 개발에 대한 대안적 비전을 보여주거나 주장함으로써 그들은 현상유지의 한계를 드러내 준다 (Bratton 1989). NGO의 활동에 의해 정부 기관의 무능함이 밝혀지고 그로 인해 정통성이 의심을 받게 된다면 국가는 위협을 느낄 것이다. 따라서 NGO가 특정 지역 주민의 생활 수준은 높이는 데 성공하면 정부는 그 공로를 가로채려 할 것이다.

그러나 국가, 사회, NGO 사이의 경계선은 제3섹터나 시민사회 이론에서 가정하는 것처럼 명확한 경우는 거의 없다. 지역 주민들이 정부 기관의 개입과 NGO의 활동을 동일시하는 것이 드문 일은 아니다. 아프리카에서 활동하는 NGO에 대한 민족지적 연구는 많은 NGO가 국가나 원조 공여자의 압력으로 인해 궁지에 몰리는 상황을 조사해왔다 (Igoe and Kelsall 2005). NGO 지도자들은 공여자들의 주요 관심사와 요구를 이해하여 그것을 현장 주민에게 해석-전달하고, 국가의 통제, 포섭, 혹은 방해 시도에 대응해야 하는(특히 NGO와 국가가 동일한 자원을 놓고 경쟁하는 경우) 과제에 늘 직면하고 있다. NGO는 국가가 운영하는 후원관계 속에 편입됨으로써 국가가 '일정 거리에 떨어져' 통치하는 데 이용하는 도구의 일부가 될 수 있다. 예를 들어, 아티아와 해롤드(Atia and Herrold 2018)는 푸코의 시각을 채용하여 이러한 현상이 어떻게 나타나는지 분석하였는데, 모로코에서는 정부

사진 2.1 ┃ 브라질의 NGO 아르테사나토 솔리다리오(Artesanato Solidario)의 직원이 북부 브라질(피아우이 주)에 소재한 '온카 2(Onca 2)' 공동체를 방문하여, 연방 관광부가 재정 지원하는 소득 창출 사업에 참여할 주민과 면담하고 있다

출처: Diogo Souto Maior

가 핵심 네트워크를 통제하고, 팔레스타인에서는 정부가 외국의 자금 공여자들에 영향을 미치는 것으로 관찰하였다.

어떤 맥락이 되었든 책무성(개인이나 단체가 인정된 권위 있는 주체에 자신의 활동을 보고하고 그에 대해 책임을 지도록 하는 방법)은 NGO-국가 관계의 핵심 쟁점이다 (Edwards and Hulme 1995). 모든 NGO는 그들이 활동하는 특정 국가의 해당 법률하에 책무성을 가지며, NGO가 회계, 행정 절차, 등록의무 등에 관한 법을 위반하면 국가는 관여할 법적 권한이 있다. NGO는 보통 NGO로부터 금전적 이득을 취하지 않고 그들의 활동에 경제적 이해관계가 걸려있지 않은 이사회나 운영위원회와 같은 자율적 기구에게 보고 의무가 있다. 회원으로 구성된 NGO는 운영진을 선출하는 회원들에게 직접 책무성이 있다.

책무성은 NGO에게는 복잡스러운 과제이다. 왜냐하면, 그들은 다수의 고객 집단을 상대해야 하며, 여러 다양한 집단이나 이해관계자에 대해 다른 방식으로 책무성을 이행해야 하기 때문이다. 에드워즈와 흄(Edwards and Hulme 1995)은 NGO가 2개 유형의 주요 책무성의 요구에 직면한다. 첫째는 재원의 조달 및 사용, 즉각적 결과 도출 등에 대한 단기적인 '기능적 책무성'이고, 둘째는 NGO의 활동을 통해 보다 장기적으로 광범위하게 영향을 미치는 효과에 대한 '전략적 책무성'이다. 많은 NGO들이 책무성, 특히 전략적 책무성에 주의를 기울이지 않기 때문에 지역 공동체나 NGO 구성원이 지향하는 가치에 대한 '아래로의' 또는 '옆으로의' 책무성은 소홀히 하고, 정부나 기부자를 향해서는 과도하게 책무성을 이행하는 결과를 가져왔다.

이러한 문제로 인해 책무성은 빈번히 NGO 운동의 '아킬레스건'으로 불리게 되었다. 일례로 멕시코 반군 사파티스타 운동과 함께 일하는 NGO들은 자금 지원자를 향한 보고 의무와 그들의 압력으로 인해 지원 사업과 활동에 관해 더 많은 발언권을 원하는 지역 공동체의 요구에 대응하기가 어려웠다. 그러나 어떤 NGO들은 그러한 운동으로부터의 압력을 이용해 하향 책무성을 더 강화하고, 다른 NGO도 그렇게 하도록 수평적 압력을 행사하였다 (Andrews 2014).

　여러 부문에서 활동하는 국제기구의 책무성을 비교하는 한 연구는 NGO가 이해 당사자 참여 면에서 강점이 있고, UNICEF(유니세프)나 세계은행 같은 정부 간 기구는 투명성이 높고 우월한 평가체계가 있으며, 초국적 기업은 더 우수한 불만처리체계가 있음을 확인하였다 (Lloyd *et al*. 2008). 전반적으로 그들은 NGO가 초국가 기업보다는 주요 이해 당사자들에 대한 책무성을 더 잘 이행하지만, 정부간 기구보다는 그렇지 못한 경향이 있다고 보았다.

　'행동수칙'을 이용한 자율 규제를 통해 NGO의 책무성을 개선하기 위한 많은 노력들이 있어왔으나 그 성과는 다양하다 (영국의 사례는 글상자 2.1 참조. Clark 2016). 1991년 설립된 필리핀 개발NGO네트워크 회의(CODE-NGO)는 국가 차원에서 행동수칙을 만들고 NGO의 책무성과 투명성에 대한 명확한 원칙을 규정하려는 초기의 시도였다 (Sidel 2005).

　이러한 시도는 국제적십자와 재난구제를 위한 국제적신월운동(Red Crescent Movement) 및 NGO 행동수칙(IFRC 1997), 원조요원 관리-지원 모범사례수칙(People in Aid Code of Best Practice)(ODI 1997), 스피어프로젝트의 인도주의활동 헌장 및 최소기준(Humanitarian Charter and Minimum Standard, www.sphereproject.org), 인도주의 책무성 파트너십 인터내셔널(HAP International: Humanitarian Accountability Partnership International)과 피플인에이드(People In Aid)가 2015년 통합하면서 만들어진 활동의 질과 책무성에 관한 인도

글상자 2.1   영국의 자원봉사 부문 행동수칙

1997년 영국의 자원봉사 부문의 미래에 관한 위원회 결과 중의 하나는 자원봉사 부문 행동수칙이다. 그 주요 내용은 다음과 같다.

- 단체의 목적을 분명히 밝히고 상황에 맞게 유지할 것.
- 단체의 활동을 필요로 하는 수요와 그것을 어떻게 성취할지에 대해 명확히 밝힐 것.
- 재원을 효과적으로 관리-투입하고, '말한 것을 실천할 것'.
- 활동의 효과를 평가하고, 저조한 성과에 대처하고, 불만 사항을 공정-신속 처리할 것.
- 조직이 책무성을 준수해야 할 모든 대상과 그 책임을 어떻게 이행할지를 동의하고 정해 놓을 것.
- 활동을 수행하는 데 맞추어야 할 기준을 명확히 할 것.
- NGO 활동의 고객이나 이용자를 참여시키는 방법에 대해 공개적이고 투명할 것.
- 집행부 임명의 공개적이고 체계적인 절차를 갖출 것.
- 집행부의 역할과 책임을 설정할 것.
- 자원봉사자의 참여, 지원, 훈련 방법을 명확히 갖출 것.
- 정책이나 관행이 부당하게 차별하지 않을 것.
- 직원을 공개 채용하고 공정하게 보상할 것.

영국에서는 NGO 활동에 디지털 기술을 어떻게 도입할지에 대한 실질적인 조언을 제공하기 위해 2018년 새로운 자선단체 디지털 행동수칙이 도입되었다 (https://charitydigitalcode.org).

주의활동 핵심기준(CHS: Core Humanitarian Standard on Quality and Accountability) (www.chsalliance.org) 등 인도주의 활동 분야

에서 다수 있었다.

다수의 정부, 원조 공여자, NGO들은 이러한 행동수칙이 가치 있는 진전이라고 보지만, 명확하고 적절한 제재 수단이 없기 때문에 수칙을 집행하는 것은 어렵다. 구거티(Gugerty 2010)는 NGO의 자율 규제 시도는 규제의 광범위한 적용과 엄격한 기준 및 준수 사이의 균형을 잡는 것이 어려움을 잘 보여준다고 주장하였다. 그의 연구는 아프리카 국가들의 NGO의 자율 규제의 2세대에 걸친 진화를 기술하였다. 1세대에서는 증가하는 정부 규제의 위협에 대한 대응으로 각 국가 단위로 나타난 자율규제체제인데, '위임된 권위와 집행 능력이 없는 가운데 각국의 규제체제는 소극적 행동수칙과 취약한 규제 능력'이 그 특징이다. 2세대는 보다 자유로운 정치 환경 속에서 '참여자의 일정 수준을 규정하는 인증 제도'를 만들어 낸 자원봉사 클럽의 형태로 나타났다. 자원봉사 클럽은 국가 단위의 규제체제보다 더 엄격한 기준을 가졌으나 적용의 범위가 좁았다 (p. 1106).

1990년대에는 냉전 종식 이후 '새로운 정책 의제'나 '바람직한 거버넌스'와 같은 다양한 정책 환경 속에서 NGO들에게 더 많은 자원과 영향력을 확보할 수 있는 기회가 주어졌다. 그러나 그와 같은 정책 의제의 부상과 함께 국가가 NGO를 포섭하거나 그 목적을 왜곡할 위험도 증가했다. 그 위험성은 '테러와의 전쟁' 시대에 더욱 선명해졌다. 서유럽 국가, 미국, 여타 국가들이 NGO 지원의 조건으로 특정 정책 목표에 동조하도록 요구했기 때문이다 (Howell 2006). 프랑스정부는 2015년 파리기후협정 협상 기간 중 '당초 테러 대응책으로 의도되었던 비상조치권을 이용하여 24개의 환경 운동가를 가택 연금하였다.' 미국과 캐나다에서 정부는 석유와 가스 채굴 및 운반 프로젝트에 반대하는 NGO의 시위를 억제하려 하였다 (Gordon and Allan 2019).

분명한 것은 정치적 또는 환경적 권리를 위해 적극적으로 캠페인을 벌이는 NGO들은 근본적으로 기득권의 이익을 위협한다는 점이다. 그로 인해 이러한 분야에서 NGO의 영향력 상승은 선진국, 개도국에서 공히 규제당국의 주의를 끌게 되었다 (Dupuy *et al.* 2016). 일례로 2005년 러시아정부는 우크라이나와 같은 주변국에서 시민단체가 주도하는 정치 활동(외국에서 지역 NGO에 일부 자금 지원)에 주목하면서 러시아 NGO의 활동을 제한하는 새로운 법률을 제정하였다 (*The Guardian*, 26 January 2006). 2012년 이후 러시아는 수십 개의 NGO를 '외국계 대리인'으로 (로비단체 − 역자 주) 강제로 등록시키고 엄격한 감시하에 두고 있다.

인도정부는 국제사회로부터 자금 지원을 받는 지역 NGO를 더 엄격히 규제하기 위해 2010년 외국인기부법을 재정하였다. 그 이후 정부는 미국에 기반을 둔 몇몇 NGO를 원전 반대시위를 벌인 이유로 등록 취소하였으며, 2015년에는 그린피스인디아의 면허를 취소하였다 (*Times of India*, 28 December 2016). 중국은 해외 NGO관리법을 통해 국제 NGO를 공안부 관할하에 두었으며 국가안보, 민족 통합, 공공질서를 위협하는 NGO의 활동을 제한하고 있다 (Hsu and Teets 2016).

국제앰네스티는 이러한 국가의 반응을 'NGO에 대한 전 세계적인 공격'이라고 표현하면서 '반NGO법'을 시행했거나 하려고 하는 50개국의 명단을 발표하였다 (글상자 2.2). 그러나 NGO를 통제하려는 시도가 빈번해진 것은 그만큼 NGO가 규모가 커지고 영향력이 강해져서 정부가 철저히 감시하려 하게 되었다는 점에서, 그들이 성공하고 있다는 증거이기도 하다.

국제앰네스티는 2019년 보고서 『침묵을 의도한 법률: 전 세계의 시민사회 탄압(*Laws Designed to Silence: The Global Crackdown on Civil Society*)』에서 집회의 권리를 제한하고 시민사회단체의 활동에 개입할 목적으로 제정된 법률이 과거 2년 동안 40여 건에 이른다고 기술하였다. 그러한 법률은 '터무니없는 동록 절차 시행하고, NGO 활동을 감시하고, NGO의 자원을 제한하며, 부당한 요건을 충족하지 못하면 폐쇄하는' 조치 등을 포함하였다. 많은 경우 이러한 사례들은 이전에도 외국의 지원을 받아 인권 관련 활동을 하던 단체들에게 일어난 일이었지만, 이 보고서는 특히 이민자, 난민, 성소수자와 같은 소외 집단의 인권을 보호하려는 단체에 대한 압박 사례가 증가하고 있음을 지적하였다. 보고서는 그러한 탄압이 전 세계적으로 일어나고 있으며, 개방적 시민사회에 대해 관용적인 것으로 알려진 미국, 아일랜드, 호주, 영국 같은 나라들도 NGO 활동을 제한하려는 법을 제정했거나 하려고 한다고 기술하였다.

출처: www.amnesty.org/en/latest/news/2019/02/global-assult-on-ngos-reaches-crisis-point

NGO의 역사적 기원: 소규모, 낮은 위상

NGO는 20세기 후반 국제 원조의 세계와 긴밀히 연관을 가지게 되었으나, 보다 장기적인 시각에서 보면 NGO는 최근에 나타난 현상이 아님이 명확해진다. NGO에 관한 아이디어는 모든 사회에서 공통적으로 존재하는 자선과 자조의 전통에서 비롯된 것을 볼 수 있다.

　'자선'의 개념은 '자신의 직계 가족을 넘어서 타인에게 베풀고 봉사한다는 윤리적 관념'으로 규정할 수 있는데, 역사상 대부분의 문화권에서, 종종 종교적 전통에 기반을 두고, 여러 형태로 존재했다 (Ilchman et al. 1998). 대부분의 사회에서는 종교단체, 공동체 집단, 마을의 자조단체 등 다양한 지역사회의 조직들이 오랜 세월 동안 활동해 왔으며, 정부나 개도국 개발 기관들은 종종 이들을 인식하지 못했다 (Anheier 2005). 예를 들어, 1950~1960년대에 서아프리카에서 수행된 사회인류학자들의 연구는 지역사회의 '자발적 단체'가 도시 이주자들을 새로운 사회-경제적 환경에 통합되도록 돕는 역할을 하는 것을 상세히 기술하였다 (Lewis 1999). 풀뿌리 소액 대출 모델과 같은 근대적인 아이디어는 기본적으로 과거의 관행으로부터 파생된 것이다.

한편 유럽 세력이 세계의 광대한 영역을 식민지화하면서 기독교 선교사들이 진출했고, 그들의 활동은 교육, 보건, 여성의 권리, 농경 등

사진 2.2 ▮ 수공예를 하고 있는 인도의 자조단체 회원, 인도 우타 프라데쉬

출처: Shefali Misra

의 개선을 도모하는 NGO 활동의 원형을 포함하였다. 이들 활동은 자
선과 생활고 완화를 강조하는 '복지'의 접근과 공동체 조직화와 상향
적 공동체 개발 활동을 주로 하는 '역량강화' 접근이 있다 (Fernando
and Heston 1997). 예를 들어, 장로교 선교사들은 20세기 초 케냐의
여성 할례에 반대하는 활동을 조직하였다 (Strayer 1978).

영국에서 잘 알려진 NGO들의 다수는 1980년대 이후 국제적으로
알려지고 규모가 커지기 이전에 유럽에서 오랫동안 구호활동을 해왔
다. 세이브더칠드런기금(SCF)은 제1차 세계대전의 트라우마를 배경
으로 1919년 젭(Eglantyne Jebb)과 벅스턴(Dorothy Buxton)이 설립
하였다 (Baughan and Fiori 2015). 제2차 세계대전 중 연합군의 해
상 봉쇄로 인해 추축국의 점령하에서 굶주리던 그리스인들에게 식량
을 보급하는 캠페인을 벌인 것이 1942년 옥스팜(Oxfam)이 설립된 배
경이다. 미국이 구호단체 케어(CARE)는 1945년 설립되어 원래 미국
대유럽송금조합(Cooperative for American Remittance to Europe)
으로 불렸고, 제2차 세계대전 후에는 유럽으로 구호 식량 패키지를
보냈으며, 그 이후에 전세계원조구호기구(CARE: Cooperative for
Assistance and Relief Everywhere)으로 개칭하였다.

차노비츠(Charnovitz 1997)는 서양 선진국 NGO의 진화를 7단계
로 구분하였다. 그는 1775년부터 1918년까지의 NGO의 '부상'을 개
괄하면서, 현재와 같은 NGO의 '역량강화'는 1992년 유엔 리우회의
이후부터라고 결론지었다 (표 2.1). 우리는 21세기의 변화를 반영하여
이 틀에 2개의 새로운 단계를 추가하였다.

서양 NGO의 역사는 노예무역 폐지 운동, 평화 운동 등 19세기 말
각국에서 이슈에 기반을 둔 단체가 광범위하게 성장하면서 시작되
었다. 1900년에 이르자 세계 각국에 425개 평화단체가 활동하고 있

표 2.1　서양 선진국의 국제 NGO 역사적 진화 9단계

단계	사례
1 등장 (1775~1918)	부당한 세금에 대한 반대 운동을 위해 1838년 영국에서 설립된 곡물조례 반대연합
2 활성화 (1918~1935)	신설 국제연맹에 국제단체들이 대표자격을 얻음
3 후퇴 (1935~1945)	유럽이 권위주의와 전쟁에 직면하면서 국제연맹이 쇠퇴
4 공식화 (1945~1950)	신설 UN의 헌장 제71조 규정에 따라 경제사회이사회 에서 특정 NGO에 옵서버 자격 부여
5 귀찮은 존재 (1950~1972)	UN이 정부 주도로 운영되고, 냉전이 격화되면서 NGO는 주변화
6 고도화 (1972~1992)	NGO는 1972년 스톡홀름회의를 필두로 그 이후 개최된 UN 회의에서 갈수록 주목받는 역할을 수행함
7 역량강화 (1992~2005)	리우환경회의는 개발 및 기타 국제문제와 관련하여 NGO가 새롭게 부각되는 계기가 됨
8 비판적 현실주의 (2005~2016)	국가, 국제, 지역 수준에서 도처에 NGO가 활동 중이나, 그들의 역할과 실적에 대한 감시도 증가.
9 역풍(2016~?)	대중영합주의의 재부상, 옥스팜 스캔들과 같은 위기 등 으로 인해 전반적으로 NGO가 처한 환경이 과거보다 부정적이 됨

출처: Charnovitz (1997)를 참고하여 작성

었고, 노동권, 자유무역에 관한 논쟁은 오늘날 NGO의 원조라고 할 수 있는 새로운 형태의 이익집단을 만들어냈다. 예를 들어, 미국에서 1876년에 최초의 노조라고 할 수 있는 연초노동자국제연합이 설립되었고, 영국에서는 1838~1846년 사이에 곡물조례 반대연맹이 자유무역을 주장하는 캠페인을 벌였다. 20세기 초부터 NGO는 국가 또는 국제 수준에서 그들의 일체감을 조성하기 위해 협회를 구성하였다. 일례

로 1910년 개최된 국제단체 세계대회에는 운송, 지적재산권, 마약 통제, 공공보건 문제, 농업, 자연 보호 등의 문제를 다루는 132개의 국제적 단체들이 참여하였다.

1920~1930년대 국제연맹의 시기에도 NGO는 지속적으로 활동을 확대했다. 1919년 국제연맹의 일부로서 국제노동기구(ILO)가 설립되었으며, 회원국은 정부 인사 2인, 사용자 측 1인, 노동단체 1인 등 총 4명의 대표를 파견하였다. 사상 처음으로 정부, 사용자, 노동자가 노동권에 관한 국제 협약을 토론할 수 있는 장이 마련된 것이다. NGO는 국제체제의 국외자 지위에서 벗어나 국제 포럼에서 내부자로서 중요한 문제에 관해서 정부의 관심을 촉구하는 위치를 확보하기 시작했다. 그러나 1935년 이후 유럽이 정치적 긴장 고조로 인해 전쟁에 다가가면서 국제연맹은 약화되었고, NGO의 국제문제 참여는 후퇴기에 접어들었다. 이후 1945년 신생 UN이 전후 '공식화'의 새로운 단계를 이끌면서 상황은 반전되었다.

UN헌장 제71조는 UN의 절차와 활동에 NGO의 참여를 공식화하였고, 심지어는 NGO가 헌장 초안 작성에도 참여하였다. UN의 다양한 조직 가운데 UNESCO와 WHO(세계보건기구)는 그들의 규약에 NGO 참여를 명시하였다. 그러나 이는 제71조는 'NGO 참여의 관행'을 명문화한 것일 뿐, 현실을 보면 국제연맹 시대에 경험했던 낮은 수준의 NGO 참여에서 큰 진전이 없었다 (Charnovitz 1997: 258). 제2차 세계대전 후 NGO는 상당히 희망적인 회복의 기간을 가졌지만 대체로 기대에 미치지 못했다. 그들은 활발히 활동했으나 냉전의 긴장 상태와 경제사회이사회의 제도적 취약성으로 인해 NGO의 영향력은 발휘되지 못했다. 그 결과 NGO는 '귀찮은 존재로서의 가치' 이상이 되지 못했다.

그러나 1970년대에 들어서 NGO의 힘과 활동의 '고도화'가 급속히 진행되면서 상황은 급변하기 시작했다. 이것은 1972년 스톡홀름 환경 회의, 1974년 부카레스트 세계인구회의 등 일련의 유엔 국제회의에서 NGO가 수행한 역할을 보면 명백하였다. NGO는 1980년대 아동의 권리에 관한 UN협약 초안 작성에도 핵심 역할을 하였다. 리우데자네이루에서 개최된 환경과 개발에 관한 UN회의에서 NGO가 활약을 보인 바와 같이, 1992년 이후 국제무대에서 NGO의 영향력은 지속적으로 증가하였다. 리우회의는 NGO의 역할에 관련한 일련의 정책 선언을 발표하였다. 글로벌 환경 대책을 위해 리우회의에서 채택된 주요 정책 문서인 의제21은 정책과 사업의 디자인, 집행, 평가에 있어서 UN은 비정부기구의 전문성과 의견을 참고할 필요가 있다고 공식적으로 선언하였다.

이 모든 것은 UN의 정책과정에서 NGO의 역할이 주변에서 거의 중앙으로 이동하는 상당한 변화의 길로 들어섰음을 의미하였다. 1980년 브룬트란트위원회가 작성한 문서는 NGO의 역할에 대해 가끔씩 언급했을 뿐이었으나, 1995년 글로벌 거버넌스위원회는 UN이 매년 시민사회포럼을 소집하고 이와 상의할 것을 권고하였다. 차노비츠(Charnovitz 1997)는 NGO의 '역량강화' 시대가 열렸다고 보았다. 마튼즈(Martens 2006) NGO가 UN체제의 불가분의 일부가 되었다고 주장한다.

차노비츠(Charnovitz 1997)가 말하는 7단계에서의 역량강화는 여러 면에서 NGO의 전성기였다. 세계화의 맥락에서 NGO는 인권을 지지하고 빈곤한 사람에게도 혜택을 주는 세계화를 추구하는 초국가적 행위자였다. 자유화, 민영화 같은 신자유주의 정책의 시대에 NGO는 빈곤한 사람들을 위해 더 양질의 서비스를 제공하고 개혁을 추구한다고 주장할 수 있었다. 이러한 주장은 '시민사회'라는 개념이 다시 부각되면서 뒷받침되었고, 그것은 NGO 활동의 합당한 근거를 제시하고 정통성을 높여주었다. 그러나 후술하는 바와 같이 이러한 추세는 오래 지속되지 않았다.

세계 각지에서의 NGO의 역사

NGO의 역사와 기원은 세계 각지의 다양하고 복잡한 역사, 문화, 정치적 요인에서 찾아볼 수 있다. 캐럴(Carroll 1992: 38)에 의하면 "모든 NGO는 시간의 흐름에 따라 변화하는 특정 지역적, 역사적 환경의 조합이라는 맥락 속에서 활동한다."

  NGO에 관해 일반화하려는 경향이 있는 우리에게 그 지적은 매우 중요하다. 제1장에서 개괄한 바와 같이 우리는 NGO 현상에 공통적인 주제와 쟁점이 있고, 세계의 NGO들이 글로벌 상호관계 속에서 점점 더 영향을 주고받음을 인식해야 한다. 그러나 동시에 우리는 NGO를 분석하는 데 있어서 그들의 다양한 역사에 민감해야 한다. 서유럽과 북미에서의 국제 NGO 활동의 성쇠는 그 역사의 극히 일부분에 불과하다. 여기서 우리는 사례를 통해서 세계 여러 지역 제3섹터의 다양한 기원과 영향에 대해서 간단히 소개한다. 이들은 전 세계 NGO의 여러 유형에 영향을 미치는 광대하고 다양한 문화적, 정치적, 종교적 요인을 이해하는 작은 실마리가 된다.

  라틴아메리카에서 NGO의 성장은 가톨릭교회의 적극적 빈민 구제 개입, 1960년대의 '해방 신학', 대중적 개신교의 성장에 영향을 받았다 (Escobar 1997). '비판적 의식을 위한 교육'이라는 급진적 아이디어와 조직적 공동체 행동을 주장한 브라질 교육자 프레이리(Paulo Freire)의 철학도 영향을 미쳤다 (Blackburn 2000). 프레이리는 급진적 교육을 통해 교육받지 못한 빈민의 '침묵의 문화'에 저항할 수 있다고 보았다. 즉 빈민들에게 엘리트의 세계관을 강요하기보다 기존 현상에 대해 의문을 제기하도록 동기를 유발하고, 변화를 위한 새로운 해방적 구조와 절차를 구축할 수 있다는 것이다. 브라질 포르토알레그레 시의 참여적 예산 책정 절차의 사례에서 보는 바와 같이 프레이리의 생각은 오늘날 NGO의 활동에 여전히 영감을 준다 (Guareschi and Jovchelovitch 2004).

토지에 대한 권리 신장을 추구하는 농민 운동의 전통, 개방적 민주 사회를 추구하는 정치적 급진주의자들의 역할도 NGO의 부상에 기여했다 (Bebbington and Thiele 1993). 이와 같은 급진적 성향은 라틴 아메리카 NGO 세계의 하나의 조류에 불과하다. 라틴아메리카에는 페미니스트단체들도 넓은 스펙트럼에 포진해있다. 또 기부자나 정부와 긴밀한 관계를 가진 고도로 전문가집단화된 경력자들의 단체도 있다 (Pearce 1997).

남아시아로 시선을 옮겨 보면, 센(Sen 1992)은 인도에서의 NGO의 성장을 분석하면서 기독교 선교사들의 영향, 개혁 지향적 중산층의 성장, 자발적 행동을 인도 발전의 핵심 비전으로 생각했던 간디(Mahatma Gandhi)의 철학 등을 중요한 요인으로 꼽았다. 간디가 벌인 마을 자립 캠페인은 사바세바농장협회(ASSEFA, 농촌마을 자립 운동 – 역자 주)과 같은 단체 결성에 영감을 주었다 (Thomas 1992). 그 밖에 소액 신용-저축과 같은 남아시아의 NGO 활동은 지역사회의 자조 전통에서 파생된 것으로 볼 수 있다. 예를 들어, 네팔의 디키리(*dhikiri*) 계는 여러 사람이 돈을 모아서 순번에 따라 빌리고 갚는 오래된 제도이다 (Chhetri 1995).

중국에서 종종 '사회 조직'으로 불리는 NGO는 국가에 대항하기보다 국가와 더불어 활동하는 경향이 있다 (Hildebrandt 2013). 브룩과

프롤릭(Brook and Frolic 1997)은 국가와 지역 주민 사이의 중개자 기능을 하는 국가가 조직한 수천 개의 'NGO'의 등장에 대해서 '국가 주도 시민사회'라고 지칭하였다. 이들 조직은 정부로부터 일부 자율성이 있으나 조직의 목적을 정부의 우선순위와 긴밀히 일치시키는 경향이 있다. 그들은 또 경제적으로 시급한 필요가 있는 경우에는 민간으로부터 재원을 조달한다. 반면 팃츠(Teets 2014)는 중국에서 NGO의 정부로부터의 자율성과 행동반경은 경우에 따라 다양하다고 주장하였다. 실제로 중국의 NGO는 "법적 환경이 도움이 되지 않고 때로는 적대적임에도 불구하고 NGO 부문이 번성할 수 있는 혁신적이고 기발한 방법을 찾아 왔다"(Hsu and Teets 2016: 4).

아프리카 사회는 지역의 수많은 제3섹터 단체들이 받쳐주고 있다. 그 사례의 하나로 허니와 오카포(Honey and Okafor 1998)는 도시에 이주한 같은 고향 출신을 연결해주는 나이지리아의 향우회를 소개하였다. 그러한 공동체 조직은 지역 공동체와 글로벌 노동시장 사이에서, 또 교육 기회와 마을의 가용 자원 사이에서 자원과 사람들을 연결하는 중요한 매개 역할을 했다. 오포쿠-멘사(Opoku-Mensah 2007)는 가나에서 영국 신민지 시대에 교회가 자선과 복지 사업을 수행한 것이 NGO 활동이 등장한 계기가 되었고, 이들은 독립 후에는 정부의 개발정책에 참여하여 파트너가 되었음을 관찰하였다. 케냐에서는 친족 집단과 근린 관계에 기반을 둔 상조단체의 하람비(harambee) 운동이 있었는데, 케냐타(Uhuru Kenyatta) 대통령은 독립 후 새롭게 사회기반시설을 건설하기 위한 근대화 캠페인에 이들을 편입시켰다(Moore 1988). 이것은 하향식 계획의 대안, 그리고 비용을 지역 공동체와 분담하는 방편이었는데, 초기에는 성공적이었으나 점차 관료화로 인해 당초의 자발적 참여의 정신이 훼손되었다. 한편 에티오피아의 이더(Iddir)처럼 오늘날의 다양한 도전에 대처하고 새로운 자원에 접근하는 데 성공적인 공동체 조직들도 있다 (글상자 2.3).

중동에서는 또 다른 요인들이 NGO의 진화에 영향을 미쳤다. 요르단에서는 특히 1989년의 정치 개혁 이전에는 정치적 억압으로 인해 NGO가 복지 제공(보건, 교육, 고아원)이나 직업 교육과 같은 정치와 무관한 활동을 위주로 하였다. 보건, 장학, 직업 훈련, 종교 문화 활동 등에 주력하는 이슬람 관련 NGO가 점점 증가하였으며, 그들 중 다수는 정권에 반대했다. 하세미트 가문이 운영하는 '왕실' NGO들(RONGOs)은 요르단 NGO 부문의 중요한 일부이며, 정권이 국민의 복지에 힘쓴다는 것을 보여줄 수 있는 중요한 상징성이 있다 (Wiktorovicz 2002).

동유럽과 구소련 국가에서는 서유럽, 미국 등의 기부자들이 '민주주의 촉진'과 '시민사회 개발'을 염두에 두고 민주주의와 시장 개혁을 촉진하는 행위자로서 NGO를 대대적으로 지원하기 시작하면서 NGO의 수가 급증하였다. 예를 들어, 아르메니아에는 1994년에 등록된 NGO가 44개였는데 2005년에는 4,500개로 증가하였다. 이러한 맥락에서 NGO의 속성은 외부 기부자들의 의도와 그들이 지역 활동가나 기업가들에게 제시해준 기회와 밀접히 연계되었다. 그 결과 지역의 NGO들은 '진정한' NGO, 부패한 사람들의 돈벌이 수단인 '지원금 타먹기 NGO', 자발적 단체임을 내세우지만 실제로는 정부에 속한 '주머니 속 NGO'라는 3개의 범주로 나뉘게 되었다 (Ishkanian 2006). 러시아에서는 역사적, 사회적, 문화적 요인들이 NGO 부문의 다양한 조직 문화에 영향을 미쳤고, 그 결과 전문가들의 네트워크, 자기표현의 수단 등 여러 상이한 '이상적 시민단체의 이미지'가 생겨났다 (Spencer and Skalaban 2018).

NGO는 여러 다양한 맥락에 따라 상이한 형태로 나타났지만, 제3

글상자 2.3   에티오피아의 장묘 상조 조직 이더(Iddir)

이더는 에티오피아에서 가장 널리 존재하는 고유의 자율적, 자발적 조직이다. 이들 조직의 기원은 20세기 초 도시화 과정에서 이주자들의 적응을 돕는 자조의 전통에서 찾아볼 수 있다. 아디스아바바에만 4,000개 이상의 이더가 등록되어 있다. 이더의 기본적인 기능은 무덤을 파는 도구와 인력을 제공하고, 조문객을 위한 천막을 설치하며, 장례비를 지원하거나 유족을 경제적-정신적으로 지원하는 등 장묘를 돕는 것이다. 이러한 서비스의 혜택을 받기 위해서 가구의 대표자는 정기적인 회비를 내고 장례에 참여한다. 국제 NGO들은 문맹 퇴치, 정규 교육, 소액 금융 운영, 빈민가 재건, HIV/AIDS 교육 등 다양한 목적으로 이더의 잠재력을 활용하였다. 개발분야 연구-협력기구(ACORD)는 1999년부터 디레다와와 아디스아바바에서 1만 200가구를 회원으로 하는 220개 이더와 협력하였다. 이더는 광범위하게 활동을 하고 있었기 때문에 그 지도자들과 회원들은 역량강화를 우선적으로 추진하였다. 따라서 ACORD는 이더 활동과 관련한 공식적 절차, 거버넌스, 재정 투명성, 사업 관리, 정책주창 등에 관한 훈련을 제공하였다. 이더의 위상과 의욕이 높아지면서 상위 조직의 필요성이 대두되었다. 2000년에는 4,000가구의 2만 9,000명을 대표하는 26개 이더의 연합체로서 테스파사회개발연합이 결성되었다. 연합의 당초의 목적은 이더 회비를 납부하지 못하는 회원을 돕는 것이었다. 현재의 활동은 빈민가 주택 개선, 노인 및 고아 지원, 기술 훈련과 일자리 만들기 지원, 신용대출과 저축, 보건 서비스 및 유치원 운영, 해로운 전통적 관행에 대한 반대 운동 등을 포함한다. 오늘날의 이더는 당초 그 정신이 유래한 농촌 지역으로 다시 돌아가고 있다.

출처: AKDN/INTRAC (2007)

사진 2.3 ▌ 개발도상지역의 도처에 NGO 간판이 산재해 있다

출처: Nazneen Kanji

섹터에서 사람들이 조직화하려는 노력의 핵심에는 공통점이 있다. 애니스(Annis 1987)에 의하면 그 중심에는 필요와 기회가 있다. 한편으로 소득 신장, 권리 확보, 서비스 제공의 필요성이 있고, 다른 한편으로는 새로운 아이디어, 외부 기구와의 연결, 조직화를 허용하는 정치적 변화 등으로 인해 생기는 기회가 있다.

사람들은 기회가 있다고 인식할 때 조직화하는 경향이 있다. 예를 들어, 토지를 소유하지 않은 노동자들은 경작되지 않는 토지를 보면 위원회를 조직하고, 지도자를 내세우고, 개인과 집단의 이해득실을 따져보면서 그 땅을 취할 수 있는 방법을 찾기 시작한다. 마을에서 누군가가 정부 권력자를 안다면 그들은 자조단체를 만들어서 그 인맥을 이용해 어떤 혜택을 가져올 수 있을지 탐색한다. 비공식, 열의, 인맥, 자원봉사자 의존, 제한된 자원 등의 속성을 가진 소규모 집단은 '마이크로단체'라고 불리어지기도 하는데 (Johnston 2017) 이들은 많은 나라에서 제3섹터의 매우 중요한 일부이다.

그러한 비공식 단체는 표 2.2에서 볼 수 있는 바와 같이 한 사회 내의 여러 단체들로 구성된 항상 진화하는 3층 구조의 기반이 된다. 중간층에는 기존의 단체나 활동을 기반으로 만들어진 개발 NGO들이 있다. 상층에는 아예 새로 만들어진 단체들이 있다. 이들은 빈번히 외부 기부자들이 제공한 유인에 의해서 만들어진다. 이 3층 구조는 피라미드 모양이거나 깔때기 모양일 수 있는데, 그 모양은 특정 맥락 또는 시점에 의해 결정된다. 그와 같은 일반적인 추세 속에서 개별 NGO는 조직으로서 변화하면서 부침을 겪는다 (글상자 2.4).

표 2.2 한 사회의 진화하는 NGO들로 구성된 3층 구조

1	외부의 아이디어와 재정 지원의 영향으로 만들어지거나 외부로부터 들어온 새로운 개도국 개발 NGO
2	특정 맥락에서 이미 존재하던 시민단체나 집단으로부터 세월이 흘러서 유기적으로 생성된 개발 NGO
3	사회에 이미 존재하는 다양한 기존의 비공식적(또는 공식적) 풀뿌리 단체나 공동체 집단

글상자 2.4 NGO 조직으로서의 역사와 부침

일반적인 정책의 차원에서 보면 NGO는 정치적 이념과 정책 우선순위가 변화함에 따라 유행을 타는 경향이 있다. NGO들은 처음에는 1990년대의 개발의 문제를 해결할 수 있는 '마법의 탄환'이라고 생각되었다. 그러나 아이티 지진을 둘러싼 NGO 활동에 대한 미디어의 비판이 널리 제기되고, 1990년대에 '시민사회'에 대한

계속 ▶▶

새로운 담론이 자리를 잡으면서 상황이 다소 미묘해졌다.

개별 NGO의 변화를 분석하는 것은 조직으로서의 선택과 외부 압력이 NGO에 미치는 영향을 이해하는 데 도움이 된다. 예를 들어, 멀린(Merlin)은 보스니아 내전 희생자들에게 식량과 의료 지원을 하기 위해 1993년 영국에서 설립된 매우 성공적인 구호 NGO였다. 2012년에 이르자 그 단체는 수입이 6,100만 파운드에 달했고 18개국에서 활동을 했다. 그러나 기부를 통한 재원 조달 환경이 서서히 변화하여 '제약 없는' 재정 지원이 감소했고, 인도주의적 원조를 지원하는 계약이 점점 사업 초기 자금 사전 확보를 요구하게 되었다. 그 결과 일반인의 기부에 의한 수입을 크게 중시하지 않던 멀린은 사업 계약을 따내기 위해 어렵게 경쟁을 해야 하는 처지가 되었다. 독립적인 단체로서 생존이 어려워진 멀린은 더 규모가 크고 일반인 기부를 통한 모금에 오랫동안 성공적이었던 세이브더칠드런기금(SCF) UK와 2013년 통합하였다 (2012년 수입의 29%). 개발도상지역을 예를 보자. 코밀라 프로시카(Comilla Proshika)는 농촌의 사회적 동원과 금융 사업으로 한때 방글라데시의 대표적인 NGO였다. 그런데 가장 중요한 기부자 중의 하나였던 캐나다정부는 1990년대 초에 재정지원 연장을 거부하였다. 그러한 결정의 배경에는 캐나다정부의 원조정책 변화, 책무성이 결여된 이 단체 지도부에 권력이 집중되어 있다는 평가, 재원 조달 범위를 다양화하려는 노력(의류 공장, 운송 회사 설립)의 실패 등이 있었다. 1992년에 이르자 이 단체는 운영을 중단했고, 직원 중 일부가 새로운 지역단체를 만들었다.

출처: Lewis (2017b); 'Analysis: Merlin and Save the Chldren', *Third Sector*, 30 July 2013, www.thirdsector.co.uk/analysis-merlin-save-chldren/governance/article/1193125

1980년대 말 개도국 개발 분야 NGO의 부상: '마법의 탄환'

1980년대 초 영국의 대학 석사과정에서 개도국 개발에 관한 공부를 하던 중 이 책의 저자 중 한 명인 루이스(David Lewis)는 1년 동안의 독서와 세미나 토론에서 NGO에 대해서는 전혀 언급된 적이 없었다고 기억한다. 그러나 1990년대 초가 되자 상황이 완전히 바뀌어, 개발 분야에서 NGO의 중요성이 새롭게 부각되었다. NGO가 개발정책의 주류로 자리 잡으면서 그에 대한 저술이 폭발적으로 증가하였다. NGO는 활동가나 개발의 대안에 관심 있는 사람들뿐 아니라 '제도권' 내 기존 행위자들에게도 어필을 하였다. 1990년대 중반이 되자 공적개발 원조 공여자들은 NGO에 대해 매우 '호의적'이 되었다 (Edwards and Hulme 1995). NGO는 갑자기 '국제적으로 존중 받게 되었고', 정부나 다자간 기관들은 개발에 있어서 NGO를 그 이전에 비해 훨씬 중요한 행위자로 보기 시작했다 (Brodhead 1987: 1).

  NGO의 부상은 일련의 일반적인 글로벌 추세와 국제개발 분야의 보다 특정한 쟁점들과 연관이 있다. 일반적인 수준에서 보면 몇 가지의 글로벌한 추세가 NGO의 성장을 설명해줄 수 있다. 차노비츠 (Charnovitz 1997)는 4가지 이유를 제시한다. 첫째, 세계 경제가 점점 더 통합됨으로 인해 국내 정책에 대한 정부 간 협상이 증가하였다. 둘째, 냉전 종식으로 글로벌 정치에서 두 초강대국의 대립으로 인한 분열이 완화되었다. 셋째, NGO가 그들의 입장을 표출할 수 있는 글로벌 미디어가 등장하였다. 넷째, 민주적 규범의 확산으로 의사결정에 있어서 참여와 투명성에 대한 일반의 기대가 높아졌다.

  또한, 종교적 정체성의 부상은 중요한 제3섹터 단체의 새로운 한 유형이면서 종종 NGO의 세계와 밀접한 '종교에 기반을 둔 단체'에 대해 오늘날의 정책적 관심이 높아지는 데 기여했다. 예를 들어, 미국에서 부시(George W. Bush) 행정부는 '온정적 보수주의' 담론에 영향을 받았으며 지역의 종교단체가 추진하는 복지 프로젝트에 사업을 위탁하기 위해서 2002년 3,000만 달러 규모의 온정자본(Compassion Capital) 기금을 설치하였다 (Smith 2002). 끝으로, 이메일과 인터넷 등 저렴한 글로벌 통신 기술의 확산은 국제 NGO와 그 네트워크가 성장하는 데 매우 중요한 요인이 되었다 (Lindenberg and Bryant 2001). 예를 들어, 런던에 소재한 어떤 NGO 본부는 최소한의 비용으로 에티오피아 농촌의 현장 사무소나 여타 NGO와 즉각적인 소통을 할 수 있다.

개발 분야에서 1980년대에 NGO의 위상이 높아진 것은 4개의 상호 연관된 요인들 때문이다. 첫째, 개발이론이 이론적 '교착상태'에 직면했다. 20년간 개발의 아이디어들을 주도했던 '근대화'라는 주류 거대이론과 급진적인 '종속'이론은 공히 더 이상 매력이 없었다 (Booth 1994). NGO는 새로운 이론과 실제를 제시해줄 수 있는 대안적 아이디어의 원천, 새로운 조직 형태로 간주되었다. 일례로 코튼(Korten 1990)의 연구는 재래의 아이디어에 회의를 느낀 좌파와 우파의 이론가와 실무가들이 개발에 대한 NGO 주도의 '인간중심적' 접근에 매력을 느끼게 된 것을 보여주었다. 둘째, 개발 관련 국제기구들은 개도국 정부가 빈곤 퇴치에 성과를 내지 못했으며, 관료주의와 부패 증가를 초래했다고 결론을 내렸다. NGO는 이러한 초기의 '정부 대 정부' 원조에 대한 대안을 제공해주었으며, 그 결과 선진국과 개도국의 NGO에 대한 자금 지원이 증가하였다. 브로드헤드(Broadhead 1987)는 NGO에 대한 새로운 정책적 관심이 NGO의 능력과 잠재력에 대한 진정한 이해에 근거하기보다는 기존의 체제에 대한 환멸에서 비롯된 것이라고 보았다. 불행히도 그 결과는 과거에 개도국 정부의 능력을 과대평가했던 원조 공여자들이 이제는 NGO의 잠재력을 과장하기 시작했다는 것이다.

셋째, NGO는 개발과 관련하여 새로운 아이디어를 적극 제시하였다. 개발에 대한 논의가 환경, 젠더, 사회적 개발 등에 초점을 맞추기 시작하면서 이러한 문제에 경험이 있는 NGO들은 국제원조체제에 더 긴밀히 연계되었다. 일례로 영국의 1997년 국제개발백서가 빈곤 퇴치를 크게 강조한 것은 오랫동안 영국의 NGO들이 원조가 빈곤에 더 초점을 맞추어야 한다고 주장했었기 때문이다 (Gardner and Lewis 2000). 이러한 추세는 세계 도처에서 개도국의 NGO 부문이 부상하고 영향력을 키우면서 더욱 현저하게 나타났다. 넷째, 1989년 냉전 종식은 NGO의 영향력 상승을 더욱 촉진하였다. 구 사회주의 사회 및 경제 (전환 경제)를 서구식 자본주의 자유민주체제로 재건하고 개조하기 위해 구소련 지역으로 들어가기 시작한 원조 공여자들에게 NGO는 새로운 형태의 개발 활동을 위한 유연한 틀을 제공해주었다.

전체주의 정권의 붕괴로 새로운 사적 공간이 열림으로써 이들 나라에서 시민들이 조직화하고, 새로운 형태의 결사체와 '시민사회'를 창출할 수 있게 되었으며(제5장 참조), 서방으로부터의 많은 원조가 이들을 지원했다. 1987년 드라벡(Drabek)이 편집한 학술지 *World Development*의 특별호는 '대안적 개발'의 잠재적 원천으로서 NGO를 최초로 조명한 런던 학술회의에 대해 보고하였다. 그러한 잠재력을 가진 요소들로 풀뿌리 접근, 젠더, 역량강화, 참여 등이 제시되었는데, 이들은 원조 공여자나 정부의 하향식, 사업 중심의 접근에 저항하는 것이었다. 이 특별호에는 학자와 실무가들이 발표한 총 25개의 논문이 수록되었는데, 이를 계기로 NGO에 대한 연구가 폭발적으로 증가하였다. "공적 원조 공여자나 정부는 모든 해답을 제공하지 못했다"는 주장이 이제는 타당한 것으로 받아들여졌으며(Drabek 1987: ix), 그 결과 NGO에 대해 새롭게 관심이 고조되었다. NGO의 가치를 주로 '대안적' 개발의 원천으로 보는 시각은 여전히 존재한다 (Bebbington *et al.* 2007).

1990년대 초에 이르자 로빈슨(Robinson 1993) 등은 개발원조 공여자들 사이에서 '새로운 정책 의제'가 부상한 것을 관찰하였다. 이 의제는 (참여, 역량강화 등) '대안적' 개발에 대한 관심과 냉전 후 시대의 민영화와 민주주의 거버넌스 개혁을 주도한 신자유주의의 요소들이 결합된 것이었다. 세계은행과 같은 주류의 개발 관련 기관들은 NGO를 '바람직한 거버넌스'를 촉진하기에 적절한 수단으로서, 정치 영역에서 민주적 절차를 지원하는 공공의 행위자로서, 국가보다 효율적인 서비스가 가능한 '경제 자유화'를 지원하는 '민간'시장 행위자로서 인식하게 되었다 (Edwards and Hulme 1995).

또 소련의 붕괴는 전 세계를 불안정하게 만들었다. 그 결과 서유럽, 미국 등의 정부는 NGO를 유고슬라비아, 아프리카의 뿔 지역 등 분쟁 지역의 불안정을 억제하는 수단으로 보게 되었고, NGO의 인도주의 활동에 대한 원조가 증가하기 시작했다. NGO는 오랫동안 인도주의적 지원 활동을 벌여왔으나, 이제 혹자들은 NGO를 장기적 안목의 개발 활동의 행위자로서 보다 당면한 문제에 대한 대응 수단으로 간주하였으며(Fowler 1995), 이것이 '신세계 질서'에서 서유럽, 미국 등의 우선순위가 되었다.

개도국의 개발은 북반구에서 남반구로의 재정 지원뿐 아니라 아이디어와 이데올로기의 전파도 동반했다. NGO의 부상의 또 다른 측면은 그것이 '신공공관리'와 연결되었다는 것이다. 신공공관리는 시장, 인센티브, 목표를 강조하는 공공 서비스 개혁에 관한 아이디어로 앞서 언급한 새로운 정책 의제와 유사한 개념이고 그것을 강화해준 개념이다. 이들 아이디어와 정책 처방은 1980년대 이후 선진국의 공공정책을 지배했으며, 세계은행과 IMF가 내걸은 조건부 원조를 통해 대부분의 개도국에도 전파되었다 (Clarke 1998). 신공공관리는 공공 서비스 제공에 있어서 구매자/공급자 분리, 실적과 인센티브의 연계를 강화하는 위탁계약, 정책 산출의 계량적 지표를 이용한 회계 투명성 제고 등의 아이디어에 기반을 둔다. 이러한 상황하에서 정부 구조와 역할이 재정의되고 축소되면서 많은 나라에서 공공 서비스 제공에 NGO가 참여하는 새로운 역할이 열리게 되었다 (Turner and Hulme 1997).

개발 NGO의 현재:
'비판적 현실주의' 단계와 역풍의 단계?

우리는 이제 차노비츠(Charnovitz 1997)가 제시한 NGO 진화의 7단계에 '비판적 현실주의'라는 새로운 단계를 추가한다. 우리가 1992년 이후에 시작된 역량강화 단계 이후를 논의하는 데는 두 가지 중요한 요인이 있는데, 이에 대해서는 제4장에서도 상술할 것이다. 첫째, 원조 공여자들이 NGO에 대한 평가를 근거로 그들의 실적이 많은 경우에 과대평가되었다고 생각하기 시작하였다 (Lewis 2007). 둘째, 개발 원조체제가 개발 기관들이 직접 관여하기보다 풀뿌리 차원의 개발을 더 강조하는 방향으로 변화했다는 것이다.

2005년 파리 원조공여자 회의('파리선언')와 2008년 아크라행동의제는 '원조체제의 조화(aid harmonization)'라는 새로운 원칙을 제시하였다. 이 합의는 여러 상이한 사업, 우선순위, 프로그램들보다는 원조 수혜국과 공여자들 간의 정책, 절차, 예산 등의 조정을 강조하였다.

그 결과 정책 협력을 장려하기 위해서 특정 부문의 모든 행위자를 포괄하는 접근(SWAP: sector wide approach), 정부가 주관하는 민간 부문, 시민단체, NGO 등의 '당사자' 협의를 통해 도출된 빈곤완화전략(PRS), 각 원조 공여자가 자금을 하나의 중앙 계좌에 제공하면 수혜국 정부가 국가 개발계획과 빈곤완화전략 실행에 사용할 수 있도록 하는 '예산 지원' 등 새로운 방식이 시도되었다. 공여국들이 고안해낸 이러한 새로운 원조 관리 방식은 거버넌스 정책 개혁과 빈곤 완화 정책을 행하는 수원국의 주체성을 제고하면서, 동시에 그에 대한 상당한 통제를 유지하기 위한 의도였다 (Mosse 2005).

소련 붕괴 후의 러시아와 같은 상황에 적용되었을 때 효과가 없음이 밝혀진 바람직한 거버넌스 의제는 원조 공여자들이 수원국 정부에 영향력을 행사하려고 의도하는 보다 엄격히 조직된 일련의 '상방향적' 시도로 진화하였다. 이 변화는 개발과 빈곤 완화의 계량화를 중시하는 '결과중심 관리'의 강조에 기반을 두었다 (Maxwell 2003). 이러한 경향의 사례로는 유엔 새천년개발목표(MDGs)와 17개 중점 목표, 169개 세부 목표치, 궁극적으로 2030년까지 극빈(1일 소득 1.9달러 미만) 퇴치를 추구하는 지속가능발전목표(SDGs)를 들 수 있다.

이처럼 원조 관리에 있어서 정부에 다시 초점이 맞추어진 것(re-governmentalization)은 20세기 말에 무대 중심에 섰던 NGO에 대한 관심이 다소 줄어든 것을 의미했다. 그럼에도 거버넌스와 시장에 대한 신자유주의적 사고에 기반을 둔 새로운 원조 관리 방식은 '위탁계약 문화'의 확산에 기여하였으며, 서비스 제공에 있어서 다른 민간 부문 행위자들과 함께 NGO의 역할 확대를 가져왔다. 원조만으로는 재원을 충분히 확보할 수 없는 야심찬 SDGs 의제도 원조 관리에 있어서 정부중심적 접근이 부각되는 요인이 되었다. UN은 SDGs 실행에 부족한 재원을 연간 2조 5,000달러로 추산하였으며(UNCTAD 2014), 원조뿐만 아니라 자선, 송금, 해외직접투자, 개도국의 민간 및 공공 투자 등을 통해서도 수조 달러를 동원해야 한다고 보았다.

NGO의 인도주의적 활동도 성장하였다. 아프가니스탄, 이라크, 수단, 시리아, 예멘 등 갈등과 위기가 발생하고 지속되는 지역에서 NGO의 역할이 확대-심화되었다. 이것은 인도주의적 원조가 분쟁 지역의 갈등 해소, 질서와 안정을 확보하기 위한 수단으로서 더 과격하고 정치화된 거버넌스의 도구가 된 것이 아닌가 하는 우려를 낳았다 (Duffield 2002). 이러한 경향은 2001년 미국에 대한 9·11 테러 이후 원조 공여자들이 개발원조를 반테러 목적과 연계하는 원조의 '안보화' 현상으로 인해 더욱 가속화되었다 (Harmer and Macrae 2003).

의외로 NGO의 위상 하락은 NGO를 통한 공적 원조 액수의 증가를 동반하였으며, NGO에 대한 민간의 지원 증가와 더해져서, 지난 40년간 NGO에 의한 원조 배분의 총액의 상당한 증가로 이어졌다 (제8장).

NGO는 행위자들, 원조 자금의 흐름, 정책 처방, 여러 제도적 장치의 관계 등으로 구성된 초국가적 틀 속에서 국가를 초월하여 도처에 '산재해' 있는 국제 거버넌스 구조의 일부분이 되었다 (Mosse 2005). 이러한 의미에서 종종 NGO는 신자유주의 국가의 사실상의 연장으로, 또 신자유주의 국가가 운영되는 중요한 방식으로 이해된다.

결론

비국가 행위자들의 확산은 현대 사회의 경제적, 사회적 작동의 방식과 연계되어 있다 (Fisher 1997). NGO는 글로벌 현상이 되었다. 왜냐하면, 유연성을 대단히 강조하는 신자유주의 글로벌 거버넌스 체제하에서 NGO는 유연한 조직 형태를 대표하기 때문이다. 이러한 상황에서 NGO는 거의 모두가 활용할 수 있는 만능이 되었다.

NGO는 확실히 여러 정치 성향에 어필할 수 있다. 자유주의자들에게 NGO는 국가와 기업의 이익에 균형을 맞추고 이들이 가진 권력의 남용을 방지하는 데 도움이 된다. NGO는 민간 부문의 일부로 간주되는 바, 시장의 역할을 제고하고 민간 '비영리' 활동을 통해 민영화의 목표에 기여할 수 있다. 좌파나 반세계화 운동가들에게 NGO는 중앙집중화나 국가 권력 획득에 기반을 둔 과거의 급진적 전략에 의존하지 않고 사회변화를 실현할 가능성을 제시해주는 '신정치'의 일부가 될 수 있다 (Clarke 1998). 드마스(DeMars 2005: 2)가 언급했듯이 오늘날 NGO의 조직 형태는 '너무나 매력이 있어서' '광범위한 부류의 유명인, 선교사, 범죄자들이 자기들의 NGO를 만들고 있다.'

터너와 흄(Turner and Hulme 1997)은 NGO가 한순간에는 급진적 변혁 이데올로기를 주장하고, 다음 순간에는 기업문화의 시장언어를 내세우는 '야누스 같은' 속성을 가졌다고 지적하였다. 템플(Temple 1997)과 같은 포스트개발주의자는 NGO를 식민지 시대 선교 전통의 연장이며 비서양 사회를 파괴하는 자본주의의 시녀라고 비판하였다. 이러한 시각에서 보면 NGO는 한때 오래된 상호주의의 체제에 기초한 지역 경제와 공동체에 바람직하지 않은 서양적 가치를 침투시켜 근대화하려는 세력이다.

따라서 NGO는 개발정책과 실무의 도덕적, 정치적 틀 속에서 상당히 모호한 존재이다. 그들은 이론적 담론과 활동가의 담론, 공공과 민간, 전문성과 비전문성, 시장적 가치와 비시장적 가치, 급진주의와 다원주의, 근대성과 전통 사이에서 종종 이중적 속성을 보인다. 범주나 경계를 초월할 수 있는 NGO의 능력이 그들의 힘의 핵심 중의 하나일 지도 모른다. NGO는 급변하는 개발 패러다임과 공여자들의 유행에 따라 계속 부침이 있을 것이다. 그러나 21세기 초반에 NGO가 개발과 구호 활동에서 계속 중심 역할을 할 것임에는 의심의 여지가 없다.

 요약

- NGO는 새로운 현상이 아니며 오래되고 복잡한 역사가 있다.
- 광범위한 역사적, 정치적, 문화적 요인이 세계 여러 다른 지역의 NGO에 영향을 미쳤다.
- NGO의 진화는 그 존재를 규정하는 국가의 역사 속에서 이해되어야 한다.
- NGO는 1980년대에 원조 기구들에 의해서 '발견'되었으며, 그 결과 개발과 긴급 구호 활동을 위한 많은 재원에 접근할 수 있게 되었다.
- 공적 원조에 있어서 정부에 다시 초점이 맞추어지게 되었음에도 불구하고 NGO에 대한 지원이 감소하지 않았다.
- 신뢰할 만한 데이터는 대단히 확보하기 어렵지만 최근 수십 년간 개발 관련 NGO의 수가 급격히 증가하였다.

┌───

🖃 **토론 주제**

1. 'NGO의 원형'과 오늘날의 NGO는 어떤 차이가 있는가?
2. NGO가 개발 분야에서 하는 일을 이해하기 위해서 왜 국가에 대한 분석을 중심에 두어야 하는가?
3. 세계의 어느 한 지역에서 NGO의 진화에 영향을 미친 특정 요인들 은 다른 지역과 어떤 차이가 있는가?
4. 국제원조체제 내에서의 변화는 NGO의 역할, 자원, 정책 공간에 어떤 영향을 미쳤는가?
5. 오늘날 NGO의 진화 양상은 '비판적 현실주의' 단계에 머물고 있 는가, 아니면 변화하고 있는가?

└───

❖ 추가 읽을거리

Drabek, A. G. (ed.) (1987) 'Development alternatives: the challenge of NGOs', *World Development*, 15 (supplement). 이 책은 개발 NGO에 관한 논문을 모아 놓은 최초의 학문적 서적이며, 이후 발표된 학문적, 실무적 저술의 주요 참고 자료이다.

Dupuy, K., Ron, J. and Prakash, A. (2016) 'Hands off my regime! Governments' restrictions on foreign aid to non-governmental organizations in poor and middle-income countries', *World Development*, 84: 299–311.

Hilhorst, D. (2003) *The Real World of NGOs: Discourses, Diversity and Development*, London: Zed Books. 이 책은 필리핀의 NGO들에 관한 상세 한 민족지적 조사이며 NGO에 관한 많은 규범적 저술과의 대비를 보여준다.

Igoe, J. and Kelsall, T. (eds.) (2005) *Between a Rock and a Hard Place: African NGOs, Donors and the State*. Durham, NC: Carolina Academic Press. 아프리카의 NGO들에 관한 상세하고 사려 깊은 저술의 모음으로 '친' 또는 '반' NGO 입장에서 탈피하려 시도한다.

Lewis, D. and Opoku-Mensah, P. (2006) 'Moving forward research agendas on international NGOs: theory, agency and context', *Journal of International Development*, 18 (5): 1–11. NGO에 관한 연구 분야의 비판적 검토.

❖ 유용한 웹사이트

http://library.duke.edu/research/subject/guides/ngo_guide
듀크대학 NGO도서관은 NGO에 관한 자료의 좋은 공급원이다.

www.dango.bham.ac.uk
버밍햄대학의 영국 NGO(DANGO)에 관한 데이터베이스 자료실은 1945년 이후
  영국의 NGO와 관련된 역사적 자료를 무료로 온라인으로 제공한다.

www.un.org/ecosoc/
유엔 경제사회이사회 웹사이트는 NGO와 UN에 관한 정보를 제공한다.

https://ngoexplorer.org
영국에 소재한 2019년 개설된 NGO엑스플로러 웹사이트로, NGO에 관한 주요
  데이터를 명확하고 이해하기 쉽게 제공한다.

NGO와 개발이론

3장

- NGO와 그 지지자들은 이론보다 실제에 초점을 맞추는 경향
- 논란이 많은 '개발'의 개념
- 개발에 대한 상이한 시각이 NGO에 관한 아이디어를 다르게 '구성'함을 이해하기
- 개발에 대한 아이디어의 변화가 NGO 활동에 미친 영향
- NGO의 개발이론에 대한 기여

서론

살펴본 바와 같이 1990년대에는 개발 NGO에 대한 저술이 증가하였다. 이들은 대부분 NGO의 활동에 관해 긍정적인 상황을 그렸으며, 많은 경우 NGO의 세계에 직접 관여했거나 그들에게 호의적인 사람들에 의해 집필되었다. 이들 저술 중에는 수준 높은 경우도 많았고 개발과 구호 활동 분야에서 NGO의 중요성에 대해 조명해주었다. 그러나 돌이켜보면 이 시기의 NGO에 대한 저술, 특히 NGO 활동에 실제로 관여했던 사람들이 쓴 다수의 사례 연구 중 일부에는 중요한 한계가 있었다 (Najam 1999). 이러한 유형의 문헌들은 분석적이기보다는 서술적인 접근을 한 경향이 있었고, 폭넓은 그림보다는 개별 NGO 사례에 초점을 두었으며, 객관적-비판적 목적보다는 상당히 규범적인 처방을

위주로 하였다 (Lewis 2005).

따라서 NGO는 개발이론보다는 개발의 실무와 더 연관되어졌다고 볼 수 있다. 그러나 제2장에서 보았듯이 우리는 NGO를 국가와의 관계 속에서 살펴보아야 하며, 또한 개발이론이 진화하는 가운데 나타난 더 폭넓은 경향들을 고려하면서 이해해야 한다. NGO 연구를 개발의 이론적 아이디어들과 더 밀접히 연계함으로써 개발 NGO의 세계에 대한 더 중요한 통찰을 얻을 수 있게 될 것이다.

이 장은 개발이론에 대한 포괄적인 해설을 제공하지는 않는다. 그것은 예를 들어, 윌리스(Willis 2005)의 책에 더 상세히 소개되었다. 그 대신 여기서는 개발이 무엇인지, 개발이 어떻게 실무적으로 실행되고 있는지에 대한 다양한 이론들 속에 NGO를 위치시켜보는 선택적인 접근을 할 것이다. 개발이론의 변화를 시간의 흐름에 따라 개괄하는 것은 어느 정도 단순화가 불가피하다. 또 아이디어는 좀처럼 시간에 따라 순차적으로 등장하지 않으며, 개발에 대한 논쟁의 특정 시기에, 더 일반적인 이념의 영향에 의해서 중요하게 부각됨을 우리는 인식해야 한다. 예를 들어, '역량강화'라는 아이디어는 1940년대 간디의 사상에 오랜 뿌리를 두고 있고, 심지어는 19세기 개혁적 선교사들의 저술에서도 논의되었으나, 그것은 1980년대 대안적 개발 담론에 이르러서야 명확한 형태를 띠게 되었다.

개발의 이해

개발은 늘 복잡하고 논란이 많은 용어였다. 한편으로 지구상의 빈곤과 불평등을 줄여야 할 필요는 지금 그 어느 때보다 더 분명하다. UN

이 2000년 채택한 새천년개발목표(MDGs)는 극심한 빈곤과 굶주림 퇴치, 보편적 초등교육 실현, 성평등 제고, 유아사망률 저감, 정신건강 개선, HIV/AIDS, 말라리아와 같은 질병 퇴치, 지속가능한 환경 유지, 행동을 위한 글로벌 파트너십 형성 등 과제와 관련하여 8개의 명확한 목표를 설정하였다 (Willis 2005). 이 노력은 세계 정상들이 빈곤 종식, 불평등과 불의에 대항, 교육과 건강 개선, 환경 파괴 대처 등 17개 지속가능발전목표(SDGs)를 포함하는 2030지속가능발전 의제를 채택한 2015년 유엔 지속가능발전 정상회의에서 재설정되었다 (Hege and Demailly 2018).

다른 한편으로 보면 '개발'은 하나의 합의된 의미가 없는 매우 특정하기 어려운 개념이다. 그것을 주장하는 사람들은 개발을 긍정적인 변화나 진보의 의미로 사용하지만, 그 개념은 유기적으로 변화하고 진화한다. 동사로 사용되었을 때 '개발'은 그러한 긍정적 변화를 가져오는데 필요한 활동을 지칭하지만, 형용사 '개발된(developed)'은 비교의 기준이 되는 가치 판단이 개입된다. 다시 말해 빈곤한 국가들은 아직 개발되지 않은 또는 개발 과정에 있는 반면, 부유한 국가들은 이미 바람직한 개발의 상태에 도달했다는 것이다 (Gardner and Lewis 1996).

단순히 말하면 개발은 "물질적 궁핍의 감소와 한 사회에서 가능한 많은 사람들이 양호하다고 생각하는 삶을 영위할 수 있는 능력의 제고"를 의미한다 (Edwards 1999: 4). 비교적 최근까지 서양인들은 개발을 주로 경제적인 측면에서 바라보았다. 분배보다는 경제성장을 강조했고, 사람보다 수치를 중시했다. 개발에 대한 삭스(Sachs 2004)나 콜리어(Collier 2007)의 중요한 저술에서 볼 수 있듯이 경제적 측면에서 보는 개발에 관한 재래의 개념은 오늘날에도 여전히 중요하다. 그러나 이러한 시각은 역량강화, 젠더, 참여, 권리에 기반을 둔 개발 등

'인간중심' 접근을 강조하는 개발에 대한 다양한 시각이나 새롭게 제기된 '사회적 배제', '사회자본'과 같은 개념에 대한 관심에 의해 보완되거나 도전을 받았다.

이러한 모호성에 주목하면서 토마스(Thomas 1996)는 개발은 외부의 개입을 통한 의도적인 변화의 시도, 또는 자본주의적 변화 과정에서 삶의 질을 개선하려는 사람들의 자체적인 노력을 의미한다고 보았다. 여기서 토마스는 코웬과 쉔톤(Cowen and Shenton 1996), 그리고 하트(Hart 2001)의 저술을 참고하고 있다. 코웬과 쉔톤은 '의도적' 개발(개입)과 (변화가 일어나는) '내재적' 발전을, 하트는 '대문자 D'와 '소문자 d'의 개발을 구분하였다. '대문자 D' 개발은 개발 관련 기관, 개발 사업, 국제 원조의 세계이며, 제2차 세계대전 이후 주류가 된 서양의 근대화, 경제성장, 시장 촉진의 개발 의제, 그리고 공동체 수준의 미소 금융, 빈곤 완화 사업, 구조조정이나 빈곤 완화 전략과 같은 공여자 중심적 개입을 의미한다. 반면 '소문자 d' 개발은 자본주의 성장과 변화 과정에서 무작위적으로 이루어지며 그 과정에서 승자와 패자가 생겨난다. 하트는 이 두 유형의 개발이 변증법적 관계로 연결되어 있다고 주장하였다 (Lewis 2019).

베빙턴 등(Bebbington *et al.* 2007)은 '대문자 D/소문자 d' 구분을 사용하여 두 종류의 대비되는 접근을 하는 NGO를 비교한다. 개발 사업과 공여자를 중심으로 활동하는 단체는 주로 '대문자 D' 지향적이고, 캠페인과 정책 변화를 추구하여 장기적인 구조적 변화를 도모하는 것을 '소문자 d' 접근이라고 한다. NGO가 단순히 궁핍을 해결하는 것을 넘어서 대안적 모델을 추구해야 한다고 주장하면서 저자들은 NGO가 '소문자 d'의 활동에 더 관심을 가질 것을 촉구한다. 단지 계약된 서비스를 제공하는 주류 체제 내의 활동을 넘어서 '소문자 d'에 영향을

미치려면 NGO는 다른 행위자들과 협력하여 체제 수준의 변화에 기여
하기 위해서 더 심층적으로 구조와 제도에 저항해야 한다.

제2차 세계대전 이후의 개발이론

신고전주의 경제학과 자유주의 정치이론에 영향을 받은 '근대화'이론
은 제2차 세계대전 이후 수십 년간 지배적인 개발이론이었다. 근대화
이론은 빈곤 국가가 발전하기 위해서는 경제적 이륙-도약을 성취하고
'전통적인' 사회-문화적 장애로부터 탈피해야 한다고 상정하였다. 경
제성장의 혜택은 궁극적으로 부유층에서 빈곤층으로 '흘러내리게' 된
다. 이 생각은 대단히 단선적인 것으로, 모두가 혜택을 받을 수 있는
발전의 경로는 오직 하나이며 그것은 서양식 자본주의 민주주의체제
라고 보았다. 그 대표적 이론가는 미국의 경제사학자 로스토우(W. W.
Rostow)였다. 많은 정치적 우파들은 경제성장과 개발을 추진하는 데
있어서 국민국가의 역할을 크게 강조한 로스토우의 이론을 거부하였
고, 좌파들은 그의 자민족중심주의와 베트남전쟁 중 미국정부의 자문
역할을 한 데 대해 비판하였다. 그러나 로스토우의 저서 『경제성장의
제 단계(*The Stages of Economic Growth*)』(1960)는 대단히 영향력
이 있었다.

비록 근대화 접근은 더 이상 개발 담론의 명확한 일부가 아니지만,
냉전 종식 후에 인기를 끌었던 후쿠야마(Francis Fukuyama 1990)의
'역사의 종말'과 같은 주장에서 강하게 부각이 된다. 그는 인간 사회의
이념적 진화는 인류가 찾아다닌 거버넌스 형태의 종착점인 서양식 자
유민주주의의 보편적 수용으로 끝났다고 주장했다. 또 부의 흘러내림

이론의 핵심, 또는 "밀물이 모든 배를 들어 올린다"는 생각은 세계은 행이 내세우는 오늘날의 경제개발 모델에 항상 가까이 있었다. 더욱이 모즐리(Mawdsley 2018)가 주장했듯이 개발원조위원회(DAC)의 공여 국들은 빈곤 완화보다 성장이나 민간 부문의 지원을 우선시한 경향이 있었다. 이러한 경향은 초기 근대화이론의 영향이다.

반면 '종속'이론은 유엔 라틴아메리카경제위원회(ECLA)의 작업으로부터 형성된 일련의 아이디어를 지칭하는 용어이다. ECLA 연구자들은 라틴아메리카 경제성장의 자유무역 모델과 후에 ECLA가 제시한 수입대체 산업화 모델의 실패에 대해 연구하였다. 마르크스주의에 영향을 받은 종속이론가들은 단순히 개발의 '부재' 상태가 아닌, 글로벌 자본주의체제 내에서 중심부와 주변부의 불평등하고 착취적인 관계에 의해 형성된 계속 진행 중인 과정을 의미하는 '저개발'이라는 새로운 개념을 제시했다. 빈곤 국가들은 근대화에 이르지 못해서 빈곤한 것이 아니라 식민지화와 선진국이 강요한 불평등한 교역조건으로 인해 의도적 행위의 결과로 저개발화가 된 것이라고 주장한 종속이론은 근대화론에 대한 급진적인 반론이었다.

종속이론은 서양 자본주의 국가의 경제적 필요에 맞게 조직화된 글로벌 체제 속에서 대단히 불리한 교역조건에 묶여 있는 빈곤 국가의 발전은 불가능하다고 보았다. 오직 대규모의 구조적 변화만이 이 '종속' 관계를 깨고 그들이 독자적인 발전의 길을 구축할 수 있다는 것이다. 개도국이 당면한 구조적 제약을 분석한 ECLA의 경제학자 프랑크(Andre Gunder Frank 1969)는 종속이론의 대표 학자 중의 한 사람이다. 종속 학파에는 다양한 변형이 있지만, 대부분은 저발전에 대한 해결책으로 자본주의 경제성장보다는 혁명의 필요성을 주장한다.

1980년대 말에 이르자 개발이론은 이 두 대립하는 진영으로 양극화되었다. 그들은 각자 지지자들이 있었고, 양쪽 진영 공히 개발에 있어서의 문제와 해결책에 관해서 유용한 요소들이 있었다. 그러나 개도국 개발 기관에 종사하는 활동가나 전문가들은 정책과 실무 수준에서 개발에 대한 아이디어를 새로운 방향으로 진전시킬 필요성을 인식하게 되었다.

근대화론과 종속이론 그 어느 쪽도 1980년대 말에 관찰된 여러 나라들의 매우 다양한 발전의 경험이나 방향을 설명하거나 예측하지 못했기 때문에 학자들이나 실무가들은 이들이 이론적 '교착' 상태에 빠졌음을 인식하기 시작했다. 빈곤에서 탈출하기 위해서는 최신의, 보다 실용적인 사고와 개념에 기반을 둔 새로운 방식이 필요했다 (Booth 1994).

NGO와 같은 개발 관련 기관에 종사하는 사람들은 추상적인 학문적 개발이론들에 점점 회의를 느끼게 되고, 이론과 빈곤한 사람들의 실제 삶, 현장에서 활동하는 개발 기관이나 정책 결정 과정과 괴리가 있다고 생각하게 되었다. '개발학의 무용함'에 대한 에드워즈(Edwards 1994)의 유명한 논문은 실제로 현장이 직면하고 있는 시급한 개발의 문제를 간과하고 있는 사람들에 대한 비판이었다. 탈근대화론의 부상도 지배적인 개발이론들에 대한 태도를 바꾸는 데 일조하였다 (Gardner and Lewis 1996). 첫째, 탈근대화론은 근대화나 종속과 같은 '거대서사'는 그 단선적인 사고로 인해 복잡하고 다양한 역사 변화의 패턴을 설명하고 예측할 수 없다고 지적하였다. 둘째, 탈근대화은 사회적, 문화적 다양성의 중요성, 각 지역의 역사적 경험의 중요성, 여러 형태의 저항 운동의 역할, 개발 담론의 식민주의적 뿌리에 주목하였다. 벡(Beck 2017)이 주장하듯이 개도국의 개발을 위한 개입은 단지 헤게모니의 결과인 것만은 아니다. 그것은 행위자들의 성향, 이해관계, 논쟁적 의미들로 인해 끊임없이 재해석, 갈등, 수정되면서 다양하게 영향

을 받는다. 다시 말해 개발을 위한 개입은 주어진 특정 장소와 시간에
서 여러 당사자 집단이 상호작용한 결과이다.

'거대 이론'을 넘어서: 실용적 접근들

이들 두 거대 서사의 종식으로 인해 생겨난 공백에 보다 실용적인 주
류 개발이론과 대안적 개발이론이 자리잡아 1990년대 초 이후를 주도
하게 되었다.

　연구자와 실무가들이 이론적 '교착상태'에서 벗어나면서, 개발이론
이 더 철저히 실제 세계의 경험, 정책, 실무에 근거할 필요가 있다고
인식하게 되었다. 그들 중 일부는 풀뿌리 공동체나 개발을 위한 개입
에 관심을 두었으며, 다른 사람들은 개발 관련 기관들을 넘어서 더 광
범위한 정치경제, 제도, 글로벌 변화의 패턴에 초점을 맞추었다. 이러
한 이론들은 부분적으로는 비교적 새로웠지만, 대부분 시장 경제, 공
동체 조직화, 급진적 행동주의 등 오래된 전통에 기반을 둔 것이었다.
여기서는 그중 4개의 이론에 대해 간략히 논의한다.

신자유주의

실용주의는 여러 면에서 1980년대부터 세계를 주도하면서 개인주의,
시장, 유연한 관리주의를 강조하는 신자유주의의 전반적인 맥락과 잘
어울린다.

　이 시기는 세계은행이나 IMF가 원조의 조건으로서 빈곤국가에 강요
한 악명 높은 '구조조정정책(SAPs)'이 지배하였다. 그 일환으로 수원국

은 국제 경쟁에 시장을 개방하고 공공 지출과 사회서비스를 급격히 감축하도록 요구되었다. 시장에 근거한 개혁과 국가의 역할 축소를 강조한 이러한 정책은 대부분의 공여국이 지지하였다. 1990년대 초에 이르자 이러한 신자유주의의 정통 교리는 개발 관련 기관들의 정책결정에 있어서 강력한 주류를 차지했으며, 이것은 워싱턴합의라고 알려지게 되었다. 이 새로운 원조 패러다임 속에서 NGO에게는 이전보다 더 높은 위상과 더 많은 자원이 주어졌다. NGO는 주로 서비스 제공의 대행자로 간주되었으며, NGO가 남반구에서 국가정책이 시민들의 요구에 더 반응하도록 만드는 정책주창 역할을 할 수 있다는 인식도 생겼다.

SAP는 가장 빈곤한 사람들이 구조조정의 부담을 더 많이 지도록 하는 변화를 의미했다. NGO와 UN 기구들은 SAP가 어떻게 빈곤을 증가시켰는지를 보여주는 데 일정 역할을 하였다. 유니세프의 중요한 보고서 『사람의 얼굴을 한 구조조정(*Adjustment with a Human Face*)』(Cornia *et al.* 1987)은 특히 보건, 교육, 취약 집단에 대한 보상 정책과 같은 기본적 사회서비스에 대한 재정 지원 강화를 주장하였다. 유니세프는 1980년대를 '개발의 잃어버린 10년'이라고까지 주장하면서, 경제성장보다 더 폭넓은 개발의 비전을 호소했다. 그에 대한 하나의 반응이 유엔개발계획(UNDP)이 1990년대 초 고안한 '인간개발'의 개념이다. 이 개념은 빈곤과 개발에 대한 생각의 폭을 넓히는 데 기여했으며, 물질적 요소와 비물질적 요소를 조합할 수 있었다. 이 중심에는 센(Amartya Sen 1981)이 제시한 '역량 접근'이 있다. 그것은 개발을 경제성장이 아니라 개인이 자신의 삶의 질 개선을 위한 선택을 할 수 있는 역량의 측면으로 개념화하였다. 이제 삶의 질 개선에는 정치적 자유, 공평한 기회, 환경의 개선, 제도적 지속가능성 등 비물질적인 측면도 포함되어야 한다는 것이다.

미국의 경제학자 스티글리츠(Joseph Stiglitz 2002)나 삭스(Jeffrey Sachs 2004)의 비판에서 볼 수 있듯이, 이제 자유방임주의를 맹신하기보다는 (많은 주류의 개발 관련자들은 '거버넌스'로 부르기를 선호하는) 더 효과적인 정부 구축의 필요성이 강조되었고, 세계화로 인해 창출된 자원으로 개도국에 혜택을 제공할 수 있도록 무역과 경제성장 모델의 구조를 개혁해야 한다는 주장이 제기되었다.

개발에 대한 신자유주의적 아이디어는 문제를 해결하는 데 있어서 기술적 접근을 통해 맥락을 배제하는 것을 신봉하는 '관리주의'의 요소를 강하게 내포하였다. 원조의 효과를 높이기 위한 수단으로서 조직 관련 기술을 강조하면서 원조 '설계'의 개혁을 추진하였다. SWAP, PRS, 예산 지원과 같이 원조 공여자들이 개도국 정부에 대해 더 개입적인 형태의 자금 지원을 하면서, 공여국과 수원국의 관계는 기본적인 형태의 조건부 원조 관계에서 변화하여, 정책 처방이 광범위하게 합의된 규범을 따르도록 만드는 보다 복잡한 도구가 되었다 (Mosse 2005). 예를 들어, 바람직한 거버넌스라는 아이디어는 민주적 정부 과정과 개방적 시장 창출의 가치에 대한 합의를 중심에 두었는데, 이것은 상당 기간 '탈워싱턴 합의'로 불리어진 맥락에서 나타난 현상이다.

제도주의

법 또는 규제의 틀과 같이 인간의 행동을 억제하거나 촉진하는 규범과 규칙을 의미하는 제도의 중요성은 1980년대 말 개발의 경제와 정치에서 재등장한 테마였다. '신제도주의 경제학'은 신뢰와 안정을 담보할 수 있는 제도적 인프라가 결여된 개도국이나 구공산권 사회에서 경쟁적 시장이 만들어질 수 있다고 단순히 가정한 주류 경제학자들을 비판

하였다. 브레트(Brett 2009: 7)는 이것이 개발이론을 '자유주의 제도
주의적 다원주의'라는 새로운 패러다임으로 진전시킬 수 있는 새로운
가능성을 제시한다고 보았다. 이 틀에서는 재산권 보장과 같은 경제
성장을 위한 거시적 수준의 제도적 조건과 여러 유형의 조직들이 공공
서비스를 제공하는 미시적 수준의 조건을 모두 검토해볼 수 있고, 궁
극적으로는 앞서 논의한 바와 같은 거대 이론보다 더 유용한 '중범위'
이론이 제시될 수 있다 (Harris 2014).

　일부 신제도주의자들은 개발 NGO에 대해 특히 관심을 가졌다. 신
제도주의 접근에 중요한 이론적 기여를 한 브레트(Brett 1993)는 서
비스 제공자로서의 NGO에 대한 새로운 관심이 증가하고 있는 제도적
맥락을 설명하였다. 그는 공공 또는 민간 행위자보다 NGO가 비교 우
위를 갖는다는 가정은 증명되지는 않았지만, 자발적 단체의 이타적,
기회주의적 동기를 모두 주목함으로써 분석할 수 있는 방법을 보여주
었다. 실적을 극대화할 수 있는 인센티브와 제재가 존재하는 적절한
규제의 틀 속에서 NGO가 운영될 때만이, 이러한 특정 맥락에서 확보
될 수 있는 비교 우위가 무엇인지를 조작화할 수 있다는 것이다. 예를
들어, 브레트는 NGO의 우수한 실적을 확보하는 데 있어서, 다양한 이
해당사자들에게 받아들일 만한 실적을 판단하고 측정하거나 받아들이
기 어려운 실적을 제재하는 수단을 부여하는 책무성 담보 장치와 과정
의 중요성을 보여준다.

포스트개발

1990년대에는 또한 '포스트개발(Post-development)'의 시각이 부상
하였다. 어떤 형태의 개발도 글로벌 빈곤과 불평등에 대한 해결책이

될 수 없으며, 그것은 단지 빈국에 대한 부유한 국가의 권력을 유지하는 데 기여하는 대단히 제한적이고 통제된 담론일 뿐이라는 주장이다. 푸코(Michel Foucault)의 권력 개념을 가져온 이 접근으로 보면, 외부의 개발 전문가들에 의해서 추진되는 '역량강화'는 빈곤한 사람들을 더 어렵게 하고, 지역의 권력 구조를 은폐하고, 근본적으로 정치적인 문제를 관리 차원의 기술적 문제로 치부하는 상황을 이해할 수 있다 (Cooke and Kothari 2001). 특히 통치성(governmentality)이라는 아이디어는 NGO들이 규칙을 내재화하고, 국가가 거리를 두고 그들을 관리할 수 있게 함으로써 어떻게 NGO를 직접 또는 간접적 방법으로 관리하고 통제하게 되는지를 조명하는 데 사용되었다. 반면 NGO에 대한 대안으로 에스코바(Escobar 1995)와 같은 학자는 지역의 개발 전략을 수립하는 데 있어서 새로운 토착적-자율적 '사회운동'의 해방을 가져올 수 있는 잠재적 힘을 제시한다 (글상자 3.1)

포스트개발의 시각에서 보면 개발 NGO는 지역 주민들의 희생을 대가로 원조 관련 종사자들의 이익만을 추구하는 돌이킬 수 없이 오염된 존재이다. 템플(Dominique Temple 1997: 202-203)에 의하면, NGO들이 토착 문화 보호에 관심이 있다고 주장하지만, 사실은 서양 자본주의 가치를 오래된, 상호적 가치로 조직된 공동체에 침투시키는 '트로이 목마'이다. 특히 서유럽, 미국 등의 NGO들은 대부분 토착 이익의 진정한 대표자로 부상하는 사회운동과는 대비되는 프레임을 가지고 있다. 포스트개발의 아이디어들은 특히 그것이 '권력-지식' 체제로서 전 세계에서 개발이 작동하는 방식을 중심 무대로 가져오는 푸코의 권력에 대한 아이디어들을 전개하는 데 관해서 유용한 통찰을 제공할 수 있다 (Ferguson 1990). 그러나 이 접근은 '지역'을 낭만화하고, 종종 왜곡하는 경향이 있다고 비판을 받아 왔다. 예를 들어, 한 급진적

글상자 3.1 국제슬럼거주민운동연합

국제슬럼거주민운동연합(SDI: Slum/Shack Dwellers International)는 도시 빈민들을 대상으로 급진적 변화와 주거 개선, 임대 안정, 인프라 구축, 개발 기회 제공 등을 추구하는 무주택자단체의 연합과 NGO들의 '사회운동'이라고 볼 수 있다. 이 운동은 24개 개도국의 슬럼에 거주하는 여성 200여만 명을 동원하였으며 25만 가구 이상에게 공식적으로 거주권을 확보해 주는 서비스를 제공하였다. 그러나 SDI의 역사와 경험은 급진적 행위자들의 운동이 점점 더 국제 원조에 의해 주도되는 글로벌한 맥락에서 전개될 때 나타나는 긴장과 갈등을 잘 보여준다. 무주택자단체연합을 강화하고 생존력을 높이기 위해 외부 행위자로서 NGO들과의 동맹이 구축되어 작업을 확장하고 강화하지만, 이는 종종 빈민 조직과 외부 행위자들 사이에 의존적 관계를 만듦으로 인해서 문제를 야기하였다. 예를 들어, 남아프리카에서 SDI는 2003~2004년에 '재정 관리 문제'와 '해결이 어려운 리더십 갈등' (p. 328)으로 인해 일련의 위기를 겪게 되었는데, 그로 인해 남아프리카의 NGO 파트너는 강경한 재정-경영 통제 조치를 취하게 되었고, 그 결과 긴장이 더욱 고조되었고 결국 NGO 자체가 폐쇄되었다.

출처: Bolnik (2008)

'포스트개발' 저술가는 개발이 '고결한 형태의 빈곤'이나 '고통의 미학'을 파괴할 수 있기 때문에 그 개념을 반대한다 (Rahnema 1997: x). 그러나 비판적 개발의 아이디어들도 개발이라는 개념은 식민지 시대 '백인중심적 시각'의 연장이라고 비판했으며, 그것이 중국의 부상이나 #BlackLivesMatter(흑인생명도소중하다) 운동과 같은 오늘날의 현상에 더 적실성 부여한다 (Pailey 2019).

'대안적' 개발

1980년대에는 대략 '대안적' 또는 인간중심적 개발이라고 불리는 일련의 이론적 접근이 부상하였으며, 현재까지 계속 진화해왔다. 탈근대주의에 일부 영향을 받았으며, 개발의 문제에 일반화된 답이나 해결책이 있을 수 없다는 생각에 무게를 둔 이 접근은 이미 만들어진 해결책보다는 상황에 맞는 전략을 강조하였다. 이들 이론 중 일부를 여기서 간략히 소개하고, 제4장에서 상세히 논의하겠다.

'역량강화'로서의 개발(development-as-'empowerment') 접근은 이론과 실제를 결합하고, 하향식 개발정책에 저항하고, 권력과 불평등의 관계를 다루려고 시도하는 새로운 방식으로 부상하기 시작하였다 (Friedmann 1992). 이 접근은 공동체 조직화, 자조, 개인의 심리적 각성과 변화 등의 오래된 급진적 전통을 확대하였는데, 풀뿌리 활동과 집단행동을 통해 주변화된 공동체가 자신이 처한 환경에 대해 더 많은 통제력을 행사하기 위해 자율적 행동을 할 수 있음을 강조하였다.

그러한 아이디어들은 단지 구조 수준에 분석의 초점을 맞추기보다는 사람들의 일상적 경험, 관행, 전략을 인식하는 것이 사회변화를 이해하는 데 있어서 분석의 핵심 출발점으로 본 문화인류학이나 사회학의 '행위자 지향' 접근과 맥이 통한다 (Long and Long 1992). 개발 연구자들은 공동체 조직화, 역량강화, 참여에 중심을 둔 오래된 전통뿐 아니라 토착 지식, 지속가능성, 사회운동과 같은 새로운 아이디어들을 받아들이기 시작하였다.

페미니스트 연구와 행동주의도 부상하는 대안적 개발 의제에 중요

한 영향을 미쳤다. 보스럽(Ester Boserup 1970)의 선구적인 연구는
아프리카의 농업에서 여성의 역할에 대한 실증적 연구를 바탕으로, 개
발에 대한 서양의 근대화 접근으로 인해 지역과 국가 경제에 대한 여
성의 기여가 훼손되는 것에 주목하였다. 식민주의적, 탈식민주의적 농
업 정책에 대한 그의 비판은 여성에게 적절한 과업이 무엇인지에 대
한 주도적인 서구의 관념이 남성으로 하여금 새로운 기술과 환금 작물
을 독점하도록 부추겼음을 보여주었다. 이것은 농업에서의 여성의 역
할을 잠식하고, 그들을 최저 생계유지에 종사하는 역할로 격하시킴으
로써 소득, 지위, 남성에 대한 상대적인 힘을 잃게 만들었다. 페미니스
트 연구자들은 신자유주의 정책의 부정적 사회적 결과가 사회 재생산
의 부담을 국가로부터 여성에게 전가함으로써 여성에게 더 과하게 지
워진 것을 밝혀냈다 (Elson 1995; Kanji 1995). 탈근대화와 탈식민주
의 학파의 아이디어에 기반을 둔 비판자들은 개발에 관한 젠더화된 담
론과 관행의 해체를 주장하였고, 더 많은 젠더 평등이 가능한 대안적
사회 형성을 할 수 있다고 주장하였다 (Sen and Grown 1988; Calas
and Smircich 1997).

　이러한 변화에 있어서 또 한 가지 중요했던 것은 개발정책에 관한 국
제여성운동의 영향이었다. 일례로 '국제 여성의 10년'(International
Women's Decade, 1976~1985년) 동안 일련의 국제회의들이 개최되
어 페미니스트의 관심 사항과 젠더 문제를 개발 담론의 주류로 올려놓
는 데 기여하였다. 그 후에도 여성이 이끄는 NGO는 정책주창과 연대
구축을 위한 노력을 공고화하는 중요한 수단이 되었다. 국제여성운동
의 영향은 (의사결정의 평등, 젠더 대표성의 균형, 폭력으로부터의 자
유, 성과 생식의 권리 등) 여권의 중요한 위치가 다수의 개발 관련 기
관에서 자리잡게 된 1995년 베이징에서 개최된 제4회 세계여성회의

에서 절정에 달했다 (Visvanathan 1997).

대안적 개발은 주도적인 경제학의 개발에 대한 사고에 저항하였고, 기술관료주의적, 하향적 접근을 풀뿌리, 상향적 행동으로 대치할 필요가 있음을 제시하였다. 이것은 NGO에 새롭게 주어진 관심과도 잘 맞아떨어졌다. 다수의 이들 NGO는 지역 공동체와 관계하는 데 있어서 참여와 역량강화에 대한 접근을 오랫동안 실험을 해왔으며, 그러한 아이디어가 더 광범위하게 개발의 실무에 스며들기를 기대해왔었다 (글상자 3.2와 3.3).

글상자 3.2 코로나-19 시대에 지역의 식량 자급 확보하기

인도의 NGO 우탄(Utthan)은 젠더 정의에 초점을 맞췄으며 1981년 창립 이후 활동해왔던 지역에서 소외된 가구 지원에 신속히 움직였다. 코로나-19가 확산되자 정부의 긴급 지원 노력이 빈곤한 지역에 다다랐으나, 이 NGO는 그러한 지원에 부족한 점이 많음을 인식하고 도움을 받지 못하는 지역에 대한 그들만의 접근을 개발하기로 하였다. 서부 인도의 아메다바드, 아므렐리, 바브나가, 쿠치와 다호드, 판치마할, 마히사가 '부족' 구역에서 우탄은 5,000가구에 신속히 생필품을 제공하기 시작했다. 그러나 우탄은 표준적인 식량 구호 패키지만을 제공한 것이 아니라, 그것을 장기적 역량강화와 현지화 목표의 일환으로 하였다. 그들은 지역 경제, 식량 안보, 생계를 강화할 수 있게 설계된 혁신적 접근을 시도하였다. 우탄은 밀, 옥수수와 같은 필수 식량을 협의를 거쳐 지역 농민으로부터 작물을 가격이 하락할 때 파는 것을 피해서 (그리고 운송비를 절감하도록 하여) 공정 가격에 매입한 뒤, 지역의 지도자들과 협력

계속 ▶

하여 지원을 필요로 하는 가구에 배급하였다. 우탄은 특히 여성 농민들로부터 가능하면 많이 곡물을 매입하려 노력하였다. 한 여성은 "내 곡물이 우리 마을의 많은 사람들을 도울 수 있어서 만족스럽고 행복하다"고 말했다.

출처: www.indiawaterportal.org/articles/self-sufficiency-times-covid-19

글상자 3.3 탄자니아 젠더 네트워킹 프로그램(TGNP)

1993년에 등록된 탄자니아 젠더 네트워킹 프로그램는 모든 시민들의 평등과 공평을 지향하는 여성과 남성 회원단체이다. TGNP는 탄자니아의 사회적-젠더적 변환과 여성의 역량강화를 위한 구조전환적(transformative) 페미니스트 운동의 구축을 목표로 한다. 이 단체는 원조 공여자들이 '개발에 있어서의 여성(Women-in-Development)' 사업을 통해 '해방운동적, 해방적 지향에서부터 보통의 사람들에 관한 지향'으로 변화하는 것을 우려하는 사람들에 의해 결성되었다. 그들은 복지를 축소하는 거시경제적 개혁에 반대하고 페미니즘을 길들이려는 국가의 시도에 저항했다. 이들의 주요 활동 중의 하나로 TGNP는 뜻을 같이 하는 공동체 기반의 단체나 NGO들의 역량 강화를 위해 노력하였다. 그들은 회원들이 억압적, 착취적 상황을 평가하고, 원인을 분석하고, 그것을 극복하기 위해 행동하는 참여적 방법을 사용하였다. 그 활동은 연구, 세미나, 시위, 학술회의 등을 포함하였다. TGNP는 HIV-AIDS, 남-북 관계, 토지 및 농업 정책 등의 문제에 대해 국가 또 국제 수준에서 로비를 해왔다.

출처: TGNP (2003), https://tgnp.org/about/

대안적 개발의 상향적 비전과 하향적 계획 사이의 오래된 긴장은 이스털리(William Easterly 2006: 5)의 책 『세계의 절반 구하기(*The White Man's Burden*)』에서 다시 부각되었다. 이스털리는 청사진에 제시된 해결책을 적용하려고 하는 '계획 세우는 자'와 '바닥의' 현실로부터 가능한 것을 기초로 해서 '대안적 접근'을 만들려고 하는 '추구하는 자'를 대비한다. 그러나 이스털리에 의하면 추구하는 자는 '어떤 것을 생산하는 낮은 비용과 기꺼이 높은 값을 지불해서 그것을 사려는 의향이 맞아 떨어지는' 시장 속에서 주로 활동한다 (p. 6). 이것은 이스털리의 생각이 1980년대의 대안적 개발의 그것과는 다름을 보여준다.

대안적 개발의 아이디어는 프로젝트 시행 과정과 지역 수준의 행동에만 관심이 있는 것은 아니다. 어떤 유형의 대안적 개발의 사조는 NGO들이 지역의 행동을 국가적-구조적 변화 과정에 연계하는 역할을 할 수 있다고 간주한다. 일례로 코튼(Korten 1987)은 NGO들이 '인간 중심 개발'을 실현하도록 풀뿌리 수준의 시도, 사회운동, 정치 조직을 연계하는 정치과정에서 역량강화에 기여할 수 있다고 주장하였다. 예를 들어, 1993년 필리핀에서 NGO와 지역의 '주민단체' 네트워크들은 500~600만 명 규모의 조직을 만들고, 15년간의 군부 통치에 의해서 민주주의 정치과정에 소외된 사람들을 다시 끌어들이고 정치개혁을 위한 운동과 연대를 구축하는 역할을 하기 시작했다 (Clarke 1998).

또 정치와 개발의 관계가 다시 강조된 것은 부분적으로는 개발과 인권에 대한 관심이 다시 고조된 것과 통한다. 최초의 유엔 세계인권회의는 1968년 개최되었으나, 1990년대에는 인권에 기초한 개발 담론이 재부상하였다. 그것은 새로운 법적 권리의 틀과 관련한 국제적 수준에서의 변화에 대한 반응이었고, 인권의 틀을 사회 정의 실현에 활용하는 활동가들과 운동의 노력의 결과였다. 액션에이드(Action Aid)

나 CARE 등 일부 국제 NGO들은 개발정책과 실무에 있어서 인권에 기초한 접근을 주장하면서 알려지게 되었다. 그러한 변화는 기존의 시민적, 정치적 권리에 대한 관심과 더불어, 개발 과정에 있어서의 경제, 사회, 문화적 권리의 문제를 더 부각시키는 데 도움이 되었다 (Molyneux and Lazar 2003). 인권의 시각은 빈곤 완화와 시민권, 법, 책무성을 연결시키는 데, 또 인도주의적 개입의 경우에는 가장 취약한 위치의 사람들의 권리 보호를 위한 지역 차원의 대화를 강화할 필요성을 부각시키는 데 유용했다. 그것은 개발 NGO에게 투명성 제고와 권력 관계를 인식할 필요성, 그리고 사람들을 개발의 수동적 수혜자라기보다는 시민으로서 봐야 할 필요성 등 중요한 문제를 제기하였다 (IDS 2003).

1990년대 말에 이르자 참여와 역량강화라는 아이디어는 개발 분야의 주류에 들어가기 시작했으나 그 과정에서 급진적인 날은 거의 무뎌졌다고 생각되었다. 역량강화에 관한 세계은행(World Bank 2002a) '자료집'은 역량강화의 4개 핵심 요소로 정보, 의사결정에의 포함, 사람들에 대한 조직의 책무성, 공통의 문제 해결을 위한 지역의 조직화 역량을 열거하였다. 대안적 개발로 출발한 것이 이제는 주류의 일부가 된 것이다.

표 3.1은 개발에 대한 이들 여러 이론과 그들이 NGO에 주는 의미와 연결 지어서, 그 각각의 시각이 NGO를 '보는 다른 관점'을 정리하였다.

끝으로, 현재의 기후변화에 대한 우려로 인해 환경주의와 개발이론 및 실제가 더욱 확고히 연계되기 시작하였다. 글상자 3.4는 기후변화 의제가 NGO들과 연계되는 양상을 보여준다. 이러한 관계는 스웨덴의 학생 툰베리(Greta Thunberg)의 개인적인 시위를 필두로, 최근 젊은 이들의 행동에 의해서 지난 10년간 확산되었다. 오늘날 기후와 환경의 긴급사태가 존재하고, 이에 대해 강력한 정책적, 제도적 대응이 필

표 3.1 변화하는 개발이론 맥락에서의 NGO

이론	주요 아이디어	NGO의 역할
'근대화' (주요 저자: W.W. Rostow 1960)	전자본주의적 상태에서 근대자본주의적 성장과 변화로의 이행.	NGO는 거의 언급되지 않음.
'종속' (주요 저자: A. Gunder Frank 1969)	저개발은 서구 '중심부' 국가에 의한 제3세계 '주변부' 식민 착취가 종식된 이후에도 예속이 지속되는 상태.	NGO는 거의 언급되지 않으나, '사회운동'은 해방과 혁명적 변화의 긍정적 동력으로 간주.
'제도주의' (주요 저자: E.A. Brett 2009)	구조적 관계와 경제적 인센티브를 개선해야만 발전을 위한 최적의 조건이 조성될 수 있음.	NGO는 3개의 주요 제도적 부문의 하나로 간주: '적절한' 규칙과 인센티브, 그리고 최적의 상황과 맥락에서 NGO는 서비스 제공에 있어서 다른 두 부문에 대해 비교우위가 있음.
'신자유주의' (주요 저자: J. Sachs 2004)	세계화가 빈곤집단에도 혜택이 될 수 있도록 함: 시장 기제가 '개발도상'국가가 경제가 발전하는 잠재력을 열어주는 열쇠.	NGO는 민주화와 사적이고 비용대비 효과적인 서비스 제공을 할 수 있는 유연한 대행자.
대안적 개발 (주요 저자: J. Clarke 1991)	풀뿌리 시각, 젠더 평등, 역량강화, 상향적 참여가 지속가능하고 공정한 발전 과정의 열쇠.	NGO는 빈곤한 자들과 밀접하고 주류의 하향식 개발론에 도전하는 비판적 행위자
'포스트개발' (주요 저자: A. Escobar 1995)	개발이라는 개념은 그 자체가 서구가 세계 다른 지역에 강요한 바람직하지 않은 것. 그 개념을 버려야 함.	NGO는 지역 문화와 경제를 파괴하는 근대화의 대행자. 오직 지역사회운동만이 이러한 과정에 저항하는 유용한 현장이 됨.

출처: Korten (1990)에서 정리

글상자 3.4 기후변화가 개발 NGO에 미치는 영향

대부분의 전문가들은 인간이 초래한 기후변화는 이제 피할 수 없다고 본다. 최빈개도국들과 그 국가 내의 가장 취약한 지역 공동체들은 기후변화에 더 많이 영향을 받을 것이다. 기후변화 문제는 개발 활동의 모든 측면에 영향을 미친다. 허크(Huq 2006)는 '기후변화의 영향은 향후 20~30년 동안 현실이 될 것이고 불가피한 상황'임을 감안해서 NGO의 핵심 우선 과제를 제시하였다 (p. 5). 케냐, 방글라데시와 같은 많은 나라에서 환경, 개발 NGO의 연합이 결성되었다. 국제적으로 업인스모크연대(Up In Smoke Coalition)와 같은 네트워크는 중요한 로비, 의식 고취, 정책주창 활동을 벌여 왔다. 개별 NGO들은 조직의 '탄소발자국'을 검토하고, 에너지 사용 감축하고, 탄소 상쇄에 투자하고 있다. 또 개발 NGO들은 탄소 배출 감축을 위한 적응 기금 설치와 같은 정책에 관한 국제 협상에 관여하고 있다. 더 최근에는 NGO들은 특히 지역 공동체 차원에서 기후 관련 정보 서비스를 지원하는 데 활발한 역할을 하고 있다. 그들은 기상에 관한 '영향 중심 예보'와 관련하여 정보 중개를 하는 등 기후 정보의 이용자와 생산자 사이에 정보의 공동 생산을 지원하고 있다. 아시아, 동아프리카, 사헬의 13개국 15개 NGO들의 연합인 극한 기후와 재난에서 회복하고 적응하기(BRACED: Building Resilience and Adaptation to Climate Extremes and Disasters) 네트워크는 극단적 기후 현상과 재난에 취약한 사람들의 대응력 제고를 목표로 한다.

출처: Huq (2006); Kirbyshire and Wilkinson (2019)

요함을 명확히 인정하도록 현재 글로벌 운동이 각국 정부에 압력을 가하고 있다.

NGO와 최근의 개발이론

최근에는 4개의 응용개발이론이 NGO에 대한 분석에 적실성이 있는
바, 여기서 이들을 간략히 소개한다.

사회적 배제

산업화된 선진국의 사회 정책과 빈곤에 관한 연구에서 유래한 사회적
배제라는 개념은 일부 연구자들이 개발이론에 적용하였다. 빈곤을 이
해하는 하나의 접근으로서 이 개념은 빈곤을 단순히 경제적으로 측정
하는 데서 탈피하여, 빈곤을 만들어내는 과정과 사회적-경제적 복지에
대한 권리를 가시적 지표로 조작화할 수 있는 역량에 초점을 맞춘다.
카비어(Kabeer 2004: 2)는 이 개념의 가치를 다음과 같이 기술한다.

> 사회적 배제 개념은 과거에 서로 분리되어 다루어지는 경향이 있었
> 던 여러 다른 형태의 빈곤을 통합적으로 볼 수 있는 시각을 제공한
> 다. … 특히 이 개념은 다른 사람들과 '분리'되어 있던, 기존의 빈곤
> 분석의 틀로는 포착하기 힘든 '문 밖에 내쳐진' 또는 '뒤에 남겨진'
> 사회 내의 특정 집단과 범주의 경험을 포착할 수 있다.

NGO 분석에 유용한 것은 사회적 배제 분석틀이 빈곤에 대한 제도
적 대응의 필요성에 주의를 환기하기 때문이다. 드한(DeHaan 2007:
134)은 이 개념을 통해 빈곤의 결과뿐 아니라 원인을 다루고, '지배적
신자유주의 이념의 틀이 빈곤 완화, 불평등 완화, 사회적 통합에 대한
국가의 책임을 축소하려는' 문제를 다룰 수 있다고 지적하였다. 사회
적 배제 개념은 또 NGO들에게 단순한 서비스 제공을 넘어서 정책과

정치 과정에서 배제된 사람들이 그들의 목소리를 강화할 수 있는 권리
에 기반을 둔 접근의 중요성을 제기하는 데 기여한다. 콘월과 가벤타
(Cornwall and Gaventa 2000)는 사람들에게 더 많은 선택을 준다는
신자유주의 아이디어에서 탈피하여 보통 사람들이 서비스의 형태와
질에 영향을 미칠 수 있는 방향으로 나아가는 것, 단순히 '사용자, 선
택자'의 입장에서 '생성자, 결정자'가 되도록 하는 변화가 과제라고 주
장했다.

사회자본

NGO는 1990년대 중반부터 개발정책 논쟁에서 언급되기 시작한 '사
회자본'이라는 개념과도 연결이 되어 왔다. 가장 잘 알려진 이론가 퍼
트남(Robert Putnam 1993: 167)은 이것을 오랜 세월 공동체의 구성
원들 사이에 축적되는 신뢰 관계와 시민적 책임을 의미하는 용어로 사
용하였다.

> 사회자본은 ⋯ 협력적인 행동을 촉진하여 사회의 효율성을 높일 수
> 있는 신뢰, (상호적) 규범, (시민적 관여)의 네트워크 등과 같은 사회
> 조직의 속성을 의미한다.

공식 집단과 비공식 네트워크에의 참여를 통해 더 큰 공공선에 대
한 의식이 형성된다. 또 퍼트남은 사회자본은 더 광범위한 신뢰와 협
력의 규범을 제약하는 혈연에 기반을 둔 사적 이익을 넘어서는 통합적
인 성격을 가진다고 보았다. 후속 연구에서 퍼트남 등은 사회자본을
'결속', '가교'와 같은 형태로 구분하기 시작하였다. 그러나 사회자본
은 이론가들에 따라 달리 해석된다. 콜먼(Coleman 1990: 300)은 사

사진 3.1 ▮ 파키스탄 카시프 여성 신용조합 모임

출처: Ayeleen Ajanee

회자본에 대한 보다 일반적인 정의에 친족관계를 포함시켜, '가족 관계, 공동체 사회 조직 내에서 전해지는 일련의 자원'으로서 규정하여, 이 개념을 제도주의 및 신뢰의 이론과 연결시켰다.

NGO는 집단행동과 민주적 참여 수준 향상의 기반이 되는 서로 교차하는 사회적 연계와 네트워크 형성에 기여할 수 있는 개발 행위자로 간주될 수 있다. 풀뿌리 수준에서 사람들을 조직화하는 NGO의 역할은 사회자본을 강화하는 것으로 볼 수 있으며, 이것은 서비스 제공을 보완하는 역할이 될 수 있다. 일례로 전통적 계는 여러 사회에 존재하는데, 이는 소규모, 지역 NGO에 의한 자조 활동의 한 양식으로서, 구성원 간의 신뢰가 집단을 단위로 한 저축과 대출 활동을 가능하게 만드는 것이다. NGO가 촉진한 집단 형성의 초기 사례에는 아가칸재단이 창설한 아가칸 농촌지원사업(Aga Khan Rural Support Programme)이 있다 (글상자 3.5).

그러나 사회자본 개념은 상당한 비판의 대상이 되었다. 풋첼(Putzel 1997)은 '사회자본의 어두운 면'을 조명하면서, 조직화된 지역의 활동은 항상 '선'을 대표하는 것은 아니며, 오히려 NGO 사업이 대항하고자 하는 예속, 협소한 사리사욕, 무관용을 더 강화할 수 있다고 지적하였다. 마찬가지로 회원 기반의 NGO는 사회 전반의 신뢰를 잠식하는, 외부인에 대한 의구심을 조장할 수 있다. 따라서 NGO의 사회자본 형성에 대한 기여는 그들이 지향하는 가치와 관계에 의해 좌우될 것이다.

시민사회

개발학에서 정치와 시민으로서의 덕목에 상대적으로 주의를 기울이지 않은 데 대한 실망은 '시민사회'의 개념을 다시 발견하고 이것을 개발 과정에 연계하는 데 대한 관심을 불러일으켰다 (Fowler and Biekart 2013). 시민사회는 일반적으로 가구, 국가, 또는 시장의 일부가 아닌 일련의 조직화된 행위자들이 존재하는 영역 또는 공간을 의미한다. 이 조직 형태는 협회, 운동, 시민 집단, 소비자단체, 소규모 생산자 협회, 협동조합, 여성단체, 원주민단체, 그리고 물론 개발 NGO 등 광범위한

글상자 3.5   북부 파키스탄에서의 아가칸 농촌지원사업

아가칸 농촌지원사업(AKRSP)은 파키스탄 북부, 아프가니스탄 국경 근처의 길지트발티스탄과 치트랄의 주민들의 삶의 질 개선을 위해 1982년 아가칸재단이 설립한 민간, 비영리 기업이다. 그 활동의 중심은 마을단체나 여성 그룹과 같은 집단행동을 위한 공동체 조직과 지속적인 지원이다. 사업의 주된 구성 요소는 사회적 조직화, 여성 개발, 천연자원 관리, 물리적 인프라 개발, 인적 자원 개발, 기업 촉진, 저축과 신용대출 서비스 등이다. 노련한 사업 추진 인력에도 불구하고 농촌 개발 사업의 확산은 더디게 진행되었다. 세계은행의 2001년 평가는 AKRSP의 제도 개발 효과를 가장 괄목할만한 성과로 보았다. 세계은행은 AKRSP가 공동체단체와 함께하는 활동을 매우 훌륭하며, 많은 여타 공여자 자금 지원에 의한 사업 사례와 달리 1983년부터 지속되어 왔다고, 공동체단체가 있는 마을에 혜택이 있었다는 조사 증거와 함께 보고하였다. 2019년 AKRSP는 11개 지역, 19만 8,409가구, 2,928개 마을단체, 2,117개 여성단체와 사업을 하였다. 공동체단체들은 연합위원회를 설립하여 연대하고 있으며, 연합위원회는 공동체를 위한 서비스의 범위를 확대하기 위해 정부 부처, 지역 개발 파트너, 원조 공여자, 민간 부문과 직접 협력관계를 구축할 수 있는 지역지원단체를 설치하였다.

출처: World Bank (2002b); akrsp.org.pk

집단을 포함한다.

이 책에서 논의된 많은 다른 개념과 마찬가지로 시민사회는 널리 논란이 되는 용어이다. 정부나 원조 공여자들 사이에서 가장 널리 통용되는 '자유주의' 시각에서 시민사회는 조직화된 시민들의 영역이고, 국가나 시장과 균형을 맞추기 위해 행동하는 조직체가 모여있는 영역이며, 민주적 가치가 지켜지는 곳이다. 이 시각에서 규범적으로 보면 시민사회는 전체적으로 '좋은 것'이다. '급진적' 시각에서 보면 조화보다는 권력투쟁에 기반을 둔 협상과 갈등, 국가와의 경계의 모호성을 강조한다. 시민사회는 여러 상이한, 서로 경쟁하는, 일부 '시민답지 못한' 아이디어와 이해관계를 포함하며, 그 모두가 개발에 긍정적으로 기여하는 것은 아니다 (Lewis 2002).

'시민사회'는 실증적 개념이기보다는 이론적 개념이기 때문에 개발 관련 기관들이 이를 현장에 적용한 결과는 성패가 일정하지 않다. 반 루이(Van Rooy 1998)에 의하면 시민사회의 개념은 너무 쉽게 몇 개의 다른 주장이나 목적이 편리하게 걸쳐질 수 있는 '분석적 모자걸이'에 불과한 존재가 되어 버린다. 이러한 문제들은 제5장에 상세히 논의되었다.

사회운동

NGO와 개발이론에 대한 논의는 사회운동의 분야도 고려할 필요가 있으며, '포스트개발'과 관련하여 앞에서 이미 다룬 바 있다. NGO와 마찬가지로 사회운동은 시민들이 강화된 시민권과 시민사회 참여를 통해 경제-사회적 권리 또는 복지 서비스 형태의 근대성에 보다 용이하게 접근하고자 하는 욕망을 반영한다. 그러나 그들은 산업 성장과 시장 자본주의, 행정 권력의 글로벌 패권에 의문을 제기하고 저항하는 운동의 형태일 수도 있다. 사회기제와 같은 운동의 광범위한 문헌은 종종 노조나 협동조합과 같은 오래된 또는 '고전적' 사회운동과 페미니즘, LGBT, 환경 운동, 원주민 또는 정체성 투쟁 형태의 '새로운' 사회운동을 구분한다.

그러한 운동들을 이해하는 데는 여러 다른 접근이 있다. 일례로 자원동원이론(McCarthy and Zald 1977)은 특정 지도자들이나 프레이밍 기제와 같은 기타 자원이 오래된 불만을 특정 시점에 조직적 항의로 전환되도록 해주는 역할에 초점을 맞춘다. 이 이론은 사람들이 '상대적 박탈' 상태에 직면하면 저항한다는 단순한 생각을 거부하고, 그런 상태를 정치적 기회 및 자원 배분을 둘러싼 갈등과 연결하여 설명한다 (Alfredson 2009).

대조적으로 프랑스 사회학자 투랭(Alaine Touraine 1988)은 사회

사진 3.2 ▍ 멕시코의 NGO인 원주민권리센터는 1992년부터 치아파스 원주민 공동체와 활동해왔다. 여기서는 4명으로 이루어진 팀이 법적 토지권에 대한 의식을 높이는 워크숍에 참여하고 있다

출처: Maria Galindo-Abarca

적 행위자들이 도회적, 젠더적 또는 문화적 정체성 등의 정체성을 먼저 형성하고 그에 근거하여 행동하며, 지배의 상태하에서 살아가는 시민들의 일상적 경험에서 부상하는 '신사회운동' 형태를 만들어 내게 되는 양식을 강조한다. 그러한 이론은 노동자의 행동을 강조하는 전통적 마르크스주의와 같은 기존의 정치이론에 비판적이며, 그 대신 의미에 대한 통제와 새로운 정체성 형성을 위한 시민사회 내의 투쟁 속에서 볼 수 있는 문화적-표현적 형태의 행동을 강조한다. 비록 새로운 사회운동이론은 빈번히 자원동원이론과 대비되지만 그 둘은 사람들을 행동하도록 만드는 게 무엇인가에 대한 기존의 가정을 깨려고 시도한다는 점에서 어떤 공통적인 요소가 있다 (Canel 1997).

사회운동이라는 주제는 그들과 NGO와의 관계의 측면에서 중요한 논제를 제시한다. 코튼의 NGO 진화에 대한 도식(제1장)은 사회운동과 연계하거나 구조적 전환을 위한 광범위한 투쟁에 참여하려는 행동은 NGO가 성숙되는 과정의 최종적-결정적 단계로 묘사한다. 그는 반대로 사회운동의 종착점에서 개발 NGO가 형성되는 경우에도 주목한다. 일례로 1940년대 중국에서 벌어진 옌(James Yen)의 문맹퇴치 운동은 후에 필리핀에 본부를 둔 영향력 있는 NGO인 농촌재건국제기구(IIRR)의 창설로 이어졌다.

어떤 NGO는 자신들의 이익이나 목표를 실현하기 위해서 의사결정의 제도화된 체제와의 연계를 추구하면서 사회운동의 조직적 구성요소가 될 수도 있다 (McCarthy and Zald 1977). 반면 NGO들은 변화의 아이디어를 위한 전위대로서 특정 부류의 사람들을 대신해서 행동하기도 하여, 아동의 권리나 소비자 권리와 같이 아직 광범위한 사회운동이 전개되기 전에 어떤 쟁점에 관해 정책주창을 하는 경우도 있다. 이는 NGO의 정책주창과 파트너십에 대한 제5장의 논의와 연결된다.

칼더(Kaldor 2003), 알바레즈(Alvarez 2009), 처드리와 카푸어 (Choudry and Kapoor 2013) 등 NGO가 정치에 미치는 효과에 비판적인 연구자들은 NGO가 변화를 추구하는 급진적 사회운동을 길들이고 제도화하는 경향이 있다고 지적하였다. 그들은 이를 'NGO화'라고 칭했다. 이 문제와 관련하여 NGO가 전문가집단으로 변화하고, 외부 자원을 받으면서 사회운동과 경쟁하면서 사회운동의 급진적 성향을 약화시키고 풀뿌리 지지 기반을 잠식하는 경향도 지적이 된다. 예를 들어, 다그니노(Dagnino 2008)는 브라질에서 신자유주의적 개발기관과 NGO들이 시민으로서의 덕목과 포용이라는 중요한 개념을 비정치화하는 방향으로 참여와 민주화를 추진하면서 지역의 사회운동을 '밀어냈다'고 주장하였다.

1990년대 라틴아메리카에서의 'NGO 유행'을 연구한 알바레즈 (Alvarez 2009)는 정부의 여성 관련 사업을 수행하도록 정부가 점점 더 많이 페미니스트 NGO에 위탁함으로써, "페미니스트 NGO들이 정책을 비판적으로 감시하고 더 철저한 페미니스트 개혁을 주장할 수 있는 능력이 종종 손상되었다"고 주장하였다 (p. 177). 알바레즈가 'NGO화'라고 칭한 과정을 통해서 느슨히 조직된 사회운동단체들은 점점 더 위계적이 되고 기업 관리 원리에 의해서 관리되게 된다. 이 과정은 NGO가 동원보다 생존과 수익 유지를 우선시하기 시작하면서 사회운동을 무력화, 축출, 파괴하는 경향이 있다 (Choudry and Kapoor 2013). 더욱이 NGO는 신자유주의 구조조정하에서 공공서비스 삭감과 국가 역할 축소를 보상하는 역할을 하면서 그러한 감축에 대한 저항을 약화시킨다 (Choudry and Shragge 2012).

반면 운동과 단체의 구분이 항상 명확한 것은 아니다 (Schuller and Lewis 2014). 사회운동을 지원하는 NGO와 운동 자체의 경계는 모호

사진 3.3 ┃ 모잠비크의 농민 현장 학교

출처: AKDN/Christopher Wilton-Steer

할 수 있다. 홉굿(Hopgood 2006)은 개발이나 인권과 같은 쟁점을 둘러싼 가치지향적 행동에 있어서 단체와 운동의 경계는 모호하다는 생각을 반영하여, 국제앰네스티가 여러 면에서 'NGO'이었던 만큼이나 '운동'이었음을 보여준다. 글라시우스와 이시카니안(Glasius and Ishkanian 2015)은 NGO와 운동가들은 표면적으로 별개의 정체성을 유지하면서 사실은 '은밀한 공생관계'일 수 있다고 관찰한다. 흄(Hulme 2008)은 '분석적 경계가 유동적임'을 고려하면 NGO와 사회운동의 명확한 개념적 구분은 유용하지 않을 수 있다고 본다. 이러한 관계나 경계의 복잡성은 SDI 운동에 관해 설명한 글상자 3.1에서 볼 수 있다.

결론

이 장에서 우리는 개발에 대한 다양한 이론적 시각이 어떻게 유행하거나 쇠퇴했고, 각 이론이 NGO라는 일반적인 주제를 어떻게 보았는지 설명하였다. 이 이론적 개괄은 개발과 개발의 '실행'을 개념화하는 여러 다른 시각이 NGO의 정체성과 역할을 구성하는 다양한 방식을 보여준다. 근대화와 종속에 관한 오래된 거대 이론들은 NGO의 역할에 대해 별로 할 말이 없으나, 대안적 개발 사고나 제도주의와 연계된 보다 실용적인 개발이론은 NGO를 충분히 다루어준다. 페미니스트이론과 인권은 NGO와 개발을 생각하는 데 중요한 영향을 미쳤다. 오늘날 NGO에 관한 아이디어는 사회적 배제, 사회자본, 시민사회, 사회운동과 같은 개발의 현대적 개념에 확고히 자리 잡고 있다.

우리가 살펴본 바와 같이 NGO는 '대문자 D'와 '소문자 d' 개발 모두와 관련하여 분석될 수 있다 (Hart 2001; Bebbington *et al.* 2008). 그러나 베빙턴 등이 지적한 바와 같이 NGO는 '소문자 d'의 문제에 관여하기보다는 '대문자 D'의 문제에 더 많은 관심을 보여 왔다고 비판 받을 여지가 있다. "NGO에 대해 실망스러운 점의 하나는 그들이 체제적 변화보다 대안적 형태의 개입을 더 쉽게 선호하는 경향이 있다는 것이다" (p. 5).

그러나 NGO는 작지만 중요한 방식으로 개발이론에 영향을 미쳐왔다. 리델(R. Riddell)이 제시한 용어인 '역 의제(reverse agenda)'에 의하면 (ODI 1995), NGO에 대한 공적 지원의 증가는 NGO에게 주류 개발 행위자들의 아이디어와 정책에 영향을 미칠 수 있는 수단을 제공해 주었다. 이는 종종 NGO의 정책주창에 의해서, 혹은 원조 공여자들이 NGO의 아이디어나 시각을 찾음으로써 이루어졌다. 이러한 변화에 포함될만한 주제는 참여적 계획, 환경 및 지속가능성, 젠더, 권리에 기초한 개발 등이다. 이들은 개발정책과 실무의 수준에서 더 적절히 논의될 수 있으며, 다음 장에서 다루어진다.

✔️ 요약

- 개발은 매우 논란이 많은 개념으로, 경제적 차원뿐 아니라 보다 폭넓은 다양한 차원이 있다.
- 개발은 진보를 위한 의도적 시도와 승자 및 패자가 발생하는 자본주의적 변화가 전개된 결과라는 2개의 주된 의미로 구분하는 것이 유용하다.
- 어떤 유형의 개발이론은 NGO를 거의 무시하는 반면, 다른 이론은 NGO에게 중요한 역할을 부여한다.
- NGO가 기여한 개발의 핵심 영역은 '인간중심적' 개발로, 이것은 개발에 관한 이론적 아이디어에서 보다 실용적인 '실무에 관한 이론'으로의 전환을 반영하는 것이다.
- NGO는 역량강화, 참여, 젠더, 사회자본과 같은 주제와 관련된 개발이론에 가장 밀접히 연결되어 왔다.

💬 **토론 주제**

1. 개발에 관한 거대 이론은 왜 보다 실용적인 개발이론에 밀려났는가?
2. '대문자 D' 개발과 '소문자 d' 개발을 구분하는 것은 어떻게 유용한가?
3. 현재의 신자유주의 개발정책에서 영향력이 커진 이론적 시각은 어느 것인가?
4. 개발이라는 개념에 반대하는 탈근대론자들은 왜 NGO에 비판적이고 사회운동은 지지하는가?
5. NGO가 최근의 '대안적' 개발에 관한 사고에 어떻게 영향을 미쳤다고 할 수 있는가?

❖ **추가 읽을거리**

Bebbington, A., Hickey, S. and Mitlin, D. (2008) 'Introduction: can NGOs make a difference? The challenge of development alternatives', Chapter 1 in A. Bebbington, S. Hickey and D. Mitlin (eds.) *Can NGOs Make a Difference? The Challenge of Development Alternatives*, London: Zed Books, pp. 3-37. 이 책에 수록된 논문은 NGO와 개발에 관해 이 분야 주요 저자들이 저술한 최신 논문들을 소개한다.

Booth, D. (1994) 'Rethinking social development: an overview', in D. Booth (ed.) *Rethinking Social Development: Theory, Research and Practice*, London: Longman. 이 영향력 있는 논문은 1990년대 초 개발이론의 이론적 결점을 이해하는 데 도움을 준다.

Easterly, W. (2006) *The White Man's Burden: Why the West's Efforts to Aid the Rest Have Done So Much Ill and So Little Good*, Oxford: Oxford University Press. 전직 세계은행 경제학자가 쓴 이 책은 원조를 둘러싼 관행 전반을 비판적으로 개괄한다.

Pailey, R. N. (2019) 'De-centring the "White Gaze" of Development', *Development and Change*, https://doi.org/10.1111/dech.12550. 이 논문은 개발에 관한 아이디어에 대한 사려 깊은 비판이며, 개발학의 '탈식민화'를 주장한다.

Willis, K. (2005) *Theories and Practices of Development*, London: Routledge. 개발학에서의 다양한 이론적 시각을 탐색하는 데 좋은 출발점이 될 수 있다.

❖ 유용한 웹사이트

www.braced.org
아시아, 아프리카, 사헬에 소재한 13개국의 15개 NGO 컨소시엄을 포함하는
 BRACED 네트워크가 운영하는 공동체 수준의 유연성에 관해 정보를 유용한
 제공하는 사이트.

www.id21.org
정책결정자와 실무자를 위한 모든 유형의 국제개발 관련 연구의 결과를 전파하
 는 사이트.

infed.org/mobi/social-capital
사회자본 연구에 관한 유용한 요약으로 교육자나 공동체 구축 활동가에 도움을 줌.

NGO와 개발: 대안에서 주류로?

4장

- 1990년대 초의 이론적 교착상태 이후 개발은 점점 더 이론보다 실제를 강조하게 되었다.
- NGO는 새로운 '인간중심' 또는 '대안적' 개발 패러다임의 구성에서 중요한 역할을 하였다.
- 참여, 역량강화, 젠더 평등과 같은 주요 아이디어들은 그러한 접근의 핵심에 있다.
- 이러한 아이디어와 신자유주의 패러다임의 부상은 힘들게 공존
- 냉전 후 정통 신자유주의 정책 속의 행위자로서의 NGO의 역할

서론

제3장에서 우리는 NGO의 부상을 더 광범위한 개발이론을 배경으로 하여 이해할 필요가 있으며, NGO와 그들의 활동의 다양한 측면을 이해하는 데 여러 분석적 접근이 사용될 수 있음을 논의하였다. 이 장과 5장에서는 개발 실무와의 관계와 관련해서 NGO를 살펴본다.

냉전이 종식된 후 개발이론은 대체로 쇠퇴하였다. 그 대신 토마스(Thomas 2000)의 주장과 같이 개발은 훨씬 더 실무적이고 자유 자본주의 속에서의 개입의 차원에서 논의되었다. 이러한 변화는 글로벌 빈곤과 불평등 완화를 위한 행동의 시급성이 중요한 우선순위가 된 것을 반영하였으며, 그것은 자유 자본주의의 다른 틀 속에서 고려될 수도 있는 선택지로서의 개발의 비전과 과정에 대한 논의에 다소 제약을 가

하는 효과를 가져왔다.

　NGO들 자신은 일반적으로 개발의 이론보다는 실무와의 연결성을 더 강조하는 경향이 있었다. 에드워즈(Edwards 1994)의 개발학에 대한 비판은 NGO 내부의 입장에서 써졌다. NGO는 자신들이 역량과 도덕적 헌신이 있음을 주장함으로써, 개발 행위자로서의 NGO의 역할에 정통성을 부여했다. 이 장에서는 이러한 주장의 맥락을 살펴보고, NGO가 지역 공동체에서, 또 광범위한 정책주창 활동에서 수행하는 실무적인 활동을 검토한다.

　우리가 이미 살펴본 바와 같이 '대안적' 개발의 시각은 빈곤에 대응하고 불평등한 관계와 그것을 지속시킨 구조적-조직적 문화에 도전하는 데 필요한 접근으로 부상하였다. 그러한 접근은 자본주의적 개발을 지향하는 주류의, 하향식 근대화론 유형의 접근에 대한 비판이며, 동시에 종속이론에서 비롯된 '급진적 비관주의'와 혁명적 수사로부터 탈피를 의미했다. 그러나 세월이 흐르면서 그러한 아이디어는 점점 주류의 개발 기관들에 흡수되었으며 그 결과는 다양했다.

　이 새로운 사고의 중심에는 '참여'라는 개념이 있었다. 보통 사람들이 진보와 개발이라는 명분으로 외부인들에 의해서 '움직여지는' 것이 아니라 의사결정 과정에 중심 역할을 할 필요가 있다는 것이다. 참여적 개발은 사람들 스스로가 그들 문제에 대해서 '전문가'이며 전략과 해결책을 찾는 데 능동적으로 관여해야 한다고 강조한다.

　이러한 경향에 관련된 주요 인물로는 영국의 학자이며 활동가인 체임버스(Robert Chambers)가 있다. 체임버스는 케냐정부의 관리와 교육관으로 활동하면서, 재래의 하향식 개발 관행의 한계를 직접 목격하였다. 그의 초기 저술은 대부분 공공 부문의 농촌 개발 훈련과 농업 자문에 관한 것이었으며, 그가 논의한 아이디어는 개도국과 선진국의 개발 NGO가 열심히 채택하여 발전시켰다.

체임버스(Chambers 2005: 98)는 그의 초기 저술을 돌아보면서, 당시의 정부중심의 하향식 정통 노선에 도전하기 시작한 대안적 개발 관행에 NGO가 중요한 원천이 되는 양상에 대해 다음과 같이 기술하였다.

> 오늘날 사용되는 많은 용어들을 1970년대에는 쓰지 않았다. '공평'이나 '빈곤' 등은 있었다. 그러나 오늘날 흔히 쓰는 권력 및 관계에 관련되는 6개의 단어 중 당시 내가 사용한 적이 있는 단어는 '참여'뿐이다. '역량강화', '소유권', '파트너십', '책무성', '투명성'은 전혀 언급되지 않았다. 이들 개념과 과제는 아직 명확히 규정되지 않았다. 자조 집단은 오늘날 우리가 공동체에 기반을 둔 조직(CBO)이라고 부르는 것의 일부였다. 여전히 정부가 중요시되었다. 우리는 참여적 접근과 방법의 혁신을 대학과 정부에서 찾았으나, 사실은 NGO에 종사하는 사람들이 주된 혁신자들이었다.

이 장에서는 NGO가 변화하는 개발의 세계에 기여한 바에 대해서 논의하며, 제5장에서는 현재의 개발 분야에서 NGO의 주된 역할을 살펴본다. 먼저 우리는 개발에 대한 인간중심적 또는 '대안적' 접근의 부상이라는 맥락에서 NGO를 논의한다.

참여

'참여'라는 개념은 1960~1970년대에 흔했던 국가 주도의 하향적 사업에 대한 반작용의 일부였다. 정부가 사회 발전을 촉진하는 데 책임을 다하지 못하는 데 대한 좌절감이 확산되었다 (Midgley 1995). 그러한 실패는 과도한 관료제, 원조 공여자들이 낭비적인 사업을 선택하는 문제, 개발원조로 인한 부패의 발생 등에 부분적으로 기인했다. 이 운동에 영감을 준 주요 아이디어는 미국의 활동가 안스타인(Arnstein 1969)의 '참여의 사다리'라는 개념이다. 이 개념은 의사결정이 시민 참여와 협의라는 명분 뒤에서 이루어질 때 누가 실제로 권력을 가지는지에 초점을 맞춘다. 그는 참여의 8단계를 제시하여 참여에는 단계의 차이가 있음을 보여주었다. 최저 단계에는 조종과 치료(주민들이 복종하도록 만드는 사실상의 비참여)가, 3~4단계에는 정보 제공과 협의(모두 보여주기의 형태)가, 5단계는 회유, 최정점에는 참여의 고도화된 형태로 파트너십, 권한 위임, 시민에 의한 통제가 있다.

개발 사업은 그 설계나 시행 과정에 지역의 주민들을 거의 관여시

사진 4.1 ▌ CARE 직원이 진행하는 PRA 활동에 참여하는 북부 방글라데시 여성들
출처: Nazneen Kanji

키지 않으며, 주로 그러한 개입의 수동적 '수혜자'로 취급되었다. 참여적 접근을 실험하기 시작했던 체임버스(Chambers 1995) 등의 핵심 아이디어는 그러한 기존의 틀을 뒤집어서 지역의 사람들이 직면한 문제에 대해 스스로 지식과 이해를 동원하여 해결책을 계획하고 행동할 수 있는 조건을 조성하는 것이다.

공동체 참여에 관한 아이디어는 소위 개도국을 넘어서 다른 지역에서도 신뢰성을 얻게 되었다. 미국 테네시강유역 개발공사의 관개 사업에 대한 잘 알려진 연구는 관료제 안팎의 기득권에 의한 '포획'으로 인해 초래된 서비스 제공의 장애를 해결하는 데 있어서 공식적 행정 과정 밖에 있는 지역 주민을 의사결정에 참여시키는 것의 중요성을 지적하였다 (Selznick 1966).

이어서 부상한 참여적 농촌평가(PRA)로 알려진 많은 도구와 방법론은 당시 국제기관이나 정부 조직에 있는 개발 관련 종사자들에게 하향적이지 않은 새로운 활동 방식을 만들어야 하는 과제를 주었다. 그것은 전문가들과 수혜자들, 연령과 권위, 남성성과 여성성 사이에 존재하던 재래의 권력관계에 도전하고 이를 '뒤집는 것'을 목표로 하였다. 이 접근은 또 지역 사회의 지식에 더 높은 가치를 부여했다. 그러한 아이디어는 많은 사회과학자에게는 익숙했을지 모르나, 주류의 개발 사업에 관계하는 계획자, 경제학자, 공학자들에게는 그들의 세계관을 재평가해야 하는 일이었다 (Gardner and Lewis 1996).

1970년대 말 유엔 사회개발연구소(UNRISD)의 주민 참여에 관한 연구에서와 같은 참여에 관한 초기의 정의는 더 어려운 권력의 '뒤집기'를 포함하였으며, 기존에 배제된 집단들이 자원과 제도에 대한 통제를 높이는 것을 상정하였다 (Stiefel and Wolfe 1994). 그러나 '참여'라는 용어가 개발 기관들에 의해 더 널리 받아들여지면서 그 용어가 다소 모호하게 사용되었으며, 초점이 권력 관계의 구조 전환적인 변화에서부터 참여의 다양한 방법과 수단으로 옮겨지게 되었다.

화이트(White 1995)는 '참여'의 개념적 틀을 체계적으로 제시하였다. '누가 참여하는가?'와 '어느 수준에서 참여하는가?'에 따라 여러 다른 형태의 참여가 있다. 첫 번째 형태는 명목적인 것으로, 정부가 주도하여 집단이 만들어지지만, 그 주된 목적은 단지 보여주기에 불과하다. 두 번째는 도구적인 참여로 구조조정으로 인한 자원 부족 상태에서 노동력을 제공하는 한 방법인데, 지역 주민에게는 부담이라고 볼 수 있다. 세 번째는 대표성의 차원으로, 예를 들어, 공동체 내의 특정 집단이 사업의 계획에 참여하여 자신의 이익을 표출할 수 있게 되면서 어느 정도 영향력을 행사하게 되는 것이다. 네 번째는 구조 전환적 참여로 사람들이 스스로 결정하고 행동할 수 있는 방법을 찾은 경우이다. 이것은 진정으로 정치적인 의미에서 '역량을 갖게 되는' 형태이다. 참여하는 여러 집단이 각자 다른 이해가 걸려 있으며, 이것은 '갈등의 현장'으로 이해될 수 있고, 사람들에게 긍정적, 부정적 결과를 모두 가져온다.

참여에 대한 관심은 사업 설정에서만 중요한 것이 아니며, 보다 광범위하게 영향을 미쳤다. 예를 들어, 브라질은 포르투알레그레 시의 분권적 지역 거버넌스에서 진행된 '참여적 예산 책정'의 실험으로 인해 1989년부터 전 세계적으로 주목을 받았다. 시 예산의 특정 부분이 어떻게 쓰이는지에 더 많은 사람들이 결정에 참여하기 시작하면서, 빈곤 가구에 자원이 재분배되었고, 삶의 질이 전반적으로 향상되어 중산층 거주자들이 세금 인상을 수용하도록 설득하는 데 도움이 되었다. 이전에 소외되었던 사람들이 계획에 더 관여하게 되고, 자신들의 요구와 아이디어를 제시하고 목소리를 내는 데 더 자신감이 생겼고, '역량이 강화되었다'(Guareschi and Jovchelovitch 2004).

역량강화

참여와 관련 있는 개념으로는 대안적 개발 접근의 핵심이라고 할 수 있는 역량강화가 있다. 역량강화에 대한 관심은 빈곤을 단순히 물질적 자원의 '부족'이라고 보는 데서 불평등한 권력 관계의 결과라고 보는 변화를 반영하였다.

역량강화는 대안적 개발의 이론과 실제에 대해 프리드만(Friedmann 1992)이 제시한 비전의 핵심이었다. 그것은 개발 분야 종사자들이 권력에 대한 아이디어에 관심을 가져야 하고, 불평등한 권력관계에 처해 있는 사람들이 받는 사고-행동 능력의 제약을 보다 면밀히 고려해야 한다는 것이다. 그는 세 가지 다른 종류의 권력을 제시한다. 그것은 사회적(정보 및 기술에 접근, 사회적 조직 참여, 재정 능력), 정치적(개인이나 가구가 의사결정 과정에 참여. 예를 들어, 투표, 집단행동 등), 심리적(자신감. 사회적-정치적 영역에서 성공적인 경우 상승) 권력이다. 프리드만은 개발의 대안적 접근을 구축하기 위해서는 언급한 각 영역에서의 진전이 필요하며, 그럼으로써 개발을 단순한 물질적 안위를 넘어서는 개념으로 진전시킬 수 있다고 주장했다.

참여와 마찬가지로 역량강화라는 개념은 '의식화'에 관한 프레이리의 급진적 이론, 서구의 공동체 조직 분야, 사회복지 이론 등과 같은 몇몇 다른 원천으로부터 개발의 논의로 들어왔다. 이처럼 다양한 원천이 있다는 것은 왜 이 용어가 종종 매우 다른 의미로 사용되는지를 설명해준다 (글상자 4.1). 혹자는 역량강화를 사람들에게 자신의 복지와 이익 신장을 위한 수단을 제공하는 개인적인 과정으로 본다. 역량강화는 조직화와 정치의 문제를 중심으로 한 집단행동의 형태를 의미하기도 한다.

글상자 4.1　'역량강화'의 다양한 의미들

서구의 사회복지 분야에서 역량강화는 빈곤하고 소외된 사람들이
처한 상황을 개인적 개발 과정을 통해 변화시킬 수 있는 방법을 이
해하는 수단으로서, 그리고 먼저 개인적으로, 후에 집단적으로 그들
이 취할 수 있는 행동을 촉진하는 도구로서 부상하였다 (Rowlands
1995). 그러나 일부 비판자들에 의하면 역량강화의 개인화된 시각
이 유행한 것은 개발의 문제는 구조적 변화가 아닌 개인적 변화를
통해서 대응할 수 있다고 주장하는 사람들이 선호했기 때문이다. 예
를 들어, 미소금융운동에서 저소득 여성에게 신용 대출을 제공하
는 것은 소규모 기업 활동이나 자조 노력을 활성화할 수 있기 때문
에 경제적-사회적으로 역량을 부여하는 것으로 간주되었다. 그러나
이러한 시각의 역량강화는 정치적으로 보다 급진적이고 계급에 기
반을 둔 역량강화를 상정했던 프레이리의 '의식화' 이론에서 의미하
는 것과는 대조적인 것이다. 프레이리는 촉진제 역할을 하지만 지시
하지는 않은 외부자들이 지원하는 풀뿌리단체의 조직화를 지향하였
다. 그는 후에 단순히 개인의 자기 계발을 의미하는 용어로서의 '역
량강화'가 광범위하게 사용되는 데 대해 비판하였다. 어떤 의미로
사용되든 역량강화는 과정을 중시한다. 역량강화는 다음과 같은 일
련의 단계를 거쳐서 개발되는 것을 의미한다. 즉 자신의 삶 속에서
권력의 역학관계에 대해 의식하게 되고, 자신의 통제력을 높이는 기
술과 능력을 개발하고, 변화를 이루기 위해서 개인적으로 또는 공동
체 구성원과 협력을 통해 그러한 통제력을 행사하게 되는 것이다.

역량강화 개념을 정리하고 보다 일관성 있게 만드는 것은 쉽지 않
다. 이를 위한 유용한 방법으로 로우랜즈(Rowlands 1995)는 '대상에
게 행사되는 권력'(남성의 여성에 대한, 또는 한 계급의 타 계급에 대

한 권력처럼 대상에 행사되는 통제 또는 영향력)과 '대상이 스스로 움직이도록 만드는 힘'(타인으로 하여금 행동하도록 하고, 의욕을 고취하도록 고무하는 생성적 권력의 시각)을 구분하였다. 그는 효과적 역량강화 전략은 '대상에게 행사되는 권력'에 저항하고 도전하는, '대상이 스스로 움직이도록 만드는 힘'을 구축하는 데 있다고 주장하였다. 이 과정에는 더 큰 자신감의 상승과 관련된 개인적 차원, 친밀한 관계를 형성하고 의사 결정력을 확보하는 능력에 해당하는 관계적 차원, 지역적, 전국적으로 다른 사람들과 협력하고 연대를 구축하는 집단적 차원이라는 3개의 차원이 있다. 이처럼 역량강화를 다차원의 과정으로 보는 시각이 엿보이는 사례는 인도 NGO 사바세바농장협회(ASSEFA)의 활동에서 찾아볼 수 있다 (글상자 4.2).

사진 4.2 ▌ CARE 방글라데시의 NGO 종사자들이 농촌 여성들과 역량강화 문제에 대해 논의

출처: Nazneen Kanji

글상자 4.2   ASSEFA와 인도의 역량강화

대안적 역량강화 접근의 부상과 실행에 NGO가 기여한 좋은 사례로 인도의 사바세바농장협회(ASSEFA)를 들 수 있다. ASSEFA는 필수 서비스 제공, 조직에 대한 지원, 인식 제고 등을 통해 자립적 공동체를 구축하는 것을 목표로 한다. 인도의 카스트라는 대단히 불평등한 환경에서 ASSEFA는 상위 계급이 브후단(Bhoodan)운동을 통해 토지 없는 하층 계급에 기증한 땅의 지속가능한 개발을 지원하였다. ASSEFA의 현장 종사자들은 수년간 지역의 고충을 들으면서, 마을 주민 자신들이 어떤 시도를 할 때까지 기다린다. 그러면 소규모의 시범 사업을 통해 협력의 가능성을 알아보고, 신뢰를 구축한다. 이어서 대규모 사업이 추진되고, 그것이 성공적이면 더 나아가 교육훈련을 실시한다. 융자나 훈련과 같은 보완적 서비스의 단계가 시작되고 수년 후에는 ASSEFA가 점차 자문이나 지원을 줄여나가게 된다. 결과적으로 경제 활동이 토지에서 수익을 창출하고, 그 덕분에 농민은 토지 사용권을 다시 확보하며, NGO의 투자는 서서히 상환될 수 있다. 이 접근이 눈에 띄는 것은 그러한 사업이 외부의 자원에 의한 것이 아니고, 지역 집단의 노력, 아이디어, 노고의 결과라는 점이다. 동시에 이 사례는 하층 계급이 공동체에서 존중받게 되었다는 점에서 역량강화의 정치적 차원이 돋보인다. 2019년 ASSEFA는 인도의 7개 주에서 지속가능 발전을 위해 활동한 50주년을 기념하였다.

출처: http://unsse.org/knowledge-hub/association-for-sarva-seva-farms-assefa-india-50-years-of-sustainable-development/; Thomas (1992)

젠더

참여와 역량강화에 관한 아이디어가 NGO에 의해서 채택이 되면서 농촌 개발 종사자, 페미니스트, 학자, 여성단체 등은 여성이 그러한 과정에 얼마나 포함되어야 하는지에 대해 중요한 질문을 제기하기 시작하였다 (Sen and Grown 1988; Guijt and Shah 1998).

그들은 '공동체 참여'의 논의는 빈번히 불평등한 젠더 관계를 무시하고, 참여에 소수의 여성만을 포함시키며, 개발에 대한 여성의 관심과 기여를 경시한다고 주장하였다. 센과 그로운(Sen and Grown 1988: 20)은 구조조정정책이 널리 시행되던 시대에 여성과 함께하는 신시대의 개발 대안(DAWN)과 관련한 저술에서, "자원, 권력, 통제가 소수에 주어지는 기존의 경제, 정치, 문화적 과정에서는 여성의 평등은 불가능하다. 그리고 여성을 위한 공정성과 여성의 참여를 높이지 않고는 개발은 불가능하다"고 주장하였다.

모저(Moser 1989)는 탈식민지 시대의 젠더와 개발 접근을 개괄하면서 역량강화 접근은 개발도상지역의 여성단체와 NGO들에 의해서 주도되었다고 주장하였다. 그러한 NGO의 좋은 사례는 오랜 세월 유지되고 있는 인도의 자영업여성협회(SEWA)이다 (글상자 4.3).

최근 개도국 개발 자금 지원의 방식이 변화하면서 여성의 권리의 주변화는 계속 다른 형태로 나타났다. 일례로 기디온과 포터(Gideon and Porter 2016)는 글로벌 보건 분야에서 젠더와 불평등 문제를 다루는 NGO가 직면한 도전에 대해 기술하였다. 이 분야에서는 '과학화'가 진행되면서, 기술적 개입을 대규모로 추진하는 데 열중하게 되었고, 기업 경영의 규범이 더 강하게 영향을 미치게 되었다. 문제는 그로 인해서 공동체에 기반을 둔 활동이 주변화되면서, 사업의 설계와 제공

글상자 4.3 인도의 자영업여성협회(SEWA)

SEWA는 비공식 부문 자영업 여성을 위한 노조 운동으로 1971년 창설, 1972년 등록되었다. 그 주된 목적은 여성의 단체 구성을 조직화-지원하는 것이다. 이 운동은 구자라트 주에서 시작되었으나 현재는 7개 주에서 활발하다. 회원은 125개 업종의 약 100만 명 정도이다. SEWA은행은 신용대출과 금융 서비스를 제공하고 착취적인 대부업자에의 의존을 줄이기 위해 4,000명의 자영업 종사 여성들이 협동조합으로 1974년 설립하였다. 이들 자영업 종사 여성들은 행상인, 노점상, (직공, 도공 등) 가내 노동자 등을 포함한다. SEWA는 스스로를 조직이면서 동시에 운동으로 본다. SEWA 운동은 그것이 노동 운동, 협동조합 운동, 여성 운동이라는 3개의 운동이 합해진 것이기 때문에 더욱 강해진다. SEWA는 스스로를 자가 생산된 운동으로 보며, 여성이 지도자들이고, 스스로의 노력을 통해 여성이 강해졌으며, 그들의 경제적-사회적 기여가 인정을 받았다. SEWA는 여성이 자신이 가진 자원을 보다 효과적으로 쓸 수 있도록 하는 역량강화에 초점을 맞춰왔다. 간디의 사상은 SEWA의 가난한 자영업자 회원들이 사회변화를 위해 조직화하는 활동을 이끌어주는 힘이다. 이 단체는 현재 구호 활동, 교육 및 가정 보건 향상, 보험 제공, 가정 폭력 대응 등 광범위한 활동과 서비스를 하고 있다. SEWA는 그람마힐라하트(농촌 여성 생산자-기업가 지원 단체 – 역자 주)와 기술훈련센터를 설치하여 생산자들에게 기술적 조언과 마케팅을 제공하고 있다. SEWA는 또 광범위한 문제들에 대해서 정책주창과 캠페인 활동도 하고 있다.

출처: www.sewa.org

에 있어서 여성이 목소리를 낼 수 있는 공간이 축소된다는 것이다.

권리

유엔 인권선언은 1948년에 채택되었지만, 권리와 개발의 개념은 훨씬 뒤에 결합이 되었다. 1990년대 말 이후 '권리에 기반을 둔 접근'은 개발 분야에서 NGO와 원조 공여자들 사이에 꾸준히 강화되었다 (IDS 2003; Ako *et al*. 2013). 이것은 새로운 법적 권리의 틀을 만들려는 국제적인 차원의 진보와 사회 정의를 주장하는 수단으로 권리의 틀을 채택-사용한 활동가와 사회운동이 지역 차원에서 성취한 진보를 반영한 것이다.

개발에 있어서 권리에 기반을 둔 접근으로의 이동은 경제, 사회, 문화적 권리 문제를 기존의 시민적-정치적 권리와 함께 무대 중심에 올렸다. 전자는 고용, 식량, 주거의 권리와 관계되며 후자는 조직화, 투표, 표현의 자유 등의 권리와 관계된다. 권리 기반 개발을 주장하는 대부분은 이들 권리를 1세대, 2세대의 위계적인 것으로 보지 않고, 사람들이 그것을 중심으로 조직화할 수 있는 총체적인 것으로 본다. 예를 들어, 옥스팜의 접근에 대해 그린(Green 2008: 27)은 다음과 같이 기술한다.

빈곤은 사람들이 자신의 삶의 핵심적 측면에 대한 통제력을 부정당한 상대적인 무력함의 상태이다. … 사람들은 빈번히 돈, 토지, 자유를 갖지 못한다. 왜냐하면, 계급, 젠더, 민족, 연령, 성적 지향 등 개인의 정체성으로 인해 삶의 선택을 허용하는 자원에 대한 소유나 통제 능력을 제약하는 차별을 받기 때문이다. 개발에 대한 권리에 기반을 둔 접근의 근저에 있는 목적은 빈곤, 무력화, 갈등의 영속

적 악순환을 멈추고, 사람은 모두가 권리를 가지고 의무를 진 국가
에 대해 책무성을 요구할 수 있고, 의무를 진자들은 인권을 실현, 보
호, 신장할 의사와 능력을 가지게 되는 선순환으로 상황을 전환하는
방법을 찾는 것이다.

이 접근은 더 '진보적인' 개발 담론과 실제를 제시하며, 전 세계의
대부분의 주변화된 사람들이 그들의 권리를 주장하기 위해 적극 참여
할 수 있는 기회를 제공해준다 (Action Aid 2008; Ako *et al.* 2013).

권리에 기반을 둔 접근은 빈곤 완화 노력을 시민권, 법률, 책무성과
연계하는 데 유용하며, 인도적 개입의 경우 권리 보호를 위한 지역의
대화 필요성을 잘 보여주었다. NGO에게 있어서 권리에 기반한 접근
은 공동체 수준 파트너십의 내용과 과정, 국가의 여러 기관에 더 넓게
초점을 맞춰야 할 필요성, 캠페인 활동에 있어서 공공 책무성과 법률
등 개발 업무의 대부분의 측면에서 광범위한 영향을 미쳤다. 예를 들
어, 인도에서 SEWA의 접근(글상자 4.3 참조)은 여성 자신의 권리에
대한 의식이 엘리트에 의해 그들에게 '가해지는 권력'에 도전할 수 있
게 한 권리와 권력의 연계성을 잘 보여주며, 권리와 역량강화에 대한
논의를 연결해준다. 방글라데시의 나이제라 코리(Nijera Kori)의 활동
은 젠더와 역량강화 사업 결과를 잘 보여준다 (글상자 4.4).

권리에 기반을 둔 접근은 그 잠재적인 구조 전환적 힘에도 불구하고
실행에 있어서 문제가 있다 (Mitlin and Hickey 2009). 아코 등(Ako *et
al.* 2013: 47)이 가나의 작은 NGO인 벨림우사개발기구(Belim Wusa
Development Agency)의 연구에서 밝혔듯이 이 접근에는 권력을 가
진 자들과 전통적 규범들 사이의 갈등이 야기될 가능성이 있다.

권리는 구조적 불평등과 지배적 권력관계에 의해서 애당초 빈번히

글상자 4.4   방글라데시에서 나이제라 코리의 역량강화 활동 영향을 계량화하는 작업

방글라데시의 NGO 나이제라 코리(NK)는 1970년대부터 주로 노동에 의존하는 무산 빈곤층을 위해 활동해 왔다. NK는 빈곤한 사람들이 조직화와 집단행동, 불의와 그 원인에 대한 비판적 의식을 키워서 역량을 강화하도록 하여, 엘리트 권력의 지배에 대항하는 힘을 쌓고, 더 효과적으로 권리를 주장할 수 있도록 하였다. 카비어 등(Kabeer *et al.* 2008, 2012)은 10개의 마을에서 추출한 동일한 수의 남녀를 표본으로 NK의 회원과 비회원 '통제' 집단을 비교하여 활동의 효과를 분석하였다. 이 연구는 NK의 활동이 회원들 사이에 그들이 처한 환경에 대한 의식을 높이고, 불의에 저항하고 권리 주장을 위해 행동하려는 의사를 증가시킨 체계적인 증거를 발견하였다. 회원들은 여성에 대한 가정 내외의 폭력 감소, 지참금 건수 감소, 공공 부문에서 여성의 이동성 향상 등을 보고하였다. 연구 결과는 지역의 힘의 균형이 이동했음을 시사한다. NK 회원들은 비회원에 비해 불공정한 판결이나 공권력이 불의를 시정하지 않는 데 대해 항의하여 사법 정의에 접근하는 역할이 증가했음을 보고했다. NK의 주된 초점은 의식 제고와 연대 구축, 집단행동 등 비가시적인 활동에 맞추어졌으나, 회원들은 식단의 질, 자산 증가, 전기 공급 개선, 생계 다각화 등 생활에 있어서 보다 구체적인 물질적 개선 측면에도 많은 성과가 있었다.

출처: Kabeer *et al.* (2008)

무효화되거나 부정된다. 따라서 권리의 실현은 빈곤하거나 소외된 집단을 위해 사회의 권력 분포를 이전하는 방향으로 그 구조나 체제에 도전하는 데 달려 있다.

이 경우 권리를 주장하는 지역 시민들과 NGO의 노력은 다년간 진행된 신자유주의 구조조정으로 초래된 국가 능력의 한계, 지역정부 체제에 접근하는 데 있어서의 어려움, 여성을 종속시키는 가부장적 남성 지배 전통과 같은 구조적 장애에 직면하였다. 현재의 권력 구조와 제한적인 문화 규범의 조합은 권리에 기반을 둔 개발 접근 방식에 도전이 되고 있음을 여기서 보여주었다.

NGO의 선도적 활동을 따라 유니세프, UNDP, ILO, Sida(스웨덴 국제개발협력처), DFID(영국국제개발부) 등 몇몇 원조 공여자들은 개발에 있어서 권리에 기반을 둔 접근을 공식 채택하였다. 이러한 정책 변화는 권리에 기반을 둔 개발 활동과 대안적 개발 접근에 새로운 공간과 자원을 만들어주었다.

대안적 개발에 대한 비판

대안적 개발 접근의 핵심이 된 참여, 젠더 평등, 역량강화에 관한 아이디어는 매우 영향력이 있었으나, 최소한 세 분야에서 비판이 제기되었다. 첫째는 이러한 새로운 접근을 실행하는 NGO의 노력은 종종 단편적이었고, 따라서 '확대 적용'이라는 수사의 유행에도 불구하고 대규모로 확대-조직화하기 어려웠다. '역량강화'를 추구했지만, NGO가 지역 공동체에 가져올 수 있는 변화는 소규모였고 지속되기 어려웠다. 왜냐하면, 지역의 문제는 더 광범위한 구조와 과정 속에 내재되어 있었기 때문이다. 코튼의 NGO 세대 진화의 틀(제1장 참조)을 돌이켜보면 너무 많은 제1, 제2 세대 NGO들이 지역에서 활동했으며, 보다 광범위한 구조적 문제나 관계에 대해서는 훨씬 적은 NGO들이 관여했었다.

둘째, 일련의 이슈들은 권력이라는 어려운 문제와 관련된 것이다. NGO들은 공동체 수준에서 관계 구축을 시도했으나 이것은 경우에 따라 지역의 집단으로부터 역량을 빼앗는 데 기여했음이 밝혀졌다. 일례로 아레야노-로페즈와 페트라스(Arellano-Lopez and Petras 1994)는 외부 NGO들이 지역의 풀뿌리 집단이나 사회운동과 연계한 볼리비아에서는 더 전문가집단화된 이들 NGO들이 이미 존재하던 지역의 자율적 구조를 약화시켰고, 이들을 공여자가 지원하는 재래의 '빈곤 완화' 활동에 더 기울도록 만들었다고 주장한다.

권력과 불평등의 문제는 국제 NGO가 개도국 NGO와 '파트너십'을 형성한 뒤 의사결정과 우선순위를 놓고 갈등이 초래되는 경우와 같이 조직 간의 관계에 있어서도 쟁점이 되었다. 이 쟁점의 한 측면은 '능력 구축(capacity building)', '능력 개발(capacity development)', 그리고 누가, 누구를 위해, 어떤 유형의 능력을 구축하는가의 담론에 관한 것이다 (제5장에서 논의). 권력에 대한 푸코적인 시각을 강조하는 전통적 포스트개발 이론가들은 능력 구축은 '개발자들의' 전문가로서의 지식의 체계는 개발도상지역의 단체들을 통제하고 압도하는 데 이용될 수 있다고 본다. 오늘날의 다극적인 세계에서는 개발도상국 사이의 상호 학습과 남반구 개발도상지역의 방식이 북반구 국가의 정책 혁신의 원천이 되는 사례가 더 빈번해지고 있다 (Lewis 2017a).

NGO 활동과 관련하여 권력에 대한 또 다른 주요 시각은 단체, 공동체, 개인의 관계를 탐색하는, 중개와 통역에 관한 문화인류학의 문헌에서 유래한다 (Lewis and Mosse 2006). 이 접근을 채택한 스위들러와 왓킨스(Swidler and Watkins 2017: 202)는 외부인들(이 사례에서는 말라위의 HIV/AIDS 위기에 대응하는 이타주의적 서구인들)이 지역 공동체 및 수혜자들과 접촉하기 위해서는 해당 지역의 중개자들에 의존할 수밖에 없는 양상을 기술한다. 또 이들 중개자들은 사업에 관련된 사람들이 표현하는 다양한 기대, 도덕률, 의미를 통역하는데, 이들은 종종 서로 상충된다. 스위들러와 왓킨스에 의하면 "중개자들이 사업용 재원을 자신의 친척들을 위해 빼돌리는 것을 발견하고 상처를 입는 이타주의자들은 아프리카에서는 완전히 합리적이라고 할 수 있는 재분배와 상호주의의 도덕률을 이해하지 못함을 보여준다."

끝으로, NGO가 추진하는 역량강화를 둘러싼 정치적 활동은 복잡한 윤리적 쟁점을 제기한다. 방글라데시에서 NGO들은 지역 선거에서 빈민들이 지역 엘리트에 대항하여 자신의 후보자를 내세우기 위해 조직하는 것을 지원하였다. 하세미(Hashemi 1995)는 한 NGO가 토지를 소유하지 못한 회원 중에 지역 선거 후보자를 세우자 이에 대해 지역 권력자들은 위협으로 대응했고, 폭력 사건을 초래한 사례에 대해 기술하였다.

역량강화에 대한 또 다른 장애물은 조직으로서 NGO의 자기 이익 추구 문제이다. NGO는 자신들이 지원해온 풀뿌리단체가 '자립'하는 것을 원치 않을 수 있다. 지역의 풀뿌리단체가 의존을 선택하고 NGO를 유용한 '후원자'로 보기 때문인 경우도 있고, 또는 그 단체가 NGO의 정통성이나 수입에 너무 중요하기 때문일 수도 있다. 예를 들어, NGO들이 만든 여성단체들이 세계은행이 지원한 명주실 생산 사업에 참여한 사례가 있는데, 이들은 '홀로 서서' 독립된 생산자단체가 될 수가 없었다. 왜냐하면, 명주실 제품 생산으로부터의 수입은 관련된 일부 NGO에게는 너무나 중요한 수입원이 되었기 때문이다 (Bebbington *et al.* 2007). 또 대안적 개발 아이디어가 주류 개발 기관에 포섭되면서 발생하는 중요한 문제들이 있다. 프레이리식의 급진적 교육, 간디적인 재분배와 저항 등 일련의 급진적 아이디어로 시작한 것들이 머지않아 주류 원조 기관에 의해 흡수되고 비정치화되는 것이다. 이들 '대안적' 개발 아이디어는 점차 세계은행, UNDP, DFID와 같은 주류 기관들이 가져가게 되었다. 이것이 대안적 개발의 전통이 완전히 '그 예리함을 상실했다'는 것은 아니지만, 이들의 위상은 눈에 띄게 위축되었다.

예를 들어, 라네마(Rahnema 1992)는 전문가집단화된 개발 기관의 세계에서 많은 대안적 개발 아이디어들이 그들의 구조 전환적 동력을 빠르게 잃어버렸고, 지역 공동체에 외부의 아이디어를 수입하는 도구로 전락했다고 주장하였다. 예를 들어, 여성의 역량강화는 여성을

사진 4.3 ┃ 지역 NGO가 운영하는 소득 창출 사업의 일환으로 회원들이 명주실 생산에 종사하고 있다

출처: David Lewis

참여시켜 생산성과 효율성을 높이기 위해 많은 개발 기관에 채택되었다. 그러나 권력 관계를 변화시키려는 진정한 시도는 빈번히 결여되었다 (Moser 1989; Momsen 2004). 화이트(White 1995)는 참여에 대한 아이디어가 처음에는 저항의 형태로 부상했으나 원조 공여자나 관련 기관 내에 주류화되면서 정치적 의미를 상실하게 되는 것을 보여주었다. 콘월과 브록(Cornwall and Brock 2005)은 종종 애매하고 유동적인 개발의 언어를 분석하여 이러한 과정을 보여주었다. 참여나 역량 강화 같은 용어는 너무 쉽게 애매한 의미를 가진 '유행어'가 되어 여러 다른 입장이나 시각을 지지하는 데 사용되고, 그 과정에서 원래의 급진적 의미가 사라진다고 주장하였다.

그러나 권력은 원조 기관이나 엘리트의 이익을 위해서만 작동하는 것은 아니고 '수혜자'들이 NGO가 제공하는 것들의 형태를 바꾸려는 노력에도 반영이 된다. 과테말라에서 진행된 2개의 사업에 대한 벡(Beck 2017: 3)의 연구는 이들 사업이 엉망이고 모순적이지만, 당초의 의도, 계획, 이데올로기와는 다른 방향으로 지역의 관행에 의해서 적극적으로 변화되었음을 보여주었다. 그는 "개발 NGO들은 깔끔하게 묶여지고 고정된 조직이 아니며, 그들의 사업도 단선적이거나 정해진 대로 흐르는 것은 아니다"라고 결론을 내렸다.

다음에서 우리는 NGO들이 주류의 정통 신자유주의 개발정책에 의해서 어떻게 제약을 받는지, 또 그것에 어떻게 기여했는지 논의한다.

신자유주의 개발정책에 있어서 NGO의 역할

제3장에서 논의한 바와 같이 1990년 초 냉전 후 시대에 국제관계의

지각판이 크게 움직였으며 자본주의 개발 모델이 패권을 쥐게 되었다. 개발정책 의제는 점점 더 신자유주의적 성격을 띠게 되었고, 그 우선순위는 시장과 민주적 거버넌스였다. 이러한 정책적 맥락에서 민영화의 요구와 밀접히 연결된 민간에 의한 서비스 제공의 수단으로서 NGO가 주류의 관심을 받게 되었다. 세계은행이나 IMF가 개도국 정부에 강요한 구조조정정책은 사회서비스의 급격한 삭감으로 이어졌고, 그 결과 NGO들이 의도에 의해서, 또는 상황에 밀려서 그 공백을 메우려 시도하게 되었다.

이러한 접근의 일부로서, 안정과 번영을 위해 국가, 기업, 제3섹터가 균형을 이룰 필요가 있다고 상정하는 '바람직한 거버넌스'라는 아이디어도 부상하였다. 1990년대부터 거버넌스 관계에 대한 더 광범위한 신자유주의 구조조정의 일환으로, 명확히 규정된 NGO의 역할이 제시되었고, 많은 국가가 권력을 유지-확대하는 데 있어서 NGO를 유연한 도구로 간주하게 되었다 (Fisher 1997). 굽타와 퍼거슨(Gupta and Ferguson 2002: 990)은 "국가의 기능을 NGO나 여타 소위 비국가 기관에 위탁하는 것은 국가 운영의 주요 특징일 뿐 아니라, 초국가적 통치성 체제의 부상"이라고 주장하였다.

따라서 NGO들은 정부와 원조 공여자들을 대신해서 서비스 제공에 종사하도록 강한 압력을 받게 되었다. 일부 NGO는 이러한 패러다임의 밖에 머물면서 '대안적' 개발 활동을 계속하였다. 그러나 많은 NGO들은 사업 위탁과 부문 간 파트너십 방식에 저항하기 어려웠다.

여기서 우리는 NGO가 택하는 접근의 세 가지 유형을 생각할 수 있다. 첫째, 단순히 서비스를 제공하는 하청 기관으로 행동한다. 둘째, 개발원조의 세계 밖에서 가능하면 급진적 활동을 한다. 셋째, 사업 수주를 영향력 강화의 수단으로 이용하고, 주류 개발정책에 대안적 개발 아이디어를 주입하고 정책주창 활동을 전개한다.

1990년대에 예를 들어, 세계은행과 NGO들의 관계를 형성하기 위한 노력이 있었다. 그러나 결과적으로는 개발의 주류 관행에 별다른 영향을 미치지 못했다. 창(Chang 2007: 35)에 의하면

> 더 폭넓게 관계자들이 대화하려는 진정한 시도가 있었다. 특히 세계은행과 NGO들이 대화 노력을 하였다. … 그러나 그러한 협의의 영향은 기껏해야 주변적인 것이었다. 더욱이 세계은행의 재정 지원이 간접적으로 개도국의 NGO 수 증가로 이어진 것을 고려할 때 그러한 시도의 가치는 의심스러운 것이었다.

브리스토우(Bristow 2008)에 의하면 개발 분야에서 NGO는 한때 보다 급진적 입장을 가진 것으로 생각되었으나, 일련의 광범위한 압력으로 인해 그들은 대안적 접근에서 점차 멀어지고, 친시장, 기술 중심적 주류 신자유주의 접근을 받아들이게 되었다. 브리스토우는 볼리비아에서 의료보건 분야 주류 정책에 저항하려 시도한 CODIGO라는 NGO의 사업 사례에서 4개의 서로 연관된 요인들이 이러한 상황을 초래한 데 기여한 것을 보여주었다 (글상자 4.5). CODIGO의 대안적 접근은 네 가지 요인으로 인해 잠식되었다. 첫째는 '이념적/철학적' 요인으로, 사업 시행 종사자들이 서구의 현대적 생물의학을 선호하는 분위기하에서 훈련받은 사람들이다. 둘째는 정치-경제적 요인이다. 즉 의료보건 업무가 (CODIGO는 찬성하지 않은) 볼리비아의 빈곤완화전략하에서 결정된 국가 아동질병통합관리 정책에 포함되어 있었기 때문에 CODIGO는 재정 지원이나 정책과정에서의 영향력 행사 기회를 놓쳤다. 셋째는 '사회-문화적' 요인으로, 남성, 제1언어가 스페인어인 사람, 교육받은 여성 등이 주도하는 강한 사회적 위계가 사업 집행에 영

글상자 4.5   볼리비아 안데스 지방에서의 NGO와 대안적 의료보건 서비스 제공

CODIGO의 사례는 NGO가 대안적 접근을 추구하는 노력을 잘 보여준다. 그들은 의료보건 서비스 제공에 있어서 '구조 전환적' 접근의 일환으로 안데스 지방 지역 보건 시스템에 체계적으로 관여하려 시도하였다. CODIGO는 서구의 현대적 '생명의학' 모델을 강조하는 신자유주의 의료보건 모델에 도전하고 그것을 바꾸는 것을 목적으로 하였으며, 인간의 건강을 자연, 공동체, 다양한 신의 힘에 대한 믿음에 기반을 둔 더 폭넓은 우주론 속에 위치시키는 안데스 지방의 토착 의료 전통을 참조하였다. CODIGO는 교회에 기반을 둔 2명의 컬럼비아 운동가들이 프레이리의 아이디어에 영향을 받아 설립하였으며, 그들은 활동하는 지역의 특정 문화-정치적 맥락에서 '통합적 건강-보건'을 고려한 대안적 접근이 필요하다고 생각하였다. 이 모델은 지역의 의술과 서구의 접근을 혼합한 것으로 의료보건과 수익 창출 활동, 유기 농업, 환경 보호와 권리를 결합하였다. 그러나 CODIGO는 그들 활동의 장기적 효과와 지속성을 잠식하는 더 넓은 서구 신자유주의의 이념적, 정치적 환경 속에서 활동한다. 이 환경에서는 지역의 토착적 접근보다 현대 의학의 우월성이 항상 높이 평가된다. 이것은 서구식 현대적 접근을 선호하는 PRS 국가정책의 틀 속에서 CODIGO가 볼리비아의 건강-보건 관련 논쟁에 참여하여 영향을 미치고, 재정 지원자로부터 장기적 지원을 확보하기 어렵게 만든다.

출처: Bristow (2008)

향을 미쳤다. 넷째는 여러 '실질적' 요인이다. NGO의 의료보건 업무 종사자들은 축제나 파업 같은 지역의 일상적 장애들로 인해 NGO가 제공하는 훈련에 참여하지 못하는 경우가 빈번했다.

결론

이 장에서 우리는 새롭고 실용적인 개발 방식으로서, 공동체 수준에서 참여, 역량강화, 젠더에 관한 아이디어의 개발-확산을 목표로 하는 인간중심적, 대안적 개발을 만들어 내는 데 NGO가 중요한 역할을 한 방식을 살펴보았다. 이들 아이디어는 유용하고 중요했으나 더 광범위한 빈곤과 사회적 불평등의 현상이나 주류 개발 기관에 고착된 아이디어와 관행을 바꾸는 데는 실패했다. 주류의 행위자들은 그러한 혁신을 자기 것으로 만드는 데 대단한 유연성을 보여주었다. 더욱이 NGO가 더 전문가집단화되어 가면서 대안적 아이디어를 창출하는 힘은 약화되었다.

예를 들어, 일부 기관은 참여를 단순히 외부자의 결정에 정통성을 부여하는 관리적 도구로 이용하였다. 쿡과 코타리(Cooke and Kothari 2001)는 참여의 '독재'라고까지 주장했다. 그들은 참여의 효과가 종종 정반대로 나타난 것을 확인했으며, 개발 과정에서의 권력과 정치의 역할을 감추는 강력한 기술관료주의의 도구로 보았다. 이들에 동의하면서도 참여의 가치를 옹호하는 히키와 모한(Hickey and Mohan 2004: 5)은 참여를 개발의 기술적 차원보다 정치적 차원에 초점을 유지하는 데 사용한다면 여전히 중요한 도구가 될 수 있다고 주장하였다. "참여와 기존 권력구조 및 정치체제와 관계되는 방식을 이해하는 것은 넓은 의미로 정의된 시민권의 행사에 뿌리를 둔 더 구조 전환적인 접근으로 진전할 수 있는 기초를 제공한다."

참여와 시민권에 대한 더 명확한 연결 고리를 설정하는 것은 최소한 공동체 수준에서 대안적 개발이 새롭게 앞으로 나아갈 수 있는 길이 되었다. 그것은 참여에 관한 아이디어와 권리 기반의 개발을 더 명백히 연결하는 데 도움이 되며, 사회적-경제적 자원에 대한 통제력을 강화하기 위한 여성과 남성의 자율성, 지위, 능력을 높일 수 있다.

✔ 요약

- 개발은 최근 수십 년간 거대 이론에서 탈피해서 정책과 실제에 더 초점이 맞추어지고 있다.
- 1980년대 이후 NGO들은 대단히 영향력 있는 PRA라는 참여적 방법을 비롯한 개발에 대한 새로운 '인간중심' 접근이 확산되는 데 영향을 미쳤다. 그 외에도 역량강화, 젠더 및 권리에 기반한 개발 등이 있다.
- 이러한 접근이 가장 효과적이었던 경우는 소규모, 공동체 기반 사업이었다.
- 대안적 개발 접근은 영향력이 높아졌으나, 주류 개발 기관과 과정 속으로 일부 흡수되거나, 그들에 의해 비정치화되었다.

🗨 **토론 주제**

1. 1990년대에는 개발은 이론보다 실제에 관한 것이라는 주장은 무슨 의미인가?
2. 개발 기관의 아이디어나 사업 관행을 변화시키려는 참여적 접근은 어떤 장애에 직면하였는가?
3. 인간중심 또는 '대안적' 개발과 연관된 주요 개념에는 어떤 것들이 있는가?
4. 신자유주의 개발 접근에서 NGO에게는 어떤 역할이 기대되는가?
5. '주류' 개발 접근에 흡수되지 않고 그것에 도전하려면 NGO는 무엇을 할 수 있는가?

❖ 추가 읽을거리

Cornwall, A. and Brock, K. (2005) 'What do buzzwords do for development policy? A critical look at "participation", "empowerment" and "poverty reduction"', *Third World Quarterly*, 26 (7): 1043–1060. 이 논문은 개도국 개발 산업에 관련된 용어와 유행의 변화에 관한 상세한 이론적 개괄을 제공한다.

Edwards, M. and Hulme, D. (eds.) (1992) *Making a Difference: NGOs and Development in a Changing World*, London: Earthscan. 이 책은 NGO에 관한 연구자와 실무가들의 저술 중 핵심 기본서이며, 오늘날에도 여전히 유효하다.

Fisher, W. F. (1997) 'Doing good? The politics and anti-politics of NGO practices', *Annual Review of Anthropology*, 26: 439–464. 신자유주의 맥락에서 국가와 NGO의 속성 변화에 대한 문화인류학 접근의 이론적 개괄.

Green, D. (2016) *How Change Happens*, Oxford: Oxford University Press. 현재의 개발에 관한 생각들의 종합이고, 옥스팜 내부자이며 개발 활동의 유력한 사상가인 저자의 주장.

Thomas, A. (2000) 'Development as practice in a liberal capitalist world', *Journal of International Development*, 12 (6): 773–788. 개발학에 있어서 이론으로부터 탈피하여 실무를 강조하게 되는 변화를 살펴보고 이 변화가 연구와 실무에 미치는 장·단점을 검토.

❖ 유용한 웹사이트

www.pria.org
1982년 설립된 PRIA(Participatory Research in Asia)는 인도의 3,000개 NGO
　와 연계된 참여적 연구와 훈련을 수행하는 글로벌 센터.

http://how-change-happens.com
옥스팜이 운영하고, 그린(Duncan Green)의 책 제목과 같은 명칭의 이 사이트는
　개발 행동가들에 관한 그린 등의 연구를 소개하고 있음. https://oxfamblogs.
　org/fp2p도 참조할 것.

오늘날 개발의 실행에 있어서 NGO의 역할

5장

서론

제4장은 1980년대에 부상한 '대안적' 개발 아이디어와 NGO와의 관계, 그리고 1990년대 많은 NGO들이 이론보다 실제를 강조했던 현상에 대해 논의하였다. 여기서 우리는 오늘날 개발의 실제에서 NGO가 수행하는 주된 역할에 더 상세히 초점을 맞춘다. 그들의 주된 3개의 역할은 서비스 제공, 촉진, 파트너십이다.

이들 역할은 서로 다르지만, 대부분의 NGO 활동에는 이들이 혼재한다. 예를 들어, 어떤 NGO가 지역 공동체와의 신뢰 구축을 위해 주요 집행 역할로서 서비스 제공을 하면서, 이어서 촉진 역할에 초점을 맞춘 공동체 조직화나 정책주창 활동의 기반 구축을 기대할 수 있다. 어떤 NGO는 기업의 사회적 책임 캠페인 목표를 제고할 목적으로 시

133

너지 효과를 위해 기업과 파트너십을 맺을 수 있다. 우리는 먼저 NGO 가 수행하는 3개의 역할을 긍정적-부정적 사례를 들면서 살펴보고, 이 어서 이들 역할이 개발 NGO 활동의 광범위한 틀 속에서 어떻게 서로 연관되는지를 검토한다.

서비스 제공

NGO의 서비스 제공은 역할은 중요하다. 왜냐하면, 많은 사람들에게 필수적 기본 서비스가 제공되지 않거나 그 질이 열악하기 때문이다 (Carroll 1992). 신자유주의 개발정책이 강조되고 직접 서비스 제공자 로서의 정부의 역할이 축소되면서 서비스 제공에 있어서 NGO는 급속 히 증가하였다. 세계은행이나 여타 원조 공여자들이 요구하는 조건하 에서 많은 나라에서 정부 서비스는 축소되고, 그 결과 다양한 능력과 전문성을 가진 여러 유형의 NGO가 '상황을 수습하거나' '공백을 메우 게' 되었다. 글상자 5.1은 1980년대 말부터 1990년대의 구조조정 시 기 아프리카의 사례를 보여준다.

  NGO가 서비스 제공에 관여하게 되는 동기는 다양하다. 이전에 제 공되지 않던 새로운 서비스를 제공하기 위해서일 수도 있고, 혹은 이 전에 정부가 제공하던 서비스를 정부(또는 원조 공여자, 기업)와의 '위 탁계약'으로 넘겨받기도 한다. 많은 경우 이 두 가지에 다 해당되기도 한다. 아르헨티나 부에노스아이레스의 도시 무허가 주거 지역에 관한 미첼(Mitchell 2016: 57)의 연구에 의하면 어린이집과 같은 서비스 는 지역의 수요를 충족하고 있으며, 교육이나 의료보건 같은 서비스는 "공공서비스의 열악한 질을 보완한다."

글상자 5.1 구조조정기 아프리카에서 NGO의 의료보건 서비스 제공 증가

아프리카에서 NGO의 서비스 제공은 직접 서비스 제공과 아래로 부터의 자조 활동을 모두 포함하였다. 1980~1990년대에 다수 아프리카정부에서 채택한 구조조정정책은 사회서비스의 급격한 축소로 이어졌다. 그 결과 다양한 종류의 비국가 행위자들이 그 공백을 메우기 위해 노력했다. 예를 들어, 교회에 기반을 둔 NGO들은 보건 서비스 제공에 특히 돋보였다. 짐바브웨에서 교회는 농촌 지역 병원 침상의 68%를 제공했다. 잠비아에서는 주로 교회 기반의 제3섹터가 농촌 지역 의료보건 서비스의 40%를 제공했다. 일반 시민들이 자원부족에 대응하기 위해 시도하면서 여러 형태의 자조 노력이 나타났다. 우간다에서 의료보건 분야의 자조 노력은 아래로부터 나타났으며, 농촌의 많은 학교는 명목상 국가의 통제하에 있었으나 실제로는 사친회가 관리하고 자금을 댔다.

출처: Robinson and White (1997)

모든 NGO가 지역 공동체에 직접 서비스를 제공하는 것은 아니다. 일부는 서비스를 간접적으로 제공한다. 어떤 NGO는 타 NGO, 정부, 민간 기업에 훈련을 제공하거나, 의뢰된 연구를 수행하거나, 갈등 해소 훈련과 같은 전문적 서비스를 제공한다.

바람직한 거버넌스 의제는 민간 부문 및 비정부 행위자들을 통한 보다 유연한 서비스 제공을 강조하였다. 브레트(Brett 1993)가 지적했듯이 NGO는 국가, 민간 부문과 함께 더 넓은, 다원주의적인 조직체들의 세계 속에 존재하는 행위자이며, 이것은 정부나 지역 공동체에게 주어진 선택의 폭을 넓힐 수 있는 가능성을 의미한다. 영국에서 이것은 정부가 서비스를 구매하는 데 책임을 지고 실제 서비스 제공은 다른 기관에 위탁하는 서비스 '제공자-고객 분리'라고 알려지게 되었다. NGO를 통한 공적 원조가 증가하는 가운데 해외 원조에서 이러한 추세가 있음을 보여준다 (제8장 참조).

어떤 원조 공여자들은 서비스 제공에 있어서 NGO의 역할 확대를 주장한다. 왜냐하면, 그들은 유연성, 커밋트먼트, 비용대비 효과 등 분명한 조직 능력과 비교우위가 있다고 믿기 때문이다 (글상자 5.2).

그러나 실제로는 조직으로서 NGO는 매우 다양하기 때문에 그러한 일반화는 어렵다. 어떤 NGO는 특정 분야와 맥락에서 매우 효과적인 서비스 제공자가 되는 반면, 다른 NGO는 성과가 미흡하다. 예를 들

글상자 5.2　서비스 제공에 있어서 NGO 조직의 강점

라틴아메리카에서 농촌 개발 활동을 벌이고 있는 30개 NGO에 대한 조사에서 모든 NGO들이 공공 또는 민간 서비스 제공자보다 사업 시행에 더 우수한 능력을 가진 것으로 보인다. 필요 자원 투입이나 전달, 신용 대출 요청 처리 등 주요 활동이 기한 내 완료된 경우가 더 많았고, 신기술 시범이 더 효과적으로 운영되었다. 이러한 비교우위의 원천은 다른 형태의 기관에 비해 사무실과 현장 간의 사업에 대한 인식 차가 적고 (위계적이 아닌) '평평한' 조직 구조를 가진 상대적으로 효과적 내부 관리 체계, 관리자와 현장 종사자의 아이디어가 반영되는 더 참여적인 의사결정 방식, 미래의 성과 개선을 위해 현장의 피드백, 성공과 실패의 교훈을 잘 받아들이는 '조직의 학습' 문화, 특정 NGO의 활동에 적합한 틈새를 잘 포착하여 비교우위를 확보할 수 있는 특화된 역할 개발 등이 있다.

출처: Carroll (1992)

어, 로빈슨과 화이트(Robinson and White 1997)는 NGO의 서비스 제공이 빈번히 품질 관리, 지속가능성, 전문성 등에서 문제가 있음을 지적했다. 서비스 제공에 NGO를 더 많이 이용하는 결정의 핵심에는 효과성 제고보다 비용 절감의 동기가 더 클지도 모른다.

효과적인 NGO가 있는 반면, 관리 간접비가 높고, 경영이 서툴고, 효과성이 낮은 NGO도 있다. NGO 경영에 관한 것은 이론과 실제가 아직 확립되지 않은 분야이며, NGO의 조직적 속성은 비교우위 논리를 내세우는 사람들이 주장하는 것처럼 내재되어 있거나 고정된 것이 아니다 (Lewis 2014). 조직이 효과적이기 위해서 '제대로 되어야' 할 요소들에는 운영 체계, 재정, 인적자원 관리, 거버넌스 체계 등이 있다 (Singhal 2019). 또 세키넬긴(Seckinelgin 2006)의 주장에 의하면 HIV/AIDS 관련 NGO들은 지역 공동체와 밀접하기 때문에 아프리카에서 원조 공여자들에게 매력 있는 파트너가 되었지만, 바로 그러한 지역 밀착성으로 인해 국제체제 내에서 NGO들이 제도화되고 나면 능력을 상실한다.

따라서 서비스 제공에 있어서 NGO의 역할은 중요한 우려를 제기한다. 활동의 질에 대한 실질적인 우려뿐만 아니라, NGO가 서비스 제공과 그 재원이 되는 공여자에 너무 집중하게 되면 그들이 봉사하려 하는 지역 공동체에 대한 책무성에 영향을 미칠 수도 있다.

멕시코 남부의 NGO, 사파타주의자 반군, 원조 공여자들 간의 관계에 대한 연구에서 앤드류스(Andrews 2014: 107)는 '공여자'의 경제적 힘이 빈번히 NGO 종사자들의 가치관이나 '수혜자들'의 이익에 반하는 것을 발견하였다. NGO에게 공여자에 대한 보고 의무(상향 책무성)를 완화해주면(또는 보고 의무를 면해주면), 그들은 현장 주민들의 우선순위에 더 잘 반응할 수 있었다 (하향 책무성). NGO에 대한 감시

와 평가 기준은 NGO의 일상적 활동과 NGO에게 민첩성과 '다중적 충
성'을 요구하는 복잡하고 정치적인 상황에서의 관계 형성을 어렵게 한
다. 비록 그러한 기준이 NGO의 책무성을 더 높이도록 의도되었지만,
그것이 NGO가 균형 잡힌 복수의 책무성을 통해 공동체의 필요에 대
응하는 능력을 저해하는 모순이 생겼다.

더욱이 만일 NGO가 주로 개발의 가치와 비영리 지향에 의해 움직
이는 조직으로 보이게 된다면, 서비스 하청 역할은 그들을 더욱더 민
간기업 조직에 가까워지게 만들고, 그 결과 본래의 자발적 단체로서의
성격을 잃게 될 수 있다 (Korten 1990).

또 다른 우려는 독립성과 자율성이 상실될 가능성이다. 흄과 에드워
즈(Hulme and Edwards 1997)는 다수 NGO들이 정부나 공여자에 재
정을 의존하게 되면 그들과 건전하지 않을 정도로 밀접한 관계를 형성
하는 것에 대해 비판하면서 "편안하기에는 너무 가깝다"고 표현했다.
바노(Bano 2008)는 파키스탄에서 당초에는 지역의 재정 지원으로 운
영을 시작한 '자발적' NGO가 원조 공여자나 정부의 재정 지원을 받게
되면서 지역의 뿌리나 정통성을 점차 잃게 되는 것을 관찰하였다.

다른 연구자들은 NGO가 정부와 함께 서비스를 제공하는 현상의
장기적인 의미에 대해 고려하면서 NGO의 서비스 제공이 공공서비스
를 보충, 대체, 또는 잠식하는지 질문을 던진다. 정부가 '책임에서 벗
어나게' 허용함으로써 대민 서비스에 더 이상 의무감을 갖지 않게 되
는 장기적인 문제가 있다. 일례로 노스(North 2003: 17)는 에콰도르
농촌 빈곤 완화에 당연히 NGO가 활동하는 것으로 생각되는 상황을
비판한다. "NGO들은 에콰도르의 빈곤한 농촌 전체에 그러한 사업을
수행할 만한 재정적 자원을 갖고 있지 않다. 오직 에콰도르정부만이
그 일을 할 수 있다."

방글라데시에서 양자-다자간 원조 공여자들이 지원한 지역 NGO들이 교육, 의료보건, 농업 서비스의 핵심 부분을 국가로부터 넘겨받았다. 우드(Wood 1997)는 '프랜차이스 국가'의 확산에 대해 기술한다. 이 새로운 형태의 거버넌스는 잠재적으로 정치적 책무성을 위협한다. '시민'으로서 지역 주민이 더 이상 국가를 상대로 서비스를 요구할 수 없고, NGO라는 중개자와 국제 원조 공여자에 의존하게 되기 때문이다. 보통 사람들은 국제 원조 공여자나 NGO의 정책에 대해 직접 영향을 행사할 수 없기 때문에, 이처럼 정부 책임을 책무성이 낮은 민간 NGO에 넘기는 행위는 잠재적으로 시민의 권리를 잠식한다.

이러한 우려는 대단히 시의성이 있다. 제2, 제3장에서 보았듯이 2000년대의 국제 원조 분야의 예산 지원 경향은 원조 자금이 직접 수원국 정부로 전달되는 것이며, 그 일부분이 서비스 계약을 통해 NGO에 지급되었다.

NGO의 핵심 딜레마는 서비스 전달이 정부 서비스가 제공 또는 개선될 때까지 공백을 메우기 위해 NGO가 사람들에게 당장 필요한 서비스를 지급하는 '수단'인지, 아니면 그 '자체가 목적'이고 민간 기관으로서 서비스 제공 계약을 맺는 것이 NGO의 장기적 정책 선택인지의 문제이다. 캐럴(Carroll 1992: 66)은 NGO의 서비스 제공의 효과성은 그것이 개발에 미치는 영향을 근거로 평가되어야 한다면서 다음과 같이 주장하였다. "서비스 제공이 상당한 본연의 가치가 있기는 하지만, 그 평가는 그것이 개발을 위한 변화의 촉진제로서 도구적 가치에 근거하여 평가되어야 한다."

이 논쟁에 대한 입장은 근본적으로 이념적인 문제이다. NGO의 역할을 사회적 수요와 조직의 능력에 따라 정부가 위탁하는 서비스를 경쟁력 있게 제공하는 여러 기관 중의 하나로 본다면, 선택의 기준이 투명하고 성과가 적절히 평가되는 한 NGO의 서비스 전달이 특별히 문제될 것이 없다.

이 입장은 브레트(Brett 1993: 298)가 잘 이론화하였다. 그는 NGO는 정부 및 민간 부문 조직들과 함께 '다원주의적 조직체들의 세계'에 있다고 보는 것이 가장 적절하며, 합의된 기준에 따른 업적 평가에 근거하여 특정 과업을 위해 선택될 수 있다고 주장하였다.

3개 부류의 조직에는 상당한 유사성이 존재하기 때문에 우리는 그 전체를 아우르는 이론을 적용해볼 수 있다. 그러나 그들 사이에 철학과 관행에 있어서 진정한 차이는 여전히 남아 있기 때문에, 그들 각각이 특정한 문제를 타 행위자보다 더 효과적으로 해결할 수 있게

사진 5.1 ▮ 트라크사AC재단(Fundacion Tracsa AC)은 멕시코 할리스코주 틀라케파케 지역의 빈곤한 농촌에서 공립학교를 중도 포기한 어린이들에게 기본 초등교육을 제공한다

출처: Maria Galindo-Abarca

해준다. 따라서 그들 모두를 선택적으로 지원하는 것이 다원주의적 조직체들의 세계를 만들 수 있게 해주고, 사회적-개인적 선택의 범위와 개발 문제 대응 잠재력을 확대해줄 것이다.

다른 사람들은 서비스 제공을 정부의 중요한 핵심 역할로 보기 때문에 NGO의 서비스 제공 역할은 근본적으로 후퇴이며, 기껏해야 개발 과정에서의 과도기적 역할로 간주한다 (Choudry and Shragge 2012 참조).

개발 NGO의 활동가들은 빈곤한 사람들에 직접 서비스를 제공하는 역할에 한정되어 있지 않으며, 더 폭넓은 형태의 공공서비스도 제공하고 있음을 인식하는 것이 중요하다. 예를 들어, 어떤 NGO는 연구, 데이터 통합, 출판 등을 통한 '지식 생산' 활동을 하여, '공공재'로서 더 양질의 지식을 생산하고 여론과 정책 의제에 영향을 미치는 것을 목표로 한다 (글상자 5.3). 이것은 다음 절의 논의와 잘 연결이 된다.

촉진 역할

촉진자는 변화를 가져오는 행위자이며, 이것은 개발 분야에서 NGO가 수행하는 두 번째 핵심 역할이다. 촉진 역할의 한 형태는 정책주창과 영향력 행사를 통한 변화 추구이고, 또 다른 형태는 개발의 문제에 대해 혁신하고 새로운 해결책을 적용하는 것이다.

정책주창

제2장에서 살펴본 바와 같이 정책주창 역할은 새로운 것이 아니다. 그

글상자 5.3 '지식 생산자'로서의 개발 NGO

2006년 말 방글라데시 BRAC(방글라데시 농촌진흥위원회)대학교
의 거버넌스연구소(Institute of Governance Studies)와 BRAC
연구평가실(Research and Evaluation Division)은 『방글라데시
거버넌스 현황(*State of Govern-ance in Bangladesh*)』이라는 연
례보고서의 창간호를 발간하였다. 기존의 연구와 새로 진행된 연
구를 바탕으로 이 보고서는 당파적 성향이 점점 더해지는 정치와
공공 기관으로 인해 제기되는 거버넌스의 문제를 기록-분석하는
것이 목적이었다. 다음 해 발간된 두 번째 보고서는 2006년 1월
11일 비상사태 선언 후 출범하여 정치 활동의 중단, 반부패 조치,
사법부 독립성 복원을 위한 리더십 변화 등을 가져온 위기관리 정
부 이후 거버넌스 상황의 진화에 대해 검토하였다. 상세하고 간결
한 이들 보고서는 공공정책 논의에 기여하는 중요한 역할을 하였
다 (http://dspace.bracu.ac.bd/xmlui/handle/10361/10405).
　옥스팜은 개발 활동의 필수적 일부로 항상 지식 생산에 투자하였
다. 옥스팜은 1991년부터 매년 몇 편씩 발간되는 『개발의 실제(*De-
velopment in Practice*)』와 같이 동료들의 심사를 받는 독립적
학술지를 학자-실무가들이 접촉하는 장에서 출판한다. 옥스팜은
또 국제개발에 관한 공공 토론에 영향을 미치기 위해 도서를 출
판한다. 2008년 옥스팜 인터내셔널은 『빈곤에서 권력으로(*From
Poverty to Power*)』를 출판하였다 (제4장 참조).

러나 이는 1990년대에 이르러서야 개발 분야에서 NGO의 중요 역할
로 널리 인정되기 시작하였다. 신자유주의 정책을 적극 추진하는 정부
나 원조 공여자들로 인해 NGO들이 서비스 제공에 더 관여하게 되자
이를 우려하는 사람들은 NGO의 정책주창을 서비스 제공 위주의 상황

에 대해 균형을 잡는 수단, 또는 그에 대한 대안으로 보게 되었다. 정책주창은 NGO가 개발에 참여하거나 포섭되는 조건에 자기 입장을 주장할 수 있는 수단이 되었다. 또 정책주창은 빈곤의 구조적 원인에 대응하여 빈곤 완화 활동을 더 지속가능하도록 만드는 전략을 제공한다. 그것은 또 NGO의 개발 활동의 효과나 영향을 높이는 중요한 전략, 그리고 성공적 아이디어와 사업을 '확대 적용'하는 가능성이 큰 전략으로 간주되었다. NGO의 정책주창에 대한 관심은 지속가능 개발을 촉진제로서의 제3세대 NGO 활동으로 예시한 코튼의 NGO '세대' 구분틀(제1장 참조)과 유용하게 연결될 수 있다.

정책주창은 어떤 의미인가? 미국의 비영리 부문에 대해 저술한 젠킨스(Jenkins 1987: 267)에 의하면 정책주창은 "집단의 이익을 위해 제도권 엘리트의 결정에 영향을 미치려는 모든 시도이다." NGO의 인도주의 및 개발 활동에 대해 연구한 린든버그와 브라이언트(Lindenberg and Bryant 2001: 173)는 다음과 같이 기술한다.

정책주창 활동은 어려운 사람들을 돕는 사업의 시행을 넘어서 타인의 명분을 위해 싸우고 그들을 위해 공개적으로 목소리를 내는 것을 포함한다. 우리는 NGO의 정책주창을 단순히 활동을 유지하기 위한 모금을 목적으로 사람들에게 문제 제기 발언하는 것이 아니라, 개발 및 구호 활동에서 직면하는 문제의 근저에 있는 원인에 대응하는 정책 변화와 행동을 주장하는 행위를 지칭한다.

국제적인 차원에서 NGO는 다양한 방법으로 국제적 규칙이나 규제에 영향을 미치려 시도한다. 예를 들어, 대정부 로비, 정책결정의 장에 직접 참여, 국제 협상 정부 대표단에 대표자 파견을 들 수 있다. 또 NGO는 주요 쟁점에 대해 미디어 캠페인이나 새로운 연구를 통해서 규범적 정책 담론의 변화를 시도할 수도 있다 (Balboa 2014).

NGO의 정책주창 캠페인 결과는 국제 유아용 우유 판매규약 체결, 국가의료정책의 필수약품목록 초안, 일부 품목에 대한 무역제한 철폐 등에 반영되었다 (Clark 1991). 최근의 성공 사례로는 '블러드 다이 아몬드' 거래 중단을 위한 킴벌리프로세스(Kimberly Process)(Bieri 2010), 대인지뢰금지 국제 캠페인 등이 있다 (글상자 5.4).

글상자 5.4 국제 대인지뢰 캠페인

대인지뢰가 주민들에게 큰 위협을 가하고 있는 분쟁 지역 또는 분쟁 종결 지역에서 많은 NGO들이 활동하고 있다. NGO가 제공하는 서비스는 의료, 재활, 직업 훈련 등 부상자가 사회에서 긍정적 역할로 돌아갈 수 있도록 지원하는 활동을 포함한다. 그러나 대인지뢰 문제는 대증요법만으로는 대응할 수 없으며, 많은 NGO는 대인지뢰가 사용되는 구조적 상황의 변화를 추구하여 문제의 근본적 원인을 해결하려 하였다. 그 결과 NGO들은 대인지뢰금지 국제캠페인(International Campaign to Ban Landmines)에서 핵심 역할을 하였다. NGO들의 연합이 전 세계적인 캠페인을 벌인 결과 1997년 122개국이 캐나다 오타와에서 대인지뢰 사용을 금지하는 협약에 서명하고, 후에 UN은 이를 조약으로 채택하였다. 이 사례는 국제정치에서의 불과 수년간의 활동으로 가시적인 결과를 가져온 NGO의 영향력을 보여주었다. 또 이 사례는 NGO들과 '시민사회'에는 다양한 이해관계가 존재함을 잘 보여주었다. 역시 NGO인 전미총기협회는 국제 무기 거래를 통제하려는 노력에 상당한 저항을 해왔다.

출처: Scott (2001)

NGO는 어떻게 정책주창과 로비 역할을 수행하는가? 나잠(Najam 1999)은 NGO가 개발 목표를 실현하는 혁신적인 방법으로 정책에 영향을 미치고 변화를 추구하는 '정책 기업가'로서 행동할 수 있다고 주장하였다. 그는 '정책과정'은 3단계가 있다고 단순한 개념을 제시한다. 첫째는 행동을 요하는 쟁점과 우선순위에 대해 합의하는 의제 설정 단계이다. 둘째는 여러 대안에 대한 선택이 이루어지는 정책 개발 단계이다. 셋째는 정책을 현실로 만들기 위한 행동이 취해지고 결과에 대한 평가가 이루어지는 정책 집행 단계이다. 그는 NGO가 이 정책과정의 3단계 어디서나 결정에 영향을 미친다는 것을 보여주었다.

이 깔끔한 정책과정의 3단계 '기술적' 모델은 NGO의 역할을 개념화하는 목적에는 유용하지만, 다양한 이해관계, 정치, 자원이 얽힌 복잡한 실제의 세계에서는 그다지 현실적이지 않다. 정책과정에 대한 이러한 단선적인 시각에 도전하는 많은 다른 생각들이 있다. 일례로 클레이와 쉐이퍼(Clay and Schaffer 1984)는 정책과정의 결과는 빈번히 예측이나 계획이 불가능한 '목적과 우연의 카오스'이라고 보는 것이 더 적절하다고 하였다. 그린들과 토마스(Grindle and Thomas 1991)는 '정책'이 '집행'과 쉽게 구분되지 않는다고 보았다. 왜냐하면, 실제로는 집행 없는 정책은 거의 무의미하고, 대부분의 실제 정책은 점진적이고 소규모로 변화하기 때문이다. 반면 모세(Mosse 2005)는 정책과 집행은 상이한 논리로 별개의 영역에서 움직이는 전혀 다른 2개의 행위이며, 쉽게 연결되기 어렵다고 주장했다.

정책에 대해 어떤 시각을 가지든 NGO의 정책주창은 개인 또는 조직이 영향력을 행사하는 미시 정치의 특정 형태라고 볼 수 있다. 정책주창은 국제 통상 협상에서 비공식, '무대 밖' 협의의 경우와 같이 정책결정자에 영향을 행사하는 개인 간 관계의 형태를 띨 수 있다. 글상자 5.5는 영국 NGO의 고위 캠페인 담당자의 인터뷰에서 추출한 것으로, 그는 오랜 캠페인 과정 중 국제회의에서 영국 재무장관과 잠시 동안의 만남을 통해서 유용한 돌파구를 찾게 되었다고 회상하였다. 그는 이 만남이 후에 영국과 여타 정부들이 무역 협상에서 입장을 바꾸고 무역 규칙을 수정하는 데 기여했다고 주장하였다.

그러한 사적인 관계는 분명 NGO 활동의 현실 세계에서 중요한 측

글상자 5.5 국제 무역 협상에서의 경험에 대한 NGO 로비스트의 회고

"그리고 고든 브라운(Gordon Brown, 전 영국 수상 – 역자 주)과 아침식사를 했다. … 그는 매년 두 번 종교단체 인사 30여 명과 '종교계 조찬'을 하는데, 나는 내가 운영하는 NGO를 위해서 참석했다. 나는 WTO에서 투자 관련 어떤 쟁점에 문제를 제기하도록 그를 설득했다. 참석자들은 각자 주어진 2분 동안 자기 관심 쟁점에 대해 문제제기를 한다. 나는 발표를 했고, WTO에서의 투자에 반대하는 여섯 가지 주장을 담은 책자를 보여주었다. 발표가 끝나자 브라운은 '그 책자를 보여줄 수 있는가?' 물었고, 나는 그것을 건네주었다. 다른 사람들이 평화, 사랑 등등을 얘기하는 동안 그는 그 책자를 읽었다. … 그리고 모임을 떠나면서 그는 보좌관에게, '우리가 이걸 왜 지지하지?'라고 물었다. 로비스트에게 이보다 더 좋은 순간은 없다! 이 순간 영국정부는 이 문제에 관해 지지를 철회했고 … 그것은 훨씬 더 광범위한 거부의 일부분이었다. 칸쿤에서 장관급 회의 전체가 파행되었지만 … 나는 상관이 없었다. 이 문제에 반대한 것은 주로 인도였으나, 우리도 그 일부였다 …"

출처: Lewis 인터뷰 기록 (2006)

면이지만, NGO의 정책주창 활동의 상당 부분은 대중과 연대를 형성하고 동원하는 작업을 중심으로 이루어진다. 예를 들어, 쥬빌리2000 (Jubilee 2000) 캠페인은 교회단체, NGO, 노조, 기타 시민사회단체들의 다부문 연대로 정책결정자들과 대중들 사이에 개발도상지역의 부채 문제에 대한 의식을 상당히 높이는 데 성공하였다. 이 캠페인은 후에 2005년까지 부채 탕감에 대한 공약을 끌어낸 빈곤을 역사 속으로 캠페인이 추진되는 동력을 생성했다. 이 캠페인은 영국옥스팜같은 NGO들이 지원했고, 공정무역, 부채 탕감, 국제 원조 증액 등의 문제와 관련하여 G8 국가들, 유럽연합, IMF, 세계은행 등에 영향을 미친 사회운동을 추진하는 데 도움이 되었다.

그 결과 세계은행의 과다채무빈곤국(HIPC) 조치와 다자간부채탕감조치(MDRI)를 통해 36개 최빈국의 990억 달러의 부채를 탕감해주었다 (World Bank 2018). 그럼에도 불구하고 이 액수는 약 5,000억 달러에 달하는 빈곤국의 상환불가능, 또는 '혐오스러운' 부채의 일부에 불과하다 (*The Guardian*, 16 May 2008).

NGO의 정책주창은 국제기관과 정책에만 연관되는 것이 아니다. 개발도상지역에서 NGO의 정책주창은 개발의 중요한 한 측면이었다. 필리핀에서 NGO는 1970년대 마르코스 독재 종식을 위한 투쟁에서 중요한 역할을 했으며, 1986년부터 풀뿌리 '국민 조직'을 도와 정부와 기타 원조 기관에 영향을 미치기 위해 지속적으로 노력해왔다 (글상자 5.6).

케크와 시킹크(Keck and Sikkink 1998)는 독재 정권하에서 남반구 NGO들이 사용한 정책주창 전략으로서 널리 알려지게 된 '부메랑 효과'라는 유명한 개념을 만들었다. 국제 NGO들과의 초국가적 연계를 통해서 남반구의 NGO들과 사회운동은 외부 압력의 도움으로 자국 정부에 영향을 미칠 수 있음을 알게 되었다.

글상자 5.6   필리핀에서 NGO의 정책적 영향력과 공동체 개발

마르코스 독재 시대와 1986년 '피플파워'혁명 이후 민주주의 이행기에 필리핀의 NGO 부문이 극심한 빈곤과 불평등에 대응하는 역할을 한 것은 잘 기록되어 있다. NGO와 공동체 수준의 민중단체 파트너들의 연대가 활약한 '입법 행동주의' 시기는 국회가 1988년 포괄농업개혁법, 1992년 지방정부법 등 다수의 새 법률을 통과시키는 데 기여하였다. 그러나 지배 엘리트의 권력이 공고해지면서 개발 NGO들은 자원을 재분배하고 국가를 개혁하려는 노력에 대한 국가의 저항에 직면하였고, 구조적 변화를 추진하는 NGO 접근이 점점 효과를 잃게 되었다. 그럼에도 불구하고 NGO는 그들이 활동한 2개의 다른 '공간'에서 상당한 결과를 성취했다. (i) 지역 수준 변화 과정에서는 NGO의 공동체 수준 조직화와 사회적 행동으로 토착민 지역 공동체에서 토지개혁 실시, 도시 빈민의 권력 강화에 중요한 진전이 있었다. (ii) 아시아개발은행이나 여타 주요 국제 개발 기관 내에서 시민사회 대응과 관련한 실무 관행의 개혁이 이루어졌다. 예를 들어, 파트너십 장치가 '개편'되고, 아시아개발은행 사업 모니터링에 있어서 NGO의 역할이 인정을 받았다.

출처: Racelis (2008)

NGO의 정책주창은 정부와 원조 공여자에 영향을 미치는 것뿐 아니라 민간 부문에 대한 영향력 행사도 포함된다. NGO는 불매운동, 편지쓰기 캠페인, 특정 상품 인증이나 수요 창출 등을 통해 시장에 영향을 미친다. NGO는 자체적으로 사회적-환경적 책임에 관한 사업 관행을 설정하여, 많은 경우 행동강령에 포함시켰다. 그리고 종종 사회 또는 환경 '표식'을 만들어 이러한 기준을 받아들이는 기업은 보상

하는 시스템을 개발했다 (Auld *et al.* 2009). 초기의 사례로는 1989
년 NGO들이 사회운동, 종교단체, 투자자들과 함께 설립한 환경적으
로 책임있는 경제연합(Coalition for Environmentally Responsible
Economies)이 있다. 이들은 같은 해 엑슨 발데즈 유조선 석유 유출
사고 후의 '발데즈 원칙'에 근거하여 기업의 환경 행동강령 10개조를
만들었다. 오늘날 그러한 인증 시스템에는 지속가능한 임업, 어업, 식
량 생산, 광업, 건설, 농촌 및 공동체 빈곤, 비인간적 조업 환경, 인권
침해, 지속가능한 관광 등이 있다 (Auld *et al.* 2009).

특정 상품이나 관행을 장려하는 것뿐 아니라, NGO의 정책주창은
다른 것들에 대한 수요를 억제할 수도 있다. 1990년대 유럽에서는 그
린피스, 지구의 벗과 같은 NGO들이 광범위한 공동체단체, 언론, 사회
운동과 함께 지역-국제 수준에서 유전자조작 식품 반대 캠페인을 위해
여론을 효과적으로 동원했다. 이 캠페인은 세계 여러 지역에서 몬산토
와 같은 회사들의 운신의 폭을 대단히 제한하였다.

그러나 에드워즈(Edwards 1993)는 명확한 전략 부재, 강한 연대
구축 실패, 기존 지배적 관행에 대한 대안 개발 실패, 원조 공여자들
과의 관계에 있어서의 딜레마 등으로 인해 NGO 정책주창의 결과는
빈번히 실망스럽다는 것을 밝혔다. NGO 정책주창이 성공하도록 하
는 요소는 무엇인가? 연대 구축은 분명히 성공적 캠페인의 핵심이다.
개별적 행동보다 다른 NGO, 사회운동, 풀뿌리단체들과 폭넓게 연
계하는 능력은 효과적 영향력을 행사할 가능성이 가장 높다. 테무도
(Themudo 2013a)는 NGO의 영향력을 높여주는 중요한 구조적 요인
으로서 개방적, 민주적 정부와 자유로운 언론의 중요성을 강조한다.
국가 간 비교연구에서 그는 정부 부패를 줄이려는 NGO의 노력은 해
당 국가가 높은 수준의 정치적 자유, 민주주의, 언론의 자유를 가졌을

때 성공할 가능성이 높음을 밝혔다.

필리핀과 멕시코의 4개 NGO에 대한 사례연구(글상자 5.7)에서 코베이(Covey 1995)는 정책주창의 효과와 관련하여 기대하는 결과를 성취하였는지의 측면뿐만 아니라 결과에 상관없이 시민사회 강화에 기여할 수 있는 과정 자체를 평가하였다. 브라운(Brown 1991)이 제시한 개념인 NGO의 '가교' 기능을 하는 힘을 참조하여 코베이는 NGO가 (풀뿌리, 국가, 국제 등) 다양한 수준의 행동, (정부, 기업, 공여 기관 등) 상이한 종류의 조직을 연결함으로써 다자 조직의 연대에서 힘의 균형을 잡는 데 기여할 수 있다고 주장하였다.

코베이의 연구에는 몇 가지 다른 교훈이 있다. 정책을 바꾸는 일에 성공하려면 일관된 전략과 적절한 자원이 결합되어야 하며, NGO는 풀뿌리 집단들에 호소할 수 있도록 문제를 '프레임' 해야 하며, 반대자들의 조직화 능력은 억제해야 한다. 예를 들어, 한 사례에서 벌목 중지 주장은 반대자들에 의해 지역의 일자리와 생계를 위협하는 것으로 비쳐졌다. 사례 연구들을 보면 시민사회 수준에서 영향력을 행사하기 위해서는 다양한 범위의 제3섹터 단체들의 국제적 지지 네트워크 구축이 중요함을 보여준다. 또 지역 풀뿌리 집단들이 그 네트워크에서 목소리를 낼 수 있어야 하며, 그렇지 않으면 그들은 '탈퇴'할 것이다. 일례로 한 사례에서 멕시코 원주민 공동체단체들은 더 힘이 센 환경 NGO가 그들의 의견을 듣지 않는다고 생각하여 연대에서 탈퇴하였다.

또 어떤 유형의 정책 이슈는 다른 이슈보다 NGO의 정책주창이 성공할 가능성이 확연히 더 높다. 에드워즈(Edwards 1999)는 NGO들이 성매매 관광이나 대인지뢰 문제에 관한 캠페인에 더 성공적이었던 이유는 대중이나 정부를 향해 이 주제들을 강력하게 프레임하고, 실질적인 해결책과 연결하는 것이 용이했기 때문임을 발견했다. 무역 개혁,

글상자 5.7　어떤 요인들이 NGO 정책주창의 영향력을 높이는 데 기여하는가?

코베이(Covey 1995)는 환경 분야 NGO의 정책주창 네트워크의 4개 사례를 분석하고 '정책 효과성'(즉, 정책결정자에 직-간접 영향을 미쳐 정책 목표를 달성했는가), '시민사회 차원'(즉, 그 과정에서 지역 사회의 제도-기관을 강화하고 공동체적 참여의 성격에 변화를 가져왔는가?)에서 그 성패에 영향을 미치는 주요 요소를 제시하였다. 연구 결과는 '완전한 승리'는 드물었고, 대립적인 자세를 바꾸어 빈민을 위한 새로운 입법에 기여하는 방향으로 입장을 선회한 경우와 같이, 새로운 기회를 고려하여 당초의 목표를 수정하고 타협했을 때 부분적인 성공이 가능했음을 보여주었다. 또 다른 핵심 교훈은 정책적 소득과 풀뿌리 조직의 강화 사이의 타협이다. NGO가 소외 집단을 위해 효과적 정책주창을 하려면 조직의 속성이 매우 중요하다. 최근 논문에서 엘버스와 캄스트라(Elbers and Kamstra 2020)는 조직 역량과 정책주창의 효과성에 관한 증거들을 검토하였다. 그들은 효과성에 관련되는 8개의 핵심 역량을 다음과 같이 제시하였다. (i) 내부적인 또는 외부 연구자와의 협력을 통한 증거 생성 능력, (ii) 영향력을 가진 관련자들로부터 정통성을 인정받을 수 있는 신뢰 구축 능력, (iii) 하향적 책무성을 통해 고객집단의 이익을 대표할 수 있는 능력, (iv) 고도의 정치적 맥락과 정책과정을 분석할 수 있는 능력 보유, (v) 인지와 정서에 모두 통할 수 있는 맞춤형 메시지를 만들어 내는 능력, (vi) 연대 구축 능력, (vii) 비공식, 사적 관계를 포함하여 권력을 가진 자들과 교감하는 능력, (viii) 지속적인 정보 수집과 분석을 기초로 조직 환경 변화에 적응하는 능력. 이 두 연구는 25년의 시간 차이가 있으나 성공적 정책주창에 필요한 전술은 크게 변하지 않았음을 보여준다.

환경 변화, 인권 등과 같은 이슈는 그보다 어려웠다. 반루이(Van Rooy 1997)는 유엔 글로벌정상회의에서의 환경, 젠더, 빈곤처럼 '현저성이 낮은' 정책 쟁점에 관해서는 NGO들이 더 많은 영향력을 행사하는 데 성공했으며, 군사비 지출, 인권, 경제 개혁처럼 '현저성이 높은' 쟁점에 관해서는 훨씬 성공적이지 못했음을 밝혔다.

NGO의 정책주창 역할에 대해서는 많은 비판이 있었다. 첫째, 브라운과 폭스(Brown and Fox 2001)는 어떤 초국가적 시민사회 연대가 강력한 이익집단으로부터 단기적 약속을 받아낼 수 있을지 모르지만, 변화가 유지되기 위해서는 NGO가 장기적으로 감시하고 위반행위를 제재할 수단을 개발해야 함을 보여주었다. 젠킨스(Jenkins 1987: 314)는 제3섹터 단체들이 강력한 이익집단이나 대규모 기업에 도전하는 것이 매우 어렵거나 불가능하며, 그들이 할 수 있는 최선은 '더 광범위한 이익이 고려되도록 길에 장애물을 설치하는 것'이라고 주장하였다.

둘째는 NGO의 책무성과 정통성에 관한 중요한 질문이다. 많은 사람들은 NGO가 정확히 누구의 견해를 대표하는지, 무슨 권위로, 얼마나 정확히 전달하는지 질문한다. 종종 복잡한 기술적 쟁점을 이해하고 전달하는 개발 NGO의 능력에 의문이 제기된다. 콜리어(Collier 2007)는 크리스찬에이드(Christian Aid)가 무역 개혁에 관한 캠페인에 사용하는 증거에 비판적이다 (글상자 5.8). 그는 NGO들이 종종 '대안적' 사고로 제시하는 것이 사실은 단지 희망 사항이거나, 심지어는 이념적 놀이의 한 형태라고 주장한다. "개발 로비단체들, 특히 대규모 서구 NGO 자선단체들은 무역을 이해하지 못한다. 무역은 복잡한 이슈이고 대중에 어필하지 못하기 때문에 그들은 대중영합적인 노선을 택한다" (p. 187).

셋째는 문맥에 따른 적절 타당성이다. 많은 NGO 정책주창 모델이나 접근은 서구 자유민주주의 국가에서 형성되었다. 페루에서 디아즈-

글상자 5.8 크리스찬에이드의 무역정책 캠페인에 대한 비판

크리스찬에이드가 '일부가 사랑하는 자유무역'이라는 슬로건을 내세우고 2004년 전개한 대규모 무역 개혁 캠페인은 (세계은행 같은 외부 기관이 강요한) 아프리카 국가들의 관세 인하가 그들에게 총 2,720억 달러의 손해를 입혔음을 시사하는 데이터를 제시하였다. 이 주장의 근거에 대해 좀 더 알아보기 위해 콜리어(Collier 2007)는 그 데이터의 출처를 찾기 위해 NGO에 접근하였다. 크리스찬에이드는 비교적 무역에 관한 주류 경제학의 경험이 적은 한 경제학자가 저술한 한 연구를 제시했다. 콜리어는 국제적으로 저명한 학자 3명에게 이 논문을 보냈으며, 그들은 모두 '그 연구가 심각하게 현실을 호도하는 것'으로 판단했다 (p. 159). 콜리어는 이 캠페인이 연구에 근거하기보다는 대단히 당파적이었고, 단순명료한 메시지와 특정 이념적 시각을 전파하는 것이 주된 동기였다고 주장하였다. 그는 이 사례가 무역정책과 같은 복잡한 이슈에 있어서 NGO가 종종 '책임 없는 권력'을 행사함을 보여준다고 주장하였다. "왜냐하면, 일반 대중들은 무역정책에 관해 무지하며, 크리스찬에이드가 올바른 일을 할 것라고 믿기 때문이다. 그러면 문제는 책임 있는 NGO는 무엇을 위해서 캠페인 할 것인가이다."

출처: Collier (2007: 158-159)

알베르티니(Diaz-Albertini 1993: 331)는 NGO나 정부에 관한 서구의 이론은 안정적 민주주의와 '제도화된' 국가를 가정하는 경향이 있다. 라틴아메리카 국가에서 NGO가 직면한 도전은 서비스 개선이나 민영화 반대가 아니라, 높은 부채, 정치-관료제의 부패와 비효율 속에서 국가가 복지에 대한 책임을 지도록 설득하는 것이다.

케냐와 모잠비크의 토지 사용권을 둘러싼 NGO 정책주창 활동에 대한 한 연구는 케냐정부의 NGO에 대한 적대감, 모잠비크의 비교적 새로운 NGO 부문이 상대적으로 거액의 원조 자금을 단시간 내에 흡수해야 하는 어려움 등 환경적 요인에 NGO의 전략이 크게 영향을 받는 것을 관찰하였다. 모잠비크에서 NGO들은 1997년 제정된 새로운 토지법의 제정과 전파에 '상당한 기여'를 했지만, 집행 단계에서 그 동력을 유지하기 어려웠다 (Kanji *et al.* 2002).

개발 NGO의 정책주창은 일상의 정치적 경로를 사용하기도 하고, 혹은 시위, 행진과 같은 대립적인 항의의 행동을 택하기도 한다. 브래튼(Bratton 1990: 95-96)은 아프리카의 NGO에게는 비대립적인 방법을 통해 빈민들을 위한 정책결정에 '목소리'를 내는 것이 더 유용한 전략이라고 주장한다. 왜냐하면, 권력 구조에 대항하는 (너무 대립적일 수 있는) '역량강화'보다는 NGO 지도자들이 '행정체계 내의 틈새를 알아내고 정치적으로 강력한 세력들과 협조적인 업무 관계를 만들 수' 있기 때문이다.

끝으로, NGO의 정책주창 활동은 그 효과와 결과를 판단하기가 매우 어렵다. 정책이 변화하면 그 인과관계를 정확히 밝히기가 어려울 수 있으며, 그것이 캠페인과 별 관계가 없을 수도 있다. 예를 들어, 멕시코에서 NGO 정책주창 연대에 관한 코베이(Covey 1995)의 연구는 정부가 세계은행이 재정지원과 함께 제안한 삼림 사업을 포기한 것은 캠페인의 결과라기보다는 궁극적으로 거시경제적 문제였다고 주장한다. 일부는 1999년 '시애틀 전투' 후에 세계무역기구(WTO)가 무역 자유화 협상을 포기하는 데 NGO가 기여한 것은 NGO의 괄목할만한 성공이라고 내세우지만, 그보다는 미국과 유럽연합이 조건의 합의에 실패했기 때문이라는 주장도 있다.

NGO가 자신들의 정책주창 활동의 결과에 대해 평가하는 것은 중요하다. 자원은 한정되어 있고, 우선순위를 선택해야 하기 때문이다. 주요 개발 NGO가 참여한 방글라데시의 NGO 정책주창 활동에 대한 연구에서 표 5.1에 제시된 바와 같이 활동의 결과가 미친 영향을 평가하는 틀이 개발되었다.

표 5.1   NGO의 정책주창 영향을 평가하는 틀

활동	정책의 직접적 결과	정책과정에 미친 결과	조직의 학습에 미친 결과	시민사회에 미친 결과
불법 수입된 위험한 농약을 시장에서 제거하는 캠페인	높음	낮음	중간	높음
정부 예산 계획에 더 폭넓은 협의를 도입하려는 캠페인	중간	중간	높음	높음
삼림 거주 소수민족의 권리에 유리하도록 삼림정책을 바꾸려는 캠페인	높음	높음	중간	중간
빈곤에 더 초점을 맞추도록 원조 공여자의 고용 및 기업 지원 사업에 참여	낮음	낮음	높음	낮음
세계은행의 구조조정 정책과 세계은행의 영향력을 검토하는 시민사회 활동에 참여	높음	중간	중간	중간

출처: Lewis and Madon (2003)

혁신

NGO의 촉진 역할 중 두 번째 예는 혁신이다. 혁신 능력은 NGO가 다른 유형의 조직, 특히 정부에 비해 특별한 속성, 심지어는 비교우위의 영역이라고 종종 주장한다. 혁신을 내세우는 것은 개발의 대안 제공자로서 NGO가 정당화되는 핵심이다 (Bebbington *et al.* 2008). 모든 NGO가 혁신을 그들 활동의 일부로 보는 것은 아니지만, 제4장에서 살펴본 바와 같이 빈곤 완화에의 새로운 접근에 NGO가 기여한다는 생각은 확실히 증거가 있다.

NGO의 혁신 활동은 몇 가지 형태가 있다. 그 중에는 필리핀에서 1980년대에 NGO가 개발한 경사지농경 기술(글상자 5.9)과 같이 신기술 개발과 관련된 것이 있다. 또 그라민은행의 신용대출 모델과 같이 어떤 개발 문제에 대응하는, 조밀한 구조와 마을 기반 집단 시스템을 가진 일련의 조직적 장치를 개발하는 것일 수도 있다 (글상자 5.10). NGO는 (제4장에서 논의한 참여적 농촌평가, PRA와 같은) 새로운 계획과 연구 방법을 고안해내기도 한다.

NGO들은 어떻게 혁신적 접근을 개발하는가? 클락(Clark 1991: 59)은 NGO들이 주류 원조 기관이나 정부에 비해 정통적인 아이디어나 구조에 덜 구속되기 때문이라고 주장한다. 전 세계 NGO 활동에 관한 분석에서 그는 NGO 종사자들이 문제 해결에 있어서 실험하거나, 적응하고, 새로운 접근을 시도하는 데 상당한 유연성을 가진다고 주장하였다. 클락은 그 이유를 다음 네 가지로 정리하였다. 첫째, NGO는 소규모이고, 직원이 적고, 공식적 구조가 덜 하기 때문에 의사결정이 상대적으로 단순하다. 둘째, NGO 활동에는 지역의 관리들이 덜 개입하기 때문에 번거로운 관료주의의 정도를 줄일 수 있다. 셋째, NGO

글상자 5.9 '혁신자'로서의 NGO: 필리핀에서 신농업기술 개발

필리핀에서 침례교농촌생활센터(BRLC: Baptist Rural Life Centre)
는 민다나오와 같은 취약 지역의 생계형 농민 공동체에서 다년간
활동해왔으며, 이들의 문제는 상당 부분 고지대의 토양 침식에 기
인함을 알게 되었다. BRLC는 이들 공동체에서 생산성과 지속가능
성을 모두 개선할 수 있는 새로운 경작법을 개발하기 시작하였다.
BRLC는 '전문가'보다는 지역 출신 현장 직원을 활용하였으며, 빈
곤한 고지대 농민들이 당면한 토양의 생산력 문제가 정부의 파견
서비스 직원들에게 무시당하는 것을 보았다. 왜냐하면, 그들은 환
금 작물을 경작하는 부유한 농민들을 돕는 데 더 관심이 있었기 때
문이다. 고지대 농민들과 협력하에 BRLC는 간단하면서 효과적인
식재 방법을 개발하여, 경사진 농지의 토양을 더 안정적이고 생산
적으로 만들고, 다양한 필수 식재료 수확이 연중 가능하게 했다.
경사면에 신중히 계획한 열에 맞추어 광범위한 작물을 조합하여,
토양 침식이 감소하고, 다양한 작물의 수확이 가능해졌다. 이 새로
운 '경사농지기술'이 검증되자 BRLC는 정부에 로비하고, 훈련을
제공하여 정부 파견 직원들이나 다른 NGO가 이 신기술을 사용하
여 혜택을 널리 확산할 수 있도록 하였다.

출처: Watson and Laquihon (1993)

에 대한 외부의 감시나 규제가 덜하다. 넷째, NGO의 '자발성'은 개인
이 스스로 아이디어를 내고, 실험하고, 위험을 감수하는 것을 장려한
다. 혹자는 NGO의 혁신 능력이 조직적 속성에서 온다고 주장하고, 다
른 사람들은 그것이 NGO가 구축하는 관계의 속성에서 기인한다고 주
장한다 (Biggs and Neame 1995).

글상자 5.10 기술적 혁신자로서의 NGO

- 벨기에의 비영리단체 아포포(APOPO)는 아프리카 주머니쥐를 훈련시켜, 폭발하지 않은 지뢰나 객담 샘플에서 결핵을 탐지하도록 하여, 이 해결하기 어려운 두 문제의 해결책을 제공하였다.

- 위키미디어는 무료 지식과 교육을 제공하는 목적을 달성하기 위해 세계에서 방문자가 가장 많은 웹사이트인 위키피디아를 비롯하여 위키사전, 위키인용구사전, 위키도서, 위키대학을 개발하였다.

- 케냐에서 자나라이프(ZanaLife)는 저렴한 생리대, 대화형 만화잡지를 기반으로 한 생식보건 교육 도구를 개발하여 여아들이 정확한 정보에 근거한 의사결정을 하고 학업을 계속할 수 있도록 하였다.

- 짐바브웨의 와일드포라이프(Wild4Life)는 HIV/AIDS 사업으로부터 시작하여, 새로운 공동체 의료보건 서비스 제공 파트너십 모델을 개발하고 네트워크를 구축하였으며, 현재 사하라사막 이남 12개국 농촌 벽지에서 활동하고 있다.

- 소규모 온라인 운동으로 시작하여 '직원 없는' 자선단체가 된 영국의 콜라라이프(ColaLife)는 탈수증 치료를 위한 에이드포드(AidPod)를 제작하였다. 이것은 코카콜라 운반상자 속 병 사이의 빈 공간에 맞게 설계되어, 상업 유통체계에 편승하여 세계의 가장 외진 지역까지 배달될 수 있었다.

- 소셜임팩트랩(Social Impact Lab)은 인터넷 연결 없이 휴대전화와 컴퓨터만으로 사용 가능한 무료, 오픈소스 메시징 소프트웨어인 프론트라인(Frontline) SMS를 개발하였다. 이것은 자연공원 내의 환경보호활동가와 공동체 사이의 소통, 나이지리아와 아프가니스탄의 선거 감시 요원들 사이의 연락, 아이티와 필리핀의 재난 대응 연락망에 활용되었다. 의료보건 분야에서는 지

계속 ▶▶

역 공동체 의료보건 종사자들이 질병 증세에 대한 정보 전달, 환자 추가 진찰 등에 활용하였다. 이것이 말라위에 도입되자 지역 병원은 6개월 동안 치료한 결핵 환자 수가 2배 증가하였고, 통원 및 근로 손실로 발생할 2,100시간, 비용으로 3,500달러가 절약되었다. 이 소프트웨어는 현재 대부분 사하라사막 이남에 있는 11개의 아프리카 국가에서 사용되고 있다.

출처: www.fundsforngos.org

성공적 혁신의 주요 지표는 새로운 아이디어나 실무가 그 직접적인 현장을 넘어서 다른 곳에 재현될 수 있는가의 여부이다.

혁신의 공유는 … 광범위한 효과를 줄 수 있다. 한 NGO가 새로운 접근과 방법을 개발하여 전파하면 그들 활동의 혜택도 전파할 수 있다. 하나의 작은 NGO라도, 특히 혁신을 아낌없이 공유하고 자기 개선할 수 있다면, 그 규모에 비해 엄청난 파급효과를 낼 수 있다. 작은 NGO들은 혁신에 성공할 경우 그것을 전파하는 전략을 세워야한다 (Chambers 1992: 46).

NGO가 혁신을 대규모로 확대 적용하는 데 성공한 잘 알려진 사례로는 방글라데시의 그라민은행(글상자 5.11)이 있다. 그 기본 모델은 많은 다른 NGO뿐만 아니라 공공 부문 은행과 영리 은행에 의해 채택되었다. 전 세계에서 미소금융 기관은 1억 3,900만 명의 고객에게 1,140억 달러를 대출해주고 있다 (Microfinance Barometer 2018).

세월이 흐르면서 '확대 적용'은 NGO의 개발 활동에 정당성을 부여하는 하나의 중요한 요소가 되었다. 그러나 원조 공여자나 정부가 확대 적용을 염두에 두고 NGO에게 혁신을 하도록 압력을 가하는 것은

글상자 5.11   그라민은행: 서비스, 혁신, '확대 적용'의 결합

그라민('마을')은행은 1990년대에 서비스 제공 모델을 개발하였는데, (대출 상환을 독려하는 강력한 동료집단 책무성을 구축한) 풀뿌리 집단 수준에서 혁신과, 강력한 가치와 비전과 집행 단계에서의 느슨한 분산적 접근을 조합하고 현장에서 상당한 자율성을 주는 조직 수준에서 혁신이 이루어졌다 (Holcombe 1995). 1980년대 말 그라민은행이 전국적 서비스를 갖추게 되자 그 아이디어와 접근을 더 널리 확산시키는 새로운 방법을 모색했다. 집행 조직으로서 규모를 키우기보다 그라민은행은 세계의 다른 상황에 원래의 미소금융 모델을 복제, 채택하도록 권장하였다. 흄(Hulme 1990)은 이것을 복제라기보다 '제도적 번식'의 한 형태로 비유했다. 이 방식은 원래의 그라민 모델이 단순히 한 맥락에서 다른 맥락으로 통째로 옮겨질 때보다는 지역의 조건에 맞게 신중하게 채택되었을 때 가장 성공적이었음을 밝혔다.

출처: Holcombe (1995), Hulme (1990)

비현실적인 희망, 또는 새로운 것에 대한 불필요한 집착이며, NGO를 장기적인 활동과 일관된 접근에서 멀어지도록 만든다는 비판이 있다. 디터(Dichter 1989)는 이를 일부 NGO들이 빠져드는 '복제의 덫'이라고 불렀다.

감시자로서의 NGO

NGO의 또 다른 핵심 역할은 '정책의 정직성을 지키는' 감시자로서의 활동이다 (Najam 1999: 152). 어떤 정책이 집행되지 않고 있든지, 허술하게 집행이 되는 경우 '내부 고발자'는 경고음을 발신할 수 있다. 또 이 역할은 미래의 정책 개발이나 집행에 지장을 줄 수 있는 상황을 탐지하는 것도 포함한다.

하나의 사례로 1996년 설립된 미국의 NGO인 코프워치(CorpWatch)를 들 수 있다. 코프워치는 전 세계에서 기업의 인권 침해, 환경 범죄, 사기, 부패를 조사-폭로하며, 그 목표는 글로벌 정의, 독립적 언론 활동, 기업에 대한 민주적 통제를 촉진하는 것이다. 이 단체는 1990년대 중반 스포츠용품 회사 나이키에 제품을 공급하던 베트남 의류 공장의 개탄스러운 노동 조건을 폭로하는 데 앞장섰다고 주장한다. 또 코프워치는 『주식회사 이라크(*Iraq, Inc.*)』와 『주식회사 아프가니스탄(*Afghanistan, Inc.*)』이라는 두 책을 발간하여 다국적기업들이 이 두 전쟁과 전후 재건 사업을 통해 수익을 올리는 방식에 대해 폭로하였다.

수많은 NGO들이 그 목적은 크게 다르지만 다국적기업의 행태를 감시하는 일에 전념하고 있다. 롯지와 윌슨(Lodge and Wilson 2006)에 의하면 NGO들은 특정한 법적 틀로부터 위임받거나 그것을 적용하는 것은 아니지만 강력한 감시자로 행동하며, 다국적기업의 관리자들은 NGO의 요구에 기꺼이 긍정적으로 대응할 용의가 있을 수도 있지만 무엇을 해야 할지 잘 모르는 경우가 많다.

그럼에도 불구하고 NGO는 세계화된 경제에서 생산자와 소비자 사이에 존재하는 심각한 '정보의 불균형'을 완화하는 중요한 기능을 수행할 수 있다. 즉, 소비자는 그들이 구매하는 상품이 노동자들의 처우, 폐기물 처리, 공직자 부패, 분쟁 지역으로부터의 원자재 여부 등과 관련하여 어떻게 생산되었는지 거의 알지 못한다. NGO가 정보를 제공하면 소비자는 구매하는 제품의 사회적, 환경적 영향에 대해 고려할 수 있고, 생산자가 사회적 책임에 소홀하면 제재하고, 사회적 책임을 다하도록 인센티브를 만들 수 있다.

NGO의 감시자 역할의 또 다른 사례로 글상자 5.12는 거버넌스와 부패에 관한 감시 역할로 유명한 개발 NGO인 국제투명성기구(Trans-

글상자 5.12　감시자 역할: 국제투명성기구의 방글라데시 지부(TIB)

2007년 TIB(Transparency International Bangladesh)는 정부와 기업을 감시하는 기존의 역할에서 벗어나 방글라데시의 NGO 부문의 거버넌스에 대해 조사하기로 결정하였다. TIB는 NGO 부문의 성장과 관련한 대중의 우려를 공개적으로 논의하는 것이 NGO 부문과 사회 전반의 이익이 된다고 주장하였다. 특히 TIB는 NGO 부문의 허술한 거버넌스와 부패 혐의, 그리고 NGO에 더 많은 자원이 유입되면서 풀뿌리 빈곤 완화에 대한 애초의 가치와 공약에서 멀어지고 전문가집단화가 심화되었다는 대중의 인식에 정면 대응하고자 하였다. 이 조사는 많은 NGO의 운영을 수뇌부가 장악한 점, 재정 시스템의 취약성, 세금 관련 문제, 직원 복지 등 몇몇 중요한 문제를 지적하였다. 이 조사는 소규모였지만 NGO를 규제하는 낡고 부적절한 법적 틀, NGO 운영진의 불명확한 역할, NGO의 거버넌스와 활동을 감시하는 공공 부문의 능력 부재 등의 개혁에 관한 공공 토론을 유도하기 위한 노력이었다. 이 조사에 대해 일부 NGO는 크게 반발했으나, TIB는 이 조사가 언론에 널리 보도된 사실, 그 이후 벌어진 공개 토론은 더 건전한 시민사회 구축 과정의 일부라고 주장했다. TIB의 2018년 후속 연구는 외국의 지원을 받는 NGO들이 앞서 언급된 문제들과 관련하여 지난 보고서 발간 이후 '눈에 띄는 진전'이 있었다고 밝혔다.

출처: www.ti-bangladesh.org/beta3/index.php/en/activities/5655-notable-progress-in-governance-by-foreign-funded-ngos-tib-stressed-on-effective-implementation; Lewis의 현장 조사 노트

parency International)의 한 지부의 활동을 소개한다.

파트너십

오늘날 개발정책의 주요 요소 중의 하나는 부족한 자원의 효율적 사용, 제도의 지속성 제고, NGO 활동의 질 개선 수단으로써 파트너십을 만드는 것이다. 파트너십은 일반적으로 사업이나 프로그램에서 2개 이상의 기관의 일련의 연계에 기반을 둔 합의된 관계로, 역할이나 책임 분담, 위험의 공유, 공통의 목표 추구 등이 포함된다. 그러나 파트너십은 말하는 사람마다 의미가 다른, 전형적인 개발 분야 '유행어'가 되었다고 볼 수 있다.

1990년대 초 파트너십은 핵심 정책 아이디어로 선언되었으나, 명확하고 엄밀한 정의는 거의 없었다. 1997년 영국정부의 개발에 관한 백서는 국가, 원조 공여자, 정부, NGO, 기업 사이의 파트너십을 많이 언급하였으나, 그것이 어떤 형태를 띠는지는 모호했다 (DFID 1997). 콘월(Cornwall 2005)은 액션에이드브라질(Action Aid Brazil)이 지역 공동체단체인 센트로물헤레스도카보(Centro Mulheres do Cabo)와의 관계를 통해서, 파트너십의 개념이 단순히 '함께 추진할 수 있는 프로젝트를 만드는 것'에서 진화하여 비판적 코멘트와 아이디어, 인맥-네트워크의 교환, 전문지식과 방법으로 서로 도우면서 자극이 되도록 하는 훨씬 광범위하고, 양방향적인 것으로 이해했음을 보여주었다.

NGO는 파트너십의 의미와 목적에 대해 더욱 성찰하기 시작했고 다양한 파트너십의 목표와 조건을 더 명확히 하기 위한 정책 문서를 준비했다. 예를 들어, 컨선월드와이드(Concern Worldwide 2007)의

파트너십 정책에 의하면,

> 모든 파트너십은 관계이지만 모든 관계가 파트너십은 아니다. 파트
> 너십은 대단히 협력적인 관계이고, 높은 수준으로 파트너십 원칙을
> 실행하며, 장기적인 변화를 가져올 수 있는 관계이다. … 파트너십
> 은 명확히 정의된 공동의 목적을 가진 관계이다. 파트너십은 빈곤에
> 대응하는 행위자들의 능력을 높이고, 이들과 빈자들 사이의 연계를
> 강화하여 그들의 권리를 실현할 수 있도록 해준다. 파트너십하에서
> 따라야 하는 원칙과 협력의 정도는 상호 간에 협상으로 결정된다.

파트너십의 기원은 그들의 업적에 매우 중요할 수 있다. 어떤 NGO
는 외부 자원에 접근하기 위해서 새로운 파트너십을 맺으며 그 파트너
십의 조건에 따라 관계가 설정된다. 다른 NGO는 더 넓은 파급효과를
충분히 고려하지 않고 파트너십으로 밀려들어 간다. 일례로 파트너십
을 적절히 실행하기 위해서 직원의 새로운 역할이 만들어져야 할 수도
있고, 새로운 활동의 진행을 모니터하기 위해서 다른 관리-운영 체계
가 필요할 수도 있다.

NGO는 특히 '주저하는 파트너'로서, 단순히 다른 행위자의 의제를
실현하기 위해 모집된 대행자로서, 도구적으로 인식될 때 입장이 약해
진다 (Farrington and Bebbington 1993). 방글라데시의 농업 관련
사업에서의 파트너십에 관한 연구에서 루이스(Lewis 1998a)는 사업
서류에서 NGO와 정부 기관 사이의 소위 파트너십으로 기술된 것이
실제로는 보완적-기능적 논리보다는 외부 자원에 접근할 수 있는 기회
의 산물임을 밝혔다. 바노(Bano 2019)는 파키스탄에서 NGO와 정부
의 파트너십은 정부 업무의 지속가능한 개선을 담보하는 방식으로 '내
재화'되는 경우가 거의 없다고 보았다. 왜냐하면, 파트너십 형성에 외

부적으로 작용한 상황이 그들의 속성을 일상적인 것으로 만드는 경우
가 많기 때문이다.

'능동적' 파트너십은 지속적인 협상, 토론, 갈등, 시행착오를 통한
학습을 통해 형성된다. 이러한 파트너십은 리스크를 감수하며, 역할과
목적이 분명할지라도 그들은 필요와 상황에 따라 변화할 수 있다. 반면
'의존적' 파트너십은 비교우위에 관한 일련의 경직된 가정과 외부 자금
의 지원 여부와 연결된 개별 기관의 이익에 따라 사업의 계획 단계에서
구성된다. 파트너들 사이에는 합의가 있을지 모르지만, 이것은 능동적
파트너십에서 볼 수 있는 창의적 갈등보다는 모호한 역할과 책임을 빈
번히 반영한다 (Lewis 1998a). 파트너십은 직원의 시간이 소요되는 새
로운 통신 회선, 차량과 전화기, 직원의 새로운 업무 책임, 타 기관과
정보 공유 등 과소평가하기 쉬운 초과 비용을 가져올 수 있다.

에반스(Evans 1996)는 NGO와 정부가 단지 서로의 업무를 기능적
으로 보완하거나 서로 경쟁하기보다, 그들 사이의 관계가 명확한 분
업과 역할에 대한 상호 인정을 기반으로 상호 강화하는 형태가 된다면
더 유용한 '시너지'가 창출될 수 있다고 본다.

텐들러(Tendler 1997: 146)는 브라질 북동부에서 개발의 상당한
성과를 이룬 것은 어떤 한 특정 조직이나 단체의 특별한 능력에 기인
하기보다는 중앙정부, 지방정부, 시민사회 3자 간의 복합적 동학의 결
과라고 관찰하였다. 그는 3개 부문 사이에 주요 인사들의 정례적인 이
동은 '정부와 비정부 부문 사이의 경계가 실제로는 상당히 모호해진
것'을 의미한다고 보았다. 이 지점에서 우리는 파트너십을 논의하는
데 있어서 파트너십의 공식적, 조직적 측면뿐 아니라 부문 간 경계를
넘어서 전문가와 활동가들을 연결하는 비공식적 관계에 더 관심을 가
질 필요가 있다. 여기에는 엘리트 순환을 통해 권력이 공고화되는 부

정적인 문제도 포함된다 (Lewis 2008).

NGO 역할의 조합

NGO의 세 가지 기본 역할은 종종 조직이 특화하는 것이라고 생각되기도 하지만, NGO는 업무를 추진하면서 여러 역할과 활동을 조합하는 경우가 많다. 일부 관찰자들은 '서비스 제공' NGO와 '정책주창' NGO를 구별하기도 했지만, 실제로는 두 역할 사이의 연결성 때문에 그러한 구분은 적절치 않은 경우가 빈번하다.

예를 들어, NGO가 서비스 제공 활동을 하는 데 있어서 최소한 세 가지 다른 방식이 있다. 첫째는 정부의 파견 서비스가 부실한 농촌 벽지에서, NGO 현장 직원이 지역에 관한 지식이 풍부한 경우, NGO가 사업의 직접 시행자로서 특정 서비스를 제공하는 방식이다. 이 경우는 비교적 명확한 서비스 제공 역할이다. 둘째의 방식은 NGO가 특정한 경험이나 지식을 기초로 지역의 문제에 새로운 혁신적 대응을 가져와 기존의 공공서비스를 보완-강화하려는 경우로, 정부 직원의 기량 향상을 위한 훈련 제공과 같은 예를 들 수 있다. 이러한 방식은 서비스 제공과 혁신을 조합한다. 필리핀의 BRLC의 접근은 이에 해당하는 사례이다 (글상자 5.9). 세 번째는 보다 간접적인 접근으로, NGO가 서비스 제공 활동을 하면서 사람들이 정부를 상대로 서비스 개선, 더 책무성 있는 서비스 제공을 요구하도록 독려하는 것으로, 서비스 제공과 정책주창이 조합된 경우이다. 이것은 취약한 공공서비스로 인해 그러한 형태의 '수요가 이끄는' 대응이 필요했던 1990년대 방글라데시의 주요 NGO 중 하나인 프로시카(Proshika)의 접근이었다 (Kramsjo

사진 5.2 ▌ 보편적 예방접종을 위한 방글라데시정부와 글락소스미스클라인(Glaxo SmithKline)의 공공-민간 파트너십이 BRAC에 의해서 보건센터에서 집행되고 있다

출처: Ayeleen Ajanee

and Wood 1992).

종종 서비스 제공에만 전념하는 NGO도 있고, 정책주창을 전문으로 하는 NGO도 있다. 종종 이 두 역할은 하나의 조직 내에 유용하게 조합될 수 있다. 케냐와 모잠비크의 정책주창 활동에 관한 연구에서 칸지 등(Kanji *et al*. 2002: 32)은 아프리카 NGO에게 지역 수준의 공동체 활동은 정책주창 활동의 필수 요소임을 밝혔다. 왜냐하면, 그것은 지역 공동체 내에서 신뢰 구축 수단이 되어주기 때문이다. "서비스 제공은 그 자체로 뿐만 아니라 정통성 확보와 정책주창 역할의 진입 지점으로서도 중요하다."

필리핀에서 농촌 개혁 과정에서의 프로젝트개발연구소(PDI: Project

Development Institute)의 경험은 NGO가 풀뿌리 수준에서의 서비스 제공 및 공동체 조직화와 정부-지역단체 사이의 신중히 협의-운영되는 파트너십에 기반을 둔 정책주창 전략을 조합할 수 있으면 좋은 성과를 낼 수 있음을 보여준다. PDI는 1990년대 초 새로운 농업 개혁 입법에 기여한 정책주창과 로비의 중요한 역할을 했던 NGO 활동가들을 보유하고 있었다. 이들은 '부문을 넘어서' 시민사회에서 정부로 이동하였고 외부 비판자에서 내부로부터 체제변화를 추구하는 역할로 변신을 시도했다 (Lewis 2013). 그러나 정책 집행의 성과는 저조했다. 지역 공동체, 특히 소외된 원주민 집단을 위해 활동한 PDI는 행정적-법적 절차를 지원하여 그들이 토지 사용을 확보할 수 있는 권리를 주장할 수 있도록 하였다. 이러한 방식으로 서비스와 정책주창 역할은 효과적으로 조합되었다.

역할의 조합은 긴장을 야기할 수도 있다. 유럽의 NGO에 대한 연구에서 헤게와 드메일리(Hege and Demailly 2018)는 NGO들이 정부와 기업의 책무성을 담보하고, 지속가능발전목표(SDGs)를 널리 전파하고, 사업을 시행하여 SDGs 연구에 중요한 역할을 한다고 주장한다. SDGs가 여러 부문에 걸쳐 있기 때문에 NGO는 네트워크와 연대를 형성해야 하며, 하나의 NGO 내에서도 여러 역할을 조합해야 한다. 그러나 사업 시행은 빈번히 정부의 재정 지원으로 진행되기 때문에 정부의 책무성을 담보하는 것이 어렵다. 마찬가지로 사업 시행의 경직된 일정이 혁신에 요구되는 유연성과 상충한다. 이것이 많은 NGO와 사회적 기업이 혁신적 사업의 재원 조달을 위해 크라우드펀딩이나 사회적 투자와 같은 대안적 방식을 택하게 되는 이유 중의 하나이다.

결론

이 장은 개발 NGO가 수행하는 역할에 대해서 선택적으로 개괄하였다. 신자유주의 정책이 NGO의 서비스 제공 역할을 확대했으며, 그 성과는 일관되지 않음을 보았다. 지역의 맥락과 필요에 관한 NGO의 우수한 지식을 기반으로 서비스가 개선된 양질의 활동 사례들이 많이 있는 반면, 서비스가 일정하지 않고 부실한 예도 있다. 또 서비스의 지속 가능성, NGO가 빈곤 완화에 대한 애초의 도덕적-정치적 책임감에서 벗어나 전문가집단화, 기업화된 접근을 하는 데 대한 우려도 있다.

우리는 NGO의 정책주창 활동을 간략히 살펴보았다. 대인지뢰 국제 캠페인처럼 상대적으로 성공적인 사례와 NGO가 영향력을 가지기에는 정부나 기업에 대한 권력 불균형이 너무나 커서 그다지 성공적이지 않은 사례를 비교해보았다. NGO가 정책주창을 통해 긍정적 결과에 기여한 것으로 보이는 사례에서도 NGO는 그들의 노력과 결과 사이의 직접적 인과관계를 증명하는 데 어려움을 겪는다.

끝으로, 이 장은 파트너십이라는 복잡한 개념에 대해 알아보았다. NGO는 '다원주의적인 조직체들의 세계' 속에서 정부와 민간 부문의 조직들과 함께 존재하는 것으로 보는 것이 최적의 시각이다. 이 세계에서 NGO는 지역적, 특정 맥락적 지식을 이용하여 보다 공정하고 효과적인 개발 활동을 촉진하는 방식으로 그들의 역할을 조합하며, 상호 합의된 특정한 목적을 위해 정부나 기업과 협력을 전략적으로 선택한다. 진정한 파트너십은 공유하는, 보완적인 목적을 추구하는 여러 다른 유형의 조직들 사이에 유용한 시너지를 제공하지만, 실제로는 모호하고, '느낌 좋은' 아이디어이며, 능동적 파트너십과 수동적 파트너십을 구분하는 것이 유용하다.

여기서 NGO의 역할들은 명확한 이해를 위해 구분하였으나, 실제로는 NGO는 빈번히 세 가지 역할을 모두 조합한다. 어떤 사례에서는 이것이 NGO와 여타 행위자들에 의한 서비스 개선 접근의 성공적인 '확대 적용'으로 이어진다. 다른 사례에서는 NGO는 공정하고 지속 가능한 개발 활동의 결과를 성취하는 데 필요한 만큼의 관계나 규모를 구축하는 것이 어렵다. 그러나 NGO가 점점 더 많이 서비스 제공의 '하도급' 역할을 하는 것은 혁신, 정책주창, 감시 역할을 잠식한다고 보는 사람들과 NGO가 개발 활동에 있어서 자신들의 역할과 관계를 효과적으로 조합할 수 있다고 믿는 사람들 사이에는 분명한 이념적 차이가 존재한다.

많은 NGO가 계속해서 개발 활동의 특정 틈새에 특화하면서 적절한 파트너나 자원을 추구하리라는 가정은 타당하지만, 개발 문제가 여러 부문에 관련된 복잡한 속성을 가지기 때문에 다른 많은 NGO들은 복합적인 역할을 수행할 것이다. 따라서 NGO의 역할에 관한 명확한 일반화는 결코 가능하지 않겠지만, 특정 단체나 맥락으로부터 도출된 증거를 참고하고 축적하는 것은 가능할 것이다.

요약

- 오늘날 개발 활동에 있어서 주된 집행 역할은 개발 NGO가 자체 사업이나 정부의 '위탁계약'에 따라 빈곤한 사람들에게 서비스를 제공하는 것이다.
- 촉진 역할은 주로 정책주창과 영향력 행사에 관한 것으로, 여기서는 개발 NGO가 수혜자들을 위해서 정부나 기업의 정책과 관행에 영향력을 행사하려 한다.
- 촉진 역할은 혁신도 포함한다. NGO는 개발에 관련된 문제 해결을 위해 새로운 방식을 추구하며, 종종 이러한 해결책이 더 널리 '확대 적용'되는 것을 염두에 둔다.
- 파트너십 역할은 NGO가 정부, 기업, 제3섹터의 다른 기관들과 공통의 목적을 추구하면서 협력을 도모하는 것이다. 그러나 이러한 파트너십은 애매한 경우가 빈번하고, 그 저류에는 정치와 자원을 둘러싼 긴장 관계가 숨어있기도 하다.
- 실제로는 많은 NGO는 하나의 역할에 특화하기보다는 복수의 역할을 수행한다.

🗨 토론 주제

1. NGO의 서비스 제공의 2개 사례를 비교하고 그들의 '성공'에서 어떤 교훈을 배울 수 있는지 논의하시오.
2. NGO의 정책주창 시도가 효과적이었는지는 어떻게 평가할 수 있는가?
3. 개발 NGO는 항상 혁신을 추구해야 하는가, 아니면 단지 일을 잘하려고 노력하는 것으로 충분한가?
4. 부문 간의 파트너십은 왜 인기 있는 아이디어이며, 그 결과는 어떤가?
5. NGO가 하나 이상의 역할을 조합하는 것에는 어떤 강점과 약점이 있는가?

❖ 추가 읽을거리

Contu, A. and Girei, E. (2014) 'NGOs management and the value of "partnerships" for equality in international development: what's in a name?' *Human Relations*, 67 (2): 205–232. 국제개발 영역에서 파트너십 담론과 그것이 NGO에 미치는 영향에 대한 비판적 연구.

Keck, M. and Sikkink, K. (1998) *Activists Beyond Borders: Advocacy Networks in International Politics*, Ithaca, NY: Cornell University Press. 이 책은 국제 NGO의 정책주창에 관한 이론과 실무를 이해하는 데 최고의 출발점.

Lodge, G. and Wilson, C. (2006) *A Corporate Solution to Global Poverty: How Multinationals Can Help the Poor and Invigorate Their Own Legitimacy*, Princeton, NJ: Princeton University Press. 기업 주도의 개발을 옹호하고, NGO의 역할에 대해 논의.

Racelis, M. (2008) 'Anxieties and affirmations: NGO – donor partnerships for social transformation', Chapter 10 in A. Bebbington *et al.* (eds.) *Can NGOs Make a Difference? The Challenge of Development Alternatives*, London: Zed Books, pp. 196–220. 이 장은 필리핀에서의 파트너십 문제를 개괄함.

❖ 유용한 웹사이트

www.corpwatch.org
샌프란시스코에 소재한 코프워치는 1996년 설립 이후 국제적 기업의 활동을 감
시하는 활동을 하고 있음.

www.fundsforngos.org
NGO의 모금 활동에 대한 장애물을 줄이는 데 노력하는 뉴욕 소재 사회적 기업
의 웹사이트.

NGO와 시민사회

6장

- 냉전 시대 말 수년간 시민사회에 관한 정치적 아이디어의 재발견
- 시민사회에 관한 아이디어를 신자유주의 개발정책에 결합
- 시민사회에 관한 '자유주의' 이론과 '급진적' 이론의 구분
- 개발 NGO의 정체성과 활동에 있어서 시민사회에 관한 아이디어의 실질적 가치
- 시민사회 담론에 관한 비판적 시각

서론

지난 30년간 '시민사회'라는 정치적 개념은 개발에 관한 논의의 일부분이 되었다. 시민사회는 통상 가계, 국가, 시장의 일부가 아닌 일련의 조직 행위자들이 존재하는 영역이나 공간을 의미하게 되었다. 이들 조직의 형태는 매우 광범위하여 상호공제 조합, 대중 운동, 시민단체, 소비자 협회, 소규모 생산자단체, 여성단체, 원주민단체 등, 그리고 물론 NGO를 포함한다. 광범위한 이들 단체나 협회는 공공적 성격이지만 정부는 아니기 때문에 시민사회 옹호론자는 그들이 공공의 이슈를 중심으로 국가의 공공연한 지시 없이 시민들이 토론하고 행동할 수 있게 해준다고 주장한다. 일례로 글상자 6.1은 자발적인 비즈니스협회인 로터리클럽이 개발이나 구호 활동을 하는 사례를 조명한다.

글상자 6.1   로터리클럽과 스리랑카 쓰나미 구호

로터리클럽은 업계 전문직 종사자들이 공동체에 대한 봉사, 윤리적 기업 표준, 국제 이해 촉진을 위해 설립한 국제적 시민사회단체이다. 스리랑카에서 로터리클럽은 현재 37개 지부에 약 1,700명의 회원을 보유하고 있다. 콜롬보리젠시 로터리클럽은 주로 젊은 전문직 여성들이 2002년 설립하여 낙후된 지역의 학교, 도서관, 보건캠프, 환경 의식 프로그램, 현장 학습, 길거리 어린이 지원, 고아 및 장애 아동 서비스 제공 등 폭넓은 공동체 봉사 사업에 특히 활발하다. 이 클럽은 2004년 쓰나미 발생 후 즉시 행동을 개시하여 로터리의 활동을 조정하고 다른 클럽에 건설, 의료, 소득 창출 등 기술적 분야의 대응에 관해 조언하였다. 콜롬보리젠시는 가장 신속히 대응한 단체 중의 하나였는데, 지원, 정보 제공, 모금을 위한 성공적인 블로그를 개설하여 바티카올라에 재건이 필요한 2개 학교에 투자할 75만 달러의 자금을 모금하였고, 2007년 초에 완수되었다.

출처: AKDN/INTRAC (2007)

그러나 시민사회의 개념을 명확히 이해하는 것은 종종 어렵다. 왜냐하면, 여러 다양한, 경쟁적인, 상충하는 주장들이 있기 때문이다 (글상자 6.2). 시민사회의 단일 개념은 존재하지 않는다. 그 대신 이 용어에 대한 다소 상이한, 종종 중첩되는 여러 해석이 존재한다. 이 개념은 지역중심주의 및 상호주의와 강한 연관이 있다. 그러나 또한 전 지구적이고 국제적인 현상을 지칭하는 데 점점 더 사용되고 있다. 시민사회단체는 교회나 노조들 사이의 연계와 같이 공식적으로, 또는 환경 활동가, 여성 운동, 국제앰네스티, 그린피스 같은 글로벌 NGO 사이의 네트워크처럼 비공식적으로 글로벌한 조직을 구축해서 국경을 초월한

글상자 6.2 '시민사회라는 퍼즐'에 관한 마이클 에드워즈의 관찰

"누가 주장하는 개념을 택하는가에 따라서 '시민사회'는 '자유시장과 개인의 자유를 확대함으로써 사회에서 정치의 역할이 근본적으로 축소됨(Cato)'을 의미하거나, 그 반대로 '권위주의 국가나 폭압적 시장에 대항하는 단 하나의 가장 실현 가능한 대안'(WSF: World Social Forum), 또는 좀 더 안락한 정치적 중도에게는 사회민주주의가 성공하기에는 결여된 요소를 채워줄 수 있는 (제3의 길과 소위 온정적 보수주의에 중심이 되는) '사회과학에 있어서의 따뜻한 위안'을 의미한다. 내용은 별로 없이 사람들이 원하는 편안함을 주는 그런 책들을 보았을 것이다. 그러니 만약 뭔가를 설명하기 어려우면 시민사회를 거론하면 된다! 셀리그만(Adam Seligman)은 농담조로 시민사회를 '사회 질서의 미스터리를 열어줄 새로운 분석의 열쇠'라고 불렀고, 리프킨(Jeremy Rifkin)은 시민사회를 '우리의 최후, 최선의 희망'이라고 하였고, UN과 세계은행은 '바람직한 거버넌스'와 빈곤을 완화하는 성장의 열쇠로 보았다. 미 행정부 관리들에 의하면 대 이라크전쟁의 진짜 이유는 중동에 시민사회를 촉진하기 위함이었다."

출처: Michael Edwards (2004)

활동을 추구할 수도 있다. 이 장은 주로 시민사회를 국가와 지역의 맥락에서 살펴보며, '글로벌 시민사회'의 개념은 제7장에서 논의한다.

1980년대 이후 시민사회에 관한 아이디어들은 개발정책 내에서 정치, 민주주의, 대중 참여, 서비스 제공 개선, 그리고 국제무대에서의 NGO의 캠페인과 정책주창 활동에 관한 광범위한 논쟁의 일부로서 인식되었다. 어떤 정책결정자나 활동가들에게 NGO는 상당 기간 시민사회를 대표하는 것이거나 또는 그 별칭으로 간주되었다. 이런 시각은 다수 NGO에 의해서 장려-강화되었다. 새롭게 형성되었지만, 아직 불확실한 NGO들의 조직적 정체성을 안정화하는 데 이 새로 발견된 개념이 유용한 수단이었기 때문이다 (Fowler and Biekart 2013).

시민사회라는 아이디어가 오늘날 NGO를 연상시키게 되었지만, 그 개념의 뿌리는 개발에 관한 근대적 아이디어들을 넘어서 그 이전으로 거슬러 올라간다. 시민사회에 관한 초기의 논의는 스코틀랜드 계몽주의 사상가 흄(David Hume)이나 퍼거슨(Adam Ferguson), 19세기 독일 철학자 헤겔(Hegel 1821/1991) 등의 저술로 거슬러 올라간다. 후에 프랑스 평론가 토크빌(Tocqueville 1835/1994)은 그의 유명한 저서 『미국의 민주주의(*Democracy in America*)』에서 미국의 풍부한 결사체 활동에 대해 언급하고 이러한 활동이 강력한 민주주의와 경제력의 원천이라고 보았다. 20세기 중반에 이르자 그람시(Antonio Gramsci 1971)는 『옥중 일기(*Prison Notebook*)』에서 시민사회를 자본주의 사회에서 국가 권력이 투사-공고화되는 현장이지만, 패권을 향한 경쟁과 저항이 가능한 장소라고 개념화하였다. 이들 사상가들은 시민사회 개념이 무엇을 의미하는지, 유럽의 다른 지역에서 이 개념이 어떻게 부상했는지, 이 개념을 분석적, 실질적으로 어떻게 이용할 수 있을지에 대해 각각 다른 아이디어를 제시하였다.

시민사회의 개념

하우웰과 피어스(Howell and Pearce 2001)에 의하면 18세기 이후 차례로 부상한 시민사회에 관한 아이디어에는 6개의 (종종 중첩되는)

주요 흐름, 또는 주제가 있다.

첫째는 초기 자본주의적 발전하에서 가족이나 기타 혈족 관계가 희석되면서 사회 속의 개인이 스스로 결정할 수 있는 행위자로 부상한 것이다. 봉건주의가 초기 자본주의로 진화하고 삶의 사회적-경제적 측면이 더 분리되면서 나타날 수 있는 완전한 개인주의나 사적 이익 추구의 경향을 억제할 수 있는 새로운 유대를 형성하려는 개인의 의사에 사회의 안정이 점차 의존하게 되었다. 둘째는 유럽의 상인, 식민지 개척자들이 해외여행을 통해 조우한 '다른' 사회와 유럽인들을 구별하는 표식으로서의 '문명시민의 격식'에 관한 아이디어의 중요성이다. '덜 개발된' 사회의 개인화된 권력 투쟁과 대비되는 불편부당한 법치의 필요성도 문명시민의 격식을 담보하는 열쇠로 간주되었다. 이러한 생각은 퍼거슨 등의 저술에 나타나 있다. 셋째는 고대 그리스인들이 문명의 핵심 요소로 적시한 정치적 덕목, 또는 공동선이라는 아이디어가 자본주의의 사적 이익에 의해 위협받게 되었다는 우려와 그것이 시민사회라는 새로운 도덕적 영역에서 재건될 수 있다는 생각이다. 여기서 부의 추구는 독지-자선과 같은 윤리적 행위로 순화될 수 있다.

넷째는 권력이 더 이상 절대군주의 전유물이 아닌 상황에서 규칙, 법률, 정책을 둘러싼 광범위한 토론이 가능한 새로운 공공의 공간이 부상한 것이다. 기존 정치 질서하에서 자신의 이익 보장을 원했던 신흥 자본가들은 발언권을 요구하게 되었다. 독일의 정치사회학자 하버마스(Jurgen Habermas)는 '공론장'이라는 유명한 개념 속에서 이 아이디어를 발전시켰다. 다섯째는 사회 속의 특정적인 것과 보편적인 것 사이의 긴장을 완화하는 방법을 찾을 필요성이다. 헤겔에게 시민사회는 근대 서구 사회에서 사회적 통합이 성취된 방식의 한 측면이다. 여섯 번째의 시각은 뒤르켐(Emile Durkheim) 등의 작업에서 이루어진

자본주의 이전에서 근대 사회질서로의 이행에 관한 오랜 사회학적 논쟁에서 부상하였는데, 이 논쟁은 자본주의 사회에서 질서 유지 기능을 한 기계적, 유기적 연대의 이분법적 구분을 설정하였다.

많은 요인들이 1990년대의 '시민사회'라는 아이디어의 재발견을 이끌었다. 1970년대 라틴아메리카의 활동가들과 학자들은 군부 독재에 대한 저항의 맥락에서 그 용어를 사용했다 (Fisher 1998). '시민사회'라는 용어는 동유럽 공산주의 국가에 저항한 민주적 반정부 세력이 정치의 담론에 다시 끌어들였다 (Keane 1998). 냉전 종식 후 구 '초강대국'은 (빈번히 권위주의 성격을 띤) 위성국에 대한 지원을 축소하였고 그 결과 기존 권력 구조에 도전하는 시민들의 요구가 분출하였다. 따라서 시민사회의 개념은 앞서 살펴본 '사회자본'(제4장)이나 NGO의 정책주창(제5장)과 같은 개념과 연결이 된다.

시민사회 개념과 함께 존재하는 것은 우리가 제1장에서 간단히 다루었던 제3섹터의 개념이다 (Evers 2013). 시민사회에 비해 제3섹터는 비교적 새로운 개념이지만, 그것이 '시민사회'의 복잡하고, 오래되고, 때로는 모순적인 철학적-정치적 유산을 갖지 않기 때문에 개발 NGO 활동의 명확한 분석틀을 추구하는 사람들에게는 장점이 될 수도 있다 (글상자 6.3). 그러나 제3섹터라는 개념은 NGO 연구자들에게 별로 인기가 없다. 예를 들어, 업호프(Uphoff 1995)는 그 개념을 거부하고 NGO를 주로 '민간 부문' 비영리 행위자로 취급한다. 다른 연구자들은 (전적으로 옳은 것은 아니지만) 민영화라는 신자유주의 정책의제를 연상하여 제3섹터 아이디어에 의구심을 가진다.

글상자 6.3 '제3섹터'라는 아이디어: '시민사회'의 대안?

'제3섹터'라는 아이디어는 시민사회 개념의 유사 개념이다. 그것은 정부, 기업, 기타라는 3개 '유형'의 조직을 개관한 에치오니(Etzioni 1961)의 조직사회학에 관한 연구에서 기원한다. 그는 어떻게, 왜 사람들이 조직에 관여하게 되는지, 조직을 유지하기('조직에의 순응을 담보하기')위해서 권력이 어떻게 작동하는지에 관심이 있었다. 그는 3개 형태의 순응을 제시하였다. 강제적 순응은 고통이나 이동의 자유 제한과 같은 물리적 제재를 적용-위협하여 만들어진다. 보상적 순응은 물질적 자원이나 급여와 같은 보상에 대한 통제에 기초한다. 규범적 순응은 상징적 보상, 설득, 공유하는 가치와 이상에의 호소에 기반을 둔다. 에치오니는 이들을 각각 한 형태의 순응이 두드러지는 정부, 기업, '제3섹터'에 연결시켰다. 에치오니는 제3섹터 조직들은 그 다양성에도 불구하고 주로 직원, 자원봉사자, 회원들 사이의 공유하는 가치, 목적, 상징적 보상에 기초한 규범적 순응에 의존한다고 보았다. 이 틀은 (정부와 기업을 제외한) 잔여 범주로서 주로 가치로 추동되는 행동과 헌신이라는 '접착제'로 유지되는 '제3섹터'라는 아이디어를 만들어 냈다. 레비트(Levitt 1975)는 제3섹터 아이디어를 더 정치적인 방향으로, 훨씬 더 시민사회에 가깝게 가져갔다. 그는 '보다 더 반응적인 사회'를 추구하는 대항 문화적 사회 운동가 세력으로서의 제3섹터에 관해 저술하였다. 제3섹터의 요구는 물질적 재화보다 삶의 질, 더 공정한 자원의 분배, 더 많은 공공의 참여에 중점을 두었으며, 이는 재래의 정치를 통하기보다 이익집단의 행동과 개인적 참여를 통해 성취될 수 있다고 보았다. 이는 사회운동의 개념과 근접하는 것이다. 끝으로, 어떤 사람들은 제3섹터를 보다 단순하게 우리가 제도적 현상을 이

계속 ▶▶

해하는 데 도움이 되는 유용한 비유, 또는 베버적인 '이상형'이라고
본다. '제3섹터'라는 아이디어의 가치는 단순히 그것이 '시민사회'
에 비해 덜 규범적이고 철학적으로 덜 복잡하기 때문일 수도 있다.
반면 비판자들은 이 개념이 신자유주의 모델을 선호하는 자들에 의
해 포섭이 되었다고 본다. 그들은 섹터 사이의 경계는 실제로는 모
호하고 중첩되며, 단순한 3개 섹터의 틀은 국가나 지역에 따라 다
른 중요한 역사적 차이를 흐리게 한다고 지적한다 (Tvedt 1998).
따라서 에버스(Evers 1995)는 제3섹터를 하나의 명확한 섹터로 보
는 것이 아니고, 혼합형과 새로운 파트너십을 포함하여 여러 다른
유형의 조직체가 새롭고 도전적인 방법으로 서비스를 제공하는 국
가, 시장, 가계 사이의 중간적 지대로 본다.

출처: Lewis (2007)

NGO, 개발, 시민사회

NGO와 개발의 맥락에서 시민사회 개념의 오래되고 복잡한 철학적 뿌
리는 덜 중요하며, 그보다는 시민사회에 대한 기본적 접근으로서 '자
유주의적' 접근과 '급진적' 접근이 있다는 사실이 더 중요하다 (Clarke
1998).

　정부나 원조 공여자들 사이에서 가장 인기가 있는 자유주의적 시각
에서 보면 시민사회는 국가나 시장에 대응하여 균형 역할을 하는 조직
화한 시민들의 무대이다. 이 시각에서는 시민사회는 시민의 민주적 가
치가 옹호되는 장소이고, 규범적 측면에서 시민사회는 전체적으로 '좋
은 것'으로 생각된다. 퍼거슨과 헤겔에서 벗어나서 조직체에 관해 보

다 좁게 초점을 맞추는 자유주의 시각은 토크빌의 아이디어를 중심에 위치시킨다. 미국의 결사체주의 현상에 대한 분석에서 토크빌은 국가가 사회를 장악하는 것을 막는 안전장치로써 자발주의, 공동체 의식, 자율적 결사체 생활을 강조한다. 시민사회는 국가가 시민들에 대해 책무성을 이행하도록 하고 국가와 시장의 균형을 맞추는 데 기여하는 평행추로 볼 수 있다. 이 '신토크빌주의'의 주장은 '사회자본'에 관한 논의에서 영향력을 행사해왔는데(제5장 참조), 결사체주의의 수준은 한 사회의 신뢰와 협력의 규범의 강도와 같다고 할 수 있다.

주로 그람시의 이론에 영향을 받은 급진적 시각은 조화보다는 권력을 향한 투쟁 속에서의 협상과 갈등, 시민사회와 국가 사이의 모호한 경계를 특히 강조한다. 이 시각에서 보면 시민사회는 다수의 상이하고 경쟁적인 아이디어와 이익을 포함하며, 공정한 개발에 긍정적으로 기여하는지의 시점에서 볼 때 그 모두가 '좋은' 것은 아니다. 급진적 시각은 국가에 대한 독립적 저항의 장소로서의 시민사회의 역할을 강조하며, 사람들의 행동을 제약하는 계급이나 젠더, 국가와 시민사회 사이의 긴장, 시민사회 내에 존재하는 긴장 관계에 주의를 상기시킨다. 여기서 우리는 배제적 종교단체나 극단적 폭력 집단과 같이 종종 '비시민 사회'로 지칭되는 것이 동시에 존재한다는 것을 의식하게 된다. 따라서 급진적 시각은 시민사회에 대한 논의에서 권력, 갈등, 다양성이 더 온전히 인정되어야 하며, '기분을 좋게 해주는' 시각은 피해야 한다고 강조한다. 끝으로, 맥도널드(MacDonald 1994)가 분석했듯이 급진적 시각은 시민사회 담론을 남북관계의 맥락에 놓고 더 광범위한 국제정치경제의 차원을 조명한다.

이와 관련하여 쇼(Shaw 1994: 647)는 시민사회는 NGO와 같은 조직의 집합이 아니라 여러 집합체가 형성되고 상호작용하는 '맥락'이라

글상자 6.4 개발에 있어서 시민사회의 중요성

인도에서의 몇몇 주요 개발 혁신 사례를 관찰하면서 오자(Oza 2019)는 "모든 것이 시민사회에서의 혁신으로부터 기원했다"고 언급했다. 그는 다양한 사례를 제시한다. 인도정부의 국가농촌생계사업은 실패한 인도의 농업협동조합체제에 대한 대응으로 페르난데스(Aloysius Fernandes)와 그의 팀이 1970년대에 NGO 미라다(MYRADA)에서 처음 개발한 여성의 자조단체의 개념을 바탕으로 하였다. 두 번째 사례는 국가농촌고용보장법으로, 2000년대 초 시민사회 활동가들이 로비한 덕분에 법률안이 통과되었다. 셋째, 인도의 통합물관리프로그램은 하리아나 등지에서 시민사회단체가 시도한 지역 물 관리 실험에서 유래하였다. 오자는 "가치가 있는 거의 모든 정부 프로그램은 기본적으로 시민사회의 혁신이나 기술로부터 왔다. 이는 국가의 역할을 무시하려는 의미는 아니다. 국가는 가장 중요한 개발 행위자이다. 그러나 국가 건설에서 시민사회의 중요성이 강조되어야 한다." 그는 또 "우리의 이야기를 제대로 전달하지 못했기 때문에 시장과 국가에 의해서 시민사회가 주변화되는 것을 목격하고 있다"고 언급하였다.

출처: https://idronline.org/indias-most-significant-innovations-have-roots-in-
    civil-society/

는 관념을 강조한다. 여기에는 정당, 교회, 노조, 전문가단체와 같은 공식적 대표단체, 학교, 대학, 언론사와 같은 공식적-기능적 단체, 소규모 단체, 임시적인 활동가 연대, 사회운동과 같은 비공식적 네트워크나 집단 등이 포함된다. 시민사회 집단은 국가 권력이 정당화되는 제도적 체제의 가장자리에 존재한다. 그러나 동시에 시민사회는 다양한 사회 집단이 국가 권력과 싸우기 위해 조직할 수 있는 무대를 형성한다. 이 시각에서 보면 국가는 그 권위 유지를 위해 공적 국가 기관을 사용할 뿐 아니라 언론, 교회와 같은 시민사회의 기관들을 이용한다. 따라서 그람시적 시각에서 시민사회는 패권적, 반패권적 세력이 투쟁하는 현장이라고 볼 수 있다 (MacDonald 1994).

시민사회와 개발정책

바람직한 거버넌스 정책 의제는 시민사회에 관한 아이디어를 개발정책의 주류로 가져왔다. 시민사회는 시민적 책임감과 공공적 덕목의 원천으로, 조직화된 시민들이 공공선에 기여하는 장소로 간주되었다. 시장경제, 국가, 시민사회 사이의 상호의존적, 유기적 관계라는 아이디어를 기반으로, 자유주의 전통은 '더 좋은 시민'을 만드는 데 도움이 되는 결사의 사회화 효과를 강조한다 (Archer 1994). 이 모델에서는 3개 영역 사이의 '선순환'을 가정한다. 즉, 생산적인 경제와 잘 운영되는 정부는 활발한 시민사회를 유지해주고, 잘 운영되는 정부와 활발한 시민사회는 경제성장과 잘 관리되는 경제를 지탱해주며, 강력한 시민사회는 효과적인 정부를 만들어준다. 이 논리는 1990년대에 세계은행과 같은 원조 공여 기관에 의해 채택되었으며 원조의 조건에 포함되었다. 이러한 조건부원조는 경쟁적이고 대체로 민영화된 시장경제, (양질의 교육 및 의료 서비스, 공정한 법률과 인권보호, 건전한 거시경제 계획을 갖춘) 잘 운영되는 국가, 시민들이 유권자-소비자로서 권리를 가지고 국가-시장 기관의 책무성을 담보할 수 있는 민주적 '시민사회'를 요구한다. 이 조건에는 또 자유언론, 자유선거에 의한 정기적 정부 교체, 법률로 보장된 인권이 포함된다 (Archer 1994).

　이러한 바람직한 거버넌스 담론에서 선호된 시민사회의 비전은 시장과 민간 부문 활동에 관한 아이디어와 상당히 중첩된다. 이것은 자본주의 시장 형성과 시민사회 구축이 상호 연계된 목표였던 1990년대 구 동구권 국가에 대한 서구의 원조 사례에서 특히 분명히 드러났다. 그러나 이러한 시민사회에 대한 논의에는 정치적 요소가 들어 있다. 화이트(White 1994)에 의하면 시민사회의 성장은 국가와 사회의 세력 균형을 후자에 유리하게 바꾸기 때문에 더 민주적인 거버넌스를 구축하는 데 기여한다. 그것은 또 공공 영역에서 도덕적 가치와 기준, 성과, 책무성을 실현하는데, 그리고 조직화된 시민단체가 정당과 같은 공식적 구조의 밖에 있는 대안적 공공의 '공간'에서 그들의 요구를 표출하는 통로를 형성하는 데 도움이 된다.

사진 6.1 ▮ 타지키스탄에서 논의 중인 NGO 직원

출처: Nazneen Kanji

NGO는 시민들의 역량에 기여할 수 있으며, 그럼으로써 "국가의 반응 역량을 구축하고, 공직자들이 필요한 정보와 인식을 갖출 수 있게 해주며, 정책의 협력적 계획과 집행 과정에 유리한 조건을 조성해줄 수 있다"(King 2015: 889). 시민사회단체와 공동체를 공공 자원을 배분하고 집행될 프로그램을 선택하는 공식적 과정에 참여시키는 '참여적 예산책정'은 하나의 좋은 사례이다 (Saguin 2018). 또 다른 사례로 지역 공동체에서 공청회를 통해 공직자의 책무성을 담보하려 시도한 인도의 정보에 대한 권리(Right to Information) 운동을 들 수 있다.

더 최근의 사례로 최근 기후 위기를 둘러싼 우려가 심각해지고 있는 가운데 나타난 멸종 항거(Extinction Rebellion) 운동을 들 수 있다. 이 운동은 '기후 및 생태적 비상사태에 대응해서 정부가 정의롭게 행동하도록 비폭력적, 직접 행동을 사용해서 설득하는 국제적, 비정치적 네트워크'이다. 이 운동은 2018년 5월 영국에서 시작되었으나 2019년 말에는 50개국 이상에 활동단체가 있었다 (https://rebellion.earth). 예를 들어, 이 운동은 의사결정자들이 행동을 하도록 압력을 가하거나 그들과 협력하는 수단으로 주민회의를 즐겨 이용해왔다.

많은 원조 공여자들에게 '시민사회의 강화'는 구체적 정책 목표이다. 브라운과 텐던(Brown and Tandon 1994)에 의하면 시민사회의 강화를 위해서는 시민사회단체(CSO: Civil Society Organizations)의 지적, 물질적, 조직적 기반을 개선해야 한다. 원조 공여자들을 비롯하여 많은 사람들은 점차 CSO라는 용어로 'NGO'를 대체하였다. 비록 오랫동안 조직 개발은 공공 또는 민간 부문 조직들의 성과를 강화하는 방향으로 이루어졌으나, '임무 지향적' 사회변혁단체로서의 CSO라는 새로운 아이디어를 지원하기 위해 새로운 접근들이 도입되었다 (글상자 6.5). 세월이 흐르면서 원조정책의 공간이 종교 집단, 노조, 공동체 조직, 전문가단체 등 NGO와 함께 개발에 기여할 수 있는 다른 유형의 CSO에도 개방되었다 (Fowler and Biekart 2013).

구소련의 일부 국가에서는 지역 NGO에 대한 자금 지원을 통해 시

글상자 6.5   NGO와 시민사회의 '강화'

시민사회에 대한 관심은 부분적으로는 개발 활동에는 시민사회 내의 다양한 조직 행위자들 사이의 공통 목표와 협력적 상호작용을 구축하는 노력이 필요하다는 주장과 관련이 있다. 많은 활동가와 정책결정자들에게 핵심 목표는 시민사회, 국가, 시장의 상호작용을 강화하는 것이다. 이 접근에는 3개의 수준이 있다. 첫째는 (개별 NGO) '조직'의 수준으로, 조직의 가치관, 정체성, 전략을 명확히 하고, 장기적 비전, 사업 활동, 경험으로부터의 학습을 연결할 필요가 있다. 거버넌스, 의사결정, 갈등 관리를 위한 조직의 역량을 키우고, (사회적 책임을 소홀히 하지 않으면서 직원의 능력을 동원하는) 인재 개발과 (일상에서 요구되는 업무에 매몰되어 과거의 경험을 잃지 않도록 시스템 구축하여) 조직의 학습 능력을 높인다. 둘째는 (시민사회를 하나의 부문으로 보았을 때) '부문'의 수준으로, NGO와 기타 행위자들이 협력적 네트워크와 캠페인을 통해서 비전 공유와 연대 행동을 위한 기회를 창출할 필요가 있다. 그들은 예를 들어, 토지개혁이나 미성년자 권리가 정책 의제로 채택되도록 연대하는 등 시민사회 부문에서 주요 쟁점을 다루도록 노력할 수 있다. 셋째는 '사회'의 수준으로, 정책과정에서 NGO에 발언권을 주는 법률이나 개발-개혁 정책에 관해 시민사회와 협의하는 장치와 같이 NGO가 시민사회 부문의 독립성을 지킬 수 있도록 제도를 창출하는 데 기여할 수 있다.

출처: Brown and Tandon (1994)

민사회를 구축하려는 공여자들의 노력이 빠르게 문제에 직면하였다. 예를 들어, 우즈베키스탄에서 시민사회 개념의 도입은 러시아어를 구사하는 반이슬람 엘리트가 그들의 권력 기반을 강화하는 도구로 이용되었으며, 그 결과 자유주의적 시민사회의 이상과는 대단히 거리가 멀었다. 원조 공여자들은 부패한 정부 관리들을 건너뛰어 시민사회와 직접 일하는 데 열심이었기 때문에 새로운 NGO가 증가하였다. 이들 다수 NGO는 정부를 통제하는 같은 엘리트에 의해서 통제되었으며, 이것은 단지 그 비효율적 구조를 '비정부' 부문에 복제하는 결과를 가져왔다. 시민사회 개념을 현실화하려는 원조 공여자들의 서투른 시도는 시급히 필요한 정치-경제 개혁을 수행하는 데 실패하였다 (Abramson 1999).

　아르메니아나 구소련 '전환' 국가(글상자 6.6)에서 시민사회 구축이 힘든 것은 이 분야에서 NGO가 직면한 문제들과 단순히 정책을 한 맥락에서 다른 맥락으로 '옮겨가는' 것의 위험성을 잘 보여준다. 원조 공여자들이 큰 역할을 하기 이전에 사회 변화의 주체로서 시민사회 집단이 이미 활발한 환경에서는 그들 집단은 외부 원조와 정부 지원이 가져오는 **후원관계** 효과에 의해 부정적으로 영향을 받을 것이다. 팔레스타인과 모로코에서의 'NGO의 부상과 시민사회의 쇠퇴'에 관한 아티아와 헤럴드(Atia and Herold 2018: 1044)의 연구에 의하면 이 효과는 시민사회 집단이 자율적으로 행동할 수 있는 능력을 제약한다. 그들의 활동을 비정치화하고 '생산적 힘의 발휘'를 어렵게 만드는 '전문가집단화, 관료화, 상향 책무성 증가'로 인한 압력을 더 많이 받게 되기 때문이다.

　원조 공여자가 시도하는 시민사회 구축의 문제는 시민사회를 그람시의 시각에서처럼 권력을 둘러싼 통합과 협상의 공간으로 보는 것이

글상자 6.6 구사회주의 사회에서 시민사회 '구축'을 위한 노력과 NGO

1980년대 글라스노스트(개방)과 페레스트로이카(개혁)정책의 시기에 러시아, 동유럽, 중앙아시아에서 독립적인 시민사회 집단이 생기기 시작했다. 냉전 후에는 민주주의 촉진이 서방의 원조 프로그램의 중심이 되었고, 시민사회가 민주화와 시장경제로의 이행에 핵심으로 간주되었으며, NGO가 서비스를 제공하고 민주적 가치를 형성하는 역할을 담당할 것으로 기대되었다. 1994년 아르메니아에는 단지 44개의 지역 NGO가 있었으나 2004년에는 3,500개 이상의 NGO가 정부에 등록되었다. 체코, 폴란드와 같은 일부 국가는 성공적으로 적응하여 유럽연합에 가입하였으나 중앙아시아나 코카서스의 다른 구소련 국가들은 빈곤, 사회적 배제와 양극화, 심각한 생활수준 하락을 경험했다. 주로 원조 공여자의 하향적 압력으로 만들어진 NGO의 역량은 취약하며, 서비스 제공은 파편화되어 있다. 많은 시민들은 여전히 국가의 서비스 제공을 기대한다. 이들 나라들이 서구로부터 오랫동안 폐쇄되어 있었기 때문에 외국출신 개발 종사자들은 지역에 관한 지식이 일천하다. 사업의 접근은 과도하게 아프리카나 아시아의 경험을 참고하였으며, 동유럽의 높은 교육 수준과 도시화를 무시하였다. 회원에 기반을 두거나 광범위하게 시민들의 지원을 받는 NGO는 거의 없으며, 정부는 시민사회의 개념이나 역할을 잘 이해하지 못한다. 강력한 지역의 뿌리가 없고, 외국의 지원에 과하게 의존하는 NGO들은 빈번히 정당성 상실에 직면하게 되었다.

출처: LSE의 Armine Ishkanian와의 개인적 대화

아니라, 단지 여러 단체, 주로 'NGO들'의 집합이라고 보는 시각에서 기인한다. 원조 공여자들도 시민사회의 강화가 개발에 기여하는 결과

를 내기에는 불충분하며, "CSO의 강화가 저절로 빈곤한 사람들에게 혜택을 주는 집단행동으로 이어지는 것이 아님"을 인정한다. 왜냐하면, 국가와의 관계가 빈약한 단체에 투자하는 것은 효과가 제한적이기 때문이다. 그보다는 시민사회 네트워크 또는 그 네트워크와 국가와의 연결에 투자하는 것이 더 큰 효과를 낼 가능성이 있다 (2011: 70).

시민사회 행위자로서의 NGO

시민사회에 대한 자유주의적 시각은 국가가 공공의 삶을 지배하는 것을 경고하면서, NGO나 여타 시민사회의 조직체가 그러한 경향을 막을 수 있는 방어벽이라고 본다. 이 시각은 시민사회단체가 다원주의와 참여에 기여하고, 시민들에게 민주주의 규범을 교육할 수 있다고 믿는다 (Hadenius and Uggla 1996). 원조 공여자들은 민주적 '시민사회'의 등장을 지원할 수 있도록 북반구와 남반구의 개발 NGO를 지원하기 시작하였다. 예를 들어, USAID는 민주화 과정을 강화하는 수단으로서 NGO를 지지하는 주요 원조 공여자이다. NGO들은 '시민사회단체(CSOs)'로서의 활동을 통해 민주주의 과정을 강화할 수 있다. 코베이(Covey 1995: 1)가 언급했듯이, 전 세계 도처에서 정치적 투쟁으로 인해 정치적 공간이 개방되고 공공의 문제에 대해 시민의 목소리가 커지면서 NGO가 정책에 영향을 미치는 더 활발한 역할을 수행하게 되었다.

어떤 (특히 사회의 주변화된 부문의) 집단들이 경쟁하는 이해관계의 시장에 효과적으로 참여하게 되면 민주주의의 약속은 현실로 다가

온다. 엘리트에 의해 오랫동안 장악되었던 정치체제에 집단이 참여하는 것은 일부는 정책과정의 새로운 참여자의 조직으로서의 힘, 일부는 그들의 참여의 정통성에 대한 인식에 좌우된다.

타 집단과의 '중층적 연대'에 참여하여 NGO는 브라운(Brown 1991)이 '부문 간 문제 해결'이라고 지칭한 방법을 통해, 정보를 제공하고 인식을 제고하는 '가교 역할'을 통해, 빈곤층, 중산층, 엘리트의 관계에서 중재역할을 시도했다. 디아즈-알베르티니(Diaz-Albertini 1993)는 페루에서의 이 가교 역할에 대해 기술하였는데, 여기서 NGO는 풀뿌리 역량강화 활동을 통해 시민사회를 강화하고, 정책주창 활동을 통해 국가가 시민의 정치적 요구에 반응하는 능력을 제고하는 데 도움을 주는 활동을 벌였다.

시민사회를 '강화'하는 NGO의 역할에 더해, 어떤 사람들은 NGO가 시민사회의 아이디어와 가치의 '인큐베이터'로서 중요한 역할을 할 수 있다고 보았다. 민주적 과정을 내부에 가지고 있는 NGO의 존재 자체가 시민사회의 인큐베이터로 볼 수 있다. 참여, 협력, 신뢰, 내부 민주주의의 가치가 본보기가 되어 시민의 공공적 관여를 촉진하는 데 기여할 수 있기 때문이다 (Lang 2013). 미국의 사례에 대한 연구에서 압주그와 포브스(Abzug and Forbes 1997: 12)는 제3섹터 지도자들은 광범위한 시민적 책임의 측면과 '그들 조직 내에서 시민사회의 발현을 책임진다'는 측면에서 공히 시민사회의 '수호자'로 봐야 한다고 주장했다.

NGO들이 조직화하는 방식 자체는 NGO의 정통성과 시민사회에 대한 광범위한 공공의 신뢰에 공히 중요한 의미를 준다. 예를 들어, NGO 종사자들과 직원들의 민주적 조직 문화의 구축은 이 내부의 시민사회 차원에서 하나의 중요한 측면이다. 그러나 많은 NGO는 그러한 규범이 결여되어 있다. 직원의 구성이나 관계에서 젠더 불평등적 속성이 보이거나(Goetz 1997), 하우웰과 피어스(Howell and Pearce 2000)가 관찰한 중미의 많은 NGO에서 보이듯 심하게 위계적, 비참여적 내부 구조와 과정을 가지고 있다. 우드(Wood 1997)는 방글라데시에서 사회에 널리 존재하는 후견주의, 위계, 젠더 종속의 지배적 사회-문화 규범이 NGO의 구조와 과정에 반영되고 있음을 밝혔다 (글상자 9.4 참조).

일부 관찰자들은 모든 NGO를 시민사회와 동일시하는 반면, 다른 사람들은 더 특정적이다. 블레어(Blair 1997)에 의하면 특정 유형, 즉 "공공정책에 영향을 미치는 것이 주된 목적 중의 하나인 NGO만이 진정으로 '시민사회단체'로 묘사될 수 있다. 이는 모든 'CSO'가 NGO이지만, 결코 모든 NGO가 'CSO'는 아님을 의미한다."

싱크탱크나 캠페인단체는 CSO로 간주되는 경향이 있지만, 자조단체나 서비스 제공 NGO는 그 범주에서 제외된다. 일례로 이 시각에서 만일 의료보건 부문 서비스 제공 NGO가 동시에 의료보건체계 개혁을 위해 적극 활동한다면 이 단체는 '시민사회단체'로 볼 수 있다. 뱅크스 등(Banks *et al.* 2015: 709)에 의하면,

> NGO가 '개발의 장터'의 규칙에 따라 행동해야 할 필요가 있다는 것은 그들이 시민사회단체보다는 사회적으로 책임감 있는 시장 행위자에 가까워야 함을 의미한다. 결과적으로 지난 30년간 NGO 부문의 급격한 확산은 권력과 불평등 문제를 정면으로 대응하여 구조적 변화를 만들 수 있는 더 강하고, 활력 있는 시민사회를 동반하는 경우가 드물었다.

NGO가 시민사회의 대리자로 볼 수 있다거나, NGO에 대한 지원은

강력한 시민사회와 동일시될 수 있다는 주장은 대체로 부정되었다.

블레어(Blair 1997)는 원조 공여자들이 시민사회 구축에 기여하는 것은 서비스 제공보다는 정책에 대한 영향력 추구와 같은 공공적인 목표에 관여하는 NGO들을 지원함으로써만이 가능하다고 보았다. 그것은 상호 보완적인 2개의 접근을 통해서 가능했다. 첫째는 시민사회를 규율하는 '게임의 법칙'과 관련하여 폭넓게 NGO의 활동이 '가능한 환경'으로 개혁하는 것이다. 둘째는 특정 단체와 직접 협력을 통해 시민사회의 의제를 지원하는 것이다. 많은 원조 공여자들은 전통적으로 후자를 선호했지만, 전자는 지속가능한 변화를 담보하는 데 필수적인 요건이다. 블레어(Blair 1997)에 의하면 강력한 시민사회는 시민들이 공공적인 삶에 참여하는 권리를 행사하도록 교육하고, 주변화된 집단이 정치 영역에서 더 적극적이 되도록 독려하여 민주주의를 강화할 수 있

사진 6.2 ▮ 베냉의 한 NGO 직원

출처: Miranda Armstrong

다. 어떤 연구자들은 시민사회가 퍼트남(Putnam 1993)이 언급한 교차하는 '가교적 사회자본'과 같은 형태의 중첩되는 사회적 네트워크를 구축하는 데 기여할 수 있고, 단일 이익집단이나 협소한 종교 또는 민족 집단의 불안정화 효과를 줄이는 데 도움이 된다고 본다 (제3장 참조). 그러나 '위기에 처한 국가'나 미국처럼 보다 안정적인 국가에 관한 연구가 공히 보여주듯이, 시민사회는 종종 이익집단 간의 정체, 교착상태, 갈등을 초래하여 안정이나 진보를 방해할 수도 있다. 풋첼(Putzel 1997)이 '사회자본의 어두운 면'을 지적한 데는 그럴만한 이유가 있다.

브래튼(Bratton 1989: 335)과 같은 연구자들은 시민권을 NGO 및 시민사회 논의와 연결시키는 것의 중요성을 강조한다.

시민권은 정치이론에서 중요한 역할이 부여된다. 국민국가의 지정학적 형성과 그것을 구성하는 정치체 사이의 중요한 연결고리를 제시해주기 때문이다. 시민권은 출생을 근거로 대다수의 개인에게 평등하게 적용되는 특별한 사회계약의 한 형태이다.

기본권을 요구하고 실현함으로써만이 인민은 정통성 있는 주체로서의 국가와 일체감을 갖게 된다. 브래튼은 여전히 종족 배경이 정체성을 형성하는 중요한 요인으로 작용하고 있는 아프리카에서 식민주의의 유산이 약한 국가 형성에 일조한 상황을 보여준다.

시민사회에 대한 자유주의적 개념과 급진적 개념은 공히 유용하다. 왜냐하면, 그들은 각각 정치과정에서 NGO의 역할에 관한 다른 시각을 제공하기 때문이다 (Clarke 1998). 자유주의적 시각은 필리핀에서 인권, 환경, 소수자, 젠더와 같은 새로운 의제를 받아들이는 데 소극적이었던 정당들이 과거에 점유했던 공간으로 NGO가 어떻게 침투했는지를 보여준다. 그러나 급진적 시각으로도 NGO가 어떻게 그러한 새로운 정치 의제를 제도화하는 데 궁극적으로 기여했는지를 볼 수 있다. 마르코스 독재 시대에 등장한 급진적 사회운동은 후에 약화되었다. NGO가 운동가들을 개발-인권 활동으로 흡수하면서 국가 개혁에 대한 급진적 압력이 감소했기 때문이다.

시민사회에 대한 비판

NGO와 시민사회에 대한 정책 논의는 대부분 자유주의 시각에 영향을 받았으며, 시민사회는 '좋은 것'이라고 가정하는 규범적인 성향을 어느 정도 가졌다. 미국의 시민사회는 종교적 근본주의자들이나 쿠클럭스클란(Ku Klux Klan)과 같은 정치적 광신자들부터 휴먼라이츠워치(Human Rights Watch)와 같은 진보적 단체에 이르기까지 여러 종류의 조직화된 집단을 포함한다. 아브릿처(Avritzer 2004)는 라틴아메리카의 페루나 콜롬비아 같은 나라의 비시민사회의 존재를 지적하면서 이들을 아르헨티나와 칠레에 존재하는 자유주의 시민사회와 대비시킨다.

사회정의와 개발을 촉진하는 측면에서 시민사회를 항상 긍정적인 것으로 개념화하는 것은 타당하지 않다. 시민사회 행위자들의 다양성, 다양한 목소리와 갈등, 시민적이지 않은 동기와 활동 등을 염두에 둔 많은 사람들이 그러한 개념화에 의문을 제기했다 (Glasius *et al.* 2004). 로빈슨과 화이트 (Robinson and White 1998: 229)에 의하면

시민사회는 실제로는 다양한 조직 형태와 동기를 포함하는 복잡한

결사체들의 세계이다. 그것은 민주주의와 억압, 협력과 갈등, 선과 악을 모두 포함하며, 사회의 이익뿐 아니라 시민사회 부문의 욕심도 동기로 작용한다.

다시 말해서 시민사회를 비정치적인 시각으로 보아서는 안 된다는 것이다.

두 번째 문제가 되는 부분은 시민사회는 비서구 사회에는 적용되기 어려운 근본적으로 서구적 개념이라고 주장하는 '상대주의적' 비판이다 (글상자 6.7). 문화인류학자들은 시민사회라는 서구적 개념의 부활과 그것이 여러 다른 세계 각지의 매우 상이한 문화와 맥락에 적용되는 것에 의구심을 가졌으며, 냉전 후의 새로운 '보편주의'의 위험을 경고하였다 (Hann and Dunn 1996). 많은 연구자들은 '시민사회' 개념이 아프리카에서 식민 지배자들에 의해 배제의 도구로 사용된 것을 관찰하였다 (예를 들어, Comaroff and Comaroff 2000). 시민사회 개념은 누가 시민이고 누가 아닌지를 정의하는 데 이용되었으며, 공공 영역을 결사체 활동이 이루어지는 시민적 영역과 식민지 당국이 후진적이라고 간주하는 종족-혈족에 기초한 영역으로 분할하였다. 보다 최근에 비판자들은 유사한 관점에서 시민사회를 구축-강화하려는 외부의 노력은 구소련 국가들의 사례에서 보듯이 서구의 이익을 확대하는 도구로 계속 이용되고 있다고 주장한다. 어떤 경우에는 혈족-종족의 전통적 가치에 근거한 시민사회단체도 있을 수 있으며, 그들은 표준적인 시민사회의 단체의 정의에 부합하지 않을지 모르지만 그럼에도 시민사회단체의 많은 기능을 수행한다. 예를 들어, 소말리아의 씨족체계는 공동체 구성원이 필요로 하는 것을 제공하면서 동시에 다른 씨족이나 파벌과의 폭력, 대결에 일조하기도 한다 (Edwards 2004).

글상자 6.7　시민사회의 개념이 비서구적 맥락에서 얼마나 타당성이 있는가?

서구 이외의 사회에 있어서 시민사회 개념의 적합성은 논란이 있다. "시민사회 개념은 타당한가?"의 질문에 대해서 4개의 가능한 대답이 있을 수 있다.

1. 처방적 보편주의: '시민사회는 좋은 것이며 어디에나 만들어져야 한다.' 이것은 전 세계에 자유주의적 자본주의 민주주의 국가를 건설-강화하는 정치적 프로젝트의 일부로서 시민사회의 바람직함을 상정하는 보편주의적 시각이다.
2. 서구적 예외주의: 시민사회는 서구 역사-문화의 독특한 산물이며 다른 맥락에는 맞지 않는다. 그 개념은 다른 문화적-정치적 환경에서는 무의미하며, '시민사회'는 서구의 잘못된, 자기 이익에 기초한 정책 이식 시도의 여러 사례 중의 하나일 뿐이다.
3. 유연한 처방: 우리는 시민사회 구축을 추구해야 하지만, 그 결과가 다를 수 있음을 인정해야 한다. 이 시각은 시민사회 개념의 유연성, 즉 그것이 다른 모양일 수도 있고, 맥락에 따라 다른 역할을 할 수도 있음을 인정한다. 예를 들어, 어떤 아프리카의 친족 체제는 시민과 국가의 관계를 명확히 규정하는 데 기여하며, 지역에서의, 일종의 다른 형태의 시민사회 구현이라고 볼 수 있다.
4. 그 질문 자체가 유용하지 않다. 시민사회 개념은 제쳐두고, 주어진 맥락에서 민주주의, 정치 등 폭넓은 문제에 초점을 맞추는 것이 훨씬 더 유용하다. 왜냐하면, 서구적 맥락에서조차도 시민사회 개념의 의미와 타당성, 변화의 동력으로서의 그 전반적인 성과에 대해 많은 이견이 있기 때문이다.

출처: Lewis (2002)

시민사회 개념에 비판적인 또 다른 일련의 주장은 그것이 사회 갈등을 초래한다는 생각이다. 시민사회 내의 경쟁하는 이익과 집단의 문제는 자유주의 시각에서 빈번히 과소평가된다. 이익집단 사이의 투쟁은 종종 일종의 마비를 초래할 수 있다. 블레어(Blair 1997)는 미국의 시민사회 활동을 보면 '좋은 것도 과잉'일 수 있음을 지적한다. "국가에 대한 이익집단의 장기적이고 과도한 영향력은 풍부하고 활발한 민주적 정체보다 민주주의의 경색과 동맥 경화, '정체 상태'를 초래할 수 있다."

이들 비판자들이 강조하는 것은 시민사회가 기술적 개념이 아니라 정치적 개념에 기원한다는 사실이다. NGO가 시민사회 역할을 수행할 수 있는 능력은 특정 국가의 속성과 권력에 달려 있으며, 남반구 국가들의 경우는 특히 국제정치 환경에 좌우된다. 많은 나라에서 개인은 정치적 변화의 도구로서 NGO, 정부, 야당 사이를 이동할 수 있다. 필

사진 6.3 | 이집트에서 CSO의 강화
출처: AKDN/Christopher Wilton-Steer

리핀에서는 1986년 마르코스 레짐이 무너지고 정부가 교체된 이후 많은 신 행정부의 직책을 맡게 된 NGO 활동가들이 있었다. 그들은 아이디어를 행동으로 옮기는 데 정부가 더 효과적이라고 보았기 때문이다 (Lewis 2008).

그러나 NGO가 정치 운동에 관여되면 그들은 비판을 받았다. 예를 들어, 1990년대에 방글라데시에서 NGO와 여타 시민사회단체 행위자들이 정치적 투쟁에 참여했을 때, 그들은 정치에 '너무 관여했다'고 비판을 받았다. 그러나 지지자들은 그러한 관여가 정당할 뿐 아니라 NGO의 개발 역할의 필수적인 부분이라고 주장했다 (Karim 2000). 일부 주요 NGO가 야당 및 여타 단체들과 연합하여 1996년 선거를 관리할 과도 정부 설치를 주장하였을 때, NGO 지도자들은 시민사회단체는 모든 시민들, 특히 빈곤층에 중대한 영향을 미치는 중요한 정치적 행동을 회피할 수 없다면서 그들의 행동을 정당화하였다.

차터지(Partha Chatterjee 2004)는 시민사회 개념이 세계 대다수의 빈곤국가에 존재하지 않는 일련의 자유주의적 제도 및 자유에 의존하는 근본적으로 정치에 관한 부르주아적 개념이라고 주장한다. 그 대신 그는 공동체가 지역화된 관행을 통해 일상적 삶의 폭력, 차별, 불법성의 문제에 대응하는 방식을 지칭하는 '정치 사회(political society)'라는 개념을 선호한다.

결론

시민사회라는 아이디어는 그 계보가 오래되었고 복잡하다. 시민사회 아이디어는 동유럽과 라틴아메리카 권위주의 국가에 대항하는 운동가들의 노력을 통해서 정치적 담론에 다시 들어왔으며, 1990년대에 바람직한 거버넌스를 둘러싼 개발정책 의제와 연결되었다. NGO는 시민사회의 일부로, 그리고 효과적-반응적이고, 책무성을 이행하는 국가를 구축하는 도전에 기여하는 것으로 생각되게 되었다 (Banks and Hulme 2012).

NGO는 그들의 활동을 개념화하고, 그들의 정통성을 강화하는 유용한 수단으로서 시민사회라는 아이디어를 채택하였다. 그러나 일부 NGO가 시민사회를 대변한다고 자처하는 경향과 원조 공여자들이 NGO를 시민사회의 대리자로서 지원하는 경향에 대해 의문이 제기되었다. 이 두 경향은 공히 다양하고 복잡한 시민사회라는 아이디어를 협소한 것으로 만들고, 궁극적으로 NGO 자체의 책무성과 정통성을 훼손할 수도 있다 (Lewis 2002).

시민사회는 계속 논쟁이 되고 있는 아이디어이다. 시민사회에 관해서는 여러 상이한 생각이 있으며, 그러한 다양성은 이를 모호하게 만들 수 있다. 일례로, 한편으로 시민사회는 시민들이 그들 사이의, 또 국가와의 갈등을 해소하는 공간을 제공해줄 수 있으나, 다른 한편으로 갈등을 심화할 수도 있다 (Brandstetter 2010). 아마도 시민사회에 관한 반 루이(Van Rooy 1998)의 현실주의적 시각을 채택하는 것이 유용할 듯하다. 즉, 시민사회는 다양하고 빈번히 갈등하는 단체와 이익이 활동하는 무대라는 측면에서 관찰될 수 있는 현실이면서, 또한 "시민사회는 부정적인 면이 있지만 가지는 것이 없는 것보다 낫다"고 보는 규범적 목표가 될 수도 있다.

에드워즈(Edwards 2004)는 시민사회가 '좋은 사회'를 만들려는 사람들이 지향하는 목표, 그것을 성취할 수 있는 수단, 그리고 사회의 진보를 이루기 위해 요구되는 목표와 수단에 관한 논의에 보통의 시민들이 참여할 수 있는 틀이라는 3개의 보완적인 '얼굴'을 가지고 있다고 본다. 시민사회가 깔끔하고 일관된 이론을 형성하기는 어려울지 모른다. 그러나 시민사회 개념이 연대, 집단행동, 창의성, 정의로운 가치의 필요성을 제기한다는 사실은 시민사회의 지속적인 중요성을 담보할 것이다. NGO는 단순히 시민사회와 동일시될 수는 없지만, 그것은 시민사회의 다양성에 기여하고 시민사회 내, 그리고 시민사회와 지역, 국가, 국제 수준의 연대, 동맹, 네트워크를 구축하는 데 핵심 역할을 한다.

요약

- 시민사회는 정치철학에서 유래한 복잡한 개념으로 1980년대에 공공 토론의 장에 다시 등장하였으나, 그 형태나 목적은 매우 다양하다.
- 원조 공여자들은 시민사회는 '좋은 것'이라고 보게 되었고, 다수의 NGO는 정통성을 확보하기 위해서 시민사회라는 명칭을 기꺼이 활용했으며, 개발도상지역에서 시민사회를 구축-강화하려는 원조 공여자들의 개입은 빈번히 NGO에 초점을 맞추었다.
- 시민사회에 관한 여러 생각 중에 '자유주의적' 시각과 '급진적' 시각을 구분할 수 있다.
- 시민사회를 구축하려는 원조 공여자들의 노력은 시민사회가 '시민적' 요소와 '비시민적' 요소를 모두 가지고 있으며, 개발 NGO 이외에도 많은 유형의 '시민사회단체'를 포함하고 있다는 사실로 인해, 그리고 시민사회 개념 자체에 대한 여러 상이한 해석이 있기 때문에 어려움을 겪는다.
- 시민사회의 개념은 '제3섹터'라는 아이디어와 더불어 개발 NGO 에게 여전히 타당성이 있다. 그것은 그들의 역할을 생각하는 개념적 틀을 만들어주기 때문이다.

📧 **토론 주제**

1. 유럽의 정치철학 속에서 200년 이상 존재했던 시민사회라는 개념
   은 왜 1990년대에 '부활' 되었는가?
2. 시민사회에 관한 2개의 상이한 생각을 비교-대비하시오.
3. 시민사회를 '기술적' 개념이 아닌 '정치적' 개념으로 생각하는 것
   의 의미는 무엇인가?
4. 개발 NGO를 이해하는 데 '제3섹터'의 개념은 '시민사회'에 비해
   어떤 이점이 있는가?
5. 개발 NGO가 더 광범위하게 사회에 기여하기 위해서는 어떤 활동
   을 할 수 있는가?

❖ 추가 읽을거리

Evers, A. (2013) 'The concept of "civil society": different understandings
   and their implications for third sector policies', *Voluntary Sector Review*,
   4 (2): 149–164. 시민사회에 관한 유용하고 독창적인 최신 연구.
Fowler, A. and Biekart, K. (2013) 'Relocating civil society in a politics of
   civic driven change', *Development Policy Review*, 31 (4): 463–483. 시민
   사회와 풀뿌리 행동주의를 다시 연결해야 한다고 주장.
Glasius, M., Lewis, D. and Seckinelgin, H. (eds.) (2004) *Exploring Civil So-
   ciety: Political and Cultural Contexts*, London: Routledge. 전세계 20개
   국의 짧은 사례를 포함.
Howell, J. and Pearce, J. (2001) *Civil Society and Development: A Critical
   Exploration*, London and Boulder, CO: Lynne Rienner. 유용한 비판적 개론.
Salamon, L. M. and Wojciech Sokolowski, S. (2016) 'Beyond nonprofits:
   re-conceptualizing the third sector', *Voluntas: International Journal of
   Voluntary and Nonprofit Organizations*, 27: 1515–1545. 유력한 제3섹터
   연구자가 오랜 경험을 통해 그 변화를 다시 생각함.

❖ 유용한 웹사이트

www.civicus.org
시민참여세계동맹(Civicus: World Alliance for Citizen Participation)은 전 세
계의 시민 행동과 시민사회를 강화하려고 노력하는 국제적 연대.

www.wacsi.org
서아프리카시민사회이니셔티브(West Africa Civil Society Initiative)는 2007년
에 발족하였으며, 그 지역의 시민사회를 지원하는 것을 목표로 함.

NGO와 세계화

세계화의 경제, 정치, 사회, 문화적 차원은 개발 NGO가 활동의 틀을 짜고 조직화하는 방식에 새로운 요소로 영향을 미치게 되었다.

NGO는 윤리적 기업과 공정무역 운동을 통해 빈곤한 사람들을 돕기 위해 경제 세계화를 '길들이는' 노력의 일부분이다.

세계화는 대테러 및 안보 목적을 더 강조하는 방향으로 개발원조가 인식되고 제공되는 방식에 영향을 미쳤다.

'글로벌 시민사회'가 형성되면서 NGO나 비정부 행위자는 부상하는 글로벌 거버넌스 구조와 패권에 대항하는 '아래로부터의' 세계화에서 더 큰 역할을 하게 되었다.

세계화의 기술적 측면은 NGO에게 새로운 네트워킹의 기회와 함께 상당한 관리상의 어려움을 가져온다.

서론

1990년대는 '세계화'라는 새로운 용어를 개발 담론에 가져왔다. '시민 사회'와 마찬가지로 이 용어는 다양하고 빈번히 상충하는 의미를 가진 다 (글상자 7.1). 세계은행에 근무했던 스티글리츠(Stiglitz 2002: 9)에 의하면 세계화라는 아이디어는

수송과 통신 비용이 급격히 낮아지고, 재화, 용역, 자본, 지식, 사람

의 국가 간 흐름을 막는 장애물이 무너지면서 세계의 여러 나라와 사람들이 더 밀접하게 통합되는 것을 의미한다.

이러한 글로벌 통합의 과정은 대부분 새로운 것이 아니지만 20세기 말 급속도로 심화된 사실이 많은 주목을 끌게 되었다.

냉전 종식 후 매튜스(Mathews 1997)가 '권력 이동'이라고 묘사한 현상으로, 국가 정부가 그들의 권위를 민간 기업뿐 아니라 증가하는 국제기구 및 NGO와 공유하는 상황이 나타났다. 새로운 통신 기술은

글상자 7.1 세계화의 다섯 가지 다른 정의

숄테(Scholte 2000)는 세계화에 관한 아이디어를 5개의 흐름으로 해체하였는데, 이들은 각각 다른 점을 강조한다.

1. '국제화': 개별 국민국가들 사이의 교류와 상호의존의 확대로 더 글로벌한 경제가 형성
2. '자유화': 무역 장벽이나 자본 통제와 같은 국가들 사이의 이동에 대한 정부가 통제하는 제약을 제거하여 더 '개방된' 경제를 창출
3. '보편화': 텔레비전이나 정보 기술과 같은 동일한 유형의 아이디어나 상품이 전 세계 모든 지역에 확산
4. '서구화': 자본주의, 합리주의, 자유주의적 가치 등 특히 근대성의 미국적인 요소가 다른 사회로 이전
5. '탈영토화': 신기술 덕분에 지리적 거리가 축소되면서 사회적 관계가 변형. 그 결과 '지역'의 개념이 재구성되어, 관계와 거래에 대한 공간적 제약이 감소하고, 지역에서 벌어지는 일들이 먼 곳에서 일어나는 일과 쉽게 연결

출처: Scholte (2000: 15-17)

특히 정보를 수집-이용하는 정부의 힘을 약화시켰고, 국경을 초월하여 시민들을 연결시켜 주었다.

세계화로 인해 국가는 권력과 권위가 약화 또는 잠식되는 상황에 직면하였고, 이제는 기업, 국제기구, 비정부 집단을 비롯한 다른 행위자와의 관계를 관리함으로써 통치해야만 했다. '테러와의 전쟁'과 이라크 침공을 통해 군사적 수단으로 국가 권력을 행사하려 했던 미국의 시도는 국가라는 틀을 사용해 인간안보에 대응하는 데는 한계가 있음을 여실히 보여주었다 (Kaldor 2007). 명확한 시작과 끝이 없는 '새로운 전쟁'은 전시와 평시의 구분을 점점 더 모호하게 했으며, 지리적 경계로 한정 짓는 것을 어렵게 했다 (이러한 문제가 NGO의 인도적 활동에 어떤 영향을 미치는지에 관해서는 제9장에 논의되었다).

세계화는 원조 활동에도 영향을 미쳤다. 더필드(Duffield 2002)는 1970년대 이후 시작된 공공정책의 점진적 국제화의 일부로서 '국제 비국가 거버넌스'라는 아이디어의 확산과 심화에 대해 논의하였다. 이것은 공공과 민간 행위자들 사이의 네트워크나 파트너십, 특히 분쟁과 안보 문제에 대응하는 인도주의 활동단체와의 관계에 점점 더 근거를 두게 되었다. 이런 면에서 글로벌 거버넌스라는 새로운 과정에서의 중요한 행위자로서 NGO가 부상한 것은 그 자체가 자유주의적 세계화의 한 결과이다.

이것은 개발 NGO 하면 연상되던 다양성에 점점 더 제약을 가하게 되었다. 예를 들어, 하우웰(Howell 2006: 121-122)은 정책 수준에서 9·11테러 이후의 안보화가 냉전 후 신자유주의 원조정책틀과 겹쳐지면서 개발 NGO와 시민사회에 상당한 영향을 미친 것을 보여주었다.

전 세계적인 대테러 전쟁은 시민사회 공간의 제약, 이슬람단체에 대

한 타자화를 동반한 NGO 탄압, 원조 기관의 과도한 시민사회 포용,
인도주의 기관의 중립, 불편부당, 독립 원칙 훼손으로 이어졌다.

이후 10여 년간 전 세계에서 부상한 새로운 형태의 대중영합주의
로 인해 NGO가 활동하는 맥락이 계속해서 변화하게 되었다. 피터스
(Pieterse 2018)가 지칭한 '다극적 세계화'는 중국 및 여타 아시아 지
역의 경제-정치적 중요성이 높아지고 미국의 패권이 약화되면서 21세
기 초 나타난 다양한 변화를 반영하는 것이다.

세계화와 개발

자유주의적 자본주의 옹호자들은 세계화가 국제 시장에서 경쟁할 수 있
는 새로운 경제적 기회, 외국 자본 투자의 증가, 새로운 일자리 창출 등
의 형태로 개발도상지역에 많은 혜택을 줄 수 있는 잠재력이 있다고 주
장하는 경향이 있다. 일례로 영국국제개발부(DFID: Department for
International Development)의 2000년도 백서는 제목이 『세계 빈곤
의 퇴치: 가난한 사람들을 위한 세계화(*Eliminating World Poverty:
Making Globalization Work for the Poor*)』였다. 백서는 세계화로
창출되는 새로운 부, 기술, 지식은 빈곤 완화 노력을 지원하는 방향으
로 이용되어야 한다고 주장했다.

스티글리츠는 저서 『세계화와 그 불만(*Globalization and its Dis-
contents*)』에서 이러한 주장에 공감하면서 그것을 더 발전시켰다. 그
는 국제체제가 조직화되어 있는 속성상 세계화가 빈곤한 사람들을 위
한 것이 될 수 없다고 보고, 세계은행, WTO(세계무역기구), IMF(국
제통화기금)에 의해 관리되는 국제경제질서의 근본적인 변화를 주장

했다. 그는 현재의 규칙, 구조, 책무성 체제의 개혁을 통해 저소득 국가에 유리하도록 환경을 바꾸자고 주장하였다. 더 최근에는 원조가 투자로 간주되고, 정부가 스스로를 좋은 사업으로 내세우고, 개발 기관들은 투자은행과 헤지펀드와 손을 잡는 등 국제개발의 '금융화' 추세가 관찰되었다 (Mawdsley 2018).

세계화 비판자들은 그것이 개발에 미치는 광범위한 부정적인 결과를 지적한다. 혹자는 무역 장벽이 낮아지면서 개발도상지역에 빈곤과 불평등이 증가했고, 자본의 이동과 기업의 지적재산권 및 유전자원 권리 행사 증가로 경제적, 정치적 불안정이 증가했고, 경제 활동 규제 완화로 환경 비용 증가했으며, 근대 서구식 경제 규범과 소비문화가 급격히 확산했다고 주장한다 (미소금융의 서구화, 근대화 역할에 대한 비판은 글상자 7.2 참조).

많은 사람들은 '자유주의적 세계화'는 국제 자본주의가 작동하는 방식의 심층적인 변화를 반영한다고 주장하면서 그것을 비판한다 (Duffield 2002). 과거에는 식민지화된 나라들은 천연자원, 저렴한 노동력 공급자로서 글로벌 체제에 편입되었으나, 카스텔즈(Castells 1996)는 부유한 국가의 '정보 경제'의 형성으로 그들은 많은 개발도상국으로부터의 점차 이탈했으며, 세계 여러 지역(특히 아프리카)과 그 지역 주민들의 경제적 배제로 이어졌다고 지적한다. 외부인들이 채집하는 일부 고가 자원 품목을 제외하고, 비숙련 노동자, 불안정하고 부패한 정부, 부실한 기반시설이 일반적인 개발도상지역은 더 심하게 구조적으로 주변화되었다.

NGO는 세계화에 대한 반응이 지역 차원에서 벌어지는 현장이라고 볼 수 있다. 예를 들어, 델코어(Delcore 2003: 61)는 태국의 NGO들은 지역 지도자들의 전통적 권력과 정체성이 국가의 개발정책과 서구

> ### 글상자 7.2 근대성 도구로서의 NGO: 네팔에서 신자유주의
> ### 거버넌스 도구로서의 신용 대출
>
> 미소금융에 대해 흔히 제기되는 비판은 그것이 푸코가 언급한 '통
> 치성'(통치의 행위는 사람들이 공유하는 아이디어와 가정을 받아
> 들이도록 요구된다는 의미)의 도구가 된다는 점이다. 특히 여성을
> 신자유주의 모델에 입각한 근대적 합리적 경제 행위자로 변화시키
> 려는 정부와 원조 공여자들은 여성을 '자조'라는 공격적인 새로운
> 풍토의 표적으로 삼을 수 있다. 일례로 네팔에서 농민에게 대출을
> 제공하던 비효율적인 공공 금융기관은 1990년대 구조조정 프로그
> 램의 일환으로 점차 해체되었다. 그들은 정통 신자유주의에 더 가
> 까운 농촌 개발 대출 제도로 대체되었는데, 그것은 NGO의 집단
> 기반 대출 모델에 기초한 '빈곤 대출'이라는 새로운 서비스 제공을
> 위해 정부가 NGO와 협력하는 형태였다. 아직 글로벌 자본주의에
> 완전히 편입되지 않은 빈곤한 농민들에게 신자유주의적 합리성을
> 주입하는 도구로서, 그라민은행 형태의 차용인 집단을 형성하는
> 것은 "거부감을 줄이면서 여성을 문화적 맥락에서 대출 기관과 고
> 객 관계로 끌어들이는 것을 가능하게 해준다."
>
> 출처: Rankin (2001: 29)

의 근대성에 의해 위협받는 사회에서 볼 수 있는 '글로벌 통합에 대한
창의적 반응'의 일부라고 기술하였다. 여기서 NGO는 공동체의 개발
을 담당하는 수단일 뿐 아니라 생태계, 자립과 같은 더 큰 문화적, 사
회적 문제를 고민하고 논의하는 공간이며, 그리고 지역의 리더십 기반
을 공고화하는 조직이다. 이런 방식으로 NGO의 활동은 다양한 행위
자들이 사회적, 정치적 맥락에 따라 동원된다.

사진 7.1 ▌브라질 NGO '아르테사나토 솔리다리오(Artesanato Solidario)'는 협동조합 모델을 이용하여 소득 창출 활동을 촉진. 사람들이 지역의 지식과 야자수 나무와 같은 자원을 이용하여 수공예품을 생산하고, NGO가 '공정무역' 상품 원칙에 따라 마케팅

출처: Diogo Souto Maior

글로벌 시민사회

세계화가 경제적, 문화적 삶에 영향을 미쳤듯이 그것은 비국가 집단과 조직 사이에도 새로운 연결의 형태를 만들어 냈다. '글로벌 시민사회'라는 용어는 시민사회에 관한 아이디어(제6장 참조)가 새롭게 국가를 초월하는 의미를 갖게 된 사실을 반영한다. NGO나 사회운동을 포함하여 뜻을 같이하는 조직들이 빈곤, 환경, 평화, 인권 등의 문제와 관련하여 점점 더 국경을 넘어서 연대를 구축하기 시작하였다. 피셔 (Fisher 2010: 251)는 이를 "행동주의의 '세계화'"라고 불렀다.

1990년대에 초국가적 행동주의가 심화되는 가운데 NGO는 더 광범위한 국제사회에의 호소를 통해 지역이 변화하도록 압력을 가함으로써 국가에 간접적으로 영향력을 행사하는 것이 가능해졌다. 케크와 시킹크(Keck and Sikkink 1998)는 이를 '부메랑' 효과라고 지칭하였다 (제5장 참조). 칼더(Kaldor 2004: 194)는 전 지구적인 규칙과 제도는 점점 더 중요해졌고, 다국적기업은 점점 더 강력해졌으며, 글로벌 시민사회는 '글로벌 이슈를 관리하는 전 지구적 규칙과 틀을 구성하는 매개체'라고 볼 수 있다고 주장하였다.

국가들이 국제법을 적용하는 방식이 다양해지면서 NGO는 자기 영역에서 점점 더 초국가적 규칙 제정과 표준 설정의 역할을 많이 하게 되었다 (Maietta *et al*. 2017). 또 NGO가 소비자 불매운동, 편지쓰기 캠페인, 인증제 실시, 그들의 가치에 부합하는 상품에 대한 수요 창출 등을 통해 확장일로에 있는 글로벌 시장에 영향력을 행사해야 한다는 요구가 있다 (Balboa 2014).

글로벌 시민사회라는 아이디어는 NGO가 항상 중요한 역할을 했던 국제 연대라는 오래된 전통과 연결시킬 수 있다. 일례로 1979년 혁명 후 니카라과에서 미국정부는 미국이 오랫동안 통제했던 '뒷마당'에서 일련의 대안적 정치, 경제 제도를 구축하기 시작했던 신생 좌파 산디니스타 정권의 목을 조이려 하였다 (MacDonald 1994: 277). 니카라과에서 지역의 풀뿌리단체들은 이에 저항하고 국제 NGO를 접촉하기 시작했으며, NGO들은 재정 지원, 자원봉사자 파견, 정책주창 등을 통해 연대와 지원을 제공했다. 어떤 유럽 NGO는 미국의 외교정책 노선에 반대하도록 자국 정부에 로비하였으며, 성공한 경우도 있었다. 맥도널드(MacDonald 1994: 277)는 그린피스, 앰네스티, 옥스팜과 같은 국제 NGO가 시민사회의 다양한 부분과 광범위한 동맹을 형성함으

로써 초국가적 '반패권 네트워크' 구축에 기여한 양상에 대해 기술하
였다.

> 글로벌 시민사회 행위자들의 장기적 영향력은 단지 물질적 자원 때
> 문만은 아니며, 그들이 새로운 정체성을 형성하고, 기존의 사고방
> 식에 도전하고, 전 세계 여러 지역 사람들 사이를 새롭게 연결하는
> 능력에 달려 있다.

1999년 시애틀에서 WTO 회의에 반대하는 대규모 거리 시위가 발
생했다. 언론은 '반세계화 운동'을 거론하기 시작했고, 거리 극단부터
무정부주의까지 온갖 시위 집단의 느슨한 동맹이 맥도널드 체인점을
파괴했다. 이들은 광범위하고 항상 변형하는 집단, 개인, 운동의 집합
으로서, NGO와 같은 공식적 단체, 선진국과 개도국의 여러 다른 종류
의 직접 행동단체 등을 포함했다 (Clark and Themudo 2006, 글상자
7.3).

그러나 그레이버(Graeber 2005)는 이들 운동은 다양한 조직에 있
어서 직접민주주의의 새로운 아이디어와 실제의 개발을 목적으로 하
며, 이들을 세계화에 반대하는 것이 아니라 신자유주의에 반대하는 분
권화된 국제 운동으로 성격을 규정해야 한다고 지적한다. 이런 운동에
참여하는 많은 사람들에게 이것은 아이디어의 교환과 사람의 자유로
운 이동이라는 넓은 의미에서의 세계화에 찬성하는 운동이다.

'블러드 다이아몬드'에 반대하는 유럽, 캐나다, 미국의 NGO들의
비공식 연합의 캠페인은 영향력 있고, 종종 효과적인 글로벌 시민사회
의 행동 유형을 잘 보여준다 (글상자 7.4).

따라서 칼더(Kaldor 2003)는 글로벌 상호연결의 결과물이면서 동
인인 글로벌 시민사회는 공공 토론의 새로운 공간을 만들어줌으로써

글상자 7.3 사회운동, 시민사회, 2004년 세계사회포럼(WSF)

2004년 인도 뭄바이에서 개최된 세계사회포럼(WSF: World Social Forum)은 신자유주의에 반대하는 다양한 집단과 운동 사이에 이전 10년간 형성된 초국가 네트워크의 한 잘 알려진 결과물이다. 많은 시민사회 운동가들은 이를 큰 업적이라고 축하했으나, 문화 인류학자 피셔(William Fisher)는 그것이 '시민사회', '사회운동', 'NGO'와 같은 용어의 모호성, 복잡한 정체성과 그들 사이의 관계를 잘 보여준다고 지적하였다. 예를 들어, WSF가 개최된 같은 시기에 WSF는 선진국의 주류 NGO로부터 돈을 받고 포섭되었고, 살인 이외의 모든 정치적 행동을 인정하는 자유주의 원칙을 강령에 받아들였기 때문에 제국주의적이라고 비판하는 사람들은 대안적인 대항 행사인 '뭄바이 저항'을 개최했다. 실제로는 양쪽 진영의 많은 사람들은 경계를 넘어 서로 교류, 소통하였다. 그러나 피셔는 "우리가 시민사회를 어떻게 인식하든 그것은 권력 투쟁으로부터 자유로울 수 없으며, 합리적 논쟁과 비정치적 의사결정이 가능한 개방된 공간이 아니다"라고 경고하였다 (Fisher 2010: 256).

출처: Fisher (2010)

국가 수준 민주주의 과정을 '보완'해줄 수 있는 새로운 형태의 비전통적 정치를 가져오는 데 기여했다고 주장한다. 이것은 국제 인도주의법적 틀의 강화, 군사력 사용 개념에서 탈피하여 전통적 국제 '평화유지' 노력보다 더 효과적인 '국제경찰' 활동으로의 변화와 같은 적절한 글로벌 규칙과 사회정의의 제고를 시민들이 요구함으로써 세계화의 과정을 민주화, '교화'할 가능성을 만들어준다.

세계화는 국가와 지역의 상황에 매우 큰 영향을 미치며, NGO는 종

글상자 7.4 NGO의 전 지구적 행동: '블러드 다이아몬드'의 국제 거래 억제

이전에 동남아시아 불법 벌목과 관련하여 자원과 분쟁의 연관성에 대해 캠페인 해왔던 글로벌 위트니스(Global Witness)라는 작은 NGO는 앙골라에서 50만 명이 사망한 오랜 내전의 돈줄이 되고 있는 다이아몬드 거래의 역할에 주의를 환기시켰다. 또 다른 NGO인 파트너십 아프리카 캐나다(Partnership Africa Canada)는 시에라리온, 라이베리아의 유사한 상황에 다이아몬드 산업이 연루되어 있는 사실을 폭로하는 보고서를 발간하였는데, 특히 전 세계 다이아몬드 원석의 80%를 장악하고 있는 다국적기업 드비어스(De Beers)의 역할에 초점을 맞추었다. 정부, 산업, UN을 끌어들인 캠페인과 NGO의 기술적인 언론매체 캠페인 후 킴벌리프로세스라고 알려지게 된 일련의 회의가 개최되었다. 그 결과 분쟁 지역에서 생산된 다이아몬드는 세계 시장에서 거래가 힘들도록 만드는 새로운 다이아몬드 인증 제도가 만들어졌고, NGO는 지속적으로 감시 역할을 하게 되었으며, 그들은 종종 인증 제도의 오용과 부정을 폭로하였다. 그러나 이후 벌어진 상황으로 킴벌리프로세스의 심각한 결함이 노출되었다. 이 인증 제도가 2008년 군대가 점령한 짐바브웨의 마랑게 광산에서 생산된 다이아몬드를 인증해주었으며, 업계 내부자의 조작이 의심되었기 때문이다. 이후 글로벌 위트니스와 파트너십 아프리카는 항의 표시로 킴벌리프로세스에서 이탈하였다.

출처: Smillie (2007); "The Kimberley Process is a 'perfect cover story' for blood diamond," *The Guardian*, March 24, 2014

종 그 대응의 일부분으로 이해될 수 있다. 예를 들어, 칭(Tsing 2005: 218)은 1980~1990년대에 인도네시아에서 벌어진 환경정의 운동이 권위주의 국가 주도의 개발에 대응하여 초국가 원조 공여자의 지원을 받는 NGO의 형태로 '그들 나름의 국가적 정통성을 주장하면서' 반체제적 대안을 구축하는 데 기여한 사례를 기술하였다. 수하르토 대통령의 신질서하에서 정치적으로 불리한 상황임에도, '초국가적 영역과 국가 영역 사이의 중요한 경계'에서 활동하면서 활동가들은 여러 쟁점에 관해서 국가정책을 비판하고 정책 우선순위를 다시 제시할 수 있었다.

글로벌 시민사회라는 아이디어도 상당한 비판자가 있다. 앤더슨과 리프(Anderson and Rieff 2005: 26)는 그 개념이 '이념적 수사의 과도한 부풀리기' 성격이 있다고 언급한다. 그들은 약한 책무성과 국제적 관계들 속에서의 민주주의의 결여(제8장에 더 논의)에 주의를 환기하면서, 글로벌 시민사회 '운동' 속에서 활동하는 NGO는 그러한 문제에 도전하기보다 영속시키는 경우가 많다고 주장한다. 훨씬 자원이 풍부한 NNGO들이 국제적인 관계들을 주도하는 것이 쉬우며, 이는 SNGO의 발언권과 역할에는 부정적인 것이다.

세계화, 시장, 권리

세계화는 미소금융에서부터 '기업의 사회적 책임(CSR)'에 이르기까지 개발 NGO가 기업 활동에 여러 방식으로 관여하려는 시도를 더 강화하였다.

CSR은 NGO가 기업과 시장에 영향력을 행사하는 중요한 방식이다. 그 기본적인 생각은 대기업들이 본연의 수익 창출과 더불어 공동체의 진보에 공헌할 도덕적 의무가 있음을 인정하는 것으로, 기업의 행태에 새로운 규범이 가능하다는 것이다. CSR을 확립하는 노력은 국가, 시장, 시민사회 사이의 새로운 연결고리를 구축하여 시장 행위자가 '사회적으로 더 책임 있게' 행동하도록 한다는 아이디어를 중심으로 한다 (글상자 7.5). 책무성과 사회적 책임에 대한 요구가 증가하면서 그것이 주류의 행동에 영향을 미치기 시작하고, 정부, 영리 기업, 비국가 부문에 대해 더 높은 사회적 기준을 요구하게 되었다 (Parker 1998).

글상자 7.5   CSR, 젠더, 캐슈너트

모잠비크의 캐슈너트 산업에 대한 연구는 소비자가 더 나은 기업의 사회적 책임을 통해 노동 조건을 개선하도록 압력을 가해야 할 필요성을 잘 보여준다. 어려운 캐슈너트 처리과정에 투입되는 주로 여성 노동자로 이루어진 경작자들과 이 매우 가치 있는 견과류에 고액을 지불하는 북반구의 소비자들은 길고 복잡한 공급 사슬로 연결되어 있다. 남풀라 지방의 한 공장에서 미국의 NGO 테크노서브(Technoserve)는 새로운 공장을 건설하는 지역 기업가에게 설계 자문을 하였고, 네덜란드 NGO인 네덜란드자원봉사자재단(SNV)은 북반구의 잠재적 구매자와 국제적 연계를 확보하는 데 도움을 주었다. 그 공장은 의료보건 보조, 유급 휴가, 퇴직금 등을 포함하여 노동자들에 평균 이상의 급료와 대우를 제공하였다. 이것은 정부, NGO, 지역 공동체, 민간 부문 사이의 생산적 파트너십의 한 사례이며, '모범 사례'의 한 형태이다. 그러나 동 연구는 그러한 사례가 '모두에게 유리한 예외적 사례'에 불과하며, 이 산업은 여전히 저임금과 열악한 노동조건이 지배적인 상황이라고 밝혔다.

출처: Kanji (2004)

비록 이러한 생각이 새로운 것은 아니지만 1990년대에 의사결정과 행동에 대해 기업이 책무성을 지켜야 할 다양한 '이해 당사자'를 강조하는 방향으로 주주들이 기업을 보는 지배적 시각이 변하기 시작하면서 CSR이라는 더 명확히 정의된 형태를 띠게 되었다. 이들 이해 당사자 집단은 단지 주주들뿐 아니라 고용인, 지역-글로벌 공동체들, 공급자, 소비자, NGO 등을 포함하였다. 맥클라우드(MacLeod 2007)에 의하면 세계화는 CSR이라는 새로운 패러다임의 부상에 기여했다. 왜냐하면, 오늘날 전 세계의 소비자들은 기업이 환경에 미치는 영향, 시장 자유화와 민영화가 기업의 권력과 영향력을 확대하면서 공공정책과 관련해서 '거버넌스의 공백'을 초래했다는 사실에 대해 훨씬 더 잘인식하고 있기 때문이다.

그와 같은 산업 규범의 부상은 CSR 의제의 주요 결과 중의 하나이다. 그러나 맥클라우드(MacLeod 2007)가 라틴아메리카의 의류 노동자에 관한 실증 연구에서 밝혔듯이, 그러한 규범은 북반구 소비자들의 우려에 반응하는 목적으로는 유용했을지 모르지만, 그들은 종종 남반구 노동자들의 이익에는 훨씬 덜 유용하다. 그러한 규범은 남반구 노동자들과의 협의 없이 만들어지는 경향이 있으며, 한 니카라과의 노동자가 언급했듯이 현장에서는 '장식용' 이상으로는 집행이 되지 않는다 (p.273). CSR의 성공적 사례들은 기업의 새로운 운영 규범을 형성하기보다는 예외적인 사례들인 것 같다 (글상자 7.6).

CSR은 권리와 개발에 관한 논의에도 연결이 된다. 제4장에서 살펴보았듯이 개발과 권리를 연결하는 것은 글로벌 수준에서의 더 강력한 국제법적 도구들의 확산으로 촉진되었다. 권리와 개발 담론의 제1세대는 시민적-정치적 권리에 관해 다시 관심을 기울인 1968년 인권에 관한 유엔 세계회의에서 명확한 형태가 주어졌다. 1990년대에, 부분

글상자 7.6   SDGs와 CSR 프로그램

지속가능발전목표(SDGs)는 NGO가 CSR을 촉진하고 기업이 그들의 CSR 사업을 더 광범위한 개발정책에 연계하도록 하는 기회를 제공해준다.

- SDG 5: HER 사업은 다국적기업, 지역 공급자, NGO를 포함한다. 이 사업은 동료 교육자와 작업장 개입을 통해 의료보건, 포용적 금융서비스, 젠더 평등에 관한 여성의 역량강화를 도모한다. 2007년 이후 HER 사업은 14개국, 85만여 명의 여성이 포함된 700개 이상 사업장에서 실시되었다 (herproject.org/about/what-we-do).

- SDG 8: BSR(Business for Social Responsibility, 사회적 책임을 위한 비즈니스)과 록펠러재단의 파트너십으로 만들어진 글로벌임팩트구매연합(Global Impact Sourcing Coalition)은 '임팩트 구매(impact sourcing)'를 통해 보다 포용적 공급망 구축을 추구하는 기업들의 연합이다. 참여 기업들은 장애인, 차별받는 소수민족, 장기 실업자 등 공식적 고용의 기회가 별로 없는 사람들을 의도적으로 고용하고 경력 개발 기회를 제공하는 공급업자들과 우선 거래한다 (gisc.bsr.org).

- SDG 13: 재생에너지구매연합(REBA: Renewable Energy Buyers Alliance)은 미국의 대규모 청정에너지 구매자, 개발자, 서비스 제공자를 회원으로 하는 단체이다. 이 단체는 록키마운틴연구소, 세계야생기금, 세계자원연구소, 사회적 책임을 위한 기업 등 4개 NGO가 설립하였으며, 현재는 구글, 디즈니, 월마트, 세일즈포스, 존슨&존슨, 시티은행, 쉘 등을 포함한다. REBA는 구매 기회에 관한 회원 교육, 정책 변화 주창, 녹색 에너지 생산과 유통의 혁신 장려함으로써 대규모 에너지 구매자가 직면하는 규제와 시장 장벽을 줄이는 활동을 한다. 이러한 사례는 NGO와 기업의 연합이 기업의 책임 있는 행동을 정의하는 '행위 규범'을 만들었다 (rebuyers.org).

적으로 NGO의 활동에 의해 부상한 '권리에 기초한 접근'은 제2세대
의 경제-사회-문화적 권리에 대한 강조로 이어졌다.

개발 NGO의 권리에 관한 활동은 부분적으로는 권리를 지원하는 거
시 수준의 국제법 틀의 진전에 대한 반응이었으나, 이는 또한 그들의
활동에 실질적 권리 기반 접근을 활용-채택한 지역 수준 활동가들이
노력의 결과이기도 하다. 후자의 경향은 부국과 빈국 모두의 시민들이
지배적 이념과 경제 규칙에 도전하기 위해 국경을 넘어서 소통-활동할
수 있는 잠재력을 활용하기 시작하면서 나타났고, 이는 에반스(Evans
2000)가 '반패권 세계화'라고 지칭한 것의 일부를 구성하였다.

비카트(Biekart 2008)가 유럽의 NGO 부문의 주요 경향으로 밝힌
것은 사회경제적 권리와 경제 개발에 대한 강조이다. 이는 많은 NGO
들이 미소금융 서비스를 이용하여 생산적인 사업을 구축하려 하고,
NNGO들이 남반구 파트너단체들의 재정 자립을 위해 노력하던 시기
인 1990년대 중반부터 진화한 보다 확장된 접근으로, 1990년대 후반
에 이르자 '공정무역', 국제 무역 개혁과 같은 쟁점을 다루기 시작하
였다.

이 추세는 로이(Roy 2010: 31)가 지칭하는 '개발의 금융화'에 의해
가속화되었는데, 이는 빈곤을 금융적 관점에서 규정하고, 빈곤한 사람
들을 금융 시장에 통합함으로써 빈곤을 퇴치하려는 경향으로부터 영
향을 받았다. 미소금융의 정통성은 이러한 빈곤의 금융화 경향으로부
터 부분적으로 파생되었으며, 그것은 금융에의 접근이 개발정책의 필
수 요소라고 주장할 수 있게 해준다 (Schwittay 2014).

사회적 임팩트 투자의 부상은 또 다른 경향이다. 글로벌 임팩트 투
자 네트워크(Global Impact Investment Network)는 글로벌 임팩트
투자 시장의 규모가 2018년에 5,020억 달러로 추산한다 (Mudaliar

and Dithrich 2019). 임팩트 투자는 수익성과 긍정적이고 가시적인 사회적-환경적 영향을 모두 추구한다.

> 임팩트 투자는 투자자가 수익(최소한 투자 자본에 대한 수익)을 목적으로 한다는 면에서 자선과는 다르다. 이는 (담배, 총기와 같은) 해로운 투자를 배제하여 부정적 영향의 최소화를 추구하는 네거티브 선별 전략과도 다르다. 또 이것은 투자에 있어서 환경적, 사회적, 거버넌스(ESG) 요소를 검토하는 전략과도 다르다. 임팩트 투자는 긍정적 영향을 적극적으로 추구한다 (p. 5).

수익률 7%를 가정하면 임팩트 투자 자산은 연간 투자 가능한 신규 자산을 350억 달러씩 창출할 수 있다. 임팩트 투자의 사례는 미소금융, 저렴한 주거, 청정에너지 보급, 지속가능한 임업 및 농업, 지속가능한 수자원 기간 시설, 여성의 역량강화 등이 있다.

끝으로 세계화에 대한 논의는 에드워즈(Edwards 2008: 7)가 '자선 자본주의'라고 지칭한 현상을 빼놓을 수 없을 것이다. 이 새로운 경향은

> 자선 활동을 혁명적으로 개혁하고, 비영리단체가 기업처럼 운영하도록 만들고, 사회에 혜택을 주는 상품과 용역의 새로운 시장을 창출하여 세상을 구한다고 약속한다. … 지지자들은 기업의 원리와 사회변혁 추구가 성공적으로 결합될 수 있다고 믿는다.

자선자본주의 개념하에 벤처 자선, 사회적 기업 활동, 사회적 사업, 기업의 사회적 책임 등의 활동이 포함된다. 그라민은행과 다국적기업 다논의 사회적 사업 합작투자가 한 사례이다 (글상자 7.7).

이 개념을 둘러싼 '과대 선전'과 명확한 성과의 부족에 주의를 환기하면서 에드워즈는 일부 사업 접근은 사회적 문제 대응에 유용한 아이디어를 제공할지 모르지만, 그들은 잘해야 '부분적 해결책'이고, 기존

글상자 7.7   그라민-다논 합작투자

다논그라민푸드(Danone Grameen Foods)는 그라민은행과 프랑스 식음료 회사인 다논이 2006년 설립한 합작회사이다. 이들 관계의 핵심은 이들이 신제품으로 개발한 빈곤한 어린이들의 영양 공급을 위한 강화 요구르트이다. 이 요구르트는 칼슘 함량이 높고 방글라데시 어린이들에 필요한 기타 영양소가 포함되어있다. 이 제품은 현지 생산되었기 때문에 저렴했고, 높은 냉장 비용을 절감했다. 사회적 사업으로서 다논그라민푸드는 사회적 투자수익에 해당하는 '사회적 배당'이라는 아이디어를 가지고 그 성공 여부를 평가했다. 그것은 어린이 보건의 개선이나 일자리 창출과 같이 이 사업이 해결하려고 목표했던 문제에 얼마나 긍정적인 영향을 미쳤는지에 따라 측정한다. 시범 공장은 북부 도시 보그라에서 새로운 일자리를 만들었고, 그 이후 전국에 많은 공장이 뒤를 따랐다. 다논의 투자는 비교적 소액(가장 최근 연 매출 190억 달러 중 보그라 공장에 100만 달러 투자)이었으나, 에너지와 공급체인 비용 감축 방법에 관해, 그리고 '신흥' 시장의 가난한 사람들에게 영양 개선을 제공하는 상품을 판매하는 데 있어서의 학습 효과가 상당한 소득이라고 할 수 있다. 그보다 더 가치 있는 것은 노벨상 수상자이며 그라민은행 설립자인 유누스(M. Yunus) 교수와의 관계를 통해서 다논이 '명성의 후광'을 누린 것이다.

출처: Russell (2008); Renouard (2012)

의 불평등한 권력 관계를 강화하거나 시민사회에 해를 끼칠 가능성이 있음을 인식할 필요가 있다고 지적한다.

정보기술과 온라인 공익운동의 부상

통신기술의 고도화와 급격한 성장은 개발 NGO의 활동 방식도 변화시켰다. 기술은 NGO가 상황에 더 빨리 대응할 수 있게 해주고, 캠페인과 정책주창에 정보를 활용하는 방식도 더 넓혀준다. 신기술은 NGO가 다른 행위자들과 활동을 조정하는 데도 영향을 미친다. 인권 침해나 자연재해는 전 세계에 수 초 안에 전달될 수 있으며, NGO가 동원하고 행동할 수 있게 해준다.

NGO는 이러한 신기술에 반응하여 새로운 연대와 네트워크를 형성하였으며, 브라운(Brown 1991)이 (예를 들어, 공동체 NGO와 정부, 소비자와 생산자, 빈국과 부국의 이해 관계자들 사이를 연결하는) NGO의 '가교' 역할이라고 지칭한 활동을 전개하였다. NGO가 국경을 넘어 연결망과 관계를 형성하는 능력의 측면에서 볼 때 이 가교 역할은 개발 NGO의 중요한 조직적 강점이다.

이러한 변화하는 환경 속에서 클라크와 테무도(Clark and Themudo 2006: 70)는 '온라인 공익운동(dotcause)'이라고 부르는 새로운 NGO 형태의 부상에 주목한다. 그들은 이를 '조직의 영역이 인터넷 공간 속에 존재하는, 공익 목적 확산을 추구하는 네트워크'라고 묘사하며, 이 현상은 글로벌 시민사회의 새로운 형태와 과정에 기여한다고 보았다. 그 좋은 사례로는 웹사이트를 통해 연결된 NGO의 국제 네트워크(IFIwatchnet, 글상자 7.8)가 있는데, 이들은 원조에 의존하는 국가의 개발에 큰 영향을 미치는 국제 금융기관 감시를 목적으로 한다.

그러한 네트워크들은 통화 투기나 원주민의 권리와 같은 다양한 쟁점에 관심이 있으며, 광범위한 반세계화 운동들과 느슨하게 연결이 되어 있다. 신기술은 대응력이 떨어지는 체제나 구조를 가진 전통적

글상자 7.8   IFI웟치넷: 국제금융기관의 활동을 감시하는 글로벌 NGO 네트워크

IFI웟치넷(IFIwatchnet)은 세계은행, IMF, 지역 개발은행과 같은 국제금융기관(IFI: International Financial Institutions)을 감시하는 전 세계의 단체를 연결해준다. 이것은 국제적 NGO 네트워킹의 시도이다. 이를 통해 전 세계 모든 지역으로부터 35개국의 60여 개 단체가 참여하며, 글로벌 거버넌스 기관이 책무성을 이행하도록 만드는 시민사회의 능력을 제고하는 것이 목표이다. IFI웟치넷 자체는 NGO가 아니며, 그 자체의 감시나 캠페인 활동은 없다. 그 대신 참여단체의 활동을 지원한다. 초기에 그것은 오랜 네트워킹 경험이 있는 영국의 IFI 감시 NGO인 브레튼우즈프로젝트(www.brettonwoodsproject.org)가 관리하였다. 2005년 IFI웟치넷의 관리는 우루과이의 ITeM(Instituto del Tercer Mundo)에 넘겨졌다. ITeM은 개발 및 환경 활동과 관련하여 국제적으로 정보, 소통, 교육 활동을 한다. 이후 그 웹사이트에 포함된 '핫한 쟁점'으로는 국제무역과 식량 위기, 아직 끝나지 않은 부채 문제를 강조한 시민사회단체와 UNDP와의 협의, 원주민단체가 UN본부에서 벌인 시위 등이 있다. 2020년에는 IMF와 세계은행이 주도한 코로나-19 대응에 대한 감시를 포함하여 새로운 쟁점들이 추가되었다.

출처: www.ifiwatchnet.org

NGO보다 급변하는 상황과 쟁점에 신속히 반응할 수 있는 작고 유연한 네트워크 구조가 등장하기 유리한 조건이다 (Clark and Themudo 2006: 70).

대부분의 기존 NGO들은 주요 정책을 승인해야 하는 복잡한 관리자와 이사회 때문에 민첩히 움직이기 어렵지만, 온라인 공익운동은 그러한 제약이 없다. 따라서 오늘날 작고, 유연하며 주로 온라인 소통에 의존하는 것은 큰 이점이 있다.

일부 온라인 공익운동은 시민사회에서 중요한 행위자로 성장하였다. 일례로 2005년 설립된 샌프란시스코 소재 크라우드펀딩단체인 키바(Kiva)는 금융서비스를 더 접근이 용이하도록 만드는 한 시도였다. 키바는 선진국의 개별 대출자와 개발도상지역의 농민, 기업가, 학생과 같은 개별 차용자를 인터넷을 이용하여 연결해준다 (Schwittay 2014). 키바를 통해 190만 명의 대출자가 14억 5,000만 달러를 77개국 360만 차용자에게 대출해주었으며, 거기에는 분쟁 지역의 30만 4,000명의 차용자도 포함되었다 (www.kiva.org/about. 2020년 6월 12일 접속). 키바는 또 개발 문제에 관한 일반 대중들의 인식을 높이고 새로운 형태의 '일상적 인도주의'를 만드는 데 기여했으나, 소액 대출이 권력과 정치의 불균형 문제를 흐릴 위험이 있는 '인터넷 클릭 금융', '정서적 투자'의 형태라는 우려를 낳았다 (Schwittay 2019).

정보와 권력

세계화는 정보 수집과 유통 능력의 증가를 가져온다. NGO는 그들의 활동에 있어서 '각국과 국제개발 기관과의 연계와 정보의 흐름'에 점점 더 관심을 가지게 되었다 (Madon 1999: 253). 그러나 대부분의 NGO는 정보 수집-관리의 필요성을 인식하지만, 전 지구적으로 접근 가능한 정보의 막대한 증가는 NGO가 그것을 활용하는 데 심각한 도전이 되고 있다. "아무리 잘 구성된 정보라도 활용되지 않으면 가치가 없다. 정보의 흐름과 교환이 그 가치를 창출하는 것이다"(Powell 1999: 12).

NGO가 직면한 도전은 다양한 목적에 따른 여러 종류의 정보의 수집과 활용을 구별하는 것이다. 기술의 급속한 변화와 업무의 복잡성 증가는 NGO가 대규모의 정보를 '사용 가능한 지식'으로 바꾸는 것을 어렵게 하며, 특히 미시적 맥락과 거시적 맥락을 연결하는 고도의 분석 능력을 요구한다.

이는 변화가 급격히 일어나고, 뒤떨어지고 부적절한 정보로 인한 경제적 비용이 높은 시장에 관여하는 NGO에게는 특히 중요하다. 일례로 새롭게 민영화된 모잠비크의 캐슈너트 산업에서 소규모 생산자 중 성장하는 기업 활동을 지원하기 위해 시도한 테크노서브(Technoserve) 등의 NGO는 글로벌 시장이 급격히 변화하는 상황에서 정보 관리 방법을 배우는 것이 성공적 사업을 구축-지원하는 핵심임을 알게 되었다(Arthur and Kanji 2005).

정보는 궁극적으로 권력과 연결된다. 카스텔스(Castells 1996)가 밝혔듯이 새로운 '정보 경제'에의 참여는 대단히 불평등하다. 빈번히 인용되는 '디지털 격차' 문제는 신기술과의 관계에서 배제냐 포함이냐의 중요한 쟁점을 제기한다. 구루무티(Gurumurthy 2006: 613)에 의하면

세계의 많은 NGO는 젠더 평등과 권리에 관한 정보를 발신하고 토론에 기여하기 위해 ICT(information & communication technology)를 이용한다. 그러나 권리에 관한 담론을 형성하는 인터넷상의 플랫폼과 자료에 접근하는 것은 여러 요소에 의해 결정된다. 세계 대부분의 여성은 기간 시설, 사회, 문화, 언어 등의 이유로 새로운 ICT에 접근하지 못한다. 진보적 엘리트가 정보 확산을 촉진

하는 것이 필요하지만, 진정한 정보의 민주화는 새로운 ICT가 다중에게 유용하고 모든 여성이 그에 접근할 수 있도록 하는 것이다.

소셜 미디어는 NGO가 실시간으로 전 세계에서 지지를 동원하고 행동을 조직하는 중요한 플랫폼으로 부상하였다. 2010년 아이티 지진 후에 사람들은 재난 중의 경험에 대한 수많은 텍스트, 사진, 비디오를 트위터, 플릭커, 페이스북, 유튜브 등 소셜 미디어에 올렸다. 이러한 다중이 생산한 정보는 지역의 위기 지도를 만드는 데 이용될 수 있었고, "단체들이 정보를 공유하고, 공동의 임무를 협의, 계획, 집행할 수 있었다"(Gao et al. 2011: 10).

또 NGO는 인도주의적 긴급사태에 대응하기 위해 크라우드펀딩에 소셜 미디어를 이용했다. 미국 적십자는 48시간 이내에 3,500만 달러 이상의 기부금을 받았으며, 그중에는 소셜 미디어 캠페인으로 이루어진 문자 서비스를 통해 직접 모금한 800만 달러도 포함되었다 (*BBC News*, 15 January 2010). NGO는 소셜 미디어를 '브랜드를 구축하고 (사회변화에 열정을 가지고 페이스북, 트위터에 접속하는 글로벌 마인드를 가진 10대, 20대의) 차세대 지도자들과 소통'하는 데 사용했다 (Cooper 2012).

반면, 소셜 미디어는 부패나 인권 보호와 관련하여 NGO와 인도주의적 지원 기관들의 문제점에 대한 의식을 제고하는 데 이용될 수도 있다. #AidToo 캠페인은 대외원조 분야에서의 성적 착취와 약자 괴롭힘에 반대하는 운동으로 부상하였다 (The New Humanitarian 2019). 이 운동은 와인스타인(Harvey Weinstein)의 성폭력과 성희롱 문제로 촉발된 #MeToo 캠페인으로부터 영향을 받았다. 성희롱이나 성폭력을 당한 여성들은 #MeToo 해시태그를 이용해서 소셜 미디어에 경험을 공유하도록 요청하였다. 수천 명의 여성이 페이스북, 트위터, 인스타그램으로 반응하였다. #AidToo 해시태그는 일반적으로 눈에 띄지 않는 문제가 주목을 끌게 해주는데, 이 사례에서는 인도주의단체 내 직원들 사이, 현장 직원과 서비스 수혜자들 사이의 관계에서 권력 남용에 대한 논의를 촉발하였다. 이 운동은 또 내부 고발자 보호나 인도주의 활동 종사자들에 대한 성평등 교육과 같은 정책 변화를 주장하였다 (Gillespie *et al*. 2019, 글상자 9.4 참조).

정보기술과 서비스 제공 혁신

신기술이 중요해지고 있는 하나의 분야는 현금 지급과 같은 서비스 제공이다. 오늘날 많은 나라에서 저비용으로 전자 송금이 가능하기 때문에 NGO들은 서비스 영역 및 효율과 관련하여 휴대전화의 사용을 검토해왔다.

이 분야에서 선구적인 단체는 방글라데시의 그라민은행으로, 이들은 농촌에서 마을 주민의 생계를 향상시킬 수 있는 수단으로 휴대전화 기술의 잠재적 중요성을 일찍이 인식하였다. 예를 들어, 집단이 공동 소유한 휴대전화는 생산한 작물을 팔 수 있는 최적의 장소를 알려주는 지역 시장 최신 정보에 접근할 수 있게 해주는 좋은 자산이 되었다. 이런 정보가 없었던 과거에는 주민들은 구매자를 찾을지도 모른다는 희망으로 멀리 떨어진 지역의 시장을 찾아가야 했었다. 또 휴대전화는 중동이나 다른 지역으로 이민을 떠난 가족과 통화가 필요한 사람들에게 통화시간을 판매하는 서비스를 제공하는 공동의 자산으로 이용되었다.

아프리카여성 경제역량강화위원회(CEEWA: Council for Economic Empowerment of Women of Africa)는 ICT를 이용하여 우간다에서 여성 기업인의 역량강화를 추구하는 여성정보자원 전자서비스(WIRES: Women's Information Resource Electronic Service)를 설립하였다. "이 프로그램을 통해 여성은 ICT에 접근하여 시장, 가격, 금융서비스, 기술 지원 서비스에 관한 정보를 얻을 수 있었다" (Gurumurthy 2006: 612). 여기에는 창업, 사업계획, 매출 예측, 기본적 마케팅, 사업자 등록, 기술 면허 획득 등에 관한 정보가 포함되었다. 여러 유형의 세금, 여성친화적인 미소금융 기관 목록과 같은 정보를 포함하여 정책과 규제에 관한 지침도 제공되었다 (Stevenson and St-Onge 2005: 51).

케냐에서 아일랜드 NGO인 컨선(Concern)은 2007년 선거 후 발생한 폭력 사태로 발생한 실향민에 빠른 송금이 가능한 수단으로 휴대전화를 활용하였다 (글상자 7.9).

글로벌 구조변화에 있어서 획일성과 다양성

이 장에서 우리가 논의한 글로벌 구조변화의 다양한 요소들은 개발 NGO에게는 갈수록 복잡하고 격변하는 환경을 만들고 있으며, 거기에는 기회와 제약이 모두 있다.

원조정책은 신자유주의 이념이 주도권을 잡았지만, NGO에게는 인도주의적 구호물품 전달, 정부나 원조 공여자의 위탁으로 사회적 서비스 제공, 인권, 민주주의, 사회적-환경적 정의 주창 등 다양한 범위의 정체성과 역할이 열려있다. 개발 NGO에게는 빈곤 완화 지원, 신기술을 이용하여 개발 활동 혁신, 부상하는 글로벌 시민사회 제도와 네트

오늘날 현금 이체는 기존 은행이나 송금 서비스에 비해 극히 낮은 비용으로 가능해졌다. 케냐의 주요 이동통신사 사파리콤(Safaricom)과 연계하여 아일랜드 NGO인 컨선월드와이드(Concern Worldwide)는 케리오계곡의 임시 캠프에 사는 실향민들이 매월 지역 시장에서 식량을 구매할 현금을 송금해 받을 수 있도록 m-Pesa(pesa는 스와힐리어로 돈이라는 뜻)라는 사업을 만들었다. 케냐의 광범위한 이동통신망과 비교적 저렴한 비용은 이것이 사회적 서비스 제공의 효과적 도구가 될 수 있음을 의미한다. 최근의 폭력 사태에 피해를 입은 주민 550가구당 하나의 SIM카드가 배분되어 공유 휴대전화의 텍스트메시지 서비스에 이용되었다. 이 사업은 컨선월드와이드가 고유 식별코드가 있는 메시지를 매달 전송하고, 이를 받은 여성들이 근처 통신사 대리점에 가면 주당 30유로로에 해당하는 현금을 수령할 수 있게 하였다. 이 시스템은 저비용이면서 효과적이었고, 지역 시장은 물품이 풍부하여 여성들이 가계의 필요에 따라 스스로 선택할 수 있게 해주었다. 재래의 식량 원조를 대체하는 이 접근은 트럭으로 식량을 운반하는 대규모 물류에 따르는 문제를 완화할 수 있었다.

출처: 컨선월드와이드의 국가 담당관 브리핑. 런던. 2008년 5월 15일

워크로 가능해진 새로운 형태의 전 지구적-지역적 활동 참여 등을 위해 팽창하는 글로벌 시장을 이용할 수 있는 기회가 주어졌다.

그러나 이러한 확대된 환경에는 다양한 전략을 구사하고 주류에 대한 대안을 실험하려는 개발 NGO에게 주어진 '행동반경'을 제약하는 강력한 압력이 존재한다. 흄(Hulme 1994: 257)에 의하면 "제3섹터

는 혁신, 조직의 다원주의, 대안적 지식 창출, '새로운' 정치적 힘의 원천에서 국가의 위탁사업자, 국제 원조 대행자로 전환하라는 압력을 받는다."

따라서 혹자는 개발 NGO가 조직 형태나 수행하는 활동에 있어서 덜 다양해지고, 더 수렴해가고 있다고 주장한다. 조직 이론에서 '유질동형화' 과정이라고 지칭하는 현상처럼 NGO가 의도했든 또는 우연이든 서로 비슷해진다는 것이다. 개발 NGO는 점점 더 금융 프로그램을 활동의 핵심으로 한다 (Schwittay 2014). 방글라데시에서 모든 NGO 지부의 90%는 미소금융 서비스를 제공한다 (World Bank 2006). 여기에는 다른 접근이나 아이디어를 밀어낼 위험이 따른다.

또 다른 쟁점은 NGO가 점점 더 관리주의적 성격을 띠는 국제원조 체제에 대응하여 유사한 조직 형태를 채택하도록 압력을 받는다는 것이다. 머피(Murphy 2000: 343)는 NGO의 '기업화'에 대한 우려를 기술하고 있다.

'성공적인' NGO를 위한 모델은 점점 더 기업, 이상적으로 초국적 기업이며, NGO들은 갈수록 기업의 이상형에 비교되어 평가된다. 이 경향의 일부로 전략적 틀 분석, 결과 기반 경영 등을 강조하는 새로운 개발의 '과학주의'가 우리의 목을 조르고 있다. 이러한 가치관, 방법, 기술은 세상을 오늘날처럼 만든 바로 그런 것들이다.

에브라힘과 랑간(Ebrahim and Rangan 2010)은 비영리단체들이 결과를 보이라는 압력을 점점 더 받고 있다고 말한다. 이 '결과주의 의제'는 자신들의 지원금이 변화를 가져오는지 알고 싶은 원조 공여자들, 변화를 이루려고 열심인 비영리단체 지도자들, 비영리 부문의 전문가집단화로 인해 부각이 되며, 회계감사자와 평가자들의 개입이 뒤

따른다. 결과에 대한 관심의 증가로 그것을 측정하는 방법을 추구하게 되고, '사회적 가치 창출'을 계량화하는 투자대비 사회적 수익 개념과 같은 새로운 방법의 등장으로 이어졌다. 이는 기업의 원리에 크게 영향을 받은 것이다.

유사하게 미국의 대외원조 감시-평가 관행에 대한 조사는 다음과 같이 밝혔다.

> 질적 지표와 산출, 그 산출의 결과로 나타나는 태도, 지식, 행태의 변화에 대한 기대보다 계량적 지표와 산출, 사업 시행자가 통제할 수 있는 공급 가능치(예를 들어, 교육 이수자 수)에 과도하게 의존한다 (Blue *et al.* 2009: 2).

포터와 월러스(Porter and Wallace 2013: 4)는 이러한 개발원조의 일반적 경향이 NGO에게도 영향을 미친다고 주장한다.

> 국제 (NGO)는 변화를 먼저 예상하고, 그리고 세부사항을 정하고, 기술하고, 계획해야 하는 관리주의 문화 속에서 점점 더 활동할 수밖에 없다. 프로젝트가 시행이 되면 사전에 설정된 결과의 성취 여부를 보여야 하며, 그것은 계량적 방식으로 측정-보고되어야 한다. 변화는 인과 모델에 근거한 변화의 이론에 따라 단선적, 논리적이고, 통제된다고 이해된다. 이런 활동 방식은 (남반구) 파트너와 직원들에게 그대로 전수된다.

이러한 관리주의 이념은 원조 공여자와 같은 외부 행위자의 영향을 높이고, NGO가 '구조적 변화를 이룰 수 있는 활동'을 벌일 가능성을 낮추는 경향이 있다 (Girei 2016). 전형적으로 '투입된 돈에 비례한 가치'를 중시하는 재단이나 기타 민간 행위자들의 중요성이 높아지면서 NGO도 '효율성, 목표치, 효과성, 결과'를 우선시하도록 압력이 가해진다 (Maietta *et al*. 2017: 11).

전술한 바와 같은 정보기술의 지속적인 확산으로 인해 원조 공여자나 정부가 특정 형태의 성과 측정을 요구하는 등 업무 관리에 있어서 '통제'의 차원이 더 심화될 가능성이 있다. 이것이 보다 참여적이고 열린 형태의, 개별적으로 진화한 접근이 무시되고 기술관료적, 관리주의적 형태의 평가로 이어진다면 개발 NGO에게는 반갑지 않은 추세이다.

NGO의 잠재적 가치 중의 하나는 다양성, 즉 카플란(Kaplan 1999: 54)이 지적한 것처럼 "모든 단체가 유사한 속성을 보일지 모르지만, 그럼에도 각 단체가 독특하다"는 사실이다. 오늘날과 같이 글로벌 변화가 가속화되는 시기에도 "제3섹터의 역할은 개발의 혁신적-대안적 아이디어에 폭과 깊이를 주고, 창의적이고, 활력 있고, 관용적이고, 배려심 있고, 역동적인 사회를 지키는 것이다"(Murphy 2000: 343).

결론

세계화는 NGO가 개발 활동에 관여하는 양상을 이해할 수 있는 중요한 틀을 제공한다. 세계화 과정은 NGO가 활동하는 지역 및 국제 수준의 정책적 맥락, 그리고 NGO가 빈곤 문제에 대응하는 데 있어서의 기회와 제약에 영향을 미친다. 글로벌 맥락에서의 행위자로서 NGO는 세계화의 방향, 형태, 결과에 영향을 미치기 위해 노력하였다. 에드워즈(Edwards 2008: 46)는 개발 NGO가 "세계화에 관한 논의의 내용을 바꾸어 놓았으며, 그것은 세계화 과정의 부정적 측면을 관리하고, 행위자들 간의 관계에 평준화를 기하고, 개발도상국의 '정책 공간'을 확대할 필요성을 제기하는 새로운 정통 담론의 부상으로 이어졌다"고 주장하였다.

그러나 에드워즈는 NGO가 논의에 영향을 미치는 역할 이외에는, '아직까지 제한적인 실질적 결과'만을 만들어 냈을 뿐이라고 언급하였다. 이러한 1990년대와 2000년대의 세계화의 양상은 중국 및 신흥경제의 부상, 대중영합주의, 보호주의, 고립주의의 확산을 초래한 2008년 금융위기의 여파와 같은 새로운 추세에 직면하여 후퇴하기 시작하였다. 이제 우리는 오설리번(O'Sullivan 2019)이 제시한 것처럼 세계화가 종식되고, 상이한 정치-경제체제하에서 작동하고 경쟁하는 양극이 존재하는 가운데, 권력이 점점 더 지역화되고, 새로운 다극적 세계질서로 접어들고 있는가? 이러한 상황에서 글로벌 시민사회의 활동은 더욱 어려워지고, 그럼에도 더 시급하고 필요한 것이 될 것이다.

코로나-19 위기는 세계화가 기존 형태에서 더욱 후퇴하도록 만들지 모르고, 또한 시민사회의 행동주의와 NGO의 혁신의 중요성을 부각시킬 것이다. 예를 들어, 방글라데시에서 의료보건 NGO 고노샤스타야 켄드라(Gonoshasthaya Kendra)는 그 나라의 계속되는 바이러스와의 싸움에 유용하게 기여할 수 있는 저비용 점적검사 키트를 생산하였다. 어떤 나라에서는 코로나-19 위기가 시민들의 권리를 제한하고 통제하는 구실로 이용되었다. 이는 국제비영리법센터(ICNL)의 코로나-19 시민적 자유 추적 도구와 같은, 정부 행동을 감시하는 시민사회의 활동으로 이어졌다. 2020년 미국에서 조지 플로이드(George Floyd)의 죽음으로 촉발된 #BlackLivesMatter(흑인생명도소중하다) 시위는 프랑스, 독일, 영국, 남아프리카, 브라질, 인도, 일본 등 전 세계로 확산되어, 인종적 정의를 위한 글로벌 투쟁이 되었다. 기후변화 문제에서도 클라인(Naomi Klein 2015)은 보다 살만한 세계를 만들기 위해 시장, 국가, 사회의 균형을 다시 잡을 수 있는 우리의 (급진적 형태의) 희망으로서 글로벌 시민사회의 중요성을 부각시켰다.

세계화는 개발 NGO에게 중대한 일련의 긴장 상태를 야기했다. 머피(Murphy 2000)는 세계화의 긍정적 측면은 지역 풀뿌리 행동을 촉진했고, 불평등에 대항하는 지역의 투쟁을 강화했고, 지역 및 글로벌 시민의 역량을 강화하는 잠재력을 가진 활동가의 네트워크를 창출했다고 주장했다. 또 새로운 형태의 책무성하에서 재래의 정치인과 관료에 대해서는 의문이 제기되었다. 그러나 세계화는 불평등을 심화하고, 불안정과 무력 충돌을 촉발하고, 식량 안보를 위협하는 시장 권력을 강화하였다. NGO들에게 있어서 세계화는 단결과 행동주의보다 전문가 집단적 규범과 문화가 더 가치 있는 것으로 간주되는 세계를 만들었다.

 요약

- 세계화는 최근의 국가와 사람들 사이의 경제, 사회, 기술적 통합 과정의 심화를 지칭하는 포괄적인 용어이다.
- 세계화는 개발 NGO의 활동에 새로운 기회와 문제를 가져다주었다.
- 세계화는 원조 활동에 중요한 영향을 미치고 있으며, 활동가 네트워크의 역할에도 영향을 미친다.
- 세계화는 개발 NGO를 비롯한 비국가 행위자들이 '글로벌 시민사회'의 일부로서 새로운 역할을 담당하는 새로운 형태의 글로벌 거버넌스로 이어졌다.
- 정보기술의 발달은 NGO 활동의 형태, 종종 NGO 조직 자체를 변화시키고 있다.

> 📑 **토론 주제**
>
> 1. 세계화는 국제개발의 과정에 어떤 영향을 미쳤는가?
> 2. 세계화의 여러 의미를 고려하여, 이러한 의미들이 개발 NGO에 어떤 영향을 미치는지 논의하시오.
> 3. NGO는 국가적, 국제적으로 기업과 어떤 관계를 추구했는가?
> 4. '글로벌 시민사회'에 참여하는 데 있어서 서구의 국제 NGO는 개발도상지역의 NGO와 어떤 다른 문제에 직면하는가?
> 5. 우리가 탈세계화의 세계로 넘어간다면 NGO에게는 어떤 의미가 있을까?

❖ 추가 읽을거리

Edwards, M. (2008) *Just Another Emperor? The Myths and Realities of Philanthrocapitalism*, London: Demos. 평이하게 쓰여진 이 책은 사적 자선 활동과 개발에 관한 비판적 검토를 하고 있다.

Evans, P. (2000) 'Fighting globalization with transnational networks: counterhegemonic globalization', *Contemporary Sociology*, 29 (1): 230–241. 이 논문은 그람시의 시각에서 풀뿌리단체와 글로벌 네트워크에 관한 유용한 개념적 틀을 제공한다.

Kaldor, M. (2004) 'Globalization and civil society', Chapter 21 in M. Glasius, D. Lewis and H. Seckinelgin (eds.) *Exploring Civil Society: Political and Cultural Contexts*, London: Routledge, pp. 191–198. 이 글은 시민사회에 대한 간결한 소개와 유용한 문헌 목록을 제공함.

Macdonald, K. (2007) 'Public accountability within transnational supply chains: a global agenda for empowering southern workers?' Chapter 12 in A. Ebrahim and E. Weisband (eds.) *Global Accountabilities*, Cambridge: Cambridge University Press, pp. 252–279. 이 연구는 노동자의 권리와 윤리적 기업 문제에 관한 좋은 자료.

Rekosh, E. and Khadar, L. (2018) 'The business case for civil society', https://rightscolab.org/app/uploads/2018/12/the_business_case_for_civil_society.pdf. 라이츠코랩(Rights CoLab)이 발간한 이 보고서는 투자와 경제 개혁에 있어서 인권과 시민사회의 중요성을 제시함.

❖ 유용한 웹사이트

www.bsr.org
Business for Social Responsibility는 공정하고 지속가능한 세계를 지향하는
250여 개 기업의 비영리 네트워크.

www.thegiin.org
Global Impact Investment Network는 사회적 영향력 행사를 지향하는 투자의
규모와 효과를 높이려고 노력하는 비영리단체.

www.icnl.org/covid19tracker/
Center for Not-for-Profit Law가 운영하는 COVID-19 대응과 관련한 시민적
자유 문제를 감시하는 활동.

www.inclusivebusiness.net
NGO의 역할과 관련되는 포용적 기업의 아이디어에 대한 유용한 자료와 논의.

NGO와 원조체제

서론

개발 NGO는 국제개발원조의 세계를 구성하는 아이디어, 제도, 정책적 배경이 변화하는 맥락에서 이해될 필요가 있다. 국제개발체제는 세계은행, 유럽연합, UN, 영국국제개발부(DFID), 미국국제개발처(USAID)와 같은 다자 기관들을 포함한다. 현재 40개 이상의 양자간 공여 기관, 26개의 UN 산하기관, 20개 글로벌 또는 지역적 금융기관이 원조체제에 참여한다. 다수의 NGO는 개발원조 공여자로부터 자금을 받으며, 그 체제 밖에서 활동하려는 NGO들도 있다. 두 유형의 단체모두 국제원조체제의 운영에 영향을 미치려 한다. 또 많은 NGO들은 타 기관을 지원하는 원조 공여자로서 활동하며, 따라서 원조체제의 중요한 일부를 구성한다.

NGO와 원조체제의 정확한 관계는 따라서 복잡하고 논란이 있다. 트베트(Tvedt 2006)는 그가 'Dostango(공여자, 국가, NGO의 조합)'라고 부르는 체제와 NGO가 구분하기 어렵다고 본다. 그는 이 두 유형의 행위자가 공히 근대화 지향의 패권적 서구의 개발에 관한 시각을 생산한다고 지적했다. 베빙턴(Bebbington *et al.* 2008)과 같은 연구자들은 개발 행위자로서 NGO의 중요성은 그들이 사회운동, 여타 시민단체와 함께 원조체제 내에서 안일함을 질타하고 원조의 효과를 개선하는 적극적, 개혁적 역할을 할 수 있는 잠재력이 있기 때문이라고 본다.

역사적 맥락에서의 원조

개발원조는 오랜 역사가 있으며, 그 기원은 식민지 시대로 거슬러 올라갈 수 있다 (Kothari 2005). 그러나 현대적 의미의 국제 원조는 제2차 세계대전 이후에 국제관계의 주요 일부분이 되었으며, 주로 정부들 사이의 일련의 양자간, 다자간 관계를 기반으로 하였다. 원조는 재정 지원, 기술 이전의 형태였고, 대부분 개도국의 대규모, 정부 주도의 사업에 투입되었으며, 통상 냉전 시기의 정치적 우선순위에 따라 제공되었다. 이 시기에 NGO에 대한 언급은 오래전부터 국제원조체제의 일부였던 소규모의 국제 자원봉사와 관련된 경우를 제외하면 거의 없었다 (Lewis 2006b).

1980년대에는 제3, 4장에서 보았듯이 신자유주의 아이디어들이 과

도하게 확장된 공공 부문을 축소하고, 경쟁 시장의 역할 강화를 의도
한 '구조조정' 개혁을 실시하면서 원조정책을 다른 방향으로 바꾸기
시작하였다. 신자유주의 이념을 지침으로 하면서, 약하고, 비효율적
이고, 부패하다고 생각되는 정부를 상대하는 실질적인 문제로 골머리
를 앓던 원조 공여자들은 민간 부문을 새롭게 강조하는 일환으로 국가
를 우회하고 NGO를 지원함으로써 평행 구조를 구축하였다.

알레시나와 웨더(Alesina and Weder 2002)는 부패의 정도가 높은
나라에서 국제 원조는 국가 행위자들보다 NGO를 통해 집행될 가능성
이 높다고 보고하였다. 수원국 정부를 우회하는 것은 정부 간 직접 원
조에서 나타날 수 있는 정치-경제적 자기 이익 추구를 방지하고 개발
의 성과를 종종 개선하였다 (Acht *et al*. 2015). 그러나 원조 공여자들
은 단기적 성과에 초점을 맞추었고, 사업의 '성공'은 궁극적으로 지속
가능성을 훼손하였다 (Pritchett *et al*. 2010).

예를 들어, 브로티검(Brautigam 2000)은 시에라리온에서 원조 공
여자가 NGO를 지원하여 농업부를 우회해서 짜놓은 평행 구조가 농업
개발 사업을 관리한 사례에서, 업무의 중첩을 야기하고, 일관된 농업
개발정책 수립을 어렵게 한 상황을 기술하였다. 더욱이 신자유주의 개
혁의 많은 사례는 제도적 변화를 가져오지 못하고, 빈곤 완화에 참담
히 실패하였기 때문에, 1990년대에 점차 세계은행과 같은 유력 원조
공여자들이 '바람직한 거버넌스' 의제라는 형태의, 신자유주의 이념의
덜 극단적인 버전으로 돌아가게 되었다. 바람직한 거버넌스는 개발에
있어서 시장, 시민사회와 함께 국가의 역할의 중요성을 인정한다.

힌턴과 그로브스(Hinton and Groves 2004: 4–5)에 의하면 새천
년에 접어들어 개발정책과 실제가 빈곤 국가의 생활수준 향상에 거의
기여하지 못했다는 인식은 '급진적 재성찰'을 촉발하였다.

사업과 서비스 제공의 중요성에 대한 믿음에서부터 권리와 거버넌스로 극적인 이동이 있었다. 시민사회의 권리를 지키고, 투명하고 책무성 있는 정부를 만드는 데 있어서 그 구성원들을 참여시킬 필요성에 대한 인식이 정책결정자들 사이에 증가하였다. … 원조 공여자들은 서비스 제공을 위해 평행 구조를 구축하기보다 정부와의 파트너십의 필요성을 강조한다. 1990년대에는 민주적 정치과정에 대한 지원이 증가하면서 정부를 통해 제공되는 원조의 흐름도 점차 증가하였다.

2000년 유엔 새천년개발목표(MDGs)가 채택되면서 원조 공여자들이나 다른 개발 관련 파트너들은 대외원조의 양과 질을 높이고, 적시성, 타당성, 효과를 개선하는 데 힘을 기울이고 있다. 일련의 고위급 국제회의는 개발정책의 중심에 새로운 '원조 효과성' 의제를 설정하였다. 2003년 로마선언은 원조의 결과가 MDG 목표치와 보다 더 접근하도록 원조 공여자의 정책, 절차, 제도적 관행을 협력국가와 조화시킬 필요성을 강조하였다.

2005년 OECD의 파리선언은 원조정책의 이러한 변화의 결정적 순간 중의 하나였다. 이 선언은 효과적 원조를 위한 5개 분야로 정책 조화, 일치화, 주체성, 책무성/상호적 책무성, 결과 관리를 적시하였다. 아크라행동의제(2008)는 파리선언에서 내세운 공약에 따라 결과 도출을 가속화하기 위해 일련의 우선순위를 적시하였다. 효과적 개발협력을 위한 부산파트너십(2011)은 개발도상국의 '주체성' 원칙을 강화하였고, '결과에 근거한' 접근의 필요성, 개발을 위한 포용적 파트너십, 공통의 목표 추구에 있어서 투명성과 책무성을 강조하였다. 이것은 원조 공여자들이 대부분의 개발원조를 직접 수원 국가에 제공하는 방식을 다시 선호하게 되었음을 의미한다.

SWAP이나 예산 지원과 같은 새로운 파트너십과 정책 도구를 이용한 개발도상국 정부와의 협력이 강조되었다. 수원국 정부의 여러 부처, 민간 부문, 시민사회와 협력하면서, 원조 공여자들은 1980년대 구조조정정책하에서의 하향적 방식에서 탈피하여 수원국 정부와 시민이 '주체가 되는' 국가 계획 수립을 추진하였다. SWAP은 정책결정 과정 전반에 자원을 제공하고 일관성을 담보할 수 있는 방식으로 국가 의료보건, 교육 정책 등을 지원하기 위해 원조 공여자들이 협력이 원활하도록 도입되었다 (글상자 8.1). 1970~1980년대에 일반적이던 지속 불가능한 것으로 빈번히 판명된 대규모 '통합 농촌개발사업' 모델처럼 공여자 주도 개발 사업 대신 이제 공여자들은 원조를 기존의 사업 기반 접근에서 탈피하여 정책 수준으로 상향 조정하였다.

이 접근은 NGO, 시민사회, 시민권에도 영향을 미쳤다. 예를 들어, 부산회의는 개발정책에 있어서 정부를 넘어서 시민사회단체와 민간 재단을 포함하는 광범위한 행위자를 인정하였다. NGO와 시민사회는 권리와 책무성을 강화하는 데 중요한 행위자로 간주되었으며, 이들은 시민을 대표하고 정부의 책무성을 제고하는 중요한 활동을 하였다. 빌(Beall 2005: 4)에 의하면

> 사업 중심 원조는 여전히 지속되었지만 1980년대 이후 그들은 점점 교육, 공공 부문 개혁과 같은 특정 분야를 표적으로 한 프로그램 원조로 대치되었다. … 오늘날 원조 제공이 직접예산지원(DBS: Direct Budget Support)을 통하는 방향으로 변화하는 추세이다. 이는 원조 조건이 과거에 비해 덜 강압적이고 정책 대화와 개발 파트너십을 통한 사전 협의 후 재정 지원이 직접 수원국 정부에 전달되는 방식이다.

글상자 8.1 PRS 과정에 대한 NGO의 경험

CARE가 발주한 연구에 의하면 빈곤완화전략(PRS: Poverty Reduc-tion Strategy) 과정에 참여하고자 했던 NGO의 경험은 긍정적, 부정적인 것이 혼재하였다. NGO가 정부 정책에 영향을 미치기 위해 양질의 데이터를 제공하고, 빈곤 주민을 위한 정책을 주창하고, 보통 사람들을 정부와의 협의 과정에 참여시키는 등 지역에 관한 상세한 지식을 적용할 수 있었다는 사실은 주요 성과라고 할 수 있다. 그러한 활동을 하는 가운데 많은 NGO는 새로운 기술을 배우고, 정부에 접근할 수 있는 새로운 통로를 포함하여 새로운 인맥을 쌓았다. 그러나 부정적인 면을 보면, 많은 NGO는 논의의 장에서 그들의 의견이 배제되었고, 참여를 한 경우에도 그들의 생각은 최종 정책 문서에 적절히 반영되지 않았다. 이 연구는 PRS 참여와 같은 활동의 효과를 높이려는 국제 NGO가 직면하는 중요한 과제로, 향상된 정책분석 기술과 같은 새로운 기술 습득 필요성, 사회적 문제에 대한 초점을 넘어서 무역이나 거시경제 등의 구조적 분석에 대한 이해를 높일 필요성, 그들이 돕고자 하는 빈자들에게 보다 명확히 책무성을 이행함을 증명할 필요성, PRS 설계-집행에 있어서 NGO의 부가가치를 명확히 할 수 있는 능력 등을 열거하였다. 이러한 문제들은 다른 유형의 개발 NGO에도 적용이 될 수 있다.

출처: Driscoll and Jenks (2004)

원조의 근저에 있는 논리가 이전의 SAP 시대에 일반적이었던 직접적인 조건부 원조에서 '선별성' 원조로 옮겨갔다 (Boyce 2002). 원조 공여자의 우선순위나 접근을 가장 기꺼이 수용한 정부 또는 정부 부처는 더 많은 자원과 지원을 제공받았다. 단독적인 개발 사업이나 프로그램은 덜 강조되고, 그 대신 '원조의 새로운 설계' 개념하에서 정책 개혁이나 집행의 개선을 위한 더 상위 수준의 지원이 강조되었다.

원조의 방향성과 관련된 또 다른 추세들로는 원조 의제의 안보화 증가, 양자간 원조 기관과 외교정책과의 더 긴밀히 연계, 기후 정책 우선순위와 대외원조의 공조 등이 있다. 이 모든 것은 2000년대에 다수 국가에서 부각된 빈곤 완화라는 전반적인 목표로부터의 탈피를 의미한다. 첫째, 9·11테러 이후 부각된 원조와 안보의 연계는 빈곤 국가의 갈등과 불안정은 원조 공여국에 위협이 된다는 생각이 점점 더 원조정책에 영향을 미치고, 그 결과 갈등 방지, 평화 구축, 경찰-군 개혁 등이 우선순위가 되었다. 영국, 덴마크, 미국 같은 나라의 개발정책의 주된 도전은 이제 테러와 이민을 줄이는 것이 되었다 (Lazell and Petrikova 2019). 둘째, 대외원조 담당 관료조직을 재편하여 외교부의 일부로 만드는 것이 또 다른 추세가 되었다. 캐나다와 호주는 2013년, 영국은 2020년에 그러한 방향으로 재편하였다. 이러한 통합은 대부분 효율성 제고 면으로 정당화되었으나(Gulrajani 2018), 또한 그 변화는 정치적 통제와 국가 이익 추구의 의지를 반영한 것으로 볼 수 있다. 끝으로, 2015년 기후변화에 관한 파리협정은 대외원조와 민간 재원 투입이 수원국의 기후변화 관련 배출 감축과 적응을 지원하는 방향으로 이루어지도록 하는 새로운 틀을 제공하였다 (Kono and Montinola 2019).

21세기 초 국제 원조의 지형은 다른 면에서도 크게 변화했다. 중국, 걸프 국가, 중앙아시아, 중부 유럽, 인도, 남아프리카, 일부 라틴아메리카 국가 등 '비 DAC' 원조 공여국이 증가하였다. 서구 공여국들은 아랍연맹, ASEAN, 아프리카연합 등 지역 국가군이 더 중요해지고 있으며, 이전의 DAC, UN, EU 간 정책대화가 훨씬 더 확대되어야 할 필요가 있음을 인식하였다 (Harmer and Cotterrell 2005). 핵심 우선 순위로 경제성장이 빈곤 완화를 대치하고, '윈-윈'의 가정 위에 개별 국가 이익이 개발의 효과와 양립할 수 있다고 인식되며, 개발 융자가 점점 더 무역 및 투자 의제에 포함되는 등 개발의 '남반구화'라는 새로운 경향이 관찰되고 있다 (Mawdsley 2018).

더 많은 새로운 행위자들이 국제 원조의 세계에 진입하고, 새로운 공여자들이 새로운 틈새 개발을 시도하면서 양자간 원조 공여자들 사이의 연합이 증가하고 있다. 많은 이러한 신규 진입자들은 DAC/OECD 같은 기존 원조 조정 장치의 밖에서 활동한다. 예를 들어, 게이츠재단(Gates Foundation)은 매년 41억 달러를 개발 관련 자선에 투입하며 (Gates website), 중국은 아프리카에 600억 달러를 투자하는데(Sow 2018) 이는 모든 OECD 국가의 기존 공적 원조에 상당하는 액수이다 (DAC 2018).

남반구의 부상은 또 지속가능한 인간개발을 재정 지원할 수 있는 새로운 가능성을 만든다 (UNDP 2013; Glennie 2012). 소위 BRICS(브라질, 러시아, 인도, 중국, 남아프리카) 국가들은 남반구 국가의 사업 지원을 위해 자본금 1,000억 달러로 신개발은행(NDB: New Development Bank)을 창설하였다. BRICS의 원조는 DAC와는 다르다. 왜냐하면, 그들은 DAC의 규제 틀에 구속되지 않기 때문이다. 그들 자체가 아직 선진국이 아니기 때문에 그들은 상호 혜택을 강조하며, "(러시아를 제외하고) 그들의 원조 철학은 비동맹 운동, 더 구체적으로 내정불간섭 원칙을 포함하는 남-남 협력의 틀에 기초한다" (Asmus *et al.* 2017: 4).

BRICS 원조는 DAC 원조에 비해 소규모이기 때문에 특정 틈새를 찾는 데 새로운 공여자들이 중요한 역할을 했다. 예를 들어, NDB는 융자액의 약 60%를 재생에너지 사업에 제공하고 그것을 '녹색 채권'

발행을 통해 충당하면서 여타 공여자들과는 차별을 두려 노력한다. 이러한 틈새 공략은 BRICS 양자간 원조에서도 볼 수 있다. 아스무스 등 (Asmus *et al.* 2017: 27)에 의하면

> 중국은 대규모 기간시설 사업에 집중 투자하고, 인도는 에너지와 IT 부문의 투자로 잘 알려져 있고, 브라질은 농업, 의료보건 교육 사업에 초점을 맞춘다. 러시아는 교육과 의료보건 사업에 적극 참여한다. 흥미롭게도 남아프리카는 평화유지 활동에 활발히 관여한다. 이러한 초점은 통상 갈등적 상황을 피하는 OECD 원조와는 대조적이다.

그들은 "BRICS 원조는 DAC 원조를 대체하기보다는 보완하는 것 같다"고 결론을 내린다. "궁극적으로 수원국은 국제 원조의 다양화에 혜택을 받을 것이다."

드레허 등(Dreher *et al.* 2011: 1961)은 DAC의 기준에서 새로운 공여자들은 빈곤 문제에 대한 의식이 약하다고 본다. "1인당 소득, 영양 부족, 영유아 사망률로 측정한 수원국의 원조 수요는 새로운 공여자들의 원조 배분에 거의 영향을 미치지 않는다." 글레니(Glennie 2012)는 서구(미국과 유럽)의 원조와 동아시아(한국, 일본, 중국)의 원조의 구별은 '새로운' 공여자와 '전통적' 공여자의 구별보다 더 유용할 수 있다고 제안한다. 최소한 21세기에 들어, 사회적 분야를 우선시한 서구 공여국에 비해 동아시아의 공여국들은 원조에 부가하는 정책 조건보다는 기간 시설에 더 관심이 있다.

NGO는 기간 시설 개발보다 빈곤 완화와 사회적 분야에 초점을 맞추는 경향이 있었으며, 그들은 이전에 전통적 원조 공여자의 원조 확대로부터 받은 혜택에 비해서 새로운 원조 자원의 확대로부터는 상대적

으로 혜택을 누리지 못했다. 반면 민간 재단의 증가는 NGO에게 새로운 재원 확보 기회를 제공했다. 예를 들어, 게이츠재단은 500억 달러의 기금, 1,500명의 직원을 보유하고, 연간 41억 달러 이상의 지원금을 개발 프로그램에 제공하는 주요 원조 공여자가 되었다. 2017년 게이츠재단의 지원금은 노르웨이, 호주, 스위스, 덴마크 등 DAC 공여국의 연간 ODA 금액을 초과하였다. 개도국 개발에 관여하는 다른 대규모 재단으로는 아가칸(Aha Khan), 오픈소사이어티(Open Society), 포드(Ford), 웰컴트러스트(Wellcome Trust), 휴렛(Hewlett), 수잔버펫(Susan Buffett), 블룸버그(Bloomberg), 칠드런스인베스트먼트펀드(Children's Investment Fund), 맥아더(MacArthur), 록펠러(Rockefeller) 등이 있다. 민간 재단이 국제개발에 기부한 액수는 2015년에 총 80억 달러였다 (OECD 2018). 미국, 독일, 영국, 일본, 프랑스만이 민간 재단 전체의 연간 공여 금액보다 많은 액수의 원조 자금을 제공한다. 개발 재단의 지원금 제공은 의료보건, 교육, 시민사회, 환경 등 사회 분야에 초점을 맞추며, 이들은 NGO들이 활동을 많이 하는 분야이다. 개발 재단이 제공하는 액수의 절반 정도가 특정 목적에 지정된 형태로 NGO에 제공된다 (OECD 2018).

유엔 지속가능발전목표(SDGs)는 그에 앞선 MDGs와 마찬가지로 국제적으로 합의된 빈곤 완화 목표를 더욱 강조하는 일환이다. 그들은 정책의 영향을 계량적 성과 지표로 측정하려는 공공 부문에서의 더 광범위한 추세의 일부이다. 제3장에서 보았듯이, 원조 공여자는 빈곤과 굶주림의 종식, 젠더 불평등 타파, 교육과 보건 향상, 환경 파괴 저지 및 회복 등 SDG에 대한 공약을 확인했다. 이들 목표는 공통의 기본 주제를 중심으로 조직화하고 빈곤 완화 노력에 초점을 모아주는 데 유용한 기반이 될 수 있지만, 또한 몇 가지 약점이 있다. 예를 들어, 이 목표들은 세계에서 빈곤이 가장 많이 집중되어 있는 지역, 즉 아프리카와 남아시아 위주로 공여자들이 우선순위를 재조정함에 따라, 중간 소득 국가에 거주하는 적지 않은 소수의 빈곤한 사람들이 재정 지원에서 소외될 수 있다 (Green 2008 참조).

원조 의제의 안보화는 인도주의적 지원에 종사하는 NGO에 영향을 미쳤다 (제9장). 서구 원조 공여자들은 개혁을 수용하는 국가에 투자하는 기존의 선택적 접근보다 안보 위협을 줄이기 위해 '실패 국가'에 관여하는 빈도가 높아졌다. 그것은 개도국의 불안정에 대한 군사, 정치, 인도주의적 대응의 연계가 증가한 것을 의미한다. 예를 들어, 이라크전쟁 이후 식량 원조는 재건과 안정화 과정의 필수적인 일부로 간주되었으며, NGO를 비롯한 원조 분배 기관은 점령군과 협의할 것이 요구되었다. 1990년대를 통해 갈등과 빈곤의 강한 연관성이 관찰되었지만, 그것이 더욱 널리 인식되었고 새로운 원조정책에 반영되었다.

NGO로의 원조 흐름

NGO로 흘러 들어간 공적 원조의 증가율은 2000년대 후반에 들어 가속화되었다. DAC의 수치를 보면 1990년대 중반 10억 달러가 넘는 원조가 NGO를 통해 배분되었다. 덴마크와 같은 양자간 공여자는 전체 개발원조의 0.5% 미만을 NGO에 배분했으나, 네덜란드와 스위스와 같은 나라는 10% 이상을 NGO를 통해 제공하였다. 2000년대 초반 이후 NGO에 대한 공적 원조 제공은 극적으로 증가하였다 (도표 8.1 참조).

제1장에서 보았듯이 NGO는 2014년 약 600억 달러의 원조 자금을 지출하였는데, 이는 전체 해외공적원조의 약 3분의 1에 해당한다. 이

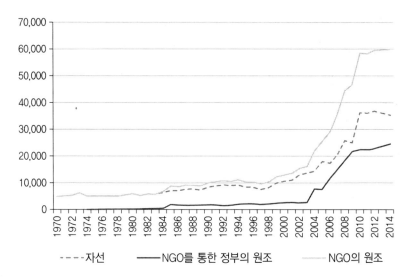

도표 8.1   NGO가 배분한 원조

출처: 저자들의 DAC(OECD) 데이터 분석

는 NGO가 직접 사용하도록 공여자들이 지원한 자금, NGO가 공여자들에게 위탁받은 프로그램과 사업을 위한 자금, 그에 더해 약 360억 달러의 민간 기부를 포함한다. NGO 전체는 양자, 다자를 막론하고 어떤 단일 원조 공여자보다 많은 액수의 개발원조 자금을 지출하였다. 코치 등(Koch et al. 2009)에 의하면 NGO가 지출한 원조 자금의 4분의 3은 미국, 영국, 독일, 네덜란드로부터의 공여 자금인데, 이는 그들의 ODA 기여 비율의 60%를 상회하는 것이다. 즉 NGO가 지출하는 원조 자금의 출처의 경우 ODA의 자금원보다 더 소수 공여국에 집중된 것이다.

NGO가 지출하는 원조 자금은 재정적 측면 이상의 중요성이 있다. 리틀(Little 2003: 178)에 의하면 NGO는 빈곤 국가에 대한 지원의 '의미는 있지만 작은 부분'을 차지한다. 그러나 그는 NGO의 중요성은

그들이 국제개발원조에 주류의 공식 원조 통로로는 쉽게 확보할 수 없
는 두 가지 장점을 가져다준다는 사실이라고 주장한다. 첫째는 외교
정책을 추동하는 전략적-지정학적 이익으로부터의 어느 정도의 독립
성으로, 이는 NGO가 빈곤 완화나 권리에 관한 목표를 추구하기 위한
'공간'을 만들어준다. 둘째는 남반구-북반구의 보통의 시민들에게 개
발이나 기타 이유에 관여할 수 있는 기회를 제공하는 능력이다. 이러
한 이유로 리틀은 NGO의 중요성은 그들이 관리하는 자원의 금전적
가치 이상의 것으로 이해되어야 할 필요가 있다고 주장한다.

NGO 재원 충당의 방식

NGO의 사업이나 프로그램에 대한 공식적 재정 지원은 몇 가지 다른
경로를 따른다. 첫째는 '무상 지원' 모델이다. NGO가 사업이나 프로
그램을 제안하고 공여자들로부터 소요 자금을 지원받는 방식이다. 둘
째는 '위탁계약'으로, NGO가 양자-다자 공여자들과 연계하여 공여자
나 정부의 사업이나 프로그램 내에서 특정 과업을 수행하는 방식이다.

  최근 수년간 중요한 추세는 원조 공여자들이 원조 관리 비용 절감과
'투입된 돈에 비례한 가치'를 추구하는 것이다. 개발원조의 관리 비용을
줄이는 한 가지 방법은 위탁계약과 파트너십 형태로 많은 원조를 NGO
를 통해 지원하는 것이다. 그 한 모델은 '지역 지원금'으로 NGO 또는 여
러 단체들의 컨소시엄이 공여자를 대신해 자금을 '관리'하도록 하고, 다
른 단체들도 특정 활동 주제에 대한 지원금을 받기 위해 경쟁할 수 있도
록 하는 것이다 (Beall 2005). 또 다른 모델은 DFID가 1999년 도입한
프로그램파트너십협약(PPA: Programme Partnership Agreement)으

로 특정 국가나 분야에서 공여자의 전반적인 목적에 필요한 일련의 과업에 대한 책임을 NGO에 맡기는 방법이다 (Wallace *et al.* 2006). 이것은 제5장에서 이미 논의된 바와 같은 개발 파트너십의 한 형태이다.

따라서 개발 NGO가 자금을 충당하는 원천은 매우 다양하다. 다수의 스칸디나비아 NGO는 정부로부터의 지원금이 상당히 높은 비율을 점한다. 예를 들어, 스웨덴에서는 1979년 정해진 20/80 규칙에 따라 NGO가 어떤 개발 사업에 소요 자금 중 최소한 20%를 민간에서 충당하고 나머지를 정부가 지원한다. 이 규칙은 2005년에 10/90으로 바뀌었다 (Onsander 2007; Dreher *et al.* 2010). 유럽의 다른 지역이나 미국에서는 정부 지원은 대체로 훨씬 적다. 2018년 아일랜드 NGO 컨선월드와이드는 연간 수입 1억 6,350만 유로 중 71%가 정부 지원금이나 기타 위탁계약이었다 (Concern 2018). 영국옥스팜은 2017~2018년 총 연간 소득 4억 2,720만 유로 중 49%가 정부 재원이고 나머지는 모금과 사업을 통해 충당되었다 (Annual Report 2017–2018). 미국 CARE는 2018년 수입 5억 8,400만 달러 중 29%가 정부로부터의 수입이었다 (CARE 2018). 51개 대형 NGO 표본 조사에서 허처와 누넨캄프(Herzer and Nunnenkamp 2013)는 1983~2005년 사이 그들 수입의 절반이 민간 지원금이었음을 밝혔다. 정부 지원은 총 수입의 44%였고, 광고 수입은 6%였다.

서구 국가에서 자선은 많은 NGO의 상당한 수입원이며, 긴급 호소일 경우 종종 공적 지원금보다 많은 경우도 있다. 예를 들어, 2004년 아시아의 쓰나미 직후 영국 NGO들의 긴급재난위원회 호소는 24시간에 1,000만 파운드를 모금하여 온라인 기부로는 세계 기록을 갱신하였다. 결국, 영국에서 일반 대중의 기부로 3억 5,000만 파운드를 모금했고, 정부는 재난 직후 구호에 7,200만 파운드, 장기 지원으로 6,500만

사진 8.1 ▌ 원조체제 내에서 NGO 모금 캠페인 포스터의 다양한 이미지: 주류 수익 창출 접근에 대한 비판(War on Want), 아동 후원(Action Aid), 기후 대응(Practical Action)

파운드를 제공하였다. 전 지구적으로 민간 기부가 54억 9,000만 달러, DAC와 비DAC 공적 기부 약정이 64억 8,000만 달러였다 (Flint and Goyder 2006). 그러나 2005년 말에 이르자 부르키나파소의 기아 사태와 카시미르의 지진에 대한 기부 호소는 그다지 성공하지 못했다. 그 이유는 전반적인 '동정심에 대한 싫증'이거나, 쓰나미의 경우 서구의 휴가객이 영향을 받았고 그것이 언론의 극적인 조명을 받았다는 사실 때문일 수 있다.

원조체제 내의 행위자로서 NGO

1980년대까지 NGO와 공적 원조 공여자들은 다른 개발 의제를 추구했고, 서로에게 대체로 무관심하거나 의구심을 가졌다 (ODI 1995). 원조 공여자들은 NGO를 개발의 주요 행위자라기보다 긴급 시에 유용한 존재로 보았다 (제9장 참조). 1970년대에 캐나다나 노르웨이를 필두로 몇몇 양자간 공여자들이 NGO의 프로그램을 지원하기 시작하였으며, 이 추세는 1980년대에 가속화되었다. 이는 공여자들이 NGO가 빈곤 완화, 환경 보호, 의료보건 및 교육 분야에서 공적 원조의 목표에 기여할 수 있다는 인식을 반영하였다.

원조 공여자들은 집행의 단계에서 NGO가 원조의 집행을 변혁할 새로운 잠재력이 있다고 보았다. 공여자들은 1960~1970년대에 자신들의 사업이나 프로그램이 성과가 좋지 않았고, 특히 의료보건과 교육 부문에서 NGO의 인기가 상승했고, NGO가 빈민들에 다가갈 수 있고 그들의 삶을 개선할 수 있다고 강하게 주장했기 때문에 점점 더 NGO를 찾게 되었다. NGO는 공적 원조가 제공하지 못하는 세 가지의 '속성'을 가진 듯하였다 (Little 2003). 첫째, 개발 NGO는 국가들에 비해 지정학적 이해관계에 덜 연계되어 있으며, 더 독립적으로 개발 의제를 추구할 수 있다. 둘째, NGO는 선진국 시민들이 단체나 캠페인의 지지자, 자원봉사자, 기여자로서 빈곤, 사회정의 등의 문제에 관여할 수 있는 기회를 제공한다. 셋째, NGO는 정부보다 효과적으로 개발도상지역의 시민들, 특히 기존의 제도적 구조 내에서 경제, 정치적 참여에서 배제된 여성이나 소수자들과 관계를 맺을 수 있다.

NGO에 대한 이러한 새로운 관심의 이면에는 또한 강한 이념적 배경이 있다. 가장 중요하게, 이는 거버넌스 개혁과 자유화된 시장을 강조하는 신자유주의 아이디어에 영향을 받은 '새로운 정책 의제'의 확산을 반영하였다 (Edwards and Hulme 1995). 대부분의 원조 공여자들이 개발 NGO로부터 원한 것은 효과적 서비스 제공, 사업 자금의 신속한 배분과 사용, 원조 자금의 정직한 사용 보장, 지속가능성을 담보하는 수혜자들의 '주체' 의식, 국가를 민영화 지향의 일환으로써

NGO의 서비스 제공 역할 확대라고 캐럴(Carroll 1992: 177)은 요약하였다.

또 '역량강화자'로서의 NGO에 대한 관심도 변화의 일부였다. 국제원조체제 내에서의 INGO의 역할이 변화하면서 1990년대는 '역량강화' 담론이 부상하였다. 선진국 NGO들 사이에는 자원 및 기술의 이전에서 자신들이 활동하는 공동체의 자립과 지속가능성을 위한 구조를 구축하는 아이디어로 점진적으로 관심의 이동이 있었다. 대규모 사업 집행보다 지역 '파트너' 단체와의 협력과 새로운 '역량강화' 역할 추구가 더 많아졌다. 피셔(Fisher 1994)는 역량강화 담론은 INGO가 최선이라는 가정을 하였기 때문에 상당 부분 '미묘한 온정주의'의 색채를 띠었다고 지적하였다. 이와 같은 이유로 일부 기관들은 이제 이러한 권력 불평등 문제를 인정하고 역량 '구축' 대신 '증진'을 논하게 되었다. 네트워킹 공간, 온라인 플랫폼, 동료집단 학습 등을 통한 새로운 형태의 역량 지원이 등장하였다 (Appe and Schnable 2019). 그럼에도 파울러(Fowler 1997)는 역량구축 논의는 진부한 '파트너십'의 수사를 넘어서 개발에 대한 접근, NGO 역할 재정립에 대해 고찰하는 기회를 제공할 수 있다고 주장하였다.

제4, 5장에서 보았듯이 바람직한 거버넌스 의제에서 원조 공여자는 NGO를 개발의 '파트너'로 언급하기 시작하였다. 세계은행은 1990년대 초 NGO 전담 부서를 설치하였으며, 주로 NGO에 사업을 위탁하는 데 관심이 있었다. 유럽연합도 NGO를 공적 원조 프로그램의 혜택에서 소외된 빈민, 소외 집단에게 개발 관련 서비스를 제공하는 수단으로 보게 되었다. EU의 유럽 NGO들에 대한 재정 지원은 지속적으로 증가하여 2000년에는 연간 2,000만 유로에 달했다 (Wallace *et al*. 2006). 2014~2017년 사이에 EU는 NGO에 113억 유로를 지원하였다 (EU 2018). 현재 개발원조, 인도적 지원, 환경 관련 사업을 비롯한 여러 분야에서 NGO는 EU의 개발원조 프로그램 설계, 집행, 모니터링을 돕고 있다.

　NGO를 통한 개발원조의 증가는 그 결과에 대한 평가가 기대 이하로 나오기 시작하면서 일부 사례에서 실망으로 이어졌다. NGO 자체도 많은 지역 공동체에서 이전보다 덜 호의적으로 인식되기 시작했다. 상대적으로 접근이 쉬운 원조 자원이 흘러 들어가 남반구와 북반구에서 공히 NGO의 숫자를 급격히 늘리면서 사람들은 개발 NGO의 기회주의적 팽창을 보게 되었다. 새로운 개발 NGO가 '우후죽순으로 증가한' 일부 분야에서는 많은 NGO가 지원금을 받는 것을 목적으로 설립되었으며, NGO는 단지 비양심적이고 수완 좋은 사람들이 '빨리 부자가 되는' 수단이라는 시각이 자리잡게 되었다 (Lofredo 1995).

　서구 국제 NGO와 남반구 NGO의 관계는 지속적으로 진화하였다. 1990년대 말에 이르자 많은 NGO는 점점 더 복잡해지는 정책 환경에서 활동하게 되었다. INGO는 세 가지 변화를 겪게 되었다 (Lewis 1998b). 첫째는 사업과 프로그램의 직접 시행에서 개도국 NGO와의 '파트너십'을 통한 시행으로의 지속적인 이행이다. 둘째, 원조 공여자들이 점점 더 개도국 NGO에 직접 자금 지원을 많이 하게 되고, 경우에 따라 '중개'단체의 역할을 하던 선진국 NGO를 건너뛰기 시작했다. 셋째, 원조 공여자들이 1990년대 초에 시작된 NGO의 구호 및 비상사태 대응 활동을 새롭게 강조하게 되었고, 이는 종종 장기적 개발 활동이 소홀해짐을 의미하였다 (제9장 참조). 이러한 변화로 인한 압박과 더불어 여러 나라의 다양한 문제들 사이에 낀 많은 NGO는 '정체성 위기'를 경험하게 되었다 (Smillie 1994: 184). 북반구에서 제3섹터의 일부이면서 대부분 남반구에서 활동했던 INGO는 그러한 불확실한 정체성을 반영하였다. 더 최근에 INGO는 남반구에서의 분권화된 양자 간 공여자 프로그램으로부터 자금을 받을 수 있는 기회로 인해 형편이 좋아졌다.

INGO가 문제에서 벗어날 수 있는 한 가지 방법은 '토착화'의 시도로, 한때 각국에 있는 그들의 지역 사무소를 국제적 연합으로 연계된 독자적인 SNGO로 만드는 것이다. 예를 들어, 액션에이드(Action Aid)는 그러한 방법으로 자신의 정체성과 구조를 다시 만들었고, ACORD는 아프리카가 주도하는 사회정의 활동단체의 연합이다 (Fowler 2012). 또 아시아와 아프리카에서 활동하는 BRAC와 같은 방글라데시 SNGO의 국제적 역할 확대를 보면 기존의 INGO와 'SNGO'의 구분이 이제 훨씬 덜 명확하다고 할 수 있을지 모른다.

원조 공여자의 NGO에 대한 영향

원조 공여자의 NGO에 대한 관심은 개발 NGO의 정체성과 활동에 어떤 영향을 미쳤을까? 그에는 정치적, 행정적 영향이 모두 있다. NGO에 대한 공적 원조가 증가하면서 그 조직에 미치는 여러 다양한 문제가 수반되었음은 잘 기록되어 있다 (Ebrahim 2003). NGO는 원조 공여자들의 유행 변화에 취약하게 되었고(Smillie 1995), NGO가 어떤 공여자를 선택하는지에 따라 일부 관계 당사자들로부터 신뢰를 잃을 위험이 있었다 (Bratton 1989). NGO의 급격한 성장이 조직에 영향을 미친 결과, '결사체적' 세계의 소규모, 비공식, 면대면 조직 문화에서 '관료적' 세계의 공식적 구조와 위계질서로 운영 방식을 힘들게 전환해야 하는 구조적 압박으로 인해 일련의 새로운 행정적 문제가 발생하였다 (Billis and MacKeith 1992). 원조 공여자들이 사회적 동원이나 역량강화보다 서비스 제공을 강조하는 등 특정 역할이나 접근을 선호하면서 조직 이론가들이 지칭하는 '목표 굴절'의 위험이 상존하게 되었다 (Hashemi and Hassan 1999). 일부 관찰자들은 단기간의 인도주의적 긴급 지원을 위한 공적 원조의 급격한 증가는 NGO가 장기적 개발 활동을 회피하는 데 일조하였다고 주장한다 (Fowler 1995).

일반적인 비판 중의 하나는 NGO가 공적 공여자에 접근하면 할수록, 그들의 독립성과 독자성은 감소한다는 점이다. 빅스와 니임(Biggs and Neame 1995)은 NGO가 주류의 원조정책에 포섭되면서, 대안을 제시하거나 기존의 사고에 도전하지 못하게 되는 위험을 지적하였다. 다른 비판자들은 NGO가 원조의 흐름의 중심에 가까워지게 되면서, 점차 그들의 빈곤 완화의 접근이 '비정치화'되고, 현장의 가장 빈곤한 집단에 접근하고 지원하는 능력이 감소되었다고 본다 (Bebbington 2005; Beck 2017). 원조 공여자들은 본국의 관계자들에게 빠른 결과를 보여줄 필요가 있기 때문에 종종 장기적 시각으로 지원하기를 주저하게 되고, 이는 NGO의 풀뿌리 조직화 활동에도 부정적인 영향을 미칠 수 있다 (Edwards and Hulme 1995).

그러나 원조 자금의 규모보다 공여자가 설정하는 자금 지원의 조건이 NGO의 행동반경을 결정한다고 주장하는 사람들도 있다. 또 개별 NGO는 자율성이 있으며, 비슷한 지원 방식도 다른 NGO에 다르게 영향을 미칠 수 있다 (Themudo 2003). 캐럴(Carroll 1992: 18)은 NGO의 위탁 사업이 증가하면서 새로운 행정적 업무가 부과되면 NGO의 조직으로서의 학습 능력과 실행 능력은 감소한다고 주장하였다. 원조 공여자들은 복잡한 회계와 보고를 포함한 더 관료적 접근을 가져올 것이며, 장기적 학습과 발전보다 단기적 결과를 강조할 것이다. 일례로 독립적 NGO의 선택지나 전략은 공여자들의 단선적이고 계획된 주류의 사업 접근에 의해 차단된다.

빅스와 니임(Biggs and Neame 1995)에 의하면 언급한 바와 같은 현상은 NGO의 다른 행위자나 단체와의 상호작용을 제약하고, 그들이 적응-혁신하고 책무성을 유지할 수 있는 여지를 제한하여 장기적으로 NGO의 능력을 위협한다. 앤드류스(Andrews 2014: 107)의 멕시코 남부의 NGO에 대한 연구에 의하면,

> NGO가 자금 지원자들에게 보고하는 의무에서 자유로울수록 수혜자들의 필요에 더 잘 대응할 수 있다. 책무성은 제로섬 관계는 아니지만, 원조 공여자와 수혜자가 현실에서 상충하는 요구를 했을 때는 제로섬 게임이 될 수도 있다. NGO는 여러 대상에 대해 책무성을 이행해야 하는데, 원조 공여자의 경제적 힘이 NGO의 가치관이나 수혜자의 이익보다 중시되는 경우가 많다. 역설적으로 원조 공여자나 정부가 NGO의 책무성을 담보하기 위해 적용하는 감시-평가 장치가 사실은 수혜자들이 스스로 원하는 필요에 대응하는 능력을 제약할 수 있다. 보고 의무가 부과되지 않은 NGO들이 복수의 책무성을 이행하는 여지를 더 많이 가졌다.

NGO는 그들의 활동 중에 의식적, 무의식적으로 정보를 통제하고 배타적 지식을 창출하는 정보망을 구축한다. 예를 들어, 정보 전달의 문제는 NGO 활동의 중요한 요소이다. 베빙턴(Bebbington 2005)에 의하면 안데스 지방에서는 대부분 네덜란드와 페루의 NGO들이 활동하였는데, 이 지역 빈민들은 실제로 농업에 종사하지 않게 되었음에도 불구하고 이들이 생계를 주로 농업에 의존하는 것처럼 시대에 뒤처진 이미지를 영속화하는 경향이 있었다. 이러한 왜곡은 원조 공여자가 가장 주변화된 사람들의 필요를 무시하고 형편이 좋은 집단에 유리하게

편향된 자금 지원을 선호하게 된 데 일조하였다.

NGO가 시각적 이미지를 사용하는 것은 모금이나 정책주창과 관련하여 정보 전달을 둘러싼 쟁점을 야기하는 논란이 많은 이슈가 되었다. TV 방송이나 시위와 같은 '이미지 부각 행사'의 시각적 힘은 그린피스와 같은 환경 활동가 NGO들이 꽤 오랫동안 사용하였다 (DeLuca 2005). 국제 NGO가 모금과 정책주창에 이미지를 사용하는 것은 개발의 아이디어와 의미를 구성하는 데 그러한 시각적 이미지가 수행하는 역할과 관련하여 복잡한 문제를 제기한다 (Dogra 2006). 사진 1.4와 8.1은 INGO가 여러 다른 정치적, 실질적, 인도주의적 메시지를 전달하기 위해 사용하는 다양한 이미지의 사례를 보여준다.

더 엄격한 보고 의무나 결과 측정에 있어서 특정한 기술적 접근과 같이 정보와 관련하여 NGO에 가해지는 압박은 NGO, 특히 남반구 NGO에게 심각한 문제를 야기한다. NGO들은 "급격히 증가하는 조건부 원조, 엄격한 계약, 활동의 효과를 증명하기 위한 방대한 서류 작업, 공여자들과 민간 기관의 단기간 '고 효과' 접근에 대해 빈번히 우려한다"(Porter and Wallace 2013: 9).

원조 공여자의 NGO에 대한 요구는 월러스와 카플란(Wallace and Kaplan 2003: 61)이 기술한 바와 같이 개발 활동을 제약하고 창의성을 억누른다.

액션에이드 우간다(Action Aid Uganda)가 활동하는 원조체제는 논리적 틀, 계량적 분석과 보고, 글상자, 표 등을 고집하는 일람표를 만능으로 생각하는 사고에 의존한다. 이는 복잡-미묘하고 모순적인 현상을 최소의 노력으로 가능한 빨리 추진하고 평가할 수 있는 팩트 및 숫자로 표시된 최소한의 공통 요소로 축소하는 경향을 띤다. 이것이 액션에이드 센터의 주된 규범이며, 이는 원조의 세계의 일반적인 규범이다. 불확실성, 모호성, 미묘함, 복잡성, 이 모든 것들은 회피하게 된다. 이것들은 높은 수준의 감성 능력과 사고력을 요하는데, 이것은 쉽게 돈이 되지 않기 때문이다.

NGO는 사업의 성공을 담보하고 차후의 지원금을 확보하기 위해 덜 어려운 환경에 처한 사업에 지원금을 배분할 가능성이 높다 (Keck 2015). 흄(Hulme 2016: 51)이 언급했듯이 "원조는 명확히 규정된 문제에 대한 기술적 해결책"이라고 주장하기 어렵다. 왜냐하면, 상황을 바꿀 수 있는 가능성을 가지려면 개발 활동은 사회적-정치적 맥락에 대한 확고한 이해를 기초로 해야 하기 때문이다.

국제 NGO는 활동을 통해서 그들 스스로가 '관리주의적' 형태의 관행과 지식을 더 확산하는 역할을 할 수도 있다 (Roberts *et al.* 2005). 동시에 NGO 종사자들이 보다 실질적으로 외부의 압력, 정보 과부하, 제한적 자율성에 대응하기 위해 그들 자체의 비공식적인 '현실 세계의' 전략을 만들어 낼 수도 있다. 월러스 등(Wallace *et al.* 2006: 165)은 우간다와 남아프리카의 사례에서 다음과 같이 밝혔다.

> 서류상의 계획과 일정은 사무실에 놓아두고, NGO 직원들은 빈곤한 지역, 소외 집단을 위한 (많은 혁신적인, 경우에 따라 매우 부적절한) 방법을 찾으려 시도하였다. 그리고 그들은 원조자금에 대한 보고와 회계가 필요할 때 다시 서류로 돌아갔다 …

커먼웰스파운데이션(Commonwealth Foundation)의 NGO 지침서에서 지적했듯이, 원조 공여자의 자금의 성격이 공여자가 과업을 정하는 계약에 의해 지불된 것인지, 아니면 과업을 NGO가 정하는 지원금의 형태인지가 조직의 의사결정 수준에서 볼 때 불명확할 수 있다. NGO가 직면하는 또 다른 심각한 문제는 대부분의 원조 공여자는 사업에 관련된 핵심 비용의 부담을 주저한다는 점이다. 본국의 관계자들이 모든 자금이 빈민들에게 배분되기를 원하기 때문이다 (Carroll 1992). 글상자 8.2는 아프리카의 NGO에 대한 연구에서 도출한 공여자-NGO 관계의 개선을 위한 일련의 원칙이다.

글상자 8.2 NGO-원조 공여자 관계를 위한 실질적 교훈

아프리카에서의 토지 사용권과 관련한 NGO 활동의 효과성에 관한 연구는 원조 공여자가 어떻게 NGO를 더 잘 지원할 수 있는지에 대한 교훈을 다음과 같이 도출하였다.

1. 정책 개발을 위한 NGO 활동에 대한 공여자의 지원은 풀뿌리 수준에서 정책적 영향력을 구축하는 NGO의 역할 지원을 포함해야 한다.
2. 정책주창 활동에 대한 자금 지원은 기한을 장기적으로 설정해야 하며, 무엇을 성취할 수 있을지에 대한 기대는 현실적이어야 하고, 특정 맥락을 고려해야 한다.
3. 공여자는 직원의 스트레스를 줄이고 성찰과 학습을 촉진하기 위해 NGO의 직원과 행정에 소요되는 핵심 비용 지원을 고려해야 한다.
4. 공여자가 행하는 결과 평가는 학습 효과를 극대화해야 하고 자금 지원과 직접 연계해서는 안 된다.
5. 정책주창 활동에 대한 평가에 있어서는, 단순한 틀을 사용하면서 지역의 정치적 현실을 반영한 질적 평가가 계량적인 산출 지향적 평가를 보완해야 한다.

출처: Kanji et al. (2002)

NGO가 원조 공여자에 미치는 영향

원조 공여자들은 분명히 많은 NGO에 영향을 미치지만, 그 반대의 경우도 사실이다. 리델과 로빈슨(Riddell and Robinson 1995)이 '역 의제'라고 지칭했던 현상에서 NGO는 양자간-다자간 공여자들의 변화와 더 광범위하게 국제 원조의 아이디어와 관행 변화에 기여했다. 제4장에서 보았듯이 참여적 계획, 개발의 젠더적 차원, 환경 문제에 대한 관심, 권리에 기초한 개발 등과 같이 이전에 주로 NGO에 관련되는 것으로 간주되던 문제들이 점차 주류 공여자들이 대응해야 하는 문제가 되었다.

개발 NGO들은 종종 원조 관행의 강력한 비판자가 되기도 하였다. 예를 들어, 액션에이드(Action Aid 2005)는 '진정한 원조'에 관한 유명한 보고서에서 원조 자금의 상당 부분이 빈곤 국가의 근처에도 가지 않는 공적 원조의 현상인 '유령 원조'라고 지칭한 문제를 제기하였다. 이 보고서는 ODA의 약 절반 정도는 이에 해당한다고 주장하였다. 부채 탕감이 원조로 계산되거나, 원조 자금이 원조 공여국 상품에 대한 보조금 형태, 또는 공여국 컨설턴트에게 자문료의 형태로 되돌아가기 때문이다. 또 원조 공여국 내에서 난민 지원에 쓰여진 자원을 ODA로 계산하는 방식도 비판을 받는다. 이는 다수 OECD 국가들이 UN의 GDP 0.7% 원조 목표를 향해 나아가고 있다는 주장을 무색하게 한다.

대외원조에 대한 또 다른 비판은 국제투명성기구(TI)의 연구와 정책주창 활동에서 파생된 것으로, 동 기관은 1993년 설립 이후 부패를 개발정책의 가장 중요한 주제로 다루어왔다. 부패한 관리들에 의한 원조 자금 낭비에 대한 우려로 공적 원조 공여자들과 개도국 파트너들은 2008년 대외원조의 흐름에 있어서 더 높은 수준의 투명성과 NGO 및 시민사회의 감시를 위한 아크라행동의제를 체결하였다.

1990년대에는 원조 공여자들이 NGO를 단순히 프로그램 집행에 쓰는 대신 NGO와 정책 협의를 하는 경우가 더 빈번해졌다. 예를 들어, 노르웨이가 1993년에 니카라과와 에티오피아에 양자간 프로그램을 계획하였고, 2000년에 DFID는 남-북반구의 제3섹터 단체들과 광범위하게 시민사회 협의 과정을 거쳤다. PRS 과정에는 NGO와의 협의가 제도화되었다 (글상자 8.1).

'파트너십'의 부상은 제5장에서 살펴본 바와 같이 NGO와 원조 공여자의 관계에 대한 논의에 있어서 중요한 또 다른 분야이다. 공여자의 정책 문서는 이제 (빈국과 부국 사이, 여러 단체들 사이, 사람들 사이의) 다양한 형태의 '파트너십'에 대한 수많은 언급이 있다. 예를 들어, 근로 기준이나 윤리적 무역에 관한 정부와 기업 간 파트너십, 공정무역이나 공동체 개발에 관한 NGO와 기업 간 파트너십, 서비스 제공에 관한 정부와 NGO 간 파트너십, 능력 신장을 지원하기 위한 INGO와 SNGO 간 파트너십 등 온갖 종류의 '부문 간' 파트너십이 있다.

이 모든 것은 정의하기 어렵지만 널리 사용된 이 용어가 제도화되는 것을 의미하였다. 정부, 기업, 제3섹터를 묶으려고 시도하는 '3개 부문' 파트너십도 있다. 원조의 맥락에서 파트너십의 한 가지 중요한 리스크는 NGO를 포함하는 파트너십은 수동적 성격을 띤다는 점이다. 파트너십이 어떤 형태로든 '강요'되었거나, 원조 기관이 외부 자원에 접근할 목적으로 파트너십에 참여하기 때문이다 (Lewis 1998a).

이러한 원조 공여자들의 새로운 접근은 정책과정을 개방하여 선진국의 개발 NGO들이 파트너십이나 정책주창 활동을 하는 방식에 잠재적으로 영향을 미칠 수 있었다. 예를 들어, NNGO들이 예산 지원 문제에 접근하는 방식과 관련해서 '위로부터' 공여자의 우선순위에 영향을 미칠 수 있는 기회가 있고, 그들의 SNGO 파트너들이 참여적 예산 등을 통해 '아래로부터' 국가 및 지역 수준에서의 지출 우선순위에 영향을 미칠 수 있는 기회가 주어질 수 있다. 많은 NGO는 정부와 원조 공여자체제 속에 더 촘촘히 편입되는 것이 사실이지만 NGO와 원조체제가 변화하는 양상에 대해 이해하기 위해서 더 많은 연구가 필요하다 (Nelson 2006).

원조체제 밖에서 활동하는 NGO들

냉전 후 10여 년간의 침체기를 거쳐 새천년이 시작될 즈음 국제원조체제는 다시 강하게 부상하였다. 개발 NGO가 공적 원조 공여자에 과하게 의존하는 데 대한 비판자들(Edwards and Hulme 1996)은 NGO, 특히 북반구 NGO들이 하방 책무성 구축과 독자적-비판적 의견 청취에 더 관심을 가져야 한다고 주장한다. 에드워즈(Edwards 2008)는 원조의 재부상은 역설적으로 NGO를 더욱 속박하고 자율적 개발 행위자로서의 그들의 잠재력 발휘를 저해하였다고 보았다. 대부분의 NGO는 방글라데시 BRAC 등의 사례처럼 원조에서 탈피해서 새로운 자금원을 발굴하는 추세를 따르기보다, 주류 원조체제에 더 강하게 다시 연결되었다. 더욱이, 새롭게 구성된 원조체제는 안보 위협 차단, 테러와의 전쟁과 같은 문제의 부상으로 인해 더 '고도로 개발주의적이고 통제적인 형태'를 띠게 되었다.

　NGO에 대한 '공여자 중심적 시각'은 NGO의 세계에 대해 너무 단순화되고 불완전한 그림을 그린다. 국제개발원조에 의존하는 NGO가 분명 대단히 많지만, '독자 노선'을 선택하고 직원의 자원봉사, 회원들의 기부, 시장을 활용한 대안적 수익원에 의존하는 NGO도 있다. 글상자 8.3은 한 개인이 말리에서 설립한 그러한 NGO를 사례를 보여준다.

남반구, 북반구에는 공히 많은 NGO가 그들의 자금 중 상대적으로 작은 부분을 공여자로부터 받기로 선택한다. 방글라데시의 그라민이

글상자 8.3　지역 행동주의 수단으로서의 작은 NGO: 말리에서의 사례

트라오레(Youchaou Traore)는 미국 평화봉사단 영어 교사로 오래 일했으나 1990년 사직을 결심했다. 그는 평화봉사단이 1971년부터 말리에 자원봉사자를 파견하는 데 사용한 비용을 돌아보면서 그들 활동의 효과가 미미함에 우려를 가졌다. 그는 자원봉사자를 활용한 양질의 영어 교육을 개발하기 시작했다. 그의 목적은 바마코 소재 공립과 사립 학교 교사들의 능력을 함양하는 것이었다. 군부정권(1968~1991년)은 교육에 충분히 투자하지 않았고, 그는 교육 체계 전체가 붕괴되고 있으며, 그 이유는 부분적으로는 우수하고 자격을 갖춘 교사의 부족이라고 느꼈다. 이어서 트라오레는 고향인 세고우 마을로 가서 그가 오랫동안 보아온 삼림 파괴와 토양 침식에 대응하는 활동을 하였다. 이 활동을 더 진전시키고, 세제 혜택을 받고, 자금을 신청하기 위해 그는 국토개발부에 NGO를 등록하기로 결정하였다. 스위스의 공여자가 그의 지원 신청을 승인했으나 그는 공여 기관들에 매우 신중한 입장을 견지했다. 지역 공동체의 필요를 우선하지 않는 공여자의 의제에 관여하고 싶지 않기 때문이다. 그는 다수의 국제 NGO가 많은 예산으로 하는 일을 아주 소규모의 자금으로 성취했다고 생각한다.

출처: 칸지(Kanji)의 현장 조사 기록, 2008년 5월, 바마코; www.rightsofgirls.com/our-african-partner-is-rdic/

나 BRAC는 대부분의 자금을 사회적 기업 활동으로 조달하며, 미국의 CARE나 옥스팜은 주로 지원자들의 기부로 자금을 충당한다. 마찬가지로 그린피스, 국제앰네스티와 같은 다수의 정책주창 NGO는 정통성과 정부로부터의 독립성을 높이기 위해 자금의 대부분을 개인으로부터 지원받는다. 많은 나라에서 무수한 소규모의 풀뿌리단체들은 원조기관에 의해 무시당하지만, 종종 그들은 창의성의 원천이 된다. 많은 단체들은 자조와 자발성에 의존하기를 선호하지만, 다수는 자원의 제약에 직면하여 활동에 어려움을 겪는다. 새터드웨이트(Satterthwaite 2005: 2)는 개발원조가 빈곤 집단에 혜택을 주는 수많은 지역단체를 무시하거나 '너무 미미한 지원을 제공'했으며, 이들 단체는 '개발원조에게는 보이지 않는 존재'라고 주장한다.

'시민원조', 'DIY 원조' 또는 '나의 NGO'라고 불리는 현상은 많은 사회에서 증가 추세인 것 같다. 예를 들어, 미국에서 일반 개인이 설립한 소규모 구호-개발단체인 풀뿌리 국제 NGO(GINGO: grassroots international NGO)의 수는 21세기 초에 급격히 증가하여, 현재 1만 개 이상의 그러한 단체가 존재한다 (Appe and Schnable 2019). 전통적 NGO의 세계 또는 국제 원조의 틀 밖에서 개인에 의해 설립된 소규모 예산, 자원봉사 위주의 단체들은 종종 경험이나 기술이 부족하지만, 수혜자들과 직접 상대하려 한다. 그러한 단체의 설립자들 중에는 관광객으로 개발도상국을 방문한 후 무언가 하고자 하는 동기를 가지게 된 사람들도 있다 (Kinsbergen and Schulpen 2013). 그러한 시도는 소규모이고, 주로 자원봉사자의 활동과 소액 기부에 의해 운영되는 경향이 있다.

이러한 단체에 참여하는 사람들은 그것을 전문가집단화된 NGO에 대한 대안 또는 비판으로 제시하며, 국제적 연대와 지원에 있어서 보다 사람 중심의 접근을 회복하는 데 관심이 있다. 이와 같이, 그러한 단체는 개발의 문제와 인간의 궁핍에 대한 감성적 반응, 그리고 주류 NGO 원조체제에 대한 비판의 측면으로 이해될 수 있다. 이 현상의 요소들 중에는 새로운 것도 있지만, 어떻게 보면 몇몇 사람들이 시작하고 성공적으로 성장하여 대규모 조직으로 진화한 초기의 소규모 NGO의 기원에 관한 논의로 되돌아간 것이기도 하다.

원조체제에 긴밀히 연계되면 NGO에게 더 많은 자원이 제공될 수 있으나, 또한 공여자들이 정책 우선순위나 대단히 관료적인 보고 의무를 강요하는 등 제약을 가할 수도 있다. 에브라힘(Ebrahim 2003)의 두 개의 인도 NGO에 대한 연구에서 보여주었듯이 (그리고 이전 장에서 살펴보았듯이), 이러한 보고 의무는 NGO가 조직으로서 진화하는 데 중대한 영향을 미치며, 종종 그들의 개발 활동을 저해한다. 그것이 왜 일부 NGO가 개발원조 자금 수입을 제한하거나 아예 원조체제 밖에서 활동하려는 이유이다. 그러나 에브라힘(Ebrahim 2003)이 보여주었듯이, 원조는 일련의 자금 지원 관계 이상의 것이다. 그것은 개발 '담론'의 형태로 세계에 관한 아이디어가 생성되는 현장이기도 하다. 개발 기관으로부터 많은 자금을 받든, 그렇지 않든 간에 개발 NGO는 그러한 아이디어들 속에서 활동하고, 아이디어에 영향을 받고, 많은 그러한 아이디어를 형성하는 데 기여한다.

원조의 안보화를 향한 계속되는 압력(제9장 참조)과 함께 기후변화('기후 위기'로 프레임이 바뀜)라는 우선순위는 개발원조의 초점을 이동시켰다. 전직 세계은행 경제학자 스턴(Nicholas Stern)이 작성한 기후변화에 대응하는 행동을 취하는 데 있어서 경제적 우선순위에 대한 2006년 보고서는 다수 서구 국가의 정책 방향의 상당한 변화를 반영하였다. 그는 개발원조를 UN이 설정한 GDP의 0.7% 목표로 계속 확대하겠다는 2005년 G8의 공약은 기후변화와 싸우는 데 대단히 중요할 것이라고 주장한다. 원조는 신기술을 공유하고 기후변화 적응을 지원하는 데 핵심 동력의 역할을 수행할 것으로 기대된다 (Andersen 2008). 옥스팜, 이슬라믹릴리프(Islamic Relief), 크리스찬에이드(Christian Aid), 캐포드(Cafod), 내셔널트러스트(National Trust), 여성연구소(Women's Institute) 등을 포함하는 영국의 기후연대(Climate Coalition)와 같은 연합체는 기후 문제가 지역, 국가, 국제 수준에서 공공 자금 모금을 위해 시민사회단체를 동원하는 양상을 잘 보여준다. 원조는 코로나-19나 여타 긴급사태에서도 중요한 역할을 할 것으로 기대된다. 미국은 원조를 증액하여 코로나-19 대응으로 100억 달러를 추가하였다 (Saldinger 2020). 빈곤국가가 코로나-19에 대응할 수 있도록 세계은행은 1,500~1,600억 달러를 지원하기로 공약하였다 (Maimbo 2020).

결론

NGO에 대해 이해하기 위해서는 자금 지원이나 다른 관계를 통해 다수의 NGO들이 연결되어 있는 국제원조체제를 고려해야 한다. 원조체제는 복잡하고 다양하며, 그 역사는 NGO의 세계와의 변화하는 관계를 포함한다. 원조 업계의 속성은 주의 지속시간이 짧고 활동에 관련된 접근법에 변덕이 심한 경향이 있다. 에드워즈와 흄(Edwards and Hulme 1996: 227)은 원조 공여자들의 개발 NGO에 대한 호의가 절정이었던 시기에 다음과 같이 기술했다.

원조 공여자들 사이에 NGO가 누리는 오늘날과 같은 인기는 영원히 지속되지는 않을 것이다. 공여자는 유행에 따라 움직이며, 언젠가 는 나팔바지처럼 NGO의 유행은 지나갈 것이다. 그렇게 되면 NGO 가 개발에 미치는 영향, 지원을 끌어낼 수 있는 능력, 개발 행위자로 서의 NGO의 정통성은 그들이 효과적으로 업적을 낼 수 있는 능력 과 그들의 행동에 대한 책무성에 의해 좌우될 것이다.

우리가 이 장에서 살펴보았듯이, NGO는 변화하는 원조 설계와 운 영 규범 속에서 어느 정도 유행에서 오고 간 면이 있으나, 그들은 여전 히 대규모의 개발원조 수령자로 남아있다. 원조체제 속에서 그들의 역 할은 더 복잡해졌으나 책무성과 성과의 문제는 남아있다.

또 NGO는 원조체제에 동시에 영향을 미치고, 영향을 받아왔다. NGO는 제4장에서 소개한 대안적 개발의 아이디어와 실무를 개발하 고 제도화하는 데 중요한 역할을 했으며, 영향력과 질에서 매우 다양 하지만 여전히 지역, 국가, 국제 원조정책과 관련하여 중요한 역할을 수행한다.

우리가 이 장에서 주장했듯이 개발 NGO는 단순히 원조 산업의 연 장으로 간주되어서는 안된다. 시민단체, 사회운동, 자발적 봉사의 지 역 전통과 연대, 그리고 자신의 지역 공동체를 지원하려는 말리의 트 라오레와 같은 보통의 사람들의 노력 속에서 NGO의 뿌리와 관계는 훨씬 더 다양하고, 복잡하다.

✔ 요약

- 국제개발은 대규모의 글로벌 산업이며, 다자간 원조 기관, 양자간 원조 공여자, 민간 자선단체, NGO 등 수많은 원조 행위자들을 포함한다.
- 개발 NGO는 전통적으로 원조체제의 비교적 작은 부분을 차지했으나 1980년대 후반에 이르러 빈곤에 대한 '마법의 탄환'과 같은 해결책을 제공해주는 선호 수단이 되었다.
- 1990년대 말부터 개발 NGO에 대한 원조 공여자들의 태도가 덜 긍정적이 되었고, 빈곤 완화 전략에 있어서 수원국 정부의 보다 높은 '주체성'을 추구하게 되었다.
- 개발 NGO는 원조체제 내의 아이디어와 실무에 영향을 미쳤으나, 또한 그것들에 의해, 책무성을 풀뿌리 고객들로부터 멀어지게 만드는 보고 의무와 같은, 부정적인 방식으로 영향을 받았다.
- 원조에 대한 의존을 줄이려고 노력하는 개발 NGO들이 있으며, 아예 원조체제의 밖에 남아있으려는 NGO들도 있다.

🗩 토론 주제

1. 원조체제의 여러 구성요소를 열거하고 그들의 기본 역할과 중요성을 논의하시오.
2. 원조체제와 NGO의 관계는 시간이 흐름에 따라 어떻게 진화했는가?
3. 개발 NGO가 원조체제와의 관계 속에서 직면하는 도전은 어떤 것들이 있는가?
4. 국제 원조의 진화에 있어서 NGO의 공헌은 무엇인가?
5. 왜 일부 NGO는 공식적 원조체제의 밖에서 활동하기로 결정하며, 그렇게 함으로써 어떤 장점과 단점이 있는가?

❖ 추가 읽을거리

Ebrahim, A. (2003) *NGOs and Organizational Change: Discourse, Reporting and Learning*, Cambridge: Cambridge University Press. 부르디외(Pierre Bourdieu)와 푸코(Michel Foucault)의 이론적 아이디어와 인도의 실증적 데이터를 바탕으로 자금 지원 관계가 NGO의 조직에 지대한 영향을 미치는 현상을 상세히 분석한 연구 단행본.

Girei, E. (2016) 'NGOs, management and development: harnessing counter-hegemonic possibilities', *Organization Studies*, 37 (2): 193–212. 이 논문은 권력과 관리주의를 논의하고 그것이 원조를 받는 남반구 NGO에 어떤 영향을 미치는지 검토한다.

Kumi, E. (2019) 'Aid reduction and NGDOs' quest for sustainability in Ghana: can philanthropic institutions serve as alternative resource mobilization routes?' *Voluntas: International Journal of Voluntary and Nonprofit Organizations*, 30: 1332–1347. 가나에서 NGO에 대한 원조를 탈피한 자선적 자금 지원의 유용성에 대해 검토하는 연구.

Riddell, R. (2008/2014) *Does Foreign Aid Really Work?* Oxford: Oxford University Press. 원조 산업의 역사, 다양한 차원, 업적에 관한 가장 우수하고 포괄적인 저술.

Tvedt, T. (2006) 'The international aid system and the non-governmental organizations: a new research agenda', *Journal of International Development*, 18: 677–690. NGO는 서구 원조 과정의 변화와 확대의 일부로 이해되어야 하며, 지금까지 NGO에 대한 연구는 이 사실을 충분히 인정하려 하지 않기에 결함이 있다고 주장.

❖ 유용한 웹사이트

www.oecd.org/dac
Development Assistance Committee(DAC)는 OECD가 대 개도국 협력과 관련된 문제를 관리하는 주된 기관.

www.ngoaidmap.org
InterAction은 전 세계에서 회원들이 수행하는 원조 활동의 지도를 제공.

NGO와
국제 인도주의 활동

9장

- NGO가 인도주의 활동에 관여하게 된 역사
- 개발과 구호 활동의 차이
- 탈냉전의 맥락에서의 NGO와 인도주의 활동
- '복합적 정치적 긴급사태' 담론과 안보
- NGO와 인도주의 활동의 미래

서론

NGO는 오랫동안 인도주의적 구호나 긴급사태 활동과 연계되어 왔으며, 종종 재난이나 갈등의 인적 결과에 대응하기 위해 위기의 상황에서 설립되었다. 오늘날 잘 알려진 다수의 개발 NGO는 긴급사태에 대응하는 구호 기관으로서 시작되었으며, 후에 더 개발 역할을 수행하게 되었다 (Korten 1990, 표 1.1 참조). 그 예로는 옥스팜(그리스내전), 세이브더칠드런기금(Save the Children Fund)(제1차 세계대전), CARE(제2차 세계대전), 월드비전(World Vision)(한국전쟁), 국경없는 의사회(나이지리아의 비아프라 분리전쟁), BRAC(방글라데시 해방전쟁) 등이 있는데, 이들은 오늘날 개발 NGO로 확고히 자리를 잡고 있다.

자연재해는 NGO의 설립에 중요한 역할을 해왔다. 중대 자연재해

의 효과 중의 하나는 관심 있는 지역 시민을 동원하는 촉매 역할로, 제
3섹터의 위상을 높이고 더 많은 자원을 끌어들여 역량을 높여주었다.
1985년 멕시코 지진은 약 5,000명의 사망자를 냈고 대규모 구조 및
재건 활동을 필요로 하였다. 정부의 대응이 불충분하자 많은 시민들은
스스로의 대응을 조직하여 NGO를 설립하여 멕시코 시민사회를 근본
적으로 변화시켰으며, 이들 NGO 중 다수는 오늘날에도 여전히 활동
하고 있다 (Verduzco 2003). 마찬가지로 1995년 일본의 코베 지진은
대규모의 긴급 대응을 요했으며, 일본 '제3섹터'의 사상 유례없는 대
응을 끌어냈으며 그들에게 더 높은 위상과 중요성을 부여하게 되었다
(Kawashima 1999). 1999년 터키 지진도 유사하게 시민들과 시민사
회를 자극하는 효과를 주었으며, 제3섹터의 역할과 정부의 책임에 대
한 사람들의 기대를 바꾸어 놓았다 (Jalali 2002).

국제 NGO들은 오랫동안 인도주의적 지원의 선구자였다. 로우
(Lowe 2015: 206)의 적십자에 관한 설명에 의하면

> 제1차 세계대전 종결 후 적십자국제위원회(ICRC: International
> Committee of the Red Cross)가 주도한 활동으로 약 50만 명의 전
> 쟁포로가 귀환하였으며, 약 50만 명의 난민이 귀국, 재정착하였고,
> 아사에 직면한 약 150만 명의 민간인이 구호되었다. 이 각 사례에
> 서 ICRC는 외교와 조정 역할을 하였으며, 원조 자원은 미국 적십
> 자, 퀘이커구호단(Quaker Relief Mission), 세이브더칠드런기금,
> YMCA(기독교청년회) 등 더 크고 부유한 단체가 공급하였다. 민간
> 의 자원은 전후 인도주의적 긴급사태에 대응하기에는 부족하였다.
> 따라서 ICRC는 정부들의 참여를 요청하였다. (그러나) 정부들은 대
> 체로 고통받는 외국 민간인의 구호는 국익에 직접 효과를 미치지 않
> 는다고 생각했다. ICRC 대표자들은 제1차 세계대전 후 그들의 구호
> 활동이 지정학적 유용성이 있음을 설득력 있게, 반복해서 강조하였

다. … 그들의 성공은 미래의 정부 간 구호 활동의 기초가 되었다.

그와 같이 NGO는 지원을 제공하고 인도주의적 위기 대응에 있어
서 국가의 책임을 설득하여 글로벌 인도주의적 지원체제의 형성에 결
정적인 역할을 하였다 (McCleary 2009).

NGO는 오늘날 긴급 시에 지원을 제공하고 민간 부문을 동원하면
서 인도주의적 원조의 주요 행위자로 남아있다. NGO는 2004년 아
시아 쓰나미 대응 대외 지원 중 거의 절반을 모금했다 (Flint and
Goyder 2006). 비슷하게 2010년 아이티 지진 때도 지원을 위해 조성
된 33억 달러 중 NGO가 거의 50%를 모금했다 (Stoianova 2010). 이
러한 자선을 통한 재난 대응과 공적 원조 공여자들이 지진에 대응하는
대부분의 지원금 제공을 국제 NGO를 통하기로 결정하기로 한 사실은
아이티에서 활동하는 NGO의 숫자가 급증하는 결과를 가져왔다. 이
러한 사실에 대해 일부 비판적 관찰자들과 언론은 그 나라를 '아이티
NGO공화국'이라고 지칭했다. 즉 아이티는 상대적으로 약한 국가가
강력한 국제 NGO들에게 압도당했다는 의미였다 (Schuller 2012).

인도주의적 개입은 종종 개발과 구별된다. 장기적 과제로서의 전
통적 개발 활동과 대조적으로 구호 활동은 근본적으로 단기적 속성을
가지는 것으로 간주되었다. 그것은 위기에 대한 즉각적인 대응으로,
NGO와 여타 기관들이 물류의 측면에서는 복잡하지만 비교적 문제적
소지가 적은, 식량, 의복, 주거, 의료 등 생존을 위한 자원을 필요로 하
는 사람들에게 배분하는 과제였다. NGO의 인도주의적 개입은 태풍,
홍수, 지진, 화산 폭발과 같은 자연재해, 또는 무력 분쟁으로 발생한
난민이나 실향민과 같은 인도주의적 위기와 관련된다고 생각하는 것
이 일반적이 되었다.

　개발 전문가들은 종종 재난과 분쟁이 단선적인 개발 과정의 일시적 '장애'이며 그 후에는 다시 '정상적인' 개발 활동이 재개된다고 이해한다 (Macrae and Zwi 1994). 이 모델에서 '재건'이라는 개념은 구호와 개발 활동의 다리 역할을 한다. 이 생각은 지진이나 홍수 같은 일부 유형의 자연재해(특히 평시에는 안정적인 상황)에는 타당할지 모르지만, (많은 경우 재발하거나 지속되는) 전쟁으로 인해 발생한 긴급사태에는 적용되기 어렵다. 솔니트(Rebecca Solnit 2020)가 기술했듯이 미국에서 2005년 허리케인 카트리나로 인해 "1,500명이 사망한 것은 나쁜 날씨보다 나쁜 정부 때문이었다."

　1960~1970년대 국제 인도주의 원조체제 내에서 주된 행위자는 UN 산하기관들이었으며 그들은 행동하기 전에 정부의 승인을 필요로 했다. 1863년부터 존재했던 국제적십자 조직들도 인도주의 활동에 관여하려면 분쟁 당사자들의 동의가 필요했다. 여기서 이따금 국경과 주권을 넘어서 수단이나 아프가니스탄 같은 곳에 도움을 필요로 하는 사람들에게 다가간 것이 그러한 상황에서 행동할 수 있는 유연성을 가진 NGO들이었다. 그들은 최소한 이론적으로 다른 기관에 존재하던 책무성체제가 없었기 때문에 정치적으로 중립적인 행위자로 활동하고, 받아들여질 수 있었다.

　따라서 인도주의적 대응은 1980년대 중반 에티오피아의 가뭄-기아 사태나 그 이후 발생한 많은 긴급사태에서 NGO가 서구로부터 막대한 액수의 공공 지원이 제공된, 오랫동안 주목을 받아온 분야이다 (Lindenberg and Bryant 2001). 글상자 9.1은 폭넓은 원조 공여국과 비정부 행위자들이 지지하는 인도주의적 행동의 목적과 정의를 제시한다.

　이 장에서 우리는 인도주의적 활동을 비판적으로 고찰하며, 동시에

글상자 9.1   인도주의 활동의 목적과 정의

1. 인도주의적 활동의 목적은 인간이 만든 위기와 자연재해 중이나 후에 인명을 구하고, 고통을 완화하고, 인간의 존엄을 지키는 것뿐 아니라, 그러한 상황이 발생하는 것을 방지하고 대비하는 것이다.

2. 인도주의적 활동은 다음과 같은 인도주의 원칙에 따라야 한다. 인간애: 어디서든 인간의 생명을 구하고, 고통을 덜어주는 것이 중심, 불편부당: 피해자들을 차별하지 않고 오직 필요에 의해서만 행동, 중립성: 무력 분쟁이나 여타 갈등에서 어느 일방을 편들지 않음, 독립성: 인도주의적 활동이 전개되는 지역의 행위자들이 가지고 있는 정치, 경제, 군사, 기타 목적으로부터 독립성을 유지.

3. 인도주의적 행동은 민간인 및 분쟁에 더 이상 참여하지 않는 사람들을 보호하고, 식량, 물, 위생, 주거, 의료보건 서비스, 기타 지원 제공하여, 그들이 정상 생활 및 생계로의 복귀를 촉진한다.

'인도주의적 원조 제공의 원칙과 모범 사례(Principles and good practice of humanitarian donorship)'에서 발췌. 이 문서는 정부와 다자간 원조 공여자, UN 산하기관, 국제적십자, 기타 인도주의적 행동에 관여하는 많은 단체의 대표자들이 참석하여 2003년 6월 17일 스톡홀름에서 개최된 회의에서 독일, 오스트리아, 벨기에, 캐나다, 유럽이사회, 덴마크, 미국, 핀란드, 프랑스, 아일랜드, 일본, 룩셈부르크, 노르웨이, 네덜란드, 영국, 스웨덴, 스위스가 지지하였다.

출처: www.ipb.org

종종 자신의 목숨을 걸고 극도로 위험한 상황에서 활동하는 NGO 종사자들의 노력을 인정한다. 지금까지 최악의 학살 중의 하나는 2006년 8월 스리랑카 무투르 마을에서 액션어겐스트헝거(ACF) 인도주의 원조 종사자 17명이 살해된 사건이다. 1979년 프랑스에서 설립된 글로벌 인도주의 NGO인 ACF는 타밀타이거와 스리랑카 군대 사이의 오랜 전쟁의 결과를 완화하기 위해 1996년부터 스리랑카에서 활발히 활동하였다. 사건 당시 이들 직원들은 쓰나미 피해자 지원 활동 중이었다. 학살에 관한 자세한 사항은 불분명하나 ACF는 그것이 스리랑카정부군의 일부에 의한 것이며, 전쟁 범죄에 해당한다고 믿는다. 10여 년 전에 발생했음에도 불구 ACF는 여전히 이 사건에 대한 국제 조사를 호소하고 있으며 범인을 기소하기를 희망하고 있다 (www.actioncontrelafaim. org/en/press/indifference-pour-les-17-victims-du-massacre-de-muttur 참조).

탈냉전기 맥락에서의 NGO와 인도주의 활동

1990년대에 냉전 종식 이후 긴급사태에 대한 새로운 생각이 인도주의 활동을 다른 방식으로 문제화하기 시작하였다.

첫째, 긴급 구호와 개발의 구분은 잘못이며 잠재적으로 위험한 것이라는 강한 문제의식이 제기되었다 (Eade and Williams 1995). '구호부터 개발까지의 연속선'이라는 생각은 이 두 과정 사이의 이행, 즉, 위기에 대한 장기적인 취약성을 완화하고 위기가 지나면 '정상적' 개발의 재개가 가능함을 암시한다 (Buchanan-Smith and Maxwell 1994). 그러나 그와 같은 이행은 관리가 어렵다. 외부에 의해 추진되는 인도주의적 지원은 지역의 제도나 기관을 약화시키고 위기의 근본적 원인에 거의 대응하지 못하기 때문이다. 이것은 개발에 부정적인 영향을 미칠 가능성이 있다. 수단의 홍해 주(Red Sea Province)의 사례를 보면 1980년대에 북반구 NGO의 구호 활동이 단기적으로 효과가 있었지만, 제대로 조정이 이루어지지 않았고 하향식이었기 때문에 장기적으로 지역의 제도나 기관을 거의 강화하지 못했다 (Abdel Ati 1993).

　둘째, 구호 활동은 과거와 달리 점점 더 정치적으로 중립적인 것이라고 이해되지 않게 되었다. 왜냐하면, 정치적 요인이 자원에 대한 접근을 제한하고, 원조 자체가 정치적 자원이 되기 때문이다. 구호 활동이 종종 주로 '인도주의적' 동기를 가지는 것으로 간주되지만 1990년대에 이르자 이것은 정치적으로 순진한 시각임이 분명해졌다. 많은 국가들은 정책적으로 난민 이동을 억제하고, 다수 국제 NGO는 자신들의 국제적 위상을 높이고 더 많은 재원을 확보하는 데 열중하였다.

　힐호스트와 잰슨(Hilhorst and Jansen 2010)은 '인도주의적 공간'의 개념이 인도주의적 활동과 그것이 전개되는 고도로 정치화된 환경을 인위적으로 분리하기 위해서 정책 문서나 기타 문서에 널리 사용된다고 주장한다. 이 생각은 적십자의 창설자 뒤낭(Henri Dunant)의 생각까지 거슬러 올라갈 수 있으나, 그것은 일상의 현실과는 명확히 상충된다. 예를 들어, 인도주의적 지원은 지역 당국이 그들의 임무를 달성할 수 있도록 해주거나, 어느 지역 당국과 협력을 통해 그들을 인정해주는 등 특정 정치 행위자를 정당화해주는 경향이 있다.

　한편 파신(Fassin 2011)은 국경없는 의사회(MSF)에 관한 연구에서 인도주의적 활동에는 내재된 '생명의 정치'가 있다고 주장한다. 왜냐하면, 그 행위는 필연적으로 인간의 생명 자체에 특정 가치관이나 의미를 부여하기 때문이다. 인명 구조의 상황에 직면하면 누구의 생명을 걸고, 누구의 생명을 구할지를 결정해야 하는데, 이는 파신이 지칭한 '불평등의 복합적 존재론'의 문제, 즉 인간의 생명이 구분되고 위계적으로 순서가 정해지는 문제를 제기한다.

분쟁 상황에 개입하는 NGO는 쌍방이 모두 학살을 자행하거나 수모를 당한, 전쟁이 증오를 계속 조장하는, 전투원과 민간인의 경계가 모호한, 주변화된 집단이 불평등이나 억압을 바로잡기 위해서가 아니라 정치적 기회주의자에 의해 분쟁이 조장되는 맥락에서 NGO의 활동이 이루어짐을 인식하기 시작했다 (Cushing 1995). 많은 NGO가 직면한 도전은 구호 개입을 통해 위기의 근본 원인에 대응함으로써 위기에 대한 전반적인 취약성을 축소하는 것이다.

또 역사는 우리에게 이러한 국제적 인도주의 지원의 정치에 관한 논의는 전혀 새로운 것이 아님을 말해준다. 본과 피오리(Baughan and Fiori 2015: 130)는 최근의 연구에서 '저항과 연대의 정치'를 동기로 한 조직의 목표를 추구할 것인지, 아니면 (궁극적으로 채택이 된) '탈정치로의 전환'을 기반으로 한 정체성과 전략을 구축할 것인지에 대해 세이브더칠드런(Save the Children) 내에서 1920년대 초에 벌어진 활발한 논의에 대해 기술하였다.

전반적인 원조정책의 변화를 반영하여(제8장 참조), 인도주의 원조체제도 1990년대에 상당히 변화하였다. 1985년 에티오피아의 기아 사태 이후 원조 공여자들은 인도주의적 서비스 제공을 위해 국가와 협력하는 데서 탈피하여 NGO와의 위탁계약을 통하는 접근으로 점점 더 전환하였다 (Borton 1995). 그 결과 인도주의적 구호 활동이 단지 파울러(Fowler 1995)가 지칭한 '복지의 세계화'라는 더 광범위한 의제 속에서 북반구 NGO들이 집행하는 서구의 정책 도구에 지나지 않음이 우려되는 가운데, NGO들은 더욱더 독립성이나 자율성을 잃게 될 위험에 노출되게 되었다. 어떤 관찰자들은 인도주의 원조가 공여국 정부, UN 기구, NGO, 민간 기업 등을 아우르는 공공-민간 네트워크에 내재된 글로벌 거버넌스의 자유주의체제로서 더 명확히 구상되었다고 주장하였다 (Duffield 2002).

UN은 냉전 시대의 위치에서 변화하여 분쟁 지역에서 교전 당사자들과 협상하고, 에티오피아, 앙골라, 보스니아 등에 '평화 지대'를 설정하면서 새로운 원조 중개자의 역할을 맡게 되었다. 1992년 UN은 인도주의 부서(DHA: Department of Humanitarian Affairs)를 신설하였으나, 교전 당사자들과 협상하여 인도주의 원조를 제공하려는 시도가 분쟁의 중지로 이어지는 것은 드물었다. 1994년 르완다 학살과 그에 대한 평가는 UN 파견 군대가 효력이 없음을 명확히 드러냈고, 긴급사태 대응에 있어서 NGO의 역할이 더 부각되는 계기가 되었다.

이러한 변화는 갈등을 관리하는 수단을 제공하고 상황을 전환시켜 갈등 후 환경으로 재구조화한다고 주장하는 '자유주의 평화 구축'이라는 거버넌스 담론의 일환이었다. NGO는 이 과정에서 점점 더 많은 위탁계약을 맺게 되고, 서비스 제공, 인권 관련 활동, 갈등 해소, 홍보, 로비, 정책주창 등 다양한 활동이 조합된 복잡한 '다중 책임' 역할로 끌려들어 갔다 (Bennett 1995: xvii). 하나의 구별되는 원조의 형태로서, 불편부당함과 중립성의 원칙에 의해 관리되는 인도주의적 원조라는 아이디어는 1990년대를 통해 지속적으로 잠식되었다. 서로 다른 접근을 채택하는 NGO들 사이의 긴장은 수단의 다르푸르 분쟁의 사례에서 분명히 드러났다 (글상자 9.2).

1994년 적십자는 120여 개국이 서명한 'NGO 행동강령'을 작성하였다. 이것은 개선된 관리와 책무성의 필요성을 인식하고 대응하기 시작했다는 면에서 NGO에게 일련의 긍정적인 결과를 주었다. 인도주

글상자 9.2   다르푸르에서의 인도주의 활동과 정책주창 사이의 긴장

다르푸르 위기에서 노정된 인도주의 활동의 한계에 대해서 NGO 공동체 내에 논란이 벌어졌다. 이 사태에서 보면 "민간인의 안전이나 갈등 해소 문제에 대응하기 위해 엄격한 중립성을 기꺼이 양보하려는 의사가 있었다." 이는 '인도주의적 지원 기관이 정치적 논쟁에 영향을 미치는' 역할을 할 수 있다는 합의를 반영한 것이다 (ODI 2007: 6). 그러나 활동을 전개하는 단체들은 갈등에 대해 다른 접근을 택했다. 일부 단체는 다르푸르 상공 '비행 금지' 지역 설정을 주장했고, 일부 단체들은 취약 지역에 식량이나 다른 지원을 제공하는 그들의 활동이 항공 운송에 의존하기 때문에 그에 반대하였다. 그러한 차이는 어느 정도는 인권단체와 인도주의 지원 NGO와의 차이를 반영한다. 다수의 인도주의 NGO들 사이에는 일종의 '실용적 중립'의 형태가 형성되었다. 이는 지역 주민들에 접근하여 서비스를 제공하기 위해 종종 '전쟁의 정치에 불개입'하는 것과 같은 외양을 제공해주면서, 동시에 '생명에 위협을 주는 상황에 대응하여 다양한 형태의 주장을 할 수 있을 만큼 유연성'을 유지하게 해준다.

출처: ODI (2007)

의적 지원은 1990년대 중반에 급증하였다. 많은 NGO가 인도주의 원조 분야에 매우 활발히 관여하기 시작하면서 슬림(Slim 1997: 209)은 '현대 인도주의의 골드러시와 같은 면'에 대해 언급하였다.

이 시기에는 또 영국에서 칠드런즈에이드디렉트(CAD: Children's Aid Direct)나 멀린(Merlin)과 같은 새로운 형태의 인도주의 NGO가 등장하였다. 이들 신생단체는 구 유고슬라비아 국가들과 관련하여 설립되었으며, 그들은 개발 활동보다 긴급 서비스 제공을 강조한다. 인도주의 분야 NGO의 성쇠를 반영하듯, 이 두 단체는 오래 지속되지 않았으며, CAD는 2002년에 활동을 중단하였고, 멀린은 2013년에 세이브더칠드런에 통합되었다 (글상자 2.4 참조). 1993년 발칸반도 사태 중에 원조 기관 고위직과 외교관들의 논의의 결과로 설립된 국제위기그룹(International Crisis Group)은 싱크탱크, 정책주창, 정책 인플루언서를 조합한 형태였으며, 그 위상이 계속 높아지고 있다 (www.crisisgroup.org).

1996년에 이르자 의료계에서 사용되는 히포크라테스 선서에 기초한 "누구도 해하지 않는다"는 아이디어는 앤더슨(Mary Anderson)의 유명한 보고서 이후 국제 NGO의 새로운 표어가 되었다. 이는 가장 선의를 가진 인도주의 원조 또는 개발원조도 의도치 않게 갈등을 조장할 수 있고, 따라서 NGO도 의사들처럼 이 원칙을 따라야 한다는 것이다 (Anderson 1996). 이 아이디어는 NGO의 구호 활동이 부정적 효과를 초래할 수 있다는 생각에 근거하였다.

이 문제는 NGO의 구호 활동의 장기적 효과와 관련하여 특히 부각되었다. 1990년대 코소보와 보스니아 분쟁 이후의 평화 구축, 시민사회 강화, 사회적 재건에서의 NGO의 역할에 관한 맥마흔(MacMahon 2017: 159)의 연구는 다음과 같이 결론을 내렸다.

국제 평화 구축은 국제 및 지역 NGO의 확산을 가져왔다. 단기적으로 NGO 붐은 수십 개의 단체와 수많은 프로젝트를 만들어 냈다. 그러나 그 결과 자유주의 평화 정착을 추구하는, 지역의 구조에 내재된 강력한 국내 행위자들이 확립되기보다, 갈등이 종결된 사회의 프로젝트화와 NGO화를 초래하였다. 이어서 NGO 붐은 꺼지고, NGO의 수는 감소하였으며, 지역은 시민사회의 개발 방식이나 국제 평화 구축 전반에 대해 불만과 환멸을 느끼게 되었다.

보튼(Borton 1995)과 같은 관찰자는 주로 정부와 UN의 실패가 사태를 악화시킨 것이며, NGO에 대한 비판은 1990년대 중반에 이르러 인도주의 원조 흐름을 통제하고 감축하기 시작했던 서구 원조 공여자들의 입맛에 맞았던 것이라고 주장한다.

파키스탄의 홍수(2010)나 아이티의 지진(2010)과 같은 널리 알려진 재난은 인도주의 원조의 미사여구와 현실 사이의 격차에 대한 인식을 더욱 강화하였다. 국제원조체제의 한계에 관한 우려는 계속 제기되고 있다. 인도주의 활동에 관한 2016년 보고서 『미래를 위한 계획(*Planning for the Future*)』은 그 체제가 극적으로 성장하였으나 급격히 변화하는 현실에 적응하는 데 곤란을 겪고 있다고 지적하였다. "인도주의 원조의 설계는 1950년대의 그것과 매우 비슷해 보인다. 다만 규모가 커졌을 뿐이다"(ODI 2016: 7). 2016년에는 인도주의 원조 관련 단체들이 광범위한 공약에 합의한 대타협의 형태로 새로운 인도주의 원조에 관한 협정이 체결되었다 (글상자 9.3).

개발 분야와 마찬가지로 NGO와 여타 인도주의 행위자들의 책무성은 시급한 문제로 남아있다 (Uvin 1998). 2019년에 이르자 인도주의 활동의 책무성 문제가 '이 분야의 미니 산업'이 되었고(Sandvik 2019: 2), 그 주된 산물 중의 하나가 인도주의의 질과 책무성에 관한 핵심표준(CHS: Core Humanitarian Standard on Quality and Accountability)이다. 이 헌장은 이전의 다양한 사업을 종합하여 인도주의 활동 단체와 개인이 질과 효과성을 개선하기 위한 9개의 공약을 제시하고, 지원 대상의 권리와 필요를 인도주의 개입의 중심에 확고히 위치시키는 것을 목표로 한다. 그러나 2018년 옥스팜 스캔들을 보면 아직 갈 길이 멀고, 자체 규제는 작동하지 않고 있음을 보여준다 (글상자 9.4).

글상자 9.3   2016년 인도주의 활동의 대타협

2016년 5월, 원조 공여국 18개국과 (UN 산하기관, INGO, 적십자 등을 포함한) 16개 원조 기관은 인도주의 활동 10개 주제 영역의 총 51개 공약을 제시한 '대타협' 협정을 서명하였다.

1. 더 높은 투명성
2. 지역과 국가의 인도주의 활동에 더 많은 지원
3. 현금 기반의 지원 확대 및 관리
4. 중복과 관리 비용 감축
5. 원조 요구에 대한 공동, 공정 평가
6. 원조 수혜자를 원조 의사결정에 포함(참여의 혁명)
7. 협력적 다년 계획과 자금 지원 확대
8. 공여자의 특정 목적 기부 축소
9. 표준화, 단순화된 보고 의무
10. 인도주의 행위자와 개발 행위자 사이의 소통 확대

   4년이 지난 시점에 독립 조사단은 인도주의 원조체제의 협업과 일관성이 높아졌으나, 지역 행위자의 능력 강화, 자금 지원의 질 제고, 현금 사업의 관리 강화 등 중요 문제를 개선하지 못했다고 지적하였다. 예를 들어, 매우 작은 액수의 인도주의 지원이 지역의 인도주의 활동 행위자에 배분되고 있으며, 그들이 직면하는 제약과 도전에 대한 상세한 이해가 결여되어 있다. 2017년에 전 세계 인도주의 지원 총액의 2.9%가 지역과 국가 행위자에 제공되었다. 이는 그 전년도의 2%보다 다소 증가한 것이다.

출처: Ali *et al.* (2018); https://interagencystandingcommittee.org/grand-bargain

글상자 9.4   옥스팜 스캔들과 #에이드투(AIDTOO)

영국옥스팜의 2011년 아이티 지진 구호에 참여한 일부 직원들이 어린이를 학대했다는 주장이 매체에 헤드라인으로 2018년 보도되었다. 옥스팜은 관련자에 제재를 가했으나 비판자들은 그것이 불충분하며, 더욱이 그 단체가 스캔들을 은폐하려 했다고 주장했다. 그 결과 대표이사와 부대표가 사임하고, 옥스팜은 심각한 재정적 타격을 입었다. 이어서 불거진 'NGO 세이프가딩 스캔들'로 제3섹터에서 더 광범위하게 괴롭힘이나 성희롱과 같은 다른 형태의 학대가 드러났다. 예를 들어, 미국에서 성폭력 생존자들을 지지하기 위해 수년간 전개된 #미투 운동이 2018년에 전 세계적인 주목을 받게 되면서, 원조 분야 종사자들 사이에 #에이드투(#aidtoo) 운동이 전개되고 인도주의 원조 분야의 성폭력 문제가 부각되었다 (Gillespie *et al.* 2019). 이 모든 것은 이 장에서 언급된 더 윤리적이고 책무성을 담보하는 인도주의 활동 원칙을 추구하는 이전의 노력이 얼마나 성과가 있는지에 중요한 의문을 제기하게 되었다. 반면 일부에서는 이러한 문제를 NGO와 원조 공여자들이 관리주의적인 방식으로 대응하는 데 대해 우려하였고, 또 '세이프가딩'과 같은 용어가 또 다른 '개발 유행어'가 되고, '인도주의적 도덕성의 범위'에 대한 더 어려운 질문이 제기되거나, '환원주의적 형태의 책무성'의 리스크를 우려하였다 (Sandvik 2019: 4).

국제 NGO, 지역 NGO와 인도주의

인도주의 활동은 NGO가 비판을 받은 분야이다. 그 지지자들은 NGO의 노력이 효과가 없고 제대로 조정되지 못했다는 데에, 비판자들은

NGO 개입의 속성에 대해 문제를 제기한다.

1990년대 초에 이미 NGO의 인도주의 활동은 여러 기관들 사이의 조정을 제대로 하지 못하는 데 대해 비판을 받았다. 그들이 성과를 보이고 모금하기 위해 노력하는 가운데, NGO는 종종 필요한 사람들에게 도움을 주는 임무를 두고 자기들끼리 경쟁을 한다고 비판을 받았다(Uvin 1998). 이는 보기에도 안 좋았지만, 자원은 부족하고 필요는 시급한 상황에서 비효율적인 활동 방식이었다.

더 심각한 비판은 NGO가 정부나 지역 자원봉사단체의 노력을 훼손하는 것처럼 보일 수 있다는 점이다. 수단의 입장에서, 아티(Abdel Ati 1993: 113)는 다음과 같이 기술하였다.

사진 9.1 ▌라이베리아에서 NGO 직원이 긴급 의료 서비스 제공
출처: Merlin

장기적 개발 전망에 있어서 NGO체제의 가장 심각한 효과 중의 하나는 지역에 기반을 둔 자원봉사단체들을 현장에서 밀어내는 것이다. 이들 지역단체는 외국 NGO의 재정적 자원과 물자 지원, 토착단체들에게는 가능하지 않은 형태로 체제에 편입될 수 있는 가능성을 고려하면 결코 경쟁할 수 없었다.

2000년 모잠비크 홍수 이후 인도주의적 활동의 사례는 NGO 개입의 장단점, 특히 INGO와 지역 파트너의 사이에서 부각되는 어려운 관계에 대한 교훈을 제공해준다 (글상자 9.5). 이들 이슈는 계속해서 문제가 되어 왔다. 2015년의 한 보고에 의하면 지역 NGO가 더 신속하고, 비용-대비 효과적이며, 국제 NGO보다 더 리스크를 감수한다는 주장에도 불구하고, 인도주의 자금 지원의 2% 미만이 직접 지역 NGO에 전달된다 (Van der Zee 2015).

메리지(Marriage 2006)는 수단, 시에라리온, 르완다, 콩고에서의 NGO의 긴급 지원에 관한 데이터를 통해서 심각한 갈등 상황에서 구호 활동의 실제 결과와 인도주의 원칙의 국제 선언에 설정된 목표의 미사여구 사이에는 엄청난 불일치가 있다고 주장한다. 제한된 자원을 어디에, 누구에게 제공할지의 결정은 빈번히 원칙보다는 현실적 판단에 의해서 이루어진다. 그는 NGO가 이러한 분명한 모순을 어떻게 해소하는지 이해하기 위해 심리학적 개념인 '인지 부조화'를 이용하여, NGO가 그 선언에 설정된 많은 규칙을 따르지 않음을 보여준다. 이러한 인도주의적 개입은 부유한 국가가 전략적-정치적 중요성이 미미한 국가에 제공하는 인도주의 지원을 뒷받침해주고 기능적 목표보다 명목상의 목표를 부여하는 '정치적으로 기능적인 도덕성'이라는 더 넓은 맥락 속에 위치한다.

글상자 9.5 모잠비크 홍수 사태에서의 NGO 활동

모잠비크 적십자(CVM: Cruz Vermelha de Mocabique)는 국가, 국제 지원의 초점이 되어, 170만 달러의 기부금을 받았으며, 그 중 3분의 1은 모잠비크 국내에서 모금된 것이었다. CVM은 피해자의 약 절반에 해당하는 30만 명에게 서비스를 제공했으며, 자원봉사자 683명이 활동했다. CVM은 모잠비크 국민들로부터 국내의 지원을 많이 받았기 때문에 신속히 대응할 수 있었으며, 이어서 국제적십자 연맹, 적신월사(Red Crescent Society) 등 여러 국제 NGO의 지원이 이어졌다. 크리스티와 핸런(Christie and Hanlon 2001)은 이 홍수 사태에서 NGO의 진가가 증명되었다고 다음과 같이 주장하였다. "그들 다수는 유연하게 대응했고 홍수 중, 그리고 이후 재건 기간 중 긴요한 서비스를 제공하면서, 그들이 현재의 논란이 많은 개발 기관으로서보다는 전통적인 긴급 구호 조직으로서 더 효과를 발휘할 수 있음을 보여주었다. 그러나 NGO는 과거 10년의 교훈에서 배우지 못하여, 여전히 모욕적이고, 건방지고, 비효율적이며, 특히 자기들끼리, 또 지역 정부와 협력하지 못하는 모습을 보여주었다. 아마도 NGO의 가장 큰 문제는 중앙 통제였다. 유럽 또는 미국의 본부가 마푸토 사무소에 지시하고, 마푸토 사무소는 현장 직원에게 지시하는 가운데, 현장의 지식과 전문성은 무시되고 지역의 협력은 무산되는 것이었다"(pp. 100-101). 관련된 또 하나의 문제는 국제 NGO가 자금을 신속히 사용해야 하는 압박을 받았다는 사실이다. 예를 들어, 한 영국 NGO는 재난긴급위원회를 통해 기부된 돈을 빨리 사용하라는 많은 압력을 받았다. 의사결정에 '수혜자'들이 어떤 형태로든 참여하는 것이 바람직했으나, 시간이 촉박하여 현장에서 논의할 시간은 거의 없었다.

출처: Christie and Hanlon (2001)

인도주의 활동과 '복합 긴급사태'

냉전 종식 이후 UN이 '복합적 정치적 긴급사태'라고 지칭하는 상황, 즉 종종 복잡한 사회, 경제, 정치적 원인을 가진 내전으로 촉발된, 다양한 원인에 의해 초래된 인도주의적 위기가 증가하였다. 1960년대에는 UN이 인정한 미해결 전쟁이 10회 있었으나, 1993년에는 그러한 전쟁이 50회 있었고, 이 중 90%는 내전, 절반 이상은 UN이 정의하는 '복합 긴급사태'였다. 이들 분쟁은 중요 인도주의 위기로 간주되었고, 평화유지 활동을 포함하여 UN체제 전체의 대응을 요구했다 (Duffield 1994).

이 복합적 긴급사태는 더필드(Duffield 2002)가 '자원 전쟁'이라고 지칭하는 다른 형태의 인도주의 위기로 간주되었다. 이러한 갈등 상황에서는 폭력은 붕괴나 기능 장애를 반영하는 것이 아니라, 특정 집단이 제한된 환경 자원과 세계 경제로부터의 소외라는 맥락에서 생존을 위한 합리적 전략으로 이용되는 것이다. 따라서 근본적으로 정치적인 이들 갈등은 긴급사태의 원인에 대응하는 프로그램의 설계와 제공이 요구된다. 이이드와 윌리엄스(Eade and Williams 1995: 812)는 다음과 같이 기술한다.

자연 현상에 의한 재난과 달리 복합적 긴급사태는 기존의 사회, 정치, 경제, 문화적 구조에 내재되어 있고, 그들이 표출된 것이다. 복합적 긴급사태는 모든 것을 포괄하고, 사회의 모든 측면, 모든 사람의 삶에 관련된다.

재난과 갈등의 근저에 있는 원인은 약한 국가, 사회적 불평등, 자원을 둘러싼 경쟁 등 개발의 뿌리 깊은 문제들과 복잡하게 연계되어 있다. '복합적 정치적 긴급사태'라는 용어의 사용은 세계 여러 지역에서 불안정과 무질서가 거의 영속적인 상황이라는 사실에 대한 새로운 인식을 반영한다. 개발은 더 이상 단순한 단선적 현상으로 이해되지 않으며, '개발'과 '구호'를 명확히 구별하는 재래의 생각은, 특히 긴급사태가 재발하거나 지속되는 상황에서는, 더 이상 타당하지 않은 것으로 보이기 시작했다.

1990년대에 복합적 정치적 긴급사태에서 활동하는 데 있어서 NGO는 새로운 실무적 도전에 직면하였으며, 새로운 기술과 새로운 모델을 개발해야만 했다 (Cushing 1995). 여기에는 더 정교하고 전문화된 정치 분석, 협상과 분쟁 해소의 새로운 기술, 더 광범위하게 취약성을 포착하는 도구, 갈등 종식 후 시민사회 재건을 위한 장기적 접근 등이 포함된다 (글상자 9.6 참조). 또 NGO가 독자성을 유지하면서 군부와 협력하는 데 있어서 미세한 균형을 잡는 일도 포함된다 (다음 장에 논의된 원조의 안보화 참조).

또 인도주의 위기와 인도주의적 개입의 정치화는 NGO의 독자적 활동을 점점 더 어렵게 한다. 외부의 간섭을 막으려 하거나, 서구 중심적 성격의 원조에 대해 우려하는 국가는 외국의 지원을 거부하는데, 이는 NGO가 복합적 긴급사태에서 전개하는 활동을 점점 더 제약한다 (Maietta *et al.* 2017).

콜리어(Collier 2007)는 내전이 극도의 빈곤을 지속시키는 데 기여하는 '덫' 중의 하나라고 보았다. 그는 세계에서 가장 빈곤한 10억 명 중 73%가 어떤 형태의 내전을 겪고 있거나 과거에 경험한 사람들이다. '불만의 객관적 측정치'와 '저항의 성향'과의 관계에 관한 대규모 통계 분석에서 콜리어는 쌍방향 인과관계를 발견하였다. 즉, 저소득 국가에서는 특히 내전 발생 가능성이 높으며, 내전은 '개발을 거꾸로

글상자 9.6 　분쟁에 의해 피해를 입은 농촌의 생계와 NGO의 개입

아프가니스탄이나 시에라리온의 사례에서 보았듯이 인도주의적 지원, 사회적 보호, 장기적 개발을 연결하는 문제는 복잡한 이슈들을 제기한다. 재래의 생각에 근거한 인도주의적 지원은 단편적, 프로젝트 기반의 '위기 대응 사고방식'에 의해 추진되는 경향이 있는 반면, 더 개선된 접근은 지역의 생계를 지원하고, 미시 수준의 '대처' 전략과 중간 수준 및 거시 수준의 더 광범위한 제도적 지원을 구축한다. 특히 많은 NGO의 대응이 단기적이고 '공급 주도적'이라는 사실은 문제가 된다. 서비스 제공에 대한 '정상적인' 정부의 관리 기능, 농업 서비스 제공에 있어서 더 경쟁적인 민간 부문의 상업적 역할 등 장기적으로 '반응적인 제도적 틀'이 구축될 가능성이 줄어들기 때문이다. 그 결과 "NGO는 공동체 기반 접근을 추진하는 데 있어서 빈번히 상이한 목표를 혼합하게 되고 그 자체가 목표가 되어 버린다"(Longley *et al*. 2006: 53).

돌려서' 국가를 빈곤하게 만든다 (p. 27).

　종종 '취약 국가'로 불리어지는 그러한 나라들은 높은 수준의 빈곤과 불평등, 내-외적 갈등과 충격에의 취약성, 테러 활동이 생길 수 있는 잠재적인 지역이라는 특징이 있다 (Putzel 2007). 실제로 탈냉전기의 전반에 걸쳐 부유한 서구 국가들은 자신들의 안정을 위협하는 이민, 갈등, 테러 등의 혼란을 '봉쇄'하는 노력의 일환으로 구호와 개발 원조를 사용하였다.

테러와 원조의 '안보화'

인도주의 행위자들과 군사 행위자들 사이의 관계는 인도주의 원조 분야의 또 다른 중요한 측면이다. 제2차 세계대전 후 1948년 베를린 공수 구호 활동에서 군대가 행한 역할이나 방글라데시군이 사이클론과 홍수위기 대응에 참여하는 사례와 같이 이들 사이에는 오래된 관계가 있다. 그러나 그 관계는 세월이 흐름에 따라 점차 변화하였다. 휠러와 하머(Wheeler and Harmer 2006: 1)는 다음과 같이 지적한다.

> 자연재해에 대한 군대의 통상적인 대응과 더불어, 복합적 긴급사태에 대한 국제적 대응은 점점 더 평화유지나 군대가 주도하는 임무를 요구하게 되었다. UN, 지역 기구, 주요 서구 국가들의 국내적 분쟁에 대한 대응에 있어서 개입주의가 강화되면서 군사적 측면과 인도주의적 측면의 상호작용에 새로운 문제들이 부각되었다.

군사 행위자들의 역할은 전쟁 수행을 넘어서 민간인 보호나 재건 활동 지원과 같이 점점 더 인도주의적 활동의 목표와 관련되는 임무를 포함하게 되었다. 2001년 아프가니스탄 침공 중 미군기는 집속 폭탄과 식량 패키지를 함께 투하하였다. 미군이 이라크 공격 계획을 확정하면서 USAID는 전장에서 활동할 NGO를 충원하였다 (Lischer 2007). 군에서 볼 때 NGO는 지역 주민의 지지를 확보하는 전략의 일부로서 특히 매력이 있었다. 군대는 지역의 신뢰를 얻기 위해 빈번히 식량과 기타 원조를 제공하였고, 그 대신 적에 대한 정보를 수집하였다 (Franke 2006). 이러한 유형의 활동에 있어서 군의 참여 확대는 인도주의 지원을 잠식할 위험이 있다.

민간-군사 협력에 대한 하나의 가능한 전략적 접근은 서로의 비교우위 요소에 근거하여 신중히 임무를 분장하는 것이다. 프랭크 (Franke 2006: 18-19)에 의하면

> 군대는 기술 및 병참 지원, (수도, 전력, 도로 등) 기간 시설 재건 지원, 동원 해제 및 지뢰 제거 등 안보 관련 지원을 제공함으로써 민간 인도주의 활동 기관을 지원해야 한다. (오직) 예외적인 상황에서만 이 군대가 직접 지원을 제공해야 한다. 왜냐하면, 그것은 인도주의 지원을 정치화-군사화할 위험이 있기 때문이다.

그러나 군 장교와 NGO 간부들은 상대 기관과 그 운영 절차에 대해 잘 이해하지 못하기 때문에 협력이 어려울 수 있다 (Heaslip *et al.* 2012).

2001년 9·11 테러와 그에 따른 '대테러 전쟁'으로의 정책 변화 이후 원조 분야에는 NGO에 영향을 미치는 더 많은 변화가 있었다. 예를 들어, 인도주의 지원의 정치적 맥락이 달라지고 있다. 1990년대를 통해 갈등과 빈곤 사이의 강한 연관성이 관찰-기록된 한편, 이 관계가 2001년 이후 더욱 널리 인식되었으며 새로운 원조정책에 반영되었다. 9·11 테러 이후 세계의 분위기에서 불안정을 억제하는 의제가 다시 국제개발정책의 전면에 부각되었다. 그 결과 중의 하나는 하머와 맥레이 (Harmer and Macrae 2003)가 지칭한 '원조의 안보화'이다. 거기에는 (기존에는 개혁을 기꺼이 수용하는 국가에 투자한 데 비해) 안보 위협을 줄이기 위해 '실패 국가'에 대한 미국의 개입 증가, 불안정 사태에 대해 군사, 정치, 인도주의 대응의 연계 증가, 군사 활동과 복지 활동의 밀접한 연계 등의 추세가 포함된다.

이라크에서 식량 원조는 점령군의 관여가 요구되는, 특히 재건과 안정화 과정의 불가분의 일부로 간주되었다. 따라서 '대테러 전쟁'과 국가 건설 임무 사이에는 긴장이 존재한다. 아프가니스탄과 이라크의 전

쟁은 인도주의 지원을 제공하면서, 동시에 능력과 정통성이 약한 과도 행정부를 상대하는 NGO들에게 어려운 문제를 야기하였다. 오늘날 이들뿐 아니라 다른 나라에서도 분쟁은 계속되고 있다. 이러한 맥락에서 서구 군대와 협력하는 NGO는 중립성을 유지하기 어려운 현실에 직면하게 되고, 사실상의 정부 기관으로 간주될 수 있다 (Lischer 2007).

이라크전쟁과 그 이후 벌어진 위태로운 '분쟁 후' 상황은 보건, 교육, 수도와 같은 기간 시설과 서비스 제공에 있어서 인도주의단체가 영리를 목적으로 하는 민간 '인도주의 산업'과 경쟁해야 하는 새로운 시대를 열었다 (Harmer and Macrae 2003). 인도주의 행위자들은 더 복잡한 환경에 직면하고 있으며, '중립성, 불편부당성, 독자성' 원칙을 유지하려면 갈등과 분쟁의 정당성과 적법성에 관해 갈수록 어려운 판단을 내려야 하게 되었다.

결론

인도주의의 생태계는 계속 변화하며, NGO도 그에 따라 변화해야 한다. 세계는 분쟁 발생 빈도나 유형의 큰 증가에 직면해 있다. 그것은 인도주의적, 경제적, 사회적 비용 측면에서 점점 더 많은 사회에 피해를 입히고 있다. 오늘날 재난, 기아, 무력 분쟁의 원인과 결과는 이전보다 더 복잡한 것으로 이해되며, 기후 위기 및 전 지구적-지역적 불평등과의 연계가 더 명확해지고 있다.

최소한 3개의 교훈이 부각되고 있다. 첫째, 구호 활동은 점점 더 정치적으로 중립적이지 않음이 이해되고 있다. 왜냐하면, 정치적 요소는 자원에 대한 접근을 제약하며, 원조 자체가 정치적 자원이 되기 때

문이다. 둘째, 구호 활동이 전개되는 방식은 지속가능성과 사회-경제
체제의 구축-재구축에 영향을 미친다. 인도주의 지원을 제공하는 국제
NGO와 지역 NGO (그리고 종교단체나 시민운동 등 신규 진입자들)
사이의 공평한 관계를 구축하는 과제는 그러한 지속가능성을 성취하
는 데 있어서 계속 문제로 남아있다. 셋째, 약한 국가 기관 및 제도, 심
각한 사회적 불평등, 자원에의 접근을 둘러싼 지속적인 경쟁 등 개발
에 있어서의 오래된 문제들과 재난 및 분쟁의 근저에 있는 원인은 복
잡하게 연계되어 있음을 인정하게 된다.

　원조의 안보화 및 군사화 증가, 국제 난민과 이민에 대한 언론 보
도, 세계 각지의 지속되는 장기적 분쟁은 NGO에게 어려운 문제를 제
기한다. 그들이 부유한 국가를 '불안정하게 하는' '혼란 봉쇄' 노력의
일부분이 되거나 또는 그렇게 보일 수 있기 때문이다. 인도주의 활동
에 관여하는 NGO는 복잡한 '다중 책임' 역할을 구축해야 하고, 서비
스 제공, 인권 활동, 분쟁 해소, 안보, 홍보, 로비, 정책주창과 같은 활
동을 조합해야 하는 도전에 직면해 있다. 2016년 발간된 인도주의 체
제에 관한 한 주요 보고서는 "인도주의 활동은 그것을 결정하는 정치
의 공간에서 벗어날 수 없다"는 분석을 근거로 인도주의체제는 목적에
부합하지 않는다고 결론 내렸다 (ODI 2016: 7).

　코로나-19 대유행은 상호 연결된 세계에서 인도주의 긴급사태가 부
유한 국가를 포함한 거의 대부분의 국가에 영향을 미침을 극명하게 보
여주었다. 따라서 인도주의 분야는 긴급사태를 감시하고 그것이 글로
벌 위기가 되기 전에 대응할 수 있는 조기경보체제 개발을 더 강조할
것이다. 2004년 아시아 쓰나미 이후 설치된 해수면 감시체제와 유사
하게, 보건 감시체제는 미래의 전염병에 대한 조기경보를 제공해주고,
당국이 대응할 시간 여유를 주어서 그 영향을 줄일 수 있을 것이다. 현

장에서 가까운 조직으로서 NGO는 그러한 조기경보체제에서, 특히 의료보건 인프라가 취약한 국가에서 핵심 역할을 할 수 있다.

 요약

- 인도주의 재난 및 분쟁은 많은 나라에서 NGO의 형성을 촉진했다.
- NGO의 인도주의 활동과 개발 활동을 구분하는 것이 일반적이지만, 많은 사람들은 그들 사이의 연계성과 연속성을 더 주의 깊게 봐야 한다고 주장한다.
- 아프가니스탄과 이라크 전쟁은 국가 건설, 군과의 긴밀한 협력을 통한 활동, 민간 위탁계약자로서의 역할 등과 관련하여 국제 NGO에게 어려운 실무적, 정치적 과제를 주었다.
- 구호 활동에 참여하는 NGO 종사자들은 여러 맥락에서 더 많은 폭력에 노출되었으며, 또 활동의 관리, 현지화, 조직 내-외의 인권 보호 문제로 비판을 받게 되었다.
- 오늘날 인도주의체제는 압박을 받고 있으며, 개혁이 시급히 필요하다고 평가되고 있다.

🗐 토론 주제

1. 인도주의 활동은 개발 활동에 대해 얼마나 큰 도전이 되고 있으며, 이 둘은 별개로 취급되어야 하는가?
2. 제3섹터의 행동수칙은 인도주의 분야에서 활동하는 NGO의 책무성과 성과를 높이는 데 기여하는가?
3. 원조와 안보를 연계하는 것은 NGO에게 어떤 의미를 주는가?
4. NGO는 인도주의 분야에 새롭게 진입한 많은 행위자들과 어떻게 함께 일해야 하는가?
5. 인도주의 NGO나 기타 NGO들이 이용하는 다양한 시각적 이미지로부터 무엇을 배울 수 있는가? (사진 1.4와 8.1 참고)

❖ 추가 읽을거리

Duffield, M. (2002) 'Social reconstruction and the radicalization of development: aid as a relation of global liberal governance', *Development and Change*, 33 (5): 1049–1071. 분쟁 상황에서 인도주의 활동이 전개되는 맥락을 이론적으로 개괄함.

Baughan, E. and Fiori, J. (2015) 'Save the children, the humanitarian project, and the politics of solidarity: reviving Dorothy Buxton's vision', *Disasters*, 39 (S2): 129–145. 인도주의 NGO 활동 속에서 지속적으로 제기되는 주제를 조명하는 귀중한 논문.

Hilhorst, D. and. Jansen, B. J. (2010) 'Humanitarian space as arena: a perspective on the everyday politics of aid', *Development and Change*, 41 (6): 891–905. 인도주의와 정치를 둘러싼 긴장을 자세히 설명하는 논문.

Longley, C., Christopolos, I. and Slaymaker, T. (2006) 'Agricultural rehabilitation: mapping the linkages between humanitarian relief, social protection and development', *Humanitarian Policy Group Research Report*, April 22, London: Overseas Development Institute (ODI). 이 보고서는 구호 활동과 개발 활동이 실제로 어떻게 연결되는지 검토.

ODI (2016) 'Planning from the future', www.planningfromthefuture.org. 런던 킹스칼리지의 정책연구소(Policy Insitutue), 런던 소재 해외개발연구소의 인도주의 정책단(Humanitarian Policy Group at the Overseas Development Institute), 터프츠대 파인스타인 국제센터(Feinstein International Center)가 발간한 이 보고서는 인도주의 활동의 미래에 관심 있는 독자들에게 좋은 자료가 됨.

❖ 유용한 웹사이트

www.thenewhumanitarian.org
독립적, 비판적 시각에서 쓴 인도주의 이슈에 관한 훌륭한 최신 언론 자료.

www.odi.org.uk/hpg.org
해외개발연구소의 인도주의 정책단은 인도주의 정책과 실무를 연구하는 이 분야 리더이며 높은 수준의 연구를 생산하고 블로그를 운영한다.

https://corehumanitarianstandard.org/the-standard/history
핵심 인도주의 기준(The Core Humanitarian Standard)은 인도주의 책무성 파트너십(Humanitarian Accountability Partnership), 피플인에이드(People In Aid), 스피어(Sphere) 등 이전 시도를 바탕으로 협동한 결과물이다.

https://fic.tufts.edu/
터프츠대 파인스타인 국제센터는 위기에 처한 사람들을 지원하는 정책 결정에 있어서 필요한 증거에 관해 연구하고 그것을 확산하는 역할을 한다.

개발 NGO에 대한 성찰과 전망

서론

제1장에서 우리는 개발 NGO가 중요하고 높은 위상을 가진 행위자가 되었고, 비판자와 지지자가 있음을 보았다. NGO가 담당하는 다양한 개발 활동과 조직으로서의 NGO의 다양성을 이해하는 것의 중요성을 논의했다. 어떤 사람들은 비용-대비 효과, 유연한 서비스를 제공하기 때문에 NGO를 선호하지만, 다른 사람들은 혁신을 추구하고, 정책 변화와 사회구조 변화를 주장하는 NGO의 중요성을 강조한다. 많은 사회에서는 NGO가 '좋은 일을 할 수 있는' 조직이라는 생각을 널리 받아들이고 있다 (Lashaw *et al.* 2017).

NGO를 과도하게 칭송하던 1990년대의 도취 상태가 지나고, 오늘날에는 NGO가 성취할 수 있는 일과 없는 일에 대한 더 현실적인 시각이 있으며, NGO를 단순히 '틈을 메꾸는' 존재로 보는 생각에서 탈피하여, NGO가 새로운 아이디어와 실제의 잠재적인 원천이 될 수 있다고 보는 보다 정교한 이해가 존재한다. 그린(Green 2008: 13)이 주장한 것처럼 '활발한 시민과 효과적 국가' 구축이 21세기의 효과적인 개발의 핵심이라고 한다면, NGO는 계속해서 중요한 역할을 수행할 것이다. 마쿠위라(Makuwira 2014)는 NGO가 사업 수주와 서비스 제공에서 탈피하여 정치 참여와 연대를 통한 행동을 지향한다면 낙관할 만한 충분한 근거가 있다고 본다.

제2장에서 우리는 현대 사회가 규정된 방식의 변화, 특히 국가의 역할 변화에 따라 NGO의 부상을 분석하는 것의 중요성에 대해 논의했다. 우리가 살펴보았듯이 갈수록 확산된 신자유주의 글로벌 거버넌스의 틀 속에서 NGO라는 아이디어는 유연한 형태의 조직을 대표하게 되었다. 우리는 세계 여러 지역에서 개발 NGO가 기원한 다양한 맥락을 인식할 필요가 있음을 지적하였고, 과도한 일반화의 위험에 대해 고려하였다. 하나의 맥락에서 NGO가 만들어지고 인식되는 양상이 다른 맥락에서도 반드시 같은 것은 아니다.

제3장에서는 개발이론의 쟁점들과 여러 이론적 전통 속에서의 개발 NGO의 위치에 대해서 살펴보았다. 개발 NGO는 더 넓은 자본주의 개발 과정이 전개되는 맥락과 좁은 의미에서 사업 및 프로그램 실시에 참여하는 행위자의 맥락에서 모두 이해될 수 있다. 또 우리는 NGO가 참여, 젠더, 권리 등에 관한 아이디어를 포함하는 개발의 이론과 실제에 영향을 미친 양상을 검토하였다. 그러나 제4장에서 보았듯이 개발 NGO는 주로 개발의 실무의 맥락에서 성과를 남긴다. 그들은 공동체 수준에서의 참여, 역량강화, 젠더 평등에 관한 대안적 아이디어 구축을 지향하는 인간중심 개발이라는 접근을 만드는 데 기여했다. NGO

는 빈곤, 권력, 사회적 불평등, 주류 개발 기관이 관행에 대한 도전 등과 관련해서 더 광범위하고 구조 변혁적인 활동을 시도했으나, 결과는 일관되지 못했다.

제5장에서 우리는 서비스 제공, 촉진, 파트너십 등 NGO가 개발에 있어서 수행한 주된 역할에 대해 살펴보고, 그 긍정적, 부정적 사례를 검토하였다. 지역의 맥락과 수요에 관한 NGO의 우월한 지식에 기초한 질 높은 서비스 제공의 사례가 있는 반면, 질 나쁜 서비스 제공의 사례나 서비스의 지속가능성에 대한 우려의 목소리도 있다. 비슷하게 NGO의 캠페인, 동원, 정책주창 활동에도 중요한 성공 사례도 있으나, 많은 경우 NGO의 영향은 비교적 작다. 왜냐하면, NGO는 자신들이 대표해주고자 하는 사람들에 대한 책무성을 완수하는 데 어려움을 겪기 때문이다. 파트너십과 관련해서 우리는 NGO가 정부, 민간 부문 조직들과 함께 '다원주의적 조직체의 세계'임을 보았다. 여기서는 시너지가 가능하지만, 역할이 효과적으로 조합되기 위해서는 적절한 정보에 입각한 정책 결정이 필요하다. 전반적으로 우리는 NGO의 역할에 관한 너무 많은 일반화에 반대하며, 특정 단체나 맥락에서 도출된 증거의 분석에 근거한 접근을 선호한다.

제6장에서 우리는 NGO와 점점 더 연계가 되고 있는 '시민사회' 개념의 복잡한 이론적 기원을 탐색하고, 자유주의와 급진적 전통을 대비시켜 구분하였다. 우리는 NGO가 단순히 시민사회와 동일시될 수 없으며, 시민사회 내의 중요한 행위자임을 보았다. 또 우리는 개발 NGO가 더 광범위하고, 포괄적인 시민사회 담론과 원조 공여자들이 주도하는 바람직한 거버넌스 틀에 가려지게 된 사실을 보았다. 바람직한 거버넌스는 개발을 비정치화하는 데 빈번히 이용되었고, 권력을 둘러싼 협상의 공간으로서의 시민사회의 역할을 경시하였다. 시민사회의 한

행위자로서 NGO는 단순히 국가를 축소하고 시장의 역할을 강화하는 신자유주의 의제를 따르는 것이 아니라, 효과적-반응적이고, 책무성을 이행하는 국가 형성에 기여한다면 의미 있는 존재가 될 수 있다.

제7장의 세계화라는 광범위한 주제로 넘어가서, 우리는 개발 NGO가 어떻게 지역의 풀뿌리 행동과 국제 활동가 네트워크의 강화에 혜택을 받았고, 시장의 힘에 어렵게 맞서 왔는지를 살펴보았다. 기업의 사회적 책임과 공정무역이라는 주제의 부상은 개발 NGO가 시장에 영향을 미치려 시도했던 분야이다. 그러나 이런 유형의 시도는 아직 미완성이며, 그 효과나 결과가 일관되지 못하다. 제8장에서 우리는 많은 단체가 활동하면서 자원을 충당하는 더 광범위한 원조 산업과 개발 NGO와의 관계에 관해 분석하였다. 우리는 개발 NGO를 단순히 원조 산업의 연장 이상으로 보아야 한다고 지적하였다. 많은 개발 NGO들은 다른 자금원에서 자원을 충당하며, 그들은 대부분 복잡하고 다양한 지역의 활동의 역사에 뿌리를 두고 있기 때문이다. NGO는 원조에 의해서 움직여지고 변화되지만, 또한 개발에 대한 비판자로서 개발원조의 세계에 영향을 미쳐온 것으로 볼 수 있다.

끝으로 제9장에서 우리는 NGO가 오랫동안 관여했고, 갈수록 그들의 위상이 높아지고 있는 인도주의 활동에 대해 고찰하였다. 우리는 재난 구호와 분쟁 개입 분야에서 NGO의 변화하는 역할과 그러한 활동이 개념화되는 다양한 방식에 대해 분석하였다. 우리는 '복합 긴급사태' 담론의 의미에 대해 논의했고, 갈수록 더해지는 개발과 안보의 연계에 대해 검토하였다. 여러 의미에서 재난 구호 분야에서 나타나는 조정과 지속가능의 문제는 평상시에 개발 NGO가 직면하는 문제의 극단적인 버전이라고 할 수 있다. 끝으로 우리는 NGO의 인도주의 활동은 점점 더 서비스 제공의 기술과 전문성, 분쟁 해결, 인권, 정책주창 활동 사이에서 힘들게 균형을 잡아야 함을 보았다.

이전의 논의에서 우리는 NGO와 개발에 대한 비판적이고 규범적인 광범위한 문헌을 검토하였다. 그 결과 NGO를 이해하는 데 있어서 다섯 가지의 다른 접근을 구분해볼 수 있었다 (표 10.1).

표 10.1 개발 NGO를 이해하는 다섯 가지 주요 접근

기본적인 접근	핵심 아이디어
'민주화'와 NGO	NGO는 그것이 비공식적 풀뿌리 집단이든 전문가집단화된 개발 기구이든 상관없이 공공 영역에서의 시민 행동의 표현이다. NGO의 활동은 정책에 대한 시민의 참여 과정과 발언권을 강화해줌으로써 민주주의 심화에 기여한다. 자유주의 접근은 시민사회와 관련하여 '사회자본'과 신토크빌주의적 아이디어를 강조하고, 급진적 접근은 그람시를 강조할 것이다. 그러나 이 시각에 대한 비판자들은 NGO의 취약한 책무성과 '비시민적' 사회의 문제를 지적한다.
'민영화'와 NGO	NGO가 가진 강점의 핵심은 그들의 '민간'으로서의 속성과 정부와의 차별성이 주는 장점과 강점이다. 예를 들어, 그들은 공공의 선을 위해 혁신하는 '사회적 기업'이라고 규정되는 민간 비영리 행위자로서 기업과 효과적으로 협업할 수 있다. 또 NGO는 정부가 위탁하는 서비스를 제공하여 '국가 축소'에 도움을 주기 때문에 민영화 과정에서 유용한 행위자이다. 이 시각에 대한 비판자들은 NGO가 시민으로서의 덕목의 관념이나 개발에 있어서 효과적 국가의 중요성을 잠식한다고 지적한다.
'개발주의'와 NGO	NGO는 대부분의 원조 자금을 제공하는 양자간, 다자간, 민간 공여자들의 연장으로서, 개발 산업의 일부로 보는 것이 가장 적절하다. NGO는 개발주의적 아이디어를 지역 공동체에 주입하고, 근대화의 전령 역할을 하며, 오직 원조 기관과 개발 이념의 광범위한 세계를 고려해야만 제대로 이해될 수 있다. 이러한 역할에 관한 비판자들은 NGO가 관리주의 강조를 통해 지역의 문화를 파괴하고 대안적 사고를 억누르는 서구화의 파괴적 대리자로 본다.

계속 ▶▶

기본적인 접근	핵심 아이디어
'사회구조 변혁'과 NGO	NGO는 진보에 대한 대안적 사고와 변화의 도구이며 기존의 주류 정책에 도전하고자 노력한다. 따라서 NGO를 빈곤과 불평등 문제 해소를 위해 전 지구적으로, 지역적으로 활동하는 사회운동과 시민 네트워크의 일부로 보는 것이 가장 적절하다. 이 시각에 대한 비판자들은 혁신과 대안의 개발이 충분하지 않으며, 혁신적이고 영향력 있는 개발 NGO는 비교적 소수이기 때문에 그러한 일반화된 주장은 타당하지 않다고 본다.
'자선'과 NGO	주요 종교의 자선 관념, 개발 NGO가 중요한 역할을 하고 있는 어린이 후원과 같은 사례에서 볼 수 있듯이 NGO는 자선 활동의 국제체제 속에서의 중요한 행위자이다. 비판자들은 자선은 수혜자를 비하하는 것이며, '도움받아 마땅한 빈민'이라는 생각을 가진 이 접근은 빅토리아 시대의 도덕률을 연상시킨다고 지적한다.

모든 이러한 종류의 일반화가 그렇듯이 5개의 범주는 단지 개괄적인 것일 뿐이며, 경우에 따라 그들은 중첩되는 요소를 가진다. 그러나 이 표는 왜 폭넓게 다양한 시각과 입장을 가진 사람들이 NGO에 관심을 가지는지, 왜 NGO에 대한 논의와 논란이 빈번히 서로 동문서답을 하는 사람들 사이에서 벌어지는지에 대한 통찰을 제공한다.

NGO에 대한 회고

NGO는 처음에는 개발 분야에서 짧은 기간에 높은 위상을 가지게 되었다. 그들은 1960~1970년대에 상대적으로 덜 알려졌으나 1980년대에 갑자기 현저히 부각되었으며, 1990년대 초에 이르자 개발정책과 실무에 있어서 중심적 위치를 점하게 되었다. 이는 냉전 종식 및

MDGs 채택 후부터 '테러와의 전쟁'이 시작되기 전까지의 시기에 널리 퍼진 낙관주의와 동시에 나타났다. NGO는 지역 공동체와의 근접성을 통해 개발 활동을 풀뿌리 수준에서 근본적으로 변화시키는 잠재력을 가졌고, 유연성을 가지고 방만한 정부 및 정부 간 행위자들에 도전하며, 혁신적-효율적 방법으로 서비스를 제공하고, 더 바람직한 거버넌스와 역동적 시장에 기여하는 광범위한 시민사회 형성에 도움을 주는 것으로 간주되었다.

그러나 2000년대 초가 되면서 다양한 부정적 견해에 의해서 개발 NGO의 긍정적 역할에 대한 주장이 묻혀버렸다. 개발 NGO에 대해, 특히 일부 언론 보도(일련의 유명한 비판적 기사가 널리 확산됨)에서 비판이 점증하였다. 이들은 근본적으로 NGO가 자기들이 지원하는 공동체의 복지보다 조직의 지속성에 더 관심을 가진 자기 이익을 추구하는 조직으로, 정책과정에서 단지 자신들의 의제를 내걸면서 책무성을 이행하지 않는 이익집단으로, 변장한 국가 행위자로, 국가의 노력에 중복되거나 그것을 잠식하는 행위자로, 불공정한 서구 국제안보 의제에 기꺼이 도구로 이용되는 존재로 묘사되었다. 그러나 일반화된 반 NGO적 비판이나, NGO를 '마법의 탄환'으로 보는 낙관적 시각 모두가 타당하지 않다 (Bebbington *et al.* 2013).

이 책에서 우리는 NGO의 세계와 국제개발의 세계와의 관계가 어떻게 전개되어 왔는지를 보이고자 했으며, 개발에 있어서 NGO에 대한 기대, NGO의 성과 및 역할에 변화를 가져온 원인에 대해 분석하였다. 살펴본 바와 같이 NGO는 그 형태나 활동이 다양하다. NGO에 대해서는 비판자와 지지자가 다 있지만 계속해서 진화-변화하는 개발이론, 정책, 실무에 관한 논의에서 NGO는 불가결한 존재이다. 따라서 개발 NGO에 대한 이해에 접근하는 가장 합당한 방법은 특정성, 역사,

맥락을 중시하는 것이다.

NGO의 세계를 이해하는 데 한 가지 어려움은 이 주제에 대해 저술된 일관성 없는 문헌들을 섭렵하는 일이다. 개발 NGO에 관한 단행본과 논문은 드러나게 또는 은연중에 규범적 시각에 묶여 있어서, 많은 저자들이 개발은 선인가 악인가에 대한 자신들의 처방을 내리든가, 과도한 전문가집단화나 포섭의 결과 NGO가 사멸할 것이라고 예언하든가, NGO의 미래에 대한 자신들의 비전을 제시하려 한다. 개발 NGO가 크게 부각되는 현상이 더 광범위한 정책 이념의 변화와 긴밀히 연결되었기 때문에 NGO에 관한 문헌은 개발에 관한 어떤 다른 주제보다도 규범론적인 편향에 피해를 많이 보았다 (Lewis 2005).

개발 NGO는 의견을 양극화시키는 경향이 있었고, 이는 '친' NGO와 '반' NGO 저술의 형태로 이어졌다. 미틀린 등(Mitlin *et al*. 2007: 1715)이 지적했듯이 '모든 개발학은 규범적이며 … 그보다 중요한 것은 규범적 입장을 명확히 하고, 규범적 지향이 낭만적 주장이 되지 않도록 이론적 틀과 연계하는 것이다.'

이 책이 주장하는 한 가지 중요한 포인트는 개발 NGO는 매우 다양하기에 일반화는 현명하지 않으며, NGO의 분석은 오직 특정 제도적 맥락, 역사적 시기와 관련해서 행해져야 한다는 단순하지만, 핵심적인 통찰을 제공하려는 것이다. 한 지역에서 특정 NGO에 해당하는 사실이 다른 곳에서는 완전히 틀릴 수 있다. 예를 들어, 우리는 NGO에 대한 신토크빌주의적 시각에서 벗어나서, 현장에서 실제로 무슨 일이 일어나는지 세밀하게 분석하는 보다 '민족지학적' 시각을 채택할 수 있다 (Dijkzeul 2006). 버날과 그루월(Bernal and Grewal 2014)이나 라쇼 등(Lashaw *et al*. 2017)의 저술과 같은 최근의 문화인류학 문헌은 그러한 접근을 사용하여 이 분야에 새로운 통찰을 보여주기 시작했다.

그러나 우리는 특정 NGO의 세부사항을 넘어서 더 큰 그림을 그릴 수 있는 분석 방법을 개발하기 시작해야만 한다. 오늘날 NGO에게 가해지는 일반적인 압력이 있다. 예를 들어, 오랫동안 관찰자들은 NGO가 갈수록 서비스 제공을 전문적으로 하는 단체와 정책주창에 특화된 단체라는 2개의 범주로 갈라질 것이라고 예측하였다. 개발 분야에서 활동하는 NGO와 인도주의 분야에 종사하는 NGO와의 구분도 일반적으로 이해되고 있다. 그러나 우리가 살펴본 바와 같이 현실은 복잡하고 모호하다. 논평가들이 흔히 제시하는 또 다른 주제는 "작은 것이 아름답다"는 생각, 그리고 소규모의 개인적인 NGO 활동이 전문가집단화의 압력에 위협을 받는다는 생각이다. 그러나 이런 시각은 가치 지향에 따라 움직이던 NGO의 과거를 미화하기도 한다. 개발 NGO가 단순히 '고상한 도덕적 목적, 선의, 열정, 상식'에만 의존하는 것은 분명히 더 이상 불가능하며, 바람직하지도 않다 (Korten 1987: 155). 개발정책이 더 표준화되어감에 따라 NGO도 활동에 있어서 더 '관리주의적' 조직의 틀을 채택해야 하는 압력도 거세지고 있다.

NGO와 개발은 지금까지 무엇을 성취했는가?

NGO 문제에 관해 오래 연구-참여했던 에드워즈(Edwards 2008)는 개발 NGO의 전반적인 성과는 일관되지 않다고 본다. 그는 NGO가 세계화 논의의 속성을 바꾸는 데 기여했다고 본다. 즉 세계화의 논의에 있어서 그 부작용에 대응하고 개도국 정부가 발언할 수 있는 공간을 만들어야 하고, 참여와 인권이 개발원조의 기본 원칙으로 받아들여지도록 노력해야 하며, 글로벌 제도, 불공정 무역 규칙, 기후변화, 아

프리카의 빈곤과 관련한 개혁에 지속적으로 초점을 맞추어야 한다는
생각을 포함시키는 데 기여했다. 계급, 인종, 성별, 조직 내 태도, 개
인적 가치관이나 행동 등에서 비롯된 구조적 빈곤과 불평등에 대응한
NGO의 성과에 대한 에드워즈의 평가는 덜 긍정적이다. 또 에드워즈
는 NGO가 정치과정에 내재된 사회운동과 연계를 형성하거나, 세계
각지에서 새롭게 변화의 동력이 되고 있는 종교의 중요성과 연계하는
데 별로 성공적이지 않았다고 주장한다.

　북반구 국제 NGO들의 모호한 정체성은 계속 문제가 되고 있다. 에
드워즈(Edwards 2008: 47)에 의하면 그러한 단체들은 지식 창출과
정책주창 과정에서 남반구 NGO들을 '밀어내는' 경향이 있다. 또 모금
에 집중하는 일부 국제 NGO는 독자적인 지역단체와 연계를 구축하고
성과를 낸 뒤 지역에서 철수하는 것이 아니라, 단순히 남반구에서의
모금 프랜차이즈로 활동하는 경향이 있다.

　국제 NGO 세계의 규칙은 거의 변하지 않은 듯하다. 개발 NGO가
'스스로 실업자가 되는 것'을 목표로 일한다는 것을 누가 믿을 수 있
을까? 그것은 아마 전혀 사실이 아니겠지만, 오늘날 그것은 별로 심
각하게 받아들여지지 않는다.

NGO를 오래 연구한 파울러(Alan Fowler)에 의하면 시민사회의 구
조 변환 가능성에 관심을 가진 사람들은 국제 원조 부문에 연결되어
있는 공식적 NGO에서 탈피하여 공동체 기반 집단이나 연대 운동을
통한 지속가능한 '시민 주도의 변화'를 촉진하는 활동가적 접근으로 이
행하려는 경향이 있다 (Fowler and Biekart 2013). 이는 제3장에서
소개한 바와 같은 베빙턴 등(Bebbington *et al.* 2008)의 '대문자 D'
개발과 '소문자 d' 개발을 구별하는 논의, 또 NGO가 기존의 또는 새로

운 형태의 개발 활동을 계속하기보다 더 적극적으로 체제변화의 과정과 구조에 더 관여해야 할 필요성에 대한 논의로 돌아가는 것이다.

에드워즈(Edwards 2008)는 많은 국제 NGO는 결국 (소외 집단의 독자 행동을 위한 역량 강화와 같은) '개발의 필수 의무'보다 (소득, 기회, 위상의 극대화와 같은) '조직의 필수 의무'에 더 열중한다고 주장한다. 왜냐하면, 그들은 대부분 계속해서 원조 공여자의 자금에 의존해왔기 때문이다. 개발 NGO가 실현해야 하는 변혁은 북-남 지원, 인도주의, 기술적 해결책에 의존하는 국제개발의 비전에서 탈피하여, 대외원조의 방식을 넘어서 '글로벌 시민사회'에 기초한 더 광범위하고 평등주의적인 비전을 지향하여, 법과 권리의 국제적 틀 아래서 각국이 더 독립적으로 자기 이익을 추구할 수 있고, 개인의 수준에서의 변화도 중요시하도록 하는 것이다. 일방주의와 보호주의로의 후퇴가 나타나고 있는 오늘날에 이것은 더없이 중요하다.

그러나 인도주의나 종교적 형태의 공공 기부를 포함하는 NGO의 자선 활동, 복지 지향적 개발이나 구호는 남반구나 북반구에서 모두 번창, 성장하고 있다. 이러한 추세는 일부 개발 NGO와 학자들이 주장해온 역량강화, 참여, 지속가능성과 같은 개발주의적이고 종종 세속적인 담론과 더불어, 또는 그것을 능가하여 향후에도 계속될 것 같다. 특히 휴가 여행과 소셜미디어 소통의 증가로 촉진되는 개인-대-개인 형태의 지원이 점점 더 증가하고 있다. 예를 들어, 소규모의 개인적인 'DIY' 국제 NGO의 확산을 보면 많은 사람들이 기존 체제에 참여하는 대신 자기 스스로 국제적인 지원을 시도하는 것을 선호함을 알 수 있다 (Kinsbergen 2019). 스위들러와 왓킨스(Swidler and Watkins 2017: 48)의 분석에 의하면 말라위의 HIV/AIDS 위기에 대응한, 종종 종교적인 동기를 가진 미국의 이타주의자들은 공식적 단체보다 주목을 덜 받았으나, NGO 활동의 중요한 형태였다. 이들의 노력은 '소규모이고' '불규칙하며' '일시적'일지 모르지만, 이들은 현장에서 개인-대-개인 형태의 물질적 지원을 제공하고자 시도하는 프리랜서들이라고 할 수 있다.

또 다른 NGO 연구자 흄(Hulme 2008: 339)은 개발 NGO가 작지만 중요한 방법으로 구조조정 시대의 '순수 혈통의 신자유주의'가 혼종의, 또는 '탈워싱턴 합의'의 입장으로 전환하는 데 중요하고 광범위한 공헌을 했다고 본다. 이는 20세기 말 나타나기 시작한 중요한 변화이다.

> 혼종은 신자유주의에 대한 간결한 대항서사나 명확한 대안은 아니지만 폭넓은 보편적 용어이다. … 그것은 빈민, 보통 사람들, 부자들의 삶을 개선하려면 경제성장이 필요함을 확인하였고, 세계화는 전체적으로 인류의 복지에 긍정적이라고 믿었으며, 그러나 세계화의 부정적 결과를 상쇄할 필요가 있고, 국가와 민간 부문의 중요한 개발적 역할을 인정했으며, (중국의 경우처럼) 심각한 반발에 부딪혔을 때는 회피했으나 인권과 참여가 바람직함을 확인했다.

그러나 흄이 주장하듯이 이 변화에는 NGO 이외에도 다른 중요한 추동 요인이 있었다. 유니세프와 같은 UN 산하기관의 구조조정에 대한 비판, 센(Sen)이 제시한 '인간개발'의 틀에서 상정하는 능력의 개념을 확산시키려는 UNDP의 노력, 소련 붕괴 후 러시아에 강요한 신자유주의 정책의 적나라한 실패, 여타 많은 나라에서 구조조정정책이 초래한 불안정과 불평등이 그것이다.

2008년 글로벌 금융위기는 국가 및 국제 금융이 어떻게 하면 더 잘 규제될 수 있을까에 대한 일련의 새로운 질문을 제기했으나, 그것은 많은 사람들의 기대에 비해 변화로 이어지지 않았으며, 공공 기부의 감소를 가져왔다 (Themudo 2013b). 또 금융위기는 생계 및 토지와 관련하여 일련의 새로운 개발의 문제를 제기했다. 1990년대 말 이후 농촌 개발은 유행에서 지나갔으나, 지속가능 식량생산체제와 지역 공동체 기반 기술 문제에 관련되는 활동을 하던 NGO는 그들의 전문성과 경험을 살리는 많은 새로운 역할을 찾게 되었다. 예를 들어, 지역 식량체제를 보호-재건하려는 비아 캄페시나(Via Campesina) 운동과 소규모, 가정용 조명과 전화 충전을 위한 태양광 기술 확산의 사례가 있다. 어떤 NGO는 점점 더 복잡해지는 기술적 논란 속에서 개발에 대한 더 설득력 있는 주장을 하기 위해, 특히 에너지 생산, 생명공학, 기후변화에 관한 보다 특화된 지식을 습득하였다. NGO가 지금까지보다 더 광범위하게 지식 생산자들과의 연계를 확대하지 않는다면 이들 분야에서 의미 있는 기여를 하거나 혁신을 하기는 어려울 것이다.

개발 NGO가 직면한 또 다른 도전은 특히 북반구에서의 지속 불가능한 소비 패턴에 대응하는 과제이다. '책임 있는 소비'의 아이디어는 글로벌 개발 논의에서 더 인식이 높아지고 있으며, 지속가능한 소비와 생산 패턴을 실현하려는 SDG12나 더 급진적인 멸종 항거와 같은 기후 정의를 주장하는 운동 속에 포함되었다. 어떤 국제 NGO는 자신들의 사회에서 어떤 일이 벌어지는지에 더 주의를 기울이면서, 더 가까운 데서 빈곤과 사회정의에 관한 활동을 시작하였다. 이것은 북반구와 남반구를 아우르는 새로운 형태의 연계를 가능하게 하는 효과를 가져왔고, NGO에게 새로운 형태의 정통성을 부여했으며, 피커링-사카(Pickering-Saqqa 2019)가 주장했듯이 '탈식민지화된' 형태의 개발 활동의 가능성을 열어주었다.

NGO의 세계에는 중요한 긴장과 모순이 남아있다. NGO 논의에서 항상 우려가 제기되는 부분은 개발 NGO가 점점 더 전문가집단화되어 가면서 그들 원래의 가치관, 스타일, 접근을 잃어가는 리스크이다. 예를 들어, 디터(Dichter 1999: 54)는 NGO가 '이타주의의 글로벌 시장' 속에서 점점 더 '기업화'되고 상업화되어간다고 보았으며, NGO는 '조용히, 지역에서, 겸손하게' 변화를 위해 일하던 뿌리로 돌아가야 한다고 주장하였다. 포먼(Foreman 1999)은 표준화, 저품질, 대량 생산의 의미를 내포하는 'NGO의 맥도널드화'를 경고하였다. 언급된 두 비판은 빈번히 옳았음이 증명되었으나, 그것이 방글라데시의 BRAC와 같은 대규모 기업형 NGO의 중요한 활동을 인정하지 않는 것을 의미한다면 소규모, 비공식 NGO를 이상화하는 데도 위험이 있다. 우리는 NGO가 소규모의 자발적 결사체 형태였던 시절을 동경하는 마음으로 돌아보면서 마치 그것이 **필연적으로** 바람직하다고 생각하는 일종의 'NGO에 대한 향수'에 빠지기 쉽다.

결국, 이러한 논의는 오늘날의 문헌에서 다루어진 것보다 더 섬세하게 직시해야 하는 NGO의 핵심적인 모순을 품고 있다. 20년 전 스밀리(Smillie 1995: 147)는 "NGO는 전문성이 부족하다고 정부로부터 비판을 받지만, 전문성을 갖추면 관료화되었다고 비판을 받는다"고 관찰하였다.

이것은 개발 NGO가 가진 여러 모순 중에 단지 하나에 불과하며, 그렇기에 NGO는 복잡한 주제이다. NGO의 부상은 유연성, 국가의 후퇴, 민간 활성화와 같은 신자유주의적 변화 과정의 결과이지만, 동시에 개발 NGO는 중요한 '대항적' 힘을 가지기에, 인간중심 개발의 접근을 가능하게 하고, 종종 대안적 시각과 행동을 제공하는 상대적으로 개방된 형태의 조직으로서의 중요한 실질적-잠재적 역할을 한다.

NGO의 또 다른 모순은 비즈니스적, '시장, 기업, 기업의 사회적 책임' 지향적인 개발의 시각에서 명확히 나타난다. 여기서 NGO는 미국 등의 보수주의자들이 악마처럼 여기는 골치 아픈 적으로, 동시에 자유주의적 자본가들이 생산적 '파트너십'을 통해 기업의 긍정적 역할을 재발명하는 데 도움을 주는 유용한 '가치의 전달자'로 묘사된다 (Lodge and Wilson 2006).

전망: NGO와 미래

표 10.1은 개발 NGO의 미래에 관해 무엇을 기대할 수 있을지 근거 있는 추측을 해볼 수 있게 해준다. 민주화, 민영화, 개발주의, 사회구조 변혁, 자선이라는 NGO에 대한 5개의 시각은 다른 시기와 장소에서 각각 부침이 있었다.

일반적으로 NGO의 '민주화'와 '사회구조 변혁' 활동의 공간은 세계 여러 지역에서 압박을 받고 있다. 그것이 미소금융과 서비스 제공 접근에 의해 주도되고, 거버넌스 개혁에 있어서 원조 공여자들이 1990년대에 비해 NGO의 역할을 신뢰하기 꺼리기 때문이다.

NGO에 대한 '개발주의화된' 접근은 국제 원조 양상의 폭넓은 변화가 진행되면서 위축된 듯하다. 빈곤 완화라는 우선순위는 점점 더 민간 부문 주도 개발 접근과 테러-이민 문제와 관련하여 사회적 안정을 추구하는 새로운 우선순위에 의해 대체되고 있다. 또 개발 지향적 원조보다 자선이나 복지 지원이 점점 더 강조되는 경향은 국제-국내 NGO가 공히 새로운 형태의 '지원 활동'으로 재설정하는 데 기여하였다.

중국, 러시아, 인도 등 원조의 세계에 새롭게 진입한 행위자들로부터의 원조가 증가했으나 개발 NGO에게는 상대적으로 별 변화를 가져오지 않았다. 예를 들어, 아프리카에 대한 중국의 원조와 투자는 중국의 석유, 철, 광물 구매와 함께 '1950년대 말 독립의 제1물결 이후' 볼 수 없었던 '화제'를 불러일으켰으며, 주로 새로운 도로, 철도, 학교 건설, 그리고 아프리카 상품의 중국 시장 접근 확대의 약속에 초점이 맞추어졌다 (Gumede 2008). 그러한 규모의 경제-사회적 구조 전환은, 특히 인권과 환경을 둘러싸고 NGO의 캠페인 활동에 중요한 문제를 제기하며, NGO의 영향력에 새로운 도전이 되고 있다. 아랍 세계, 특히 사우디아라비아, 쿠웨이트, UAE는 21세기 원조의 세계에서 또 다른 중요한 행위자가 되었다. 아랍 세계로부터의 원조는 역사가 길고, 석유 수입 증가로 더 규모가 커졌으나, 그 역할이나 우선순위에 대한 인식이 서구의 원조 수준에 이르기까지는 시간이 걸렸다. 아랍국가가 제공하는 원조의 한 가지 중요한 요소는 그것이 구호와 인도주의 활동, 특히 이슬람 세계를 크게 지원한다는 점이다. 서구의 원조와 마찬가지로 아랍의 원조는 외교적 영향력과 경제적 이익을 추구하는 데 이용되었다 (Villanger 2007).

NGO의 활동과 관련하여 최근 부상하고 있는 징후가 보이는 2개의 주요 접근은 '민영화'와 '자선'이다. 사회구조 변혁 활동에 접근하는 데 있어서 시장 기반 모델과 정치적 접근 사이의 선택은 전자 쪽으로 기울었다. 그러나 이것은 밀본과 머레이(Milbourne and Murray 2017: 200–201)가 주장했듯이 필연적인 것은 아니다. 시민사회단체는 대안적 접근에 전념하고, 독립성을 확고히 하고, 우선순위를 사회정의에 다시 맞춤으로서 '덫'에서 빠져나갈 수 있다.

어떤 새로운 서사도 수많은 자발적 단체들이 자기들이 왠지 모르지만 다른 부문보다 우월하다는 신화의 뒤에 숨을 수 있도록 해준 특

별함에 대한 도취를 버려야 한다. 그것은 자비심과 정치 모두에 기
초한 비전 위해 형성되어야 하며, 비판과 반대의 공간을 제공하는
시민사회의 중요한 역할을 인정해야 한다.

한편 개인 수준과 기업의 기부를 포함하는 '새로운 자선'은 보다 전
통적인 형태의 정부 개발원조에 도전하고 있다. 게이츠재단과 같은 비
교적 새로운 원조 행위자는 개발 활동의 유력한 자금 지원자가 되었
다. '유령 원조'에 관한 엑션에이드의 보고서(제8장에서 논의) 등은 공
적 원조의 효과에 대한 점증하는 우려를 반영한다.

원조의 안보화와 서구 국가의 대중영합주의적 반이민 의제의 확산
으로 국제 원조는 더 자기이익 추구 성향이 강해졌다. 2020년 영국
DFID와 외교부와의 통합이 발표되면서 20년 전 '조건부 원조'가 폐지
되기 전처럼 원조가 또다시 외교정책의 도구가 되었다 (Gardner and
Lewis 2000). 미국에서도 같은 의도로 USAID와 국무부의 통합이 제
안되었다. NGO가 일방주의와 대중영합적 고립주의 서사를 국제 협력
과 연대의 새로운 형태로 전환하는 데 도움 되는 역할을 할 수 있을지
는 지켜볼 일이다. 한편 원조 공여자와 파트너들이 SDGs와 원조의 효
과성 의제에 계속 전념하는 한 개발도상국의 주체성과 원조의 투명성
에 제고에 대한 커밋트먼트도 최소한 어느 정도 유지될 것이다. 코로
나-19 위기 이후 예상되는 경기침체로 개발원조에 대한 민간 기부와
정부의 공약이 부정적으로 영향을 받을 것이며, 그 결과 원조의 우선
순위가 의료보건체계 개발로 이동할 수 있다.

'혁신적 신기술'의 등장은 NGO 활동에 중요한 영향을 미치는 기회
와 도전을 가져올 것이다. 한편으로 나노기술, 인공지능, 생명공학,
로봇공학, 지구공학, 블록체인 등 새로운 기술의 개발은 '기술이 초래

하는 직-간접 사회, 경제, 생태적 파괴'의 새로운 리스크를 가져올 것이며(Thomas 2019), NGO는 이 새로운 문제들에 대응해야 한다. 다른 한편으로 기술 변화는 NGO에게 그들의 활동을 더욱 효과적으로 만들어줄 수 있는 새로운 도구를 제공한다. 예를 들어, '빅데이터'의 등장은 NGO가 광범위하게 새로운 방법으로 정보를 수집-분석할 수 있게 해준다 (Campbell *et al.* 2016). 블록체인 기술은 NGO의 책무성과 투명성을 제고하고 금융 거래의 보안을 강화할 수 있는 잠재력이 기대되기 시작하였다 (Loughran 2019).

코로나-19 위기는 경제적, 사회적 불평등을 심화하고 기존의 사회서비스의 한계를 더 극명히 드러내면서, 오래된 도전을 가속화하고 또 새로운 도전을 가져오고 있다. NGO와 여타 시민사회단체는 질병의 대유행으로 초래된 의료보건 및 생계 문제에 영향을 받는 지역 공동체에 대한 현장 지원 역할을 수행할 뿐 아니라, 정부의 대응에 정보를 제공하고, 대응 조치 집행이나 조기 발견을 지원하고, 소비 패턴 변화와 지역의 유연성 제고를 위해 새로운 인간중심의 비전을 구축하는 데 기여할 수 있다. 또 다른 중요한 도전은 NGO가 젊은이들이 대안을 추구할 수 있는 잠재력을 함양하는 것이다. 코로나-19에 피해를 입은 많은 나라에서 젊은이들은 특히 실업 위기와 불투명한 고용 전망에 영향을 받았기 때문이다.

이 책에서 우리는 주로 개발 NGO에 초점을 맞추었지만 제9장에서 보았듯이 개발 활동과 인도주의 활동은 비록 빈번히 별개로 취급되고 지원됨에도 불구하고, 명확히 구분하는 것은 거의 불가능하다. 세이브더칠드런이나 옥스팜 같은 NGO에서 인도주의 활동과 장기적 개발 활동을 전통적으로 다른 부서가 담당했지만, 대부분의 사람들은 NGO의 이 두 가지 활동 사이에 가능하면 많은 연계가 필요함을 인식한다.

그럼에도 인도주의 활동은 여전히 NGO 활동의 특별한 영역으로 여겨지며, 그 미래에 대한 우려가 커지고 있다. 예를 들어, 『미래를 위한 계획』보고서는 더 이상 목적에 부합하지 않는 인도주의 원조체제 속에 갇힌 인도주의 NGO가 직면한 일련의 특별한 도전을 잘 보여준다 (ODI 2016: 7).

새로운 활동과 변화가 리더십의 실패, 거버넌스, 또는 체제 내의 권력관계 등 오래된 문제를 없애주지는 않았다. 인도주의체제는 여전히 소수의 핵심 행위자들에 의해 좌우된다. 이들은 주로 서구 원조 공여자들과 대규모 국제-비정부 원조 기구로 구성된 일종의 자치적인 '과점'을 형성하고 있으며, 공식적 정부 간 체제는 이들에 대해 매우 제한적인 감시 능력밖에 갖지 못한다.

그 결과 인도주의 원조 기관은 인도주의 활동에 대해 '더 참여적이고, 관계자들의 인권을 보호하고, 책무성을 이행하는' 접근을 위한 역량에 투자해야만 하지만, 보고서의 저자들은 인도주의 활동의 근본에 점점 더 의문이 제기된다고 우려한다.

액션어겐스트헝거(Action Against Hunger)가 작성한 또 다른 보고서(Maietta *et al*. 2017)는 새로운 글로벌 비전과 장기적 사고를 촉구한다. 종교단체에서 군대에 이르기까지 다른 인도주의 행위자와의 경쟁이 심화되고 있기 때문이다. NGO 활동의 한 가지 핵심 우선순위는 서비스 제공뿐 아니라 인도주의 원조의 거버넌스에 있어서도 북반구에서 남반구로의 권력의 이동을 촉진하는 '현지화'의 필요성이다. 그러나 특정 형태의 전통적 인도주의 NGO에게는 실존적 위협이 존재한다. 향후 위기 상황의 심화, 불평등, 자연재해, 대규모 인구 이동의 증가를 예상하면서, 보고서의 저자들은 대규모 국제 NGO는 인도주의 분야에서 다른 행위자들의 경쟁에 직면하여 '변하든지, 죽든지' 해야 할 것이라고 주장한다.

> 향후 15년간 우리에게 영향을 미칠 위기의 상황에서 인도주의적 대응이 분명히 있을 것이다. 그러나 진화를 위한 혼신의 노력이 없으면 INGO는 민간 부문, 종교단체, 지역 시민사회, 군대 등 더 효율적이고 적응을 잘하는 행위자에 의해 대체될 것이다.

앞으로 나아가기

1960~1970년대에는 상대적으로 각광받지 못했음에도 불구하고, 1990년대 이후 NGO는 주류 및 대안적 개발 논의에서 공히 중심적 위치를 점하게 되었으며, 오늘날 NGO는 총체적으로 어떤 원조 공여자보다도 많은 개발원조 자금을 분배하고 있다. 따라서 그들은 개발학 연구에서 핵심 주제가 되었으며, 폭넓게 경제적, 정치적, 사회적 개발 이론과 연결된다. 또 NGO는 '북반구'와 '남반구' 모두의 맥락에서 개발정책과 실무 영역의 중요한 행위자이다. NGO는 활동가와 정책결정자 모두에게 논란이 많은 소재이며, 연구자에게는 복잡하고 어려운 연구 주제이다. 그들의 형태가 다양하고, 주창하는 이념과 접근이 다양하며, 그들이 등장하게 된 조직의 역사가 복잡하기 때문이다.

2020년대에도 NGO의 지속적인 진화와 변화를 요구하는 문제들이 계속 나타날 것이다. 기후변화와 지구온난화의 도전은 멸종 항거와 같은 새로운 사회운동의 등장으로 이어졌고, 많은 NGO가 환경 문제에 새롭게 우선순위를 두면서 글로벌 차원에서 시민 행동의 수위가 높아지고 있다. 미국 미니애폴리스 경찰에 의한 조지 플로이드 살해 사건은

#BlackLivesMatter 운동을 촉발했고, 그로 인해 인종차별주의, 식민주의 역사로 인한 폐해, 소수자 권리 무시 등을 개선하라는 요구가 증폭되었다. 코로나-19 위기는 남반구와 북반구에서 모두 경제를 위협하는 글로벌 공공보건 긴급사태를 초래했고, 이 질병의 대유행으로 인해 이미 2008년 금융위기 시 근본적인 결함과 취약성이 밝혀진 자본주의 체제에 점점 더 많은 사람들이 의문을 제기하게 되었다. 오늘날 NGO에 던져지는 질문은 이러한 새로운 미래가 전개되면서 NGO가 어떤 역할을 수행할 것인가, 그들이 세계에서 가장 취약한 상황에 처한 사람들의 삶에 계속해서 의미 있는 존재가 될 수 있을까 하는 것이다.

요약

- NGO는 개발에 있어서 중요하고 높은 위상을 가진 일련의 행위자가 되었으며, 지지자와 비판자를 다 가지고 있다.
- 개발에 있어서 NGO의 역할을 개념화하는 데는 민주화, 민영화, 개발주의, 사회구조 변혁, 자선이라는 다섯 가지의 범주가 있다.
- NGO가 직면한 미래의 도전에는 그러한 5개 역할 사이의 충돌, 시장과 비시장 접근 사이의 선택, '전문가집단'과 '활동가'적인 구조 및 정체성 사이의 선택의 문제가 있다.

🗨 토론 주제

1. 개발 NGO의 역할을 이해하는 유용한 5개의 주요 접근의 틀은 당
   신이 알고 있는 국가의 사례에 얼마나 잘 적용될 수 있는가?
2. 당신이 알고 있는 사례의 맥락에서 '대문자 D'와 '소문자 d' 개발
   의 문제와 관련하여 NGO의 성과를 비교해보시오.
3. 왜 개발 NGO의 미래를 설득력 있게 예측하는 것이 어려운가?

❖ 추가 읽을거리

Amnesty International (2019) *Laws Designed to Silence: The Global Crack-down on Civil Society Organizations*, London: Amnesty International.
이 보고서는 대중영합주의적, 또는 다른 형태의 정부가 세계 각지에서 NGO를
어떻게 통제-억압하려 하는지를 보여준다.

Lewis, D. (2019) '"Big D" and "little d": two types of twenty-first century development?' *Third World Quarterly*, 40 (11): 1957–1975. 이 논문은 개발
의 의미 변화와 그 논의가 NGO와 시민사회단체에 주는 의미에 대해 분석한다.

Maietta, M., *et al.* (2017) *The Future of Aid INGOs in 2030*, Action Against Hunger, www.iaran.org/future-of-aid. 이 보고서는 인도주의 분야의 국제
NGO 앞에 놓인 중요한 도전에 대해 개괄한다.

Milbourne, L. and Murray, U. (eds.) (2017) *Civil Society in Turbulent Times: A Gilded Web?* London: University College London Institute of Education Press. 영국에 초점을 맞춘 최신 논문을 모아 놓았으나, 신자유주의 시대에 변
화를 추구하는 NGO가 직면한 도전에 대한 설득력 있는 통찰을 제공한다.

Walton, O., Davies, T., Thrandardottir, E. and Keating, V. C. (2016) 'Understanding contemporary challenges to INGO legitimacy: integrating top-down and bottom-up perspectives', *Voluntas: International Journal of Voluntary and Nonprofit Organizations*, 27: 2764–2786. 이 논문은 INGO가
맞고 있는 역풍의 여러 측면을 살펴보고 그들의 정통성을 강화할 수 있는 접근
들에 대해 제안한다.

참고
문헌

Abdel Ati, H. A. (1993) 'The development impact of NGO activities in the red sea province of Sudan: a critique', *Development and Change*, 24: 103–130.

Abramson, D. M. (1999) 'A critical look at NGOs and civil society as means to an end in Uzbekistan', *Human Organization*, 58 (3): 240–250.

Abzug, R. and Forbes, D. (1997) 'Is civil society unique to nonprofit organizations?' Paper presented at Association for Research on Nonprofit Organizations and Voluntary Action (ARNOVA) Conference, Indianapolis.

Acht, M., Mahmoud, T. O. and Thiele, R. (2015) 'Corrupt governments do not receive more state-to-state aid: governance and the delivery of foreign aid through non-state actors', *Journal of Development Economics*, 114: 20–33.

Action Aid (2005) *Real Aid: An Agenda for Making Aid Work*, Johannesburg, South Africa: Action Aid International, www.actionaid.org.

Action Aid (2008) 'Human rights-based approaches to poverty eradication and development', www.actionaid.org/sites/default/files/the_rights_based_approach.pdf.

Aiken, M. (2010) 'Social enterprises: challenges from the field', in D. Billis (ed.) *Hybrid Organizations and the Third Sector*, Basingstoke: Palgrave Macmillan, pp. 153–174.

AKDN/INTRAC (2007) *Beyond NGOs*, unpublished report, Aga Khan Development ment Network (AKDN) and International NGO Research and Training Centre (INTRAC), Oxford, UK.

Ako, M. A., Anyidoho, A. A. and Crawford, G. (2013) 'NGOs, rights-based approaches and the potential for progressive development in local contexts: constraints and challenges in Northern Ghana', *Journal of Human Rights Practice*, 5 (1): 46–74.

Alesina, A. and Weder, B. (2002) 'Do corrupt governments receive less foreign aid?' *American Economic Review*, 92 (4): 1126–1137.

Alfredson, L. S. (2009) *Creating Human Rights: How Noncitizens Made Sex Persecution Matter to the World*, Philadelphia: University of Pennsylvania Press.

Ali, M., Loduro, L., Lowilla, V., Poole, L. and Willitts-King, B. (2018) *Funding to Local Humanitarian Actors*, HPG Working Paper, Humanitarian Policy Group, London: Overseas Development Institute.

Alvarez, S. E. (2009) 'Beyond NGO-ization? Reflections from Latin America', *Development*, 52 (2): 175–184.

Amnesty International (2019) *Laws Designed to Silence: The Global Crackdown on Civil Society Organizations*, London: Amnesty International.

Andersen, A. (2008) 'Interview with Nicholas Stern', *Prospect*, 148: 28–32.

Anderson, K. and Rieff, D. (2005) 'Global civil society: a sceptical view', Chapter 1 in H. Anheier, M. Glasius and M. Kaldor (eds.) *Global Civil Society 2004/5*, London: Sage Publications.

Anderson, M. (1996) *Do No Harm: Supporting Local Capacities for Peace*, Cambridge, MA: Local Capacities for Peace Project, The Collaborative for Development Action Inc.

Andrews, A. (2014) 'Downward accountability in unequal alliances: explaining NGO responses to Zapatista demands', *World Development*, 54: 99–113.

Anheier, H. K. (2005) *Nonprofit Organizations: Theory, Management, Policy*, London: Routledge.

Annis, S. (1987) 'Can small-scale development be a large-scale policy? The case of Latin America', *World Development*, 15 (supplement): 129–134.

Appe, S. and Schnable, A. (2019) 'Don't reinvent the wheel: possibilities for and limits to building capacity of grassroots international NGOs', *Third World Quarterly*, 40 (10): 1832–1849.

Archer, R. (1994) 'Markets and good government', in A. Clayton (ed.) *Governance, Democracy and Conditionality: What Role for NGOs?* Oxford: International NGO Research and Training Centre (INTRAC), pp. 7–34.

Arellano-Lopez, S. and Petras, J. F. (1994) 'Non-governmental organizations and poverty alleviation in Bolivia', *Development and Change*, 25: 555–568.

Arnstein, S. R. (1969) 'A ladder of citizen participation', *Journal of the American Institute of Planners (JAIP)*, 35 (4): 216–224.

Artur, L. and Kanji, N. (2005) *Satellites and Subsidies: Learning from Experience in Cashew Processing in Northern Mozambique*, London: International Institute for Environment and Development (IIED).

Ashby, J. (1997) *Towards Voluntary Sector Codes of Practice: A Starting Point for Voluntary Organizations, Funders and Intermediaries*, New York: Joseph Rowntree Foundation.

Asmus, G., Fuchs, A. and Müller, A. (2017) 'BRICS and foreign aid', in *AidData Working Paper 43*, Williamsburg, VA: College of William and Mary.

Atia, M. and Herrold, C. E. (2018) 'Governing through patronage: the rise of NGOs and the fall of civil society in Palestine and Morocco', *Voluntas: International Journal of Voluntary and Nonprofit Organizations*, 29: 1044–1054.

Auld, G., Balboa, C., Bernstein, S. and Cashore, B. (2009) 'The emergence of non-state market-driven (NSMD) global environmental governance: a cross-sectoral assessment', Chapter 7 in M. A. Delmas and O. R. Young (eds.) *Governance for the Environment*, Cambridge: Cambridge University Press, pp. 183–218.

Avritzer, L. (2004) 'Civil society in Latin America: uncivil, liberal and participatory models', Chapter 6 in M. Glasius, D. Lewis and H. Seckinelgin (eds.) *Exploring Civil Society: Political and Cultural Contexts*, London: Routledge, pp. 53–60.

Balboa, C. M. (2014) 'How successful transnational non-governmental organizations set themselves up for failure on the ground', *World Development*, 54: 273–287.

Banks, N. and Hulme, D. (2012) 'The role of NGOs and civil society in development and poverty reduction', in *Brooks World Poverty Institute Working Paper 171*, Manchester: Brooks World Poverty Institute.

Banks, N., Hulme, D. and Edwards, M. (2015) 'NGOs, states, and donors revisited: still too close for comfort?' *World Development*, 66: 707–718.

Bano, M. (2008) *Self-interest, Rationality and Cooperative Behaviour: Aid and Problems of Cooperation Within Voluntary Groups in Pakistan*, unpublished D.Phil dissertation, University of Oxford.

Bano, M. (2019) 'Partnerships and the good-governance agenda: improving service delivery through state – NGO collaborations', *Voluntas: International Journal of Voluntary and Nonprofit Organizations*, 30: 1270–1283.

Baughan, E. and Fiori, J. (2015) 'Save the children, the humanitarian project, and the politics of solidarity: reviving Dorothy Buxton's vision', *Disasters*, 39 (S2): 129–145.

Beall, J. (2005) *Funding Local Governance: Small Grants for Democracy and Development*, Rugby: Intermediate Technology (IT) Publishing.

Bebbington, A. (2005) 'Donor-NGO relations and representations of livelihood in nongovernmental aid chains', *World Development*, 33 (6): 937–950.

Bebbington, A., Hickey, S. and Mitlin, D. (2008) 'Introduction: can NGOs make a difference? The challenge of development alternatives', Chapter 1 in A. Bebbington, S. Hickey and D. Mitlin (eds.) *Can NGOs Make a Difference? The Challenge of Development Alternatives*, London: Zed Books, pp. 3–37.

Bebbington, A., Hickey, S. and Mitlin, D. (eds.) (2013) *Can NGOs Make a Difference? The Challenge of Development Alternatives*, London: Zed Books.

Bebbington, A., Lewis, D., Batterbury, S., *et al.* (2007) 'Beyond the development text: the world bank and empowerment in practice', *Journal of Development Studies*, 43 (4): 597–621.

Bebbington, A. and Thiele, G. (eds.) (1993) *Non-Governmental Organizations and the State in Latin America: Rethinking Roles in Sustainable Agricultural Development*, London: Routledge.

Beck, E. (2017) *How Development Projects Persist: Everyday Negotiations with Guatemalan NGOs*, Durham, NC: Duke University Press.

Bennett, J. (ed.) (1995) *Meeting Needs: NGO Coordination in Practice*, London: Earthscan.

Bernal, V. and Grewal, I. (eds.) (2014) *Theorizing NGOs: States, Feminisms, and Neoliberalism*, Durham, NC: Duke University Press.

Biekart, K. (2008) 'Learning from Latin America: recent trends in European NGO policymaking', Chapter 4 in A. Bebbington, S. Hickey and D. Mitlin (eds.) *Can NGOs Make a Difference? The Challenge of Development Alternatives*, London: Zed Books, pp. 71–89.

Bieri, F. (2010) *From Blood Diamonds to the Kimberley Process: How NGOs Cleaned Up the Global Diamond Industry*, London: Routledge.

Biggs, S. and Neame, A. (1995) 'Negotiating room for manoeuvre: reflection concerning NGO autonomy and accountability within the new policy agenda', in M. Edwards and D. Hulme (eds.) *Beyond the Magic Bullet: NGO Performance and Accountability in the Post-Cold War World*, London: Earthscan.

Billis, D. (ed.) (2010) *Hybrid Organizations and the Third Sector*, Basingstoke: Palgrave Macmillan.

Billis, D. and MacKeith, J. (1992) 'Growth and change in NGOs: concepts and comparative experience', in M. Edwards and D. Hulme (eds.) *Making a Difference: NGOs and Development in a Changing World*, London: Earthscan, pp. 118–126.

Blackburn, J. (2000) 'Understanding Paulo Freire: reflections on the origins, concepts and possible pitfalls of his educational approach', *Community Development Journal*, 35 (1): 3–15.

Blair, H. (1997) 'Donors, democratization and civil society: relating theory to practice', in D. Hulme and M. Edwards (eds.) *Too Close for Comfort? NGOs, States and Donors*, London: Palgrave Macmillan, pp. 23–42.

Blue, R., Clapp-Wincek, C. and Benner, H. (2009) *Beyond Success Stories: Monitoring and Evaluation for Foreign Assistance Results: Evaluator Views of Current Practice and Recommendations for Change*, Washington, DC: United States Agency for International Development.

Bolnik, J. (2008) 'Development as reform and counter-reform: paths travelled by Slum/ Shack dwellers international', Chapter 16 in A. Bebbington, S. Hickey and D. Mitlin (eds.) *Can NGOs Make a Difference? The Challenge of Development Alternatives*, London: Zed Books, pp. 316–336.

BOND (2015) *Fast Forward: The Changing Role of UK-based INGOs*, London: British Overseas NGOs in Development and BOND for International Development.

Booth, D. (1994) 'Rethinking social development: an overview', in D. Booth (ed.) *Rethinking Social Development: Theory, Research and Practice*, London: Longman.

Borton, J. (1995) 'Ethiopia: NGO consortia and coordination arrangements', in J. Bennett (ed.) *Meeting Needs*, London: Earthscan.

Boserup, E. (1970) *Women's Role in Economic Development*, reprinted 2007 edition with a new introduction by N. Kanji, Su Fei Tan and C. Toulmin, London: Earthscan.

Boyce, J. (2002) 'Unpacking aid', *Development and Change*, 33 (2): 239–246.

Brandstetter, R., Jok, J. M., Elgak, M. and Schmitt, W. (2010) *Southern Sudan and the Three Areas: Civic Participation Assessment*, Washington, DC: Management Systems International.

Bratton, M. (1989) 'The politics of NGO-government relations in Africa', *World Development*, 17 (4): 569–587.

Bratton, M. (1990) 'Non-governmental organizations in Africa: can they influence public policy?' *Development and Change*, 21: 87–118.

Bräutigam, D. (2000) *Aid Dependence and Governance*, Stockholm: Almqvist and Wiksell International.

Brett, E. A. (1993) 'Voluntary agencies as development organizations: theorising the problem of efficiency and accountability', *Development and Change*, 24: 269–303.

Brett, E. A. (2009) *Reconstructing Development Theory: International Inequality, Institutional Reform and Social Emancipation*, London: MacMillan.

Bristow, K. S. (2008) 'Transforming or conforming? NGOs training health promoters and the dominant paradigm of the development industry in Bolivia', in A. Bebbington, S. Hickey and D. Mitlin (eds.) *Can NGOs Make A Difference? The Challenge Of Development Alternatives*, London: Zed Books, pp. 240–260.

Brodhead, T. (1987) 'NGOs: in one year, out the other?' *World Development*, 15 (supplement): 1–6.

Brook, T. and Frolic, B. M. (1997) *Civil society in China*, Armonk, NY: M.E. Sharpe.

Brown, L. D. (1991) 'Bridging organizations and sustainable development', *Human Relations*, 44 (8): 807–831.

Brown, L. D. and Fox, J. (2001) 'Transnational civil society coalitions and the world bank: lessons from project and policy influence campaigns', in M. Edwards and J. Gaventa (eds.) *Global Citizen Action*, Boulder, CO: Lynne Rienner.

Brown, L. D. and Tandon, R. (1994) 'Institutional development for strengthening civil society', *Institutional Development (Innovations in Civil Society)*, 1 (1): 3–17.

Buchanan-Smith, M. and Maxwell, S. (1994) 'Linking relief and development: an introduction and overview', *IDS Bulletin*, 25 (4): 2–16.

Calas, M. B. and Smircich, L. (1997) 'The woman's point of view: feminist approaches to organization studies', in S. R. Clegg, C. Hardy, *et al.* (eds.) *Handbook of Organization Studies*, London: Sage Publications, pp. 218–257.

Campbell, K., Virani, S. and Lanney, J. (2016) 'How large NGOs are using data to transform themselves', *Harvard Business Review*, May 18, https://hbr.org/2016/05/how-large-ngos-are-using-data-to-transform-themselves.

Canel, E. (1997) 'New social movement theory and resource mobilization theory: the need for integration', in M. Kaufman and H. Dilla (eds.) *Community Power and Grassroots Democracy: The Transformation of Social Life*, London: Zed Books.

CARE (2018) 'Annual report', www.care.org/newsroom/annual-reports.

Carroll, T. F. (1992) *Intermediary NGOs: The Supporting Link in Grassroots Development*, Hartford: Kumarian Press.

Castells, M. (1996) *The Rise of the Network Society*, Oxford: Blackwell.

Cernea, M. M. (1988) 'Non-governmental organizations and local development', in *World Bank Discussion Paper*, Washington, DC: World Bank.

Chambers, R. (1992) 'Spreading and self-improving: a strategy for scaling up', in M. Edwards and D. Hulme (eds.) *Making a Difference: NGOs and Development in a Changing World*, London: Earthscan, pp. 40–48.

Chambers, R. (1994) *Challenging the Professions*, London: Intermediate Technology (IT) Publishing.

Chambers, R. (1995) 'Participatory rural appraisal (PRA): challenges, potentials and paradigm', *World Development*, 22 (7, 9, 10) (in three parts).

Chambers, R. (2005) *Ideas for Development*, London: Earthscan.

Chang, H.-J. (2007) *Bad Samaritans: The Guilty Secrets of Rich Nations and the Threat to Global Prosperity*, London: Random House.

Charnovitz, S. (1997) 'Two centuries of participation: NGOs and international governance', *Michigan Journal of International Law*, 18 (2): 183–286.

Chatterjee, P. (2004) *The Politics of the Governed: Reflections on Popular Politics in Most of the World*, New York: Columbia University Press.

Chhetri, R. (1995) 'Rotating credit associations in Nepal: *dhikuri* as capital, credit, saving and investment', *Human Organization*, 54 (4): 449–454.

Choudry, A. and Kapoor, D. (eds.) (2013) *NGOization: Complicity, Contradictions and Prospects*, London: Zed Books.

Choudry, A. and Shragge, E. (2012) 'Disciplining dissent: NGOs and community organizations', in L. Montesinos Coleman and K. Tucker (eds.) *Situating Global Resistance: Between Discipline and Dissent*, London: Routledge, pp. 109–123.

Christie, F. and Hanlon, J. (2001) *Mozambique and the Great Flood of 2000*, Oxford: James Currey.

Clark, J. (1991) *Democratising Development: The Role of Voluntary Organizations*, London: Earthscan.

Clark, J. and Themudo, N. (2006) 'Linking the web and the street: internet-based "dot-causes" and the "anti-globalization" movement', *World Development*, 34 (1): 50–74.

Clarke, G. (1998) 'Nongovernmental organizations and politics in the developing world', *Political Studies*, XLVI: 36–52.

Clay, E. and Schaffer, B. (eds.) (1984) *Room for Manoeuvre: An Exploration of Public Policy in Agriculture and Rural Development*, London: Heinemann.

Coleman, J. (1990) *Foundations of Social Theory*, Cambridge, MA: Harvard University Press.

Collier, P. (2007) *The Bottom Billion: Why the Poorest Countries Are Failing and What Can Be Done About It*, Oxford: Oxford University Press.

Comaroff, J. L. and Comaroff, J. (2000) *Civil Society and the Critical Imagination in Africa: Critical Perspectives*, Chicago: University of Chicago Press.

Commonwealth Foundation (1995) *Non-Governmental Organizations: Guidelines for Good Policy and Practice*, London: Commonwealth Foundation.

Concern (2018) 'Annual report', www.concern.org.uk/accountability/annual-reports.

Concern Worldwide (2007) 'Partnership policy', www.concern. net/about-concern/con cerns-policies.php.

Contu, A. and Girei, E. (2014) 'NGOs, management and the value of "partnerships" for equality in international development: what's in a name?' *Human Relations*, 67 (2): 205–232.

Cooke, B. and Kothari, U. (eds.) (2001) *Participation: The New Tyranny?* London: Zed Books.

Cooper, G. (2012) 'Reinventing the international NGO', *Devex*, October 8, www.devex. com.

Cornia, G. A., Jolly, R. and Stewart, F. (eds.) (1987) *Adjustment with a Human Face: Protecting the Vulnerable and Promoting Growth*, Volume 1, Oxford: Clarendon Press.

Cornwall, A. (2005) *Love of the Heart: Tales from Raizes Vivas Brazil, Stories of Critical Change Project*, London: Action Aid International.

Cornwall, A. and Brock, K. (2005) 'What do buzzwords do for development policy? A critical look at "participation", "empowerment" and "poverty reduction"', *Third World Quarterly*, 26 (7): 1043–1060.

Cornwall, A. and Gaventa, J. (2000) 'From users and choosers to makers and shapers', *IDS Bulletin*, 31 (4): 50–62.

Covey, J. (1995) *Accountability and Effectiveness of NGO Policy Alliances*, IDR Reports, Volume 11, Number 8, Boston: Institute for Development Research.

Cowen, M. and Shenton, R. (1996) *Doctrines of Development*, London: Routledge.

Crack, A. M. (2016) 'Reversing the telescope: evaluating NGO peer regulation initiatives', *Journal of International Development*, 28 (1): 40–56.

Cushing, C. (1995) 'Humanitarian assistance and the role of NGOs', *Institutional Development (Innovations in Civil Society)*, 2 (2): 3–17.

DAC (2018) *Development Aid at a Glance: Statistics by Region – Africa*, Paris: Development Assistance Committee, OECD.

Dagnino, E. (2008) 'Challenges to participation, citizenship and democracy: perverse confluence and displacement of meanings', in A. Bebbington, S. Hickey and D. Mitlin (eds.) *Can NGOs Make a Difference? The Challenge of Development Alternatives*, London: Zed Books, pp. 55–70.

Davies, T. R. (2019) *Routledge Handbook of NGOs and International Relations*, London: Routledge.

De Haan, A. (2007) *Reclaiming Social Policy: Globalization, Social Exclusion and New Poverty Reduction Strategies*, London: Palgrave Macmillan.

De Tocqueville, A. (1835/1994) *Democracy in America*, London: Everyman.

Delcore, H. D. (2003) 'Nongovernmental organizations and the work of memory in northern Thailand', *American Ethnologist*, 30 (1): 61–84.

DeLuca, K. M. (2005) *Image Politics: The New Rhetoric of Environmental Activism*, London: Routledge.

DeMars, W. E. (2005) *NGOs and Transnational Networks: Wild Cards in World Politics*, London: Pluto Press.

DFID (1997) *Eliminating World Poverty: A Challenge for the 21st Century*, White Paper, London: Department for International Development.

DFID (2000) *Making Globalization Work for the Poor*, White Paper, London: Department for International Development.

DFID (2011) *The Politics of Poverty: Elites, Citizens and States – Findings from Ten Years of DFID-Funded Research on Governance and Fragile States 2001–2010: A Synthesis Paper*, London: Department for International Development.

Diaz-Albertini, J. (1993) 'Nonprofit advocacy in weakly institutionalised political systems: the case of NGDOs in Lima, Peru', *Nonprofit and Voluntary Sector Quarterly*, 27 (4): 317–337.

Dichter, T. W. (1989) 'NGOs and the replication trap', in *Technoserve Findings 89*, Norwalk, CT: Technoserve Inc.

Dichter, T. W. (1999) 'Globalization and its effects on NGOs: efflorescence or a blurring of roles and relevance?' *Nonprofit and Voluntary Sector Quarterly*, 28 (4) (supplement): 38–86.

Dijkzeul, D. (2006) 'Untitled book review article on NGOs', *Development and Change*, 37 (5): 1137–1163.

Dogra, N. (2006) 'Reading NGOs visually – implications of visual images for NGO management', *Journal of International Development*, 19: 161–171.

Drabek, A. G. (1987) 'Development alternatives: the challenge for NGOs', *World Development*, 15 (supplement): ix–xv.

Dreher, A., Mölders, F. and Nunnenkamp, P. (2010) 'Aid delivery through non-governmental organizations: does the aid channel matter for the targeting of Swedish aid?' *World Economy*, 33 (2): 147–176.

Dreher, A., Nunnenkamp, P. and Thiele, R. (2011) 'Are "new" donors different? Comparing the allocation of bilateral aid between non-DAC and DAC donor countries', *World Development*, 39 (11): 1950–1968.

Driscoll, R., and Jenks, S. with Christiansen, K. (2004) *An Overview of NGO Participation in PRSPs*, unpublished paper, March, London: Overseas Development Institute.

Duffield, M. (1994) 'Complex emergencies and the crisis of developmentalism', *IDS Bulletin*, 25 (4): 37–45.

Duffield, M. (2002) 'Social reconstruction and the radicalization of development: aid as a relation of global liberal governance', *Development and Change*, 33 (5): 1049–1071.

Dupuy, K., Ron, J. and Prakash, A. (2016) 'Hands off my regime! Governments' restrictions on foreign aid to non-governmental organizations in poor and middle-income countries', *World Development*, 84: 299–311.

Eade, D. and Williams, S. (1995) *The Oxfam Handbook of Development and Relief*, Oxford: Oxfam Publications.

Easterly, W. (2006) *The White Man's Burden: Why the West's Efforts to Aid the Rest Have Done So Much Ill and So Little Good*, Oxford: Oxford University Press.

Ebrahim, A. (2003) *NGOs and Organizational Change: Discourse, Reporting and Learning*, Cambridge: Cambridge University Press.

Ebrahim, A. and Rangan, K. (2010) *The Limits of Nonprofit Impact: A Contingency Framework for Measuring Social Performance*, Harvard Business School Working Paper 10–099, Cambridge, MA: Harvard University Press.

The Economist (2000) 'NGOs: sins of the secular missionaries', January 29, pp. 25–28.

Edwards, M. (1993) 'Does the doormat influence the boot? Critical thoughts on UK NGOs and international advocacy', *Development in Practice*, 3 (3): 163–175.

Edwards, M. (1994) 'NGOs and social development research', in D. Booth (ed.) *Rethinking Social Development: Theory, Research and Practice*, London: Longman, pp. 279–297.

Edwards, M. (1999) *Future Positive: International Co-operation in the 21st Century*, London: Earthscan.

Edwards, M. (2004) *Civil Society*, Cambridge: Polity Press.

Edwards, M. (2008) *Just Another Emperor? The Myths and Realities of Philanthrocapitalism*, London: Demos/The Young Foundation.

Edwards, M. and Hulme, D. (eds.) (1992) *Making a Difference: NGOs and Development in a Changing World*, London: Earthscan.

Edwards, M. and Hulme, D. (eds.) (1995) *Beyond the Magic Bullet: NGO Performance and Accountability in the Post-Cold War World*, London: Earthscan.

Edwards, M. and Hulme, D. (1996) 'Too close for comfort: NGOs, the state and donors', *World Development* 24 (6): 961–973.

Elbers, W. and Kamstra, J. (2020) 'How does organizational capacity contribute to advocacy effectiveness? Taking stock of existing evidence', *Development in Practice*, DOI: 10.1080/09614524.2020.1779664.

Elson, D. (ed.) (1995) *Male Bias in the Development Process*, Manchester: Manchester University Press.

Escobar, A. (1995) *Encountering Development: The Making and Unmaking of the Third World*, Princeton, NJ: Princeton University Press.

Escobar, J. S. (1997) 'Religion and social change at the grassroots in Latin America', *Annals of the American Academy of Political and Social Science*, 554: 81–103.

Esman, M. J. and Uphoff, N. (1984) *Local Organizations: Intermediaries in Rural Development*, Ithaca, NY: Cornell University Press.

Etzioni, A. (1961) *A Comparative Analysis of Complex Organizations: On Power, Involvement and Their Correlates*, New York: The Free Press of Glencoe.

EU (2018) *Transparency of EU Funds Implemented by NGOs: More Effort Needed*. Special Report no.35, www.eca.europa.eu/Lists/ECADocuments/SR18_35/SR_NGO_FUNDING_EN.pdf.

Evans, P. (1996) 'Government action, social capital and development: reviewing the evidence for synergy', *World Development*, 24 (6): 1119–1132.

Evans, P. (2000) 'Fighting globalization with transnational networks: counter-hegemonic globalization', *Contemporary Sociology*, 29 (1): 230–241.

Evers, A. (1995) 'Part of the welfare mix: the third sector as an intermediate area', *Voluntas: International Journal of Voluntary and Nonprofit Organizations*, 6 (2): 159–182.

Evers, A. (2013) 'The concept of "civil society": different understandings and their implications for third sector policies', *Voluntary Sector Review*, 4 (2): 149–164.

Farrington, J., Bebbington, A., Wellard, K. and Lewis, D. (1993) *Reluctant Partners? NGOs, the State and Sustainable Agricultural Development*, London: Routledge.

Fassin, D. (2011) *Humanitarian Reason: A Moral History of the Present*, Berkeley, CA: University of California Press.

Ferguson, J. (1990) *The Anti-Politics Machine: Development, Depoliticization and Bureaucratic Power in Lesotho*, Cambridge: Cambridge University Press.

Fernando, J. L. and Heston, A. (eds.) (1997) 'The role of NGOs: charity and empowerment', *Annals of the American Academy of Political and Social Science*, 554, November: 8–20.

Fisher, J. (1994) 'Is the iron law of oligarchy rusting away in the third world?' *World Development*, 22 (4): 129–144.

Fisher, J. (1998) *Nongovernments: NGOs and the Political Development of the Third World*, Hartford: Kumarian Press.

Fisher, W. F. (1997) 'Doing good? The politics and anti-politics of NGO practices', *Annual Review of Anthropology*, 26: 439–464.

Fisher, W. F. (2010) 'Civil society and its fragments', Chapter 10 in D. Gellner (ed.) *Varieties of Activist Experience: Civil Society in South Asia*, New Delhi: Sage Publications, pp. 250–269.

Flint, M. and Goyder, H. (2006) *Funding the Tsunami Response A Synthesis of Findings*, London: Tsunami Evaluation Coalition.

Foreman, K. (1999) 'Evolving global structures and the challenges facing international relief and development organizations', *Nonprofit and Voluntary Sector Quarterly*, 28 (4) (supplement): 178–197.

Fowler, A. (1995) 'Capacity building and NGOs: a case of strengthening ladles for the global soup kitchen?' *Institutional Development (Innovations in Civil Society)*, 1 (1): 18–24.

Fowler, A. (1997) *Striking a Balance: A Guide to Enhancing the Effectiveness of NGOs in International Development*, London: Earthscan.

Fowler, A. (2012) *ACORD's Transformation: Overcoming Uncertainty*, Nairobi: Agency for Cooperation and Research in Development.

Fowler, A. and Biekart, K. (2013) 'Relocating civil society in a politics of civic driven change', *Development Policy Review*, 31 (4): 463–483.

Franke, V. (2006) 'The peacebuilding dilemma: civil-military cooperation in stability pperations', *International Journal of Peace Studies*, 11 (2): 5–25.

Freeman, D. (2019) *Tearfund and the Quest for Faith-Based Development*, London: Routledge.

Friedmann, J. (1992) *Empowerment: The Politics of Alternative Development*, Oxford: Blackwell.

Fukuyama, F. (1990) *The End of History and the Last Man*, London: Penguin.

Gao, H., Barbier, G. and Goolsby, R. (2011) 'Harnessing the crowdsourcing power of social media for disaster relief', *IEEE Intelligent Systems*, 26 (3): 10–14.

Gardner, K. and Lewis, D. (1996) *Anthropology, Development and the Postmodern Challenge*, London: Pluto Press.

Gardner, K. and Lewis, D. (2000) 'Dominant paradigms overturned or "business as usual"? Development discourse and the white paper on international development', *Critique of Anthropology*, 20 (1): 15–29.

Gideon, J. and Porter, F. (2016) 'Challenging gendered inequalities in global health: dilemmas for NGOs', *Development and Change*, 47 (4): 782–797.

Gillespie, E. M., Eikenberry, A. and Mirabella, R. M. (2019) '#Metoo/#Aidtoo and creating an intersectional feminist NPO/NGO sector', *Nonprofit Policy Forum*, 10 (4): 1–9.

Girei, E. (2016) 'NGOs, management and development: harnessing counter-hegemonic possibilities', *Organization Studies*, 37 (2): 193–212.

Glasius, M. and Ishkanian, A. (2015) 'Surreptitious symbiosis: engagement between activists and NGOs', *Voluntas: International Journal of Voluntary and Nonprofit Organizations*, 26 (6): 2620–2644.

Glasius, M., Lewis, D. and Seckinelgin, H. (eds.) (2004) *Exploring Civil Society: Political and Cultural Contexts*, London: Routledge.

Glennie, J. (2012) 'Does aid from Africa from BRICs differ from traditional aid?' *The Guardian, Poverty Matters*, April 26.

Goetz, A. M. (ed.) (1997) *Getting Institutions Right for Women in Development*, London: Zed Books.

Gordon, D. and Allan, C. (2019) 'Crackdown on environmental action: how funders can respond', *Stanford Social Innovation Review*, ssir.org/articles/entry/crackdown_on_environmental_action_how_funders_can_respond#.

Graeber, D. (2005) 'The globalization movement: some points of clarification', Chapter 9 in M. Edelman and A. Haugerud (eds.) *The Anthropology of Development Reader:*

From Classical Political Economy to Contemporary Neoliberalism, Oxford: Blackwell, pp. 169–172.

Gramsci, A. (1971) *Selections from the Prison Notebooks*, London: Lawrence and Wishart.

Green, D. (2008) *From Poverty to Power: How Active Citizens and Effective States Can Change the World*, Oxford: Oxfam Publications.

Griffin, J. (2015) 'How to set up your own NGO', *The Guardian*, www.theguardian.com/global-development-professionals network/2015/jan/27/how-to-set-up-ngo.

Grindle, M. S. and Thomas, J. W. (1991) *Public Choices and Policy Change: The Political Economy of Reform in Developing Countries*, Baltimore: John Hopkins University Press.

Guareschi, P. and Jovchelovitch, S. (2004) 'Participation, health and the development of community resources in Southern Brazil', *Journal of Health Psychology*, 9 (1): 303–314.

Gugerty, M. K. (2010) 'The emergence of nonprofit self-regulation in Africa', *Nonprofit and Voluntary Sector Quarterly*, 39 (6): 1087–1112.

Guijt, I. and Shah, M. K. (1998) 'General introduction: waking up to power, process and conflict', in I. Guijt and M. K. Shah (eds.) *The Myth of Community*, London: Intermediate Technology (IT) Publishing, pp. 1–23.

Gulrajani, N. (2018) *Merging Development Agencies: Making the Right Choice*, Overseas Development Institute (ODI), Briefing Note, January.

Gumede, W. (2008) 'A glimpse of African tigers', *The Guardian*, April 24.

Gunder Frank, A. (1969) *Dependency and Underdevelopment in Latin America*, New York: Monthly Review Press.

Gupta, A. and Ferguson, J. (2002) 'Spatializing states: towards an ethnography of neoliberal governmentality', *American Ethnologist*, 29 (4): 981–1002.

Gurumurthy, A. (2006) 'Promoting gender equality? Some development-related uses of ICTs by women', *Development in Practice*, 16 (6): 611–616.

Hadenius, A. and Uggla, F. (1996) 'Making civil society work, promoting democratic development: what can states and donors do?' *World Development*, 24 (10): 1621–1639.

Hann, C. and Dunn, E. (eds.) (1996) *Civil Society: Challenging Western Models*, London: Routledge.

Harmer, A. and Cotterrell, L. (2005) 'Diversity in donorship: the changing landscape of official humanitarian aid', in *Humanitarian Policy Group Report 20*, September, London: Overseas Development Institute (ODI).

Harmer, A. and Macrae, J. (2003) 'Humanitarian action and the global war on terror: a review of trends and issues', in *HPG Briefing, No 9*, July, London: Overseas Development Institute.

Harriss, J. (2014) 'Development theories', Chapter 2 in B. Currie-Alder, D. Malone and R. Medhora (eds.) *International Development: Ideas, Experience and Prospects*, Oxford: Oxford University Press.

Hart, G. (2001) 'Development critiques in the 1990s: culs de sac and promising paths', *Progress in Human Geography*, 25 (4): 649–658.

Harvey, D. (2005) *A Brief History of Neoliberalism*, Oxford: Oxford University Press.

Hashemi, S. M. (1995) 'NGO accountability in Bangladesh: beneficiaries, donors and the state', in M. Edwards and D. Hulme (eds.) *Beyond the Magic Bullet: NGO Performance and Accountability in the Post-Cold War World*, London: Earthscan, pp. 103–110.

Hashemi, S. M. and Hassan, M. (1999) 'Building NGO legitimacy in Bangladesh: the contested domain', in D. Lewis (ed.) *International Perspectives on Voluntary Action: Reshaping the Third Sector*, London: Earthscan, pp. 124–131.

Hasmath, R., Hildebrandt, T. and Hsu, J. (2019) 'Conceptualizing government-organized non-governmental organizations', *Journal of Civil Society*, 15 (3): 267–284.

Hearn, J. (2007) 'African NGOs: the new compradors?' *Development and Change*, 38 (6): 1095–1110.

Heaslip, G., Sharif, A. M. and Althonayan, A. (2012) 'Employing a systems-based perspective to the identification of inter-relationships within humanitarian logistics', *International Journal of Production Economics*, 139 (2): 377–392.

Hege, E. and Demailly, D. (2018) *NGO Mobilization Around the SDGs*, Studies N° 01/18, Paris: Institut du Développement Durable et des Relations Internationales (IDDRI).

Hegel, G. W. F. (1821/1991) *Elements of the Philosophy of Right*, edited by Allen D. Wood and H. B. Nisbet, Cambridge: Cambridge University Press.

Herzer, D. and Nunnenkamp, P. (2013) 'Private donations, government grants, commercial activities, and fundraising: cointegration and causality for NGOs in international development cooperation', *World Development*, 46: 234–251.

Hickey, S. and Mohan, G. (eds.) (2004) *Participation: From Tyranny to Transformation*, London: Zed Books.

Hildebrandt, T. (2013) *Social Organizations and the Authoritarian State in China*, Cambridge: Cambridge University Press.

Hilhorst, D. (2003) *The Real World of NGOs: Discourses, Diversity and Development*, London: Zed Books.

Hinton, R. and Groves, L. (2004) 'The complexity of inclusive aid', Chapter 1 in L. Groves and R. Hinton (eds.) *Inclusive Aid: Changing Power Relationships in International Development*, London: Earthscan, pp. 3–20.

Holcombe, S. (1995) *Managing to Empower: The Grameen Bank's Experience of Poverty Alleviation*, London: Zed Books.

Honey, R. and Okafor, S. (1998) *Hometown Associations: Indigenous Knowledge and Development in Nigeria*, London: Intermediate Technology (IT) Publishing.

Hopgood, S. (2006) *Keepers of the Flame: Understanding Amnesty International*, Ithaca NY: Cornell University Press.

Horner, R. and Hulme, D. (2017) 'From international to global development: new geographies of 21st century development', *Development and Change*, 50 (2): 347–378.

Houtzager, P. (2005) 'Introduction: from polycentrism to the polity', in P. Houtzager and M. Moore (eds.) *Changing Paths: International Development and the New Politics of Inclusion*, Ann Arbor: University of Michigan Press.

Howell, J. (2006) 'The global war on terror, development and civil society', *Journal of International Development*, 18: 121–135.

Howell, J. and Pearce, J. (2000) 'Civil society: technical instrument or force for change?' In D. Lewis and T. Wallace (eds.) *New Roles and Relevance: Development NGOs and the Challenge of Change*, Hartford: Kumarian Press, pp. 75–88.

Howell, J. and Pearce, J. (2001) *Civil Society and Development: A Critical Exploration*, Boulder, CO: Lynne Rienner.

Hsu, C. and Teets, J. (2016) 'Is China's new overseas NGO management law sounding the death knell for civil society? Maybe not', *The Asia-Pacific Journal*, 14 (3–4): 1–17.

Hulme, D. (1990) 'Can the grameen bank be replicated? Recent experiments in Malaysia, Malawi and Sri Lanka', *Development Policy Review*, 8: 287–300.

Hulme, D. (1994) 'NGOs and social development research', in D. Booth (ed.) *Rethinking Social Development: Theory, Research and Practice*, London: Longman.

Hulme, D. (2008) 'Reflections on NGOs and development: the elephant, the dinosaur, several tigers but no owl', Chapter 17 in A. Bebbington, S. Hickey and D. Mitlin (eds.) *Can NGOs Make a Difference? The Challenge of Development Alternatives*, London: Zed Books, pp. 337–345.

Hulme, D. (2016) *Should Rich Nations Help the Poor?* Cambridge: Polity Press.

Hulme, D. and Edwards, M. (eds.) (1997) *Too Close for Comfort? NGOs, States and Donors*, London: Palgrave Macmillan.

Huq, S. (2006) 'Why should development NGOs worry about climate change?' Unpublished paper presented to Seminar on Climate Change and Development, Friends of the Earth Ireland, Dublin, International Institute for Environment and Development (IIED), London.

IDS (2003) 'The rise of rights: rights-based approaches to international development', in *IDS Policy Briefing, No 17*, May, Brighton: Institute of Development Studies.

IFRC (1997) *Code of Conduct for International Red Cross and Red Crescent Movement and NGOs in Disaster Relief*, Geneva: International Federation of the Red Cross.

Igoe, J. and Kelsall, T. (eds.) (2005) *Between a Rock and a Hard Place: African NGOs, Donors and the State*, Durham, NC: Carolina Academic Press.

Ilchman, W. F., Katz, S. N. and Queen, E. L. (eds.) (1998) *Philanthropy in the World's Traditions*, Indianapolis: Indiana University Press.

Ishkanian, A. (2006) 'From "velvet" to "colour" revolutions: Armenian NGOs participation in the poverty reduction strategy paper (PRSP) process', *Journal of International Development*, 18 (5): 729–740.

Jalali, R. (2002) 'Civil society and the state: Turkey after the earthquake', *Disasters*, 120–139.

Jenkins, J. C. (1987) 'Nonprofit organizations and policy advocacy', in W. W. Powell (ed.) *The Nonprofit Sector: A Research Handbook*, New Haven: Yale University Press, pp. 296–318.

Johnston, T. (2017) 'Voluntary action: micro-organizations and infrastructure support', in L. Milbourne and U. Murray (eds.) *Civil Society in Turbulent Times: A Gilded Web?* London: University College London Institute of Education Press, pp. 118–134.

Kabeer, N. (2004) 'Social exclusion: concepts, findings and implications for the MDGs', www.gsdrc.org/docs/open/SE2.pdf.

Kabeer, N., Huq, T. Y. and Kabir, A. H. (2008) *Quantifying the Impact of Social Mobilization in Rural Bangladesh: An Analysis of Nijera Kori*, Brighton: Institute of Development Studies (IDS).

Kabeer, N., Mahmud, S. and Castro, J. (2012) 'NGOs and the political empowerment of poor people in rural Bangladesh: cultivating the habits of democracy?' *World Development*, 40 (10): 2044–2062.

Kaldor, M. (2003) *Global Civil Society: An Answer to War*, Cambridge: Polity Press.

Kaldor, M. (2004) 'Globalization and civil society', Chapter 21 in M. Glasius, D. Lewis and H. Seckinelgin (eds.) *Exploring Civil Society: Political and Cultural Contexts*, London: Routledge, pp. 191–198.

Kaldor, M. (2007) *Human Security: Reflections on Globalization and Intervention*, Cambridge: Polity Press.

Kanji, N. (1995) 'Gender, poverty and economic Adjustment in Harare, Zimbabwe', *Environment and Urbanization*, 7 (1).

Kanji, N. (2004) 'Corporate responsibility and women's employment: the cashew nut case', in *Corporate Responsibility for Environment and Development (CRED) Perspectives*, Volume 2, London: International Institute for Environment and Development (IIED).

Kanji, N., Braga, C. and Mitullah, W. V. (2002) *Promoting Land Rights in Africa: How do NGOs Make a Difference?* London: International Institute for Environment and Development (IIED).

Kaplan, A. (1999) 'The development of capacity', in *Non-Governmental Liaison Service (NGLS) Development Dossier,* Geneva: United Nations Organization.

Karim, M. (2000) 'NGOs, democratization and good governance: the case of Bangladesh', in D. Lewis and T. Wallace (eds.) *New Roles and Relevance: Development NGOs and the Challenge of Change,* Hartford: Kumarian Press, pp. 99–108.

Kawashima, N. (1999) 'The emerging non-profit sector in Japan', in *Centre for Civil Society International Working Paper 9,* London: London School of Economics and Political Science, Centre for Civil Society.

Keane, J. (1998) *Civil Society: Old Images, New Visions,* Cambridge: Polity Press.

Keck, M. (2015) 'Comparing the determinants of US-funded NGO aid versus US official development aid', *Voluntas: International Journal of Voluntary and Nonprofit Organizations,* 26: 1314–1336.

Keck, M. and Sikkink, K. (1998) *Activists Beyond Borders: Advocacy Networks in International Politics,* Ithaca, NY: Cornell University Press.

King, S. (2015) 'Increasing the power of the poor? NGO-led social accountability initiatives and political capabilities in rural Uganda', *The European Journal of Development Research,* 27 (5): 887–902.

Kinsbergen, S. (2019) 'The legitimacy of Dutch do-it-yourself initiatives in Kwale County, Kenya', *Third World Quarterly,* 40 (10): 1850–1868.

Kinsbergen, S. and Schulpen, L. (2013) 'From tourist to development worker: private development initiatives in the Netherlands', *Mondes en Développement,* 161 (1): 49–62.

Kirbyshire, A. and Wilkinson, E. (2019) 'What impact are NGOs having on the wider development of climate services?' *Challenging Assumptions,* paper series, September, www.braced.org.

Klein, N. (2015) *This Changes Everything,* Harmondsworth: Penguin.

Koch, D. J., Dreher, A., Nunnenkamp, P. and Thiele, R. (2009) 'Keeping a low profile: what determines the allocation of aid by non-governmental organizations?' *World Development,* 37 (5): 902–918.

Kono, D. Y. and Montinola, G. R. (2019) ' Foreign aid and climate change policy: what can('t) the data tell us?', *Politics and Governance,* 72: 68–92.

Korten, D. C. (1987) 'Third generation NGO strategies: a key to people-centred development', *World Development,* 15 (supplement): 145–159.

Korten, D. C. (1990) *Getting to the 21st Century: Voluntary Action and the Global Agenda,* West Hartford: Kumarian Press.

Kothari, U. (2005) 'From colonialism to development: oral histories, life geographies and travelling cultures', *Antipode,* 37 (3): 49–60.

Kramsjo, B. and Wood, G. (1992) *Breaking the Chains: Collective Action for Social Justice Among the Rural Poor in Bangladesh,* London: Intermediate Technology (IT) Publishing.

Kumi, E. (2019) 'Aid reduction and NGDOs' quest for sustainability in Ghana: can philanthropic institutions serve as alternative resource mobilization routes?' *Voluntas: International Journal of Voluntary and Nonprofit Organizations,* 30: 1332–1347.

Lang, S. (2013) *NGOs, Civil Society and the Public Sphere,* Cambridge: Cambridge University Press.

Lashaw, A., Sampson, S. and Vannier, C. (eds.) (2017) *Cultures of Doing Good: Anthropologists and NGOs,* Tuscaloosa, AL: University of Alabama Press.

Lazell, M. and Petrikova, I. (2019) 'Evidence from a cross-country examination of sector aid commitments', *Development Policy Review*, https://doi.org/10.1111/dpr.12426.

Levitt, T. (1975) *The Third Sector: New Tactics for a Responsive Society*, New York: AMA-COM, American Management Association.

Lewis, D. (1998a) 'Partnership as process: building an institutional ethnography of an inter-agency aquaculture project in Bangladesh', in D. Mosse, J. Farrington and A. Rew (eds.) *Development as Process: Concepts and Methods for Working with Complexity*, London: Routledge, pp. 99–114.

Lewis, D. (1998b) 'Development NGOs and the challenge of partnership: changing relations between North and South', *Social Policy and Administration*, 32 (5): 501–512.

Lewis, D. (1999) 'Revealing, widening, deepening? A review of the existing and potential contribution of anthropological approaches to "third sector" research', *Human Organization*, 58 (1): 73–81.

Lewis, D. (2002) 'Civil society in African contexts: reflections on the "'usefulness'" of a concept', *Development and Change*, 33 (4): 569–586.

Lewis, D. (2005) 'Actors, ideas and networks: trajectories of the non-governmental in development studies', in Uma Kothari (ed.) *A Radical History of Development Studies*, London: Zed Books.

Lewis, D. (2006a) 'Anthropology and development: knowledge, history, power and practice', Keynote paper for conference on Anthropology in Practice: Theory, Method and Ethnography in Swedish Development Cooperation, Department of Cultural Anthropology and Ethnology, Uppsala University November 30, December 2.

Lewis, D. (2006b) 'Globalization and international service: a development perspective', *Voluntary Action*, 7 (2): 13–26.

Lewis, D. (2007) *The Management of Non-Governmental Development Organizations*, 2nd edition, London: Routledge.

Lewis, D. (2008) 'Crossing the boundaries between "'third sector'" and state: life-work histories from Philippines, Bangladesh and the UK', *Third World Quarterly*, 29 (1): 125–142.

Lewis, D. (2013) 'Sideways strategies: civil-society-state reformist crossover activities in the Philippines 1986–2010', *Contemporary Southeast Asia*, 35 (1): 27–55.

Lewis, D. (2014) *Non-Governmental Organizations, Management and Development*, 3rd edition, London: Routledge.

Lewis, D. (2017a) 'Should we pay more attention to South-North learning?' *Human Service Organizations: Management, Leadership and Governance*, 41 (4): 327–331.

Lewis, D. (2017b) 'Representing the poor in a clientalistic Clientelistic democracy: the rise and fall of radical NGOs in Bangladesh', *Journal of Development Studies*, 53 (10): 1545–1567.

Lewis, D. (2017c) 'Anthropologists' encounters with NGOs: critique, collaboration and conflict', in A. Lashaw, S. Sampson and C. Vannier (eds.) *Cultures of Doing Good: Anthropologists and NGOs*, Tuscaloosa, AL: University of Alabama Press, pp. 26–36.

Lewis, D. (2019) ' "Big D" and "little d": two types of twenty-first century development?' *Third World Quarterly*, 40 (11): 1957–1975.

Lewis, D. and Madon, S. (2003) 'Information systems and non-governmental development organizations (NGOs): advocacy, organizational learning and accountability in a Southern NGO', *The Information Society*, 20 (2): 117–126.

Lewis, D. and Mosse, D. (eds.) (2006) *Development Brokers and Translators: The Ethnography of Aid and Agencies*, Bloomfield, CT: Kumarian Press.

Lewis, D. and Opoku-Mensah, P. (2006) 'Moving forward research agendas on international NGOs: theory, agency and context', *Journal of International Development*, 18 (5): 665–675.

Lewis, D., Rodgers, D. and Woolcock, M. (2008) 'The fiction of development: literary representation as a source of authoritative knowledge', *Journal of Development Studies*, 44 (2): 198–216.

Lewis, D., Rodgers, D. and Woolcock, M. (2013) 'The projection of development: cinematic representation as a(nother) source of authoritative knowledge?' *Journal of Development Studies*, 49 (3): 383–397.

Lewis, D., Rodgers, D. and Woolcock, M. (eds.) (2014) *Popular Representations of Development: Insights from Novels, Films, Television and Social Media*, London: Routledge.

Lewis, D. and Schuller, M. (2017) 'Engagements with a productively unstable category: anthropologists and non-governmental organizations', *Current Anthropology*, 58 (5): 634–651.

Lindenberg, M. and Bryant, C. (2001) *Going Global: Transforming Relief and Development NGOs*, Bloomfield, CT: Kumarian Press.

Lischer, S. K. (2007) 'Military intervention and the humanitarian "force multiplier"', *Global Governance*, 13 (1): 99–118.

Little, D. (2003) *The Paradox of Wealth and Poverty: Mapping the Ethical Dilemmas of Global Development*, Boulder, CO: Westview.

Lloyd, R., Warren, S. and Hammer, M. (2008) *One World Trust Global Accountability Report*, London: One World Trust.

Lodge, G. and Wilson, C. (2006) *A Corporate Solution to Global Poverty: How Multinationals Can Help the Poor and Invigorate Their Own Legitimacy*, Princeton, NJ: Princeton University Press.

Lofredo, G. (1995) 'Help yourself by helping the poor', *Development in Practice*, 5 (4): 342–345.

Long, N. and Long, A. (eds.) (1992) *Battlefields of Knowledge: The Interlocking of Theory and Practice in Social Research and Development*, London: Routledge.

Longley, C., Christoplos, I. and Slaymaker, T. (2006) *Agricultural Rehabilitation: Mapping the Linkages between Humanitarian Relief, Social Protection and Development*, Humanitarian Policy Group (HPG) Research Report, London: Overseas Development Institute.

Loughran, M. (2019) 'How blockchain can help solve the NGO crisis of confidence', https://medium.com/uulala/how-blockchain-can-help-solve-the-ngo-crisis-of-confidence-a5d3f9087c0.

Lowe, K. A. (2015) 'Navigating the profits and pitfalls of governmental partnerships: the ICRC and intergovernmental relief, 1918–23', *Disasters*, 39 (S2): 204–218.

Macdonald, K. (2007) 'Public accountability within transnational supply chains: a global agenda for empowering Southern workers?' Chapter 12 in Alnoor Ebrahim and Edward Weisband (eds.) *Global Accountabilities*, Cambridge: Cambridge University Press, pp. 252–279.

MacDonald, L. (1994) 'Globalizing civil society: interpreting international NGOs in Central America', *Millennium: Journal of International Studies*, 23 (2): 267–285.

Macleod, M. R. (2007) 'Financial actors and instruments in the construction of global corporate social responsibility', Chapter 11 in Alnoor Ebrahim and Edward Weisband (eds.) *Global Accountabilities*, Cambridge: Cambridge University Press, pp. 227–251.

Macrae, J. and Zwi, A. (eds.) (1994) *War and Hunger: Rethinking International Responses to Complex Emergencies*, London: Zed Books/Save the Children Fund.

Madon, S. (1999) 'International NGOs: Networking, information flows and learning', *Journal of Strategic Information Systems*, 8 (3): 251–261.

Maietta, M., Kennedy, E. and Bourse, F. (2017) *The Future of Aid INGOs in 2030*, Action Against Hunger/Action Contre la Faim, www.iaran.org/future-of-aid.

Maimbo, S. M. (2020) '5 ways the World Bank's IDA-19 is supporting the poorest countries in the time of COVID', July 10, https://blogs.worldbank.org/voices/5-ways-world-banks-ida-19-supporting-poorest-countries-time-covid.

Makuwira, J. J. (2014) *Non-Governmental Organizations and the Poverty Reduction Agenda: The Moral Crusaders*, London: Routledge.

Marriage, Z. (2006) *Not Breaking the Rules, Not Playing the Game: International Assistance to Countries at War*, London: Hurst.

Martens, K. (2006) 'NGOs in the united nations system: evaluating theoretical approaches', *Journal of International Development*, 18 (5): 691–700.

Mathews, J. (1997) 'Power shift', *Foreign Affairs*, 76 (1): 50–66.

Mawdsley, E. (2018) 'Development geography II: Financialization', *Progress in Human Geography*, 42 (2): 264–274.

Maxwell, S. (2003) 'Heaven or hubris? Reflections on the new "new poverty agenda"', *Development Policy Review*, 21 (1): 5–25.

McCarthy, J. D. and Zald, M. N. (1977) 'Resource mobilization in social movements: a partial theory', *American Journal of Sociology*, 82: 1212–1234.

McCleary, R. (2009) *Global Compassion: Private Voluntary Organizations and U.S. Foreign Policy Since 1939*, Oxford: Oxford University Press.

McClimon, T. J. (2018) 'Would a sector by any other name smell as sweet?' www.forbes.com/sites/timothyjmcclimon/2018/12/10/would-a-sector-by-any-other-name-smell-as-sweet/#5a0b8afc7aa4.

McMahon, P. (2017) *The NGO Game: Post–Conflict Peacebuilding in the Balkans and Beyond*, Ithaca, NY: Cornell University Press.

Microfinance Barometer (2018) *Microfinance Barometer 2018*, Paris: Convergences, www.convergences.org/en/104906-2.

Midgley, J. (1995) *Social Development: The Development Perspective in Social Welfare*, London: Sage Publications.

Milbourne, L. and Murray, U. (eds.) (2017) *Civil Society in Turbulent Times: A Gilded Web?* London: University College London Institute of Education Press.

Mitchell, A. (2016) 'Civil society organizations in the informal settlements of Buenos Aires: service providers and forces for change', *Voluntas: International Journal of Voluntary and Nonprofit Organizations*, 27: 37–60.

Mitlin, D., Hickey, S. and Bebbington, A. (2005) 'Reclaiming development? NGOs and the challenge of alternatives', Background paper for the conference on Reclaiming Development: Assessing the Contribution of NGOs to Development Alternatives, Manchester June 27–29 (draft paper).

Mitlin, D. and Hickey, S. (2009) *Rights-Based Approaches to Development: Exploring the Potential and Pitfalls*, Sterling, VA: Kumarian Press.

Mitlin, D., Hickey, S. and Bebbington, A. (2007) 'Reclaiming development? NGOs and the challenge of alternatives', *World Development*, 35 (10): 1699–1720.

Molyneux, M. and Lazar, S. (2003) *Doing the Rights Thing: Rights-Based Development and Latin American NGOs*, London: Intermediate Technology Development Group (ITDG) Publishing.

Momsen, J. H. (2004) *Gender and Development*, London: Routledge.

Moore, H. (1988) *Feminism and Anthropology*, Cambridge: Polity Press.

Morris-Suzuki, T. (2000) 'For and against NGOs', *New Left Review*, March–April, pp. 63–84.

Moser, C. O. (1989) *Gender Planning and Development: Theory, Practice and Training*, London: Routledge.

Mosse, D. (2005) *Cultivating Development: An Ethnography of Aid Policy and Practice*, London: Pluto Press.

Mudaliar, A. and Dithrich, H. (2019) *Sizing the Impact Investing Market*, New York: Global Impact Investing Network.

Murphy, B. (2000) 'International development NGOs and the challenge of modernity', *Development in Practice*, 10 (3–4): 330–347.

Najam, A. (1996) 'Understanding the third sector: revisiting the prince, the merchant and the citizen', *Nonprofit Management and Leadership*, 7 (2): 203–219.

Najam, A. (1999) 'Citizen organizations as policy entrepreneurs', in D. Lewis (ed.) *International Perspectives on Voluntary Action: Reshaping the Third Sector*, London: Earthscan, pp. 142–181.

Nelson, P. (2006) 'The varied and conditional integration of NGOs into the aid system: NGOs and the world bank', *Journal of International Development*, 18 (5): 701–713.

New Humanitarian (2019) '#AidToo: After Oxfam, what to watch', www.thenewhumanitarian.org/news/2019/06/11/aid-sector-abuse-scandal-aidtoo-after-oxfam-what-watch (accessed June 12, 2020).

North, L. (2003) 'Rural progress or rural decay? An overview of the issues and case studies', Chapter 1 in L. North and J. D. Cameron (eds.) *Rural Progress, Rural Decay: Neoliberal Adjustment Policies and Local Initiatives*, Bloomfield, CT: Kumarian Press.

ODI (Overseas Development Institute) (1995) 'NGOs and official donors', in *Briefing Paper*, August 4, London: Overseas Development Institute.

ODI (Overseas Development Institute) (1997) *The People in Aid Code of Best Practice in the Management and Support of Aid Personnel, Relief and Rehabilitation Network*, February, London: Overseas Development Institute.

ODI (Overseas Development Institute) (2007) *Humanitarian Advocacy in Darfur: The Challenge of Neutrality*, Humanitarian Policy Group, October, HPG Policy Brief 28. London: Overseas Development Institute.

ODI (Overseas Development Institute) (2016) 'Planning from the future', Report by Policy Institute at King's College London, the Humanitarian Policy Group at the Overseas Development Institute (London) and the Feinstein International Center at Tufts University (Boston), www.planningfromthefuture.org.

OECD, Organization for Economic Cooperation and Development (2018) *Private Philanthropy for Development*, Paris: OECD.

Olulana, W. (2017) 'The role of faith-based organizations in welfare delivery', in F. Milbourne and U. Murray (eds.) *Civil Society in Turbulent Times: A Gilded Web?* London: University College London Institute of Education Press, pp. 102–117.

Onsander, S. (2007) *Swedish Development Cooperation through Swedish and Local NGOs*, Göteborg, Sweden: Centre for African Studies, Perspectives Series 7, University of Gothenburg.

Opoku-Mensah, P. (2007) 'The political economy of NGOs in Ghana', in P. Opoku-Mensah, D. Lewis and T. Tvedt (eds.) *Reconceptualizing NGOs and Their Roles in Development*, Denmark: Aalborg University Press.

O'Sullivan, M. (2019) *The Levelling: What's Next After Globalization*, London: Public Affairs.

Oza, A. (2019) 'India's most significant innovations have roots in civil society', https://idronline.org/indias-most-significant-innovations-have-roots-in-civil-society/.

Pailey, R. N. (2019) 'De-centring the "white gaze" of development', *Development and Change*, https://doi.org/10.1111/dech.12550.

Parker, B. (1998) *Globalization and Business Practice: Managing Across Boundaries*, London: Sage Publications.

Pearce, J. (1997) 'Between co-option and irrelevance? Latin American NGOs in the 1990s', in D. Hulme and M. Edwards (eds.) *Too Close for Comfort? NGOs, States and Donors*, London: Palgrave Macmillan, pp. 257–274.

Pickering-Saqqa, S. (2019) 'Why work "at home"? Oxfam's value-added and the UK poverty programme', *Development in Practice*, 29 (4): 477–488.

Pieterse, J. N. (2018) *Multipolar Globalization*, London: Routledge.

Porter, F. and Wallace, T. (2013) 'Aid, NGOs and the shrinking space for women: a perfect storm. Introduction', in T. Wallace, F. Porter and M. Ralph-Bowman (eds.) *Aid, NGOs and the Realities of Women's Lives: A Perfect Storm*, Rugby: Practical Action Publishing, pp. 1–30.

Powell, M. (1999) *Information Management for Development Organizations*, Oxford: Oxfam Publications.

Pritchett, L., Woolcock, M. and Andrews, M. (2010) 'Capability traps? The mechanisms of persistent implementation failure', in *Working Paper 234*, Washington, DC: Centre for Global Development.

Putnam, R. D. (1993) *Making Democracy Work: Civic Traditions in Modern Italy*, Princeton, NJ: Princeton University Press.

Putzel, J. (1997) 'Accounting for the "dark side" of social capital: reading Robert Putnam on democracy', *Journal of International Development*, 9 (7): 939–950.

Putzel, J. (2007) 'Retaining legitimacy in fragile states', *Id21 Insights*, 66, May, www.id21.org.

Racelis, M. (2008) 'Anxieties and affirmations: NGO-donor partnerships for social transformation', Chapter 10 in A. Bebbington, S. Hickey and D. Mitlin (eds.) *Can NGOs Make a Difference? The Challenge of Development Alternatives*, London: Zed Books, pp. 196–220.

Rahnema, M. (1992) 'Participation', in W. Sachs (ed.) *The Development Dictionary: A Guide to Knowledge as Power*, London: Zed Books.

Rahnema, M. (1997) 'Introduction', in M. Rahnema with V. Bawtree (eds.) *The Post-Development Reader*, London: Zed Books.

Rankin, K. N. (2001) 'Governing development: neoliberalism, microcredit, and rational economic woman', *Economy and Society*, 30 (1): 18–37.

Rekosh, E. and Khadar, L. (2018) 'The business case for civil society', https://rightscolab.org/app/uploads/2018/12/the_business_case_for_civil_society.pdf.

Renouard, C. (2012) 'A social business success story: Grameen Danone in Bangladesh', ESSEC Business School, Cergy, France, http://knowledge.essec.edu/en/sustainability/a-social-business-success-story.html.

Riddell, R. C. (2008) *Does Foreign Aid Really Work?* Oxford: Oxford University Press.

Riddell, R. C. and Robinson, M. (1995) *NGOs and Rural Poverty Alleviation*, Oxford: Clarendon Press.

Roberts, S. M., Jones, J. P. and Frohling, O. (2005) 'NGOs and the globalization of managerialism', *World Development*, 33 (11): 1845–1864.

Robinson, M. (1993) 'Governance, democracy and conditionality: NGOs and the new policy agenda', in A. Clayton (ed.) *Governance, Democracy and Conditionality: What Role for NGOs?* Oxford: International NGO Research and Training Centre, pp. 35–52.

Robinson, M. (1997) 'Privatising the voluntary sector: NGOs as public service contractors', in D. Hulme and M. Edwards (eds.) *Too Close for Comfort? NGOs, States and Donors*, London: Palgrave Macmillan, pp. 59–78.

Robinson, M. and White, G. (1997) 'The role of civic organizations in the provision of social services', in *Research for Action Paper 37*, Helsinki: United Nations University/World Institute for Development Economics Research.

Robinson, M. and White, G. (1998) 'Civil society and social provision: The role of civic organization', in M. Minogue, C. Polidano and D. Hulme (eds.) *Beyond the New Public Management, Changing Ideas and Practices in Governance*, Northampton, MA: Edward Elgar.

Rostow, W. W. (1960) *The Stages of Economic Growth: A Non-Communist Manifesto*, Cambridge: Cambridge University Press.

Rowlands, J. (1995) 'Empowerment examined', *Development in Practice*, 15 (2): 101–107.

Roy, A. (2010) *Poverty Capital: Microfinance and the Making of Development*, New York: Routledge.

Russell, J. (2008) 'Social innovation: good for you, good for me', Special report, *Ethical Corporation*, April 9.

Sachs, J. (2004) *The End of Poverty: Economic Possibilities for Our Time*, Harmondsworth: Penguin.

Saguin, K. (2018) 'Why the poor do not benefit from community-driven development: Lessons from participatory budgeting', *World Development*, 112: 220–232.

Salamon, L. and Anheier, H. K. (1992) 'In search of the non-profit sector: in search of definitions', *Voluntas: International Journal of Voluntary and Nonprofit Organizations*, 13 (2): 125–152.

Salamon, L. and Anheier, H. K. (1997) *Defining the Nonprofit Sector: A Cross-National Analysis*, Manchester: Manchester University Press.

Salamon, L. M. and Sokolowski, S. (2016) 'Beyond nonprofits: re-conceptualizing the third sector', *Voluntas: International Journal of Voluntary and Nonprofit Organizations*, 27: 1515–1545.

Saldinger, A. (2020) 'House boosts foreign aid funding, adds $10B for COVID-19 response', July 7, devex.com.

Sandvik, K. B. (2019) ' "Safeguarding" as humanitarian buzzword: an initial scoping', *Journal of International Humanitarian Action*, 4 (1).

Satterthwaite, D. (2005) 'Introduction: why local organizations are central to meeting the MDGs', Chapter 1 in T. Bigg and D. Satterthwaite (eds.) *How To Make Poverty History*, London: International Institute for Environment and Development (IIED).

Scholte, J. A. (2000) *Globalization: A Critical Introduction*, London: Palgrave Macmillan.

Schuller, M. (2012) *Killing with Kindness: Haiti, International Aid, and NGOs*, New Brunswick, NJ: Rutgers University Press.

Schuller, M. and Lewis, D. (2014) 'Anthropology of NGOs', in *Oxford Bibliographies in Anthropology*, www.oxfordbibliographies.com/view/document/obo-9780199766567/obo-9780199766567-0090.xml.

Schwittay, A. (2014) 'Making poverty into a financial problem: from global poverty lines to kiva.org', *Journal of International Development*, 26 (4): 508–519.

Schwittay, A. (2019) 'Digital mediations of everyday humanitarianism: the case of Kiva. org', *Third World Quarterly*, 40 (10): 1921–1938.

Scott, M. J. O. (2001) 'Danger – landmines! NGO-government collaboration in the Ottawa process', in M. Edwards and J. Gaventa (eds.) *Global Citizen Action*, Boulder, CO: Lynne Rienner, pp. 121–134.

Seckinelgin, M. H. (2006) 'The multiple worlds of NGOs and HIV/AIDS: rethinking NGOs and their agency', *Journal of International Development*, 18: 715–727.

Selznick, P. (1966) *TVA and the Grassroots*, New York: Harper & Row.

Sen, A. (1981) *Poverty and Famines: An Essay on Entitlement and Deprivation*, Oxford: Oxford University Press.

Sen, G. and Grown, C. (1988) *Development, Crises and Alternative Visions: Third World Women's Perspectives*, London: Earthscan.

Sen, S. (1992) 'Non-profit organizations in India: historical development and common patterns', *Voluntas: International Journal of Voluntary and Nonprofit Organizations*, 3 (2): 175–193.

Shaw, M. (1994) 'Civil society and global politics: beyond a social movements approach', *Millennium: Journal of International Studies*, 23 (3): 647–667.

Sidel, M. (2005) 'The guardians guarding themselves: a comparative perspective on nonprofit self-regulation', *Chicago-Kent Law Review*, 80: 803–835.

Singhal, R. S. (2019) 'Building blocks of an effective NGO', *Voluntary Sector Review*, 10 (2): 167–187.

Slim, H. (1997) 'To the rescue: radicals or poodles?' *The World Today*, August–September, pp. 209–212.

Smillie, I. (1994) 'Changing partners: Northern NGOs, Northern governments', *Voluntas* 5 (2): 155–192.

Smillie, I. (1995) *The Alms Bazaar: Altruism Under Fire – Non-Profit Organizations and International Development*, London: Intermediate Technology (IT) Publishing.

Smillie, I. (2007) 'The campaign to ban "blood diamonds"', Chapter 6 in A. Ebrahim and E. Weisband (eds.) *Global Accountabilities: Participation, Pluralism and Public Ethics*, Cambridge: Cambridge University Press, pp. 112–130.

Smith, G. (2002) *Faith in the Voluntary Sector: A Common or Distinctive Experience of Religious Organizations?* London: Centre for Institutional Studies, University of East London.

Solnit, R. (2020) '"The impossible has already happened": what coronavirus can teach us about hope', *The Guardian*, April 27.

Sow, M. (2018) 'Figures of the week: Chinese investment in Africa', *Brookings Africa Focus*, www.brookings.edu/blog/africa-in-focus/2018/09/06/figures-of-the-week-chinese-investment-in-africa/.

Spencer, S. B. and Skalaban, I. A. (2018) 'Organizational culture in civic associations in Russia', *Voluntas: International Journal of Voluntary and Nonprofit Organizations*, 29: 1080–1097.

Stevenson, L. and St-Onge, A. (2005) *Support for Growth-oriented Women Entrepreneurs in Uganda*, Geneva: International Labour Organization.

Stiefel, M. and Wolfe, M. (1994) *A Voice for the Excluded: Popular Participation in Development: Utopia or Necessity?* London: Zed Books.

Stiglitz, J. (2002) *Globalization and Its Discontents*, London: Penguin.

Stoianova, V. (2010) *Donor Funding in Haiti: Assessing Humanitarian Needs. After the 2010 Haiti Earthquake*, Briefing Paper, London: Global Humanitarian Assistance.

Strayer, R. W. (1978) *The Making of Mission Communities in East Africa: Anglicans and Africans in Colonial Kenya 1875–1935*, London: Heinemann.

Sunkin, M., Bridges, L. and Meszaros, G. (1993) *Judicial Review in Perspective*, London: The Public Law Project.

Swidler, A. and Cotts Watkins, S. (2017) *A Fraught Embrace: The Romance and Reality of AIDS Altruism in Africa*, Princeton, NJ: Princeton University Press.

Tandon, Y. (1996) 'An African perspective', in D. Sogge, K. Biekart and J. Saxby (eds.) *Compassion and Calculation: The Business of Private Foreign Aid*, London: Pluto Press.

Teets, J. C. (2014) *Civil Society Under Authoritarianism: The China Model*, Cambridge: Cambridge University Press.

Temple, D. (1997) 'NGOs: a Trojan horse', in M. Rahnema and V. Bawtree (eds.) *The Post-Development Reader*, London: Zed Books.

Tendler, J. (1982) 'Turning private voluntary organizations into development agencies: questions for evaluation', *Program Evaluation Discussion Paper 12*, Washington, DC: United States Agency for International Development.

Tendler, J. (1997) *Good Governance in the Tropics*, Baltimore: Johns Hopkins University Press.

TGNP (2003) 'Introduction', in *Neoliberalism: Gender, Democracy and Development*, Dar es Salaam: Tanzania Gender Networking Programme.

Themudo, N. S. (2003) *Managing the Paradox: NGOs, Resource Dependence, and Independence in Environmental NGOs – Case Studies from Portugal and Mexico*, PhD dissertation, London School of Economics and Political Science, etheses.lse.ac.uk/2679/1/U615628.pdf, London.

Themudo, N. S. (2013a) 'Reassessing the impact of civil society: Nonprofit sector, press freedom and corruption', *Governance: An International Journal of Policy*, 26: 63–89.

Themudo, N. S. (2013b) *Nonprofits in Crisis: Economic Development, Risk and the Philanthropic Kuznets Curve*, Bloomington, IN: Indiana University Press.

Thomas, A. (1992) 'NGOs and the limits to empowerment', in M. Wuyts, M. Mackintosh and T. Hewitt (eds.) *Development Action and Public Policy*, Oxford: Oxford University Press.

Thomas, A. (1996) 'What is development management?' *Journal of International Development*, 8 (1): 95–110.

Thomas, J. (2019) 'An overview of emerging disruptive technologies and key issues', *Development*, 62: 5–12.

Touraine, A. (1988) *Return of the Actor: Social Theory in Post-Industrial Society*, Minneapolis: University of Minnesota Press.

Tsing, A. L. (2005) *Friction: An Ethnography of Global Connection*, Princeton, NJ: Princeton University Press.

Turner, M. and Hulme, D. (1997) *Governance, Administration and Development: Making the State Work*, London: Palgrave Macmillan.

Tvedt, T. (1998) *Angels of Mercy or Development Diplomats? NGOs and Foreign Aid*, Oxford: James Currey.

Tvedt, T. (2006) 'The international aid system and the non-governmental organizations: a new research agenda', *Journal of International Development*, 18: 677–690.

UIA (2018) *Yearbook of International Organizations 2018–2019*, Geneva: Union of International Associations.

UNCTAD (2014) *World Investment Report: Investing in the SDGs*, Geneva: United Nations Conference on Trade and Development.

UNDP (2013) *Human Development Report 2013: The Rise of the South: Human Progress in a Diverse World*, New York: United Nations Development Programme.

Uphoff, N. (1995) 'Why NGOs are not a third sector: a sectoral analysis with some thoughts on accountability, sustainability and evaluation', in M. Edwards and D. Hulme (eds.) *Beyond the Magic Bullet: NGO Performance and Accountability in the Post-Cold War World*, London: Earthscan.

Uvin, P. (1998) *Aiding Violence: The Development Enterprise in Rwanda*, West Hartford, CT: Kumarian Press.

Vakil, A. (1997) 'Confronting the classification problem: toward a taxonomy of NGOs', *World Development*, 25 (12): 2057–2071.

Van Der Zee, B. (2015) 'Less than 2% of humanitarian funds "go directly to local NGOs"', *The Guardian*, October 16.

Van Rooy, A. (1997) *Civil Society and the Aid Industry*, London: Earthscan.

Van Rooy, A. (1998) 'The frontiers of influence: NGO lobbying at the 1974 world food conference, the 1992 earth summit and beyond', *World Development*, 25 (1): 93–114.

Veltmeyer, H. and Bowles, P. (eds.) (2018) *The Essential Guide to Critical Development Studies*, London: Routledge.

Verduzco, J. (2003) 'The role of NGOs and NGO networks in meeting the needs of US Colonia', *Journal of Community Development*, 39 (4): 1–32.

Villanger, E. (2007) *Arab Foreign Aid: Disbursement Patterns, Aid Policies and Motives*, Bergen: Chr. Michelsen Institute.

Visvanathan, N. (1997) 'General introduction', in N. Visvanathan, L. Duggan, L. Nisonoff and N. Wiegersma (eds.) *The Women, Gender and Development Reader*, London: Zed Books.

Vivian, J. (1994) 'NGOs and sustainable development in Zimbabwe', *Development and Change*, 25: 181–209.

Wallace, T., Bornstein, L. and Chapman, J. (2006) *Coercion and Commitment: Development NGOs and the Aid Chain*, Rugby: Practical Action/Intermediate Technology Development Group (ITDG).

Wallace, T. and Kaplan, A. (2003) 'The taking of the horizon: lessons from action aid Uganda's experience of changes in development practice', in *Working Paper Series, No 4*, Kampala: Action Aid Uganda.

Watson, H. and Laquihon, W. (1993) 'The MBRLC's sloping agricultural land technology (SALT) research and extension in the Philippines', in J. Farrington and D. Lewis (eds.) *NGOs and the State in Asia: Rethinking Roles in Sustainable Agricultural Development*, London: Routledge, pp. 240–243.

WEF, World Economic Forum (2013) *The Future Role of Civil Society, World Scenario Series*, Geneva: World Economic Forum.

Wheeler, V. and Harmer, A. (2006) 'Resetting the rules of engagement: trends and issues in military-humanitarian relations', in *Humanitarian Policy Group Research Report 21*, April, London: Overseas Development Institute (ODI).

White, G. (1994) 'Civil society, democratization and development', *Democratization*, 1 (3): 375–390.

White, S. (1995) 'Depoliticizing development: the uses and abuses of participation', *Development in Practice*, 6 (1): 6–15.

Wiktorowicz, Q. (2002) 'The political limits to non-governmental organizations in Jordan', *World Development*, 30 (1): 77–93.

Wood, G. D. (1997) 'States without citizens: the problem of the franchise state', Chapter 5 in D. Hulme and M. Edwards (eds.) *Too Close for Comfort? NGOs, States and Donors*, London: Palgrave Macmillan.

World Bank (2002a) *Empowerment and Poverty Reduction: A Sourcebook*, Washington, DC: The World Bank.

World Bank (2002b) 'The next ascent: an evaluation of the Aga Khan Rural Support Programme', in *Precis 226*, Washington, DC: World Bank Operations Evaluation Department.

World Bank (2006) *Economics and Governance of Non-Governmental Organizations in Bangladesh*, Washington, DC: World Bank.

World Bank (2013) *World Bank – Civil Society Engagement: Review of Fiscal Years 2010–2012*, Washington, DC: The World Bank.

World Bank (2018) *Heavily Indebted Poor Country (HIPC) Initiative*, Washington, DC: World Bank.

데이비드 루이스(David Lewis)는 런던정경대학(London School of Economics and Political Science) 국제개발학부의 인류학 및 개발학과 교수이다. 그는 남아시아, 특히 방글라데시의 개발 관련 전문가이자 문화인류학자이다. 방글라데시에서 거버넌스, 정책 및 시민사회에 대한 정기적인 현장 조사를 하고 있고, 네팔, 필리핀, 스리랑카, 팔레스타인, 우간다 등에서도 관련 연구를 진행했다. *Non-Governmental Organizations, Management and Development* (2014), *Bangladesh: Politics, Economy and Civil Society* (2011), *Anthropology and Development: Challenges for the 21st Century* (2015, 공저) 등을 집필했다.

나즈닌 칸지(Nazneen Kanji)는 개발 문제 전문 컨설턴트이다. 런던정경대학에서 박사학위를 받은 후 정책연구, 교육 및 컨설팅 분야에서 활동했으며, 아가칸개발네트워크(AKDN: Aga Khan Development Network)의 삶의 질 연구부(Quality of Life Research Unit)의 책임자, 환경-개발 국제연구소(IIED: International Institute for Environment and Development) 연구위원 등을 역임했다. 그는 젠더, 생계 및 사회정책 전문가로, 1980년대 모잠비크에서의 자원봉사 활동을 비롯하여 다양한 NGO와의 협력을 포함해 사하라 사막 이남 아프리카 국가와 아시아, 아프리카에 관해 광범위한 정책연구, 자문, 현장 경험을 가지고 있다. 주요 연구는 젠더, 세대 차이를 고려한 웰빙과 생계 분야이다. "One size does not fit all: Choosing methods to inform area development" (Development in Practice, 2013), "Improving quality of life in remote mountain communities" (Mountain Research and Development, 2012) 등 다수의 논저들이 있다.

누노 S. 테뮤도(Nuno S. Themudo)는 피츠버그대학 공공-국제문제대학원 (Graduate School of Public and International Affairs) 부교수이다. 그는 NGO, 시민사회, 세계정치, 초국가적 사회운동, 공공-비영리 부문 관리와 국제개발 관련 연구, 강의를 하고 있다. 런던정경대학의 시민사회센터에서 강사를 역임했으며, 국제앰네스티, 멕시코와 포르투갈의 여러 환경 NGO 단체들과 협력하기도 했다. *World Development* 및 *Brown Journal of World Affairs*와 같은 여러 국제문제 저널과 관련 도서에서 글을 게재했다.

역자 소개

이유진 _ eglee@sm.ac.kr

연세대학교 정치외교학과 졸업
토론토대학교 정치학 석사
토론토대학교 정치학 박사

현 숙명여자대학교 정치외교학과 교수, 한일미래포럼 이사

통일연구원 책임연구원, 한국캐나다학회 회장 역임

주요논저

The Integrity Gap: Canada's Environmental Policy and Institutions,
　　UBC Press (편저).
『글로벌 환경정치와 정책』(역서, 명인문화사)
『거버넌스』(역서, 도서출판 오름)
『환경정치학』(역서, 한울아카데미)
『비교정부와 정치, 10판』(공역, 명인문화사)
『정치학개론, 15판』(공역, 명인문화사)
"후쿠시마 사고 이후 일본의 원자력 관련 제도 변화에 대한 연구" (일본연구
　　논총)
"일본의 세습정치인에 대한 연구" (비교일본학) 외 다수

명인문화사 정치학 관련 서적

정치학 분야

정치학의 이해 Roskin 외 지음 / 김계동 옮김
정치학개론: 권력과 선택, 제15판 Shively 지음 / 김계동,
민병오, 윤진표, 이유진, 최동주 옮김
비교정부와 정치, 제10판 Hague, Harrop, McCormick 지음 /
김계동, 김욱, 민병오 외 옮김
정치이론 Heywood 지음 / 권만학 옮김
정치학방법론 Burnham 외 지음 / 김계동 외 옮김
정치 이데올로기: 이론과 실제 Baradat 지음 / 권만학 옮김
민주주의국가이론 Dryzek, Dunleavy 지음 / 김욱 옮김
신자유주의 Cahill, Konings 지음 / 최영미 옮김
정치사회학 Clemens 지음 / 박기덕 옮김
복지국가: 이론, 사례, 정책 정진화 지음
시민사회, 제3판 Edwards 지음, 서유경 옮김
포커스그룹: 응용조사 실행방법 Krueger, Casey 지음 /
민병오, 조대현 옮김
문화로 읽는 세계 Gannon, Pillai 지음 / 남경희 외 옮김
거버넌스의 정치학: 한국정치의 새로운 패러다임 모색 김의영 지음
한국현대사의 재조명 한국전쟁학회 편
성공하는 리더십의 조건 Keohane지음 / 심양섭 외 옮김
여성, 권력과 정치 Stevens 지음 / 김영신 옮김

국제관계 분야

국제관계와 세계정치 Heywood 지음 / 김계동 옮김
국제정치경제 Balaam, Dillman 지음 / 민병오 외 옮김
국제관계이론 Daddow 지음 / 이상현 옮김
국제개발: 사회경제이론, 유산, 전략 Lanoszka 지음 /
김태균, 문경연, 송영훈, 최규빈, 김보경 옮김
국제기구의 이해: 글로벌 거버넌스의 정치와 과정, 제3판
Karns, Mingst, Stiles 지음 / 김계동, 김현욱 외 옮김
현대외교정책론, 제3판 김계동, 김태효, 유진석 외 지음
외교: 원리와 실제 Berridge 지음 / 심양섭 옮김
세계화와 글로벌 이슈, 제6판 Snarr 외 지음 / 김계동 외 옮김
세계화의 논쟁: 국제관계 접근에서의 찬성과 반대논리, 제2판
Haas, Hird 엮음 / 이상현 옮김
현대 한미관계의 이해 김계동, 김준형, 박태균 외 지음
현대 북러관계의 이해 박종수 지음
중국의 외교정책과 대외관계 Shambaugh 편저 /
김지용, 서윤정 옮김
글로벌 환경정치와 정책 Chasek 외 지음 / 이유진 옮김
핵무기의 정치 Futter 지음 / 고봉준 옮김
비핵화의 정치 전봉근 지음
한국의 중견국 외교 손열, 김상배, 이승주 외 지음
자본주의 Coates 지음 / 심양섭 옮김

지역정치 분야

동아시아 국제관계 McDougall 지음 / 박기덕 옮김
동북아 정치: 변화와 지속 Lim 지음 / 김계동 옮김
일본정치론 이가라시 아키오 지음 / 김두승 옮김
현대 중국의 이해, 제3판 Brown 지음 / 김흥규 옮김
현대 미국의 이해 Duncan, Goddard 지음 / 민병오 옮김
현대 러시아의 이해 Bacan 지음 / 김진영 외 옮김
현대 일본의 이해 McCargo 지음 / 이승주, 한의석 옮김
현대 유럽의 이해 Outhwaite 지음 / 김계동 옮김
현대 동남아의 이해, 제2판 윤진표 지음
현대 아프리카의 이해 Graham 지음 / 김성수 옮김
현대동아시아의 이해 Kaup 편 / 민병오, 김영신 외 옮김
미국외교는 도덕적인가: 루스벨트부터 트럼프까지
Nye 지음 / 황재호 옮김
미국정치와 정부 Bowles, McMahon 지음 / 김욱 옮김
한국정치와 정부 김계동, 김욱, 박명호, 박재욱 외 지음
세계질서의 미래 Acharya 지음 / 마상윤 옮김
일대일로의 국제정치 이승주 편
중일관계 Pugliese, Insisa 지음 / 최은봉 옮김

북한, 남북한 관계 분야

북한의 외교정책과 대외관계: 협상과 도전의 전략적 선택
김계동 지음
북한의 체제와 정책: 김정은시대의 변화와 지속
체제통합연구회 편
북한의 통치체제: 지배구조와 사회통제 안희창 지음
남북한 체제통합론: 이론·역사·경험·정책, 제2판 김계동 지음
한반도 평화: 분단과 통일의 현실 이해 김학성 지음
한국전쟁, 불가피한 선택이었나 김계동 지음
한반도 분단, 누구의 책임인가? 김계동 지음
한류, 통일의 바람 강동완, 박정란 지음

안보, 정보 분야

국가정보학개론: 제도, 활동, 분석 Acuff 외 지음 / 김계동 옮김
국제안보의 이해: 이론과 실제 Hough, Malik, Moran,
Pilbeam 지음 / 고봉준, 김지용 옮김
전쟁과 평화 Barash, Webel 지음 / 송승종, 유재현 옮김
국제안보: 쟁점과 해결 Morgan 지음 / 민병오 옮김
전쟁: 목적과 수단 Codevilla 외 지음 / 김양명 옮김
국가정보: 비밀에서 정책까지 Lowenthal 지음 / 김계동 옮김
국가정보의 이해: 소리없는 전쟁 Shulsky, Schmitt 지음 /
신유섭 옮김
테러리즘: 개념과 쟁점 Martin 지음 / 김계동 외 옮김